商 务 部 十 二 五 规 划 教 材

中国国际贸易学会十二五规划教材

全国外经贸院校 21 世纪高职高专统编教材

# 国际贸易运输实务

## （2012年版）

主　编　姚大伟

副主编　赖瑾瑜

中国商务出版社

图书在版编目（CIP）数据

国际贸易运输实务：2012 年版/姚大伟主编．—3版．北京：中国商务出版社，2012.7
商务部十二五规划教材　中国国际贸易学会十二五规划教材　全国外经贸院校 21 世纪高职高专统编教材
ISBN 978-7-5103-0743-0

Ⅰ.①国…　Ⅱ.①姚…　Ⅲ.①国际贸易－高等职业教－育－教材　Ⅳ.①F511.41

中国版本图书馆 CIP 数据核字（2012）第 149173 号

商务部十二五规划教材
中国国际贸易学会十二五规划教材
全国外经贸院校 21 世纪高职高专统编教材

**国际贸易运输实务（2012 年版）**
**GUOJI MAOYI YUNSHU SHIWU**
**主　编**　姚大伟
**副主编**　赖瑾瑜

出　　版：中国商务出版社
发　　行：北京中商图出版物发行有限责任公司
社　　址：北京市东城区安定门外大街东后巷 28 号
邮　　编：100710
电　　话：010—64269744　64218072（编辑一室）
　　　　　010—64266119（发行部）
　　　　　010—64263201（零售、邮购）
网　　址：www. cctpress. com
邮　　箱：cctp@ cctpress. com
照　　排：北京嘉年华文图文制作有限公司
印　　刷：北京密兴印刷有限公司
开　　本：787 毫米×980 毫米　1/16
印　　张：28.25　字　数：528 千字
版　　次：2012 年 7 月第 3 版　　2012 年 7 月第 10 次印刷

书　　号：ISBN 978-7-5103-0743-0
定　　价：45.00 元

# 修 订 说 明

　　加入世界贸易组织（WTO）以来，我国社会发生了前所未有的深刻变化，中国的经济与世界进一步融合。国际贸易运输业随着国家的对外贸易和交通的发展而产生了巨大的变化，对外贸易运输业务改变了以往单一的格局，逐步构建了综合的体系；新的运输方式被广泛应用，对传统的运输业形成了巨大的挑战，货物运输业也取得了快速发展。为了适应我国对外贸易运输业的发展，适应外经贸事业的发展需要和就业市场的需求，拓宽学生的职业能力，我们组织修订了这本《国际贸易运输实务》教材。

　　作为外贸管理者，要不断地学习运输的科学管理方法。运输知识的更新、运输人才的培养将是我们教育工作者义不容辞的责任。

　　本书自 2002 年出版发行后，受到广大高职院校的师生厚爱，已经修订再版两次，印刷数次。

　　本书此次修订，结合当前国际贸易的发展，在修订版的基础上又重新调整了原书的章节，更改原书部分内容，将有关内容重新调整顺序，使内容更加精炼，趋于合理。本次修订由姚大伟教授主持，赖瑾瑜教授任副主编，参加修订的还有应璐老师。

　　由于时间仓促，错误在所难免，敬请专家、读者不吝赐教，并致以诚挚谢意。

姚大伟

2012 年 5 月 25 日

# 出 版 说 明

　　中国加入世界贸易组织后，必将以更快的步伐融入全球化的浪潮中。中国将在众多的领域，特别是在经济和贸易领域全面与国际接轨。为了适应这一新的形势，为我国对外经济贸易事业培养更多既懂得新的国际经济贸易法律和规则，又了解国际贸易运作的具体程序和惯用做法的实用型高职高专人才，在商务部有关司局及教育部有关司局的直接指导和帮助下，我们组织了全国主要的对外经贸高职高专院校编写了这套教材。

　　这套教材暂定为48本，涉及外经贸的各个学科，是外经贸院校高职高专教育的主干核心教材。这套教材的编著者大多数是从事外经贸职业教育多年的老师，他们有着丰富的教学经验，同时我们还邀请了一些外经贸教育方面的权威专家和教授对本套教材进行了审定。另外，我们还请了部分外经贸公司和金融系统的专家加入了这套教材的编写，使得这套教材的实用性、可操作性更强。我们将结合各有关院校的实际使用情况不断修订、增补和完善这套教材。

　　书中难免有疏漏和不足之处，恳请广大读者提出宝贵意见，以便充实和完善。

全国外经贸院校21世纪高职高专统编教材编委会

2005年8月

# 2007 年版说明

　　国际贸易运输是完成国际货物的位移，履行国际贸易合同，保证完成进出口任务，实现外贸交易的重要组成部分和关键环节。因此，国际贸易运输工作贯穿于整个对外经贸工作的全过程。无论是国际贸易当事人签订的买卖合同的有关运输条款，还是各种运输方式的国际货运代理人订立的货运代理合同，均须通过海陆空等国际运输形式来实现，将国际贸易货物从出口国运至进口国。国际贸易运输不同于国内贸易运输，它不仅是买卖货物的位置移动，也涉及与此有关的单证的转移；当事人不仅受限于合同的规定，而且受国际运输的有关公约、法规的制约。因此，履行运输合同、保证单证制作质量、遵守运输公约和法规直接关系到国际贸易运输的顺利进行。《国际贸易运输实务》一书就是以上述要求为指导思想编写的。在编写过程中，力求做到内容全面、重点突出、通俗易懂、吸引有关国际贸易运输的最新资料，以使读者能够全面、及时地掌握国际贸易运输的有关知识。

　　本教材自 2003 年出版发行以来，已经被全国各地的许多高校选为教材，重印多次。鉴于国际贸易运输行业在我国的迅猛发展，知识不断更新，为了使本教材能够适应行业发展和时代的要求，对 2003 年版的教材进行修订已显得十分必要。

　　本教材的此次修订是由本人主持，由赖瑾瑜、符海菁老师担任副主编、任再萍老师参加了修订。此次修订是以多年使用的教材为基础，加以补充、修订。本教材的修订出版，承中国商务出版社副总编钱建初、编辑部主任李学新的指导和支持，以及上海思博学院领导顾仲坚、皋玉蒂等同志的大力支持和帮助，特此致谢。

　　本书主要阐述了国际贸易运输的基础理论、基础知识和基本技能、理论与实际的联系，侧重于国际贸易运输实务，内容涉及国际贸易运输的基本概念、基本流程、基本业务。本书既总结了国际贸易运输实践和研究中已趋成熟的理论、基础知识和技能，也广泛参考了国内外的近期研究成果，注重理论联系实际，侧重于国际贸易运输实务，适应了经济全球背景下不断增长的国际贸易运输需求。每章配复习思考题，便于读者理解和掌握有关内容，力求符合大专院校国际贸易运输专业学生学习和企业国际贸易运输从业人员掌握国际贸易运输相关法律知识的需要。本书虽按教材体例编写，但涉及内容面广，既可作为普通高校及高职高专院校贸易运输、物流管理、国际货运等相关专业的教材和外贸培训机构用书，也可作为企业有关专业人员的参考用书。为方便读者学习，书中还运用了图表、例题等形式进行说明。

　　由于作者水平有限，以及修订时间仓促，教材中的错误在所难免，敬请各位读者和专家批评指正。

姚大伟

2007 年 8 月于上海

# 目　　录

# 第一章　国际贸易运输概论

## 【关　键　词】
运输、国际货物运输。

## 【知识目标】
- 了解运输的含义、性质、特点及国际货物运输的对象；
- 熟悉国际货物运输组织、国际贸易合理运输；
- 掌握国际货物运输的含义、特点和方式。

## 【技能目标】
- 会分析国际货物运输的各种运输组织；
- 能进行国际贸易的合理运输安排；
- 做到对国际货物运输含义、特点的熟悉和掌握；
- 实现对国际货物各种运输方式的掌握。

## 【导入案例或者任务描述或者背景知识】

从货物运输来说，可按地域划分为国内货物运输和国际货物运输两类。国际货物运输就是货物在国家与国家、国家与地区之间的运输。在国际贸易中，货物运输是国际商品流通过程里的一个重要环节。国际货物运输可分为贸易物资运输和非贸易物资（如展览品、个人行李、办公用品、援外物资等）运输两种。由于国际货物运输主要是贸易物资的运输，非贸易物资的运输往往只是贸易物资运输部门的附带业务，所以国际货物运输也通常被称为国际贸易运输，从一国来说，就是对外贸易运输，简称外贸运输。

## 第一节　国际贸易运输性质

### 一、运输的含义

运输（transportation），就是人和物的载运和输送，即以各种运载工具、沿着相应的地理媒介和输送路线将人和物等运输对象从一地送到另一地的位移过程。运输是社会物质生产过程中的必要条件之一。

人类为了维持生存、求得发展，必须不断地改造自然、创造物质资料，这种活动就是生产。在生产过程中，生产工具、劳动产品及本身必然要发生位置上的移动。使用各种工具设备、通过各种方式使物或人实现位置移动，这种活动就是运输。在早期人类的活动中，生产和运输是融为一体的，运输是生产不可分割的一部分。随着生产力的发展、社会分工的出现，运输才逐渐地从一般的生产中分化出来成为一个相对独立的行业。

**二、运输业的产生、性质和发展**

运输是随着商品生产和商品交换而产生的。在生产劳动过程中，它表现为生产过程在流通过程中的继续，即把商品从甲地运到乙地所进行的空间上的位置移动。因此离开运输要进行商品交换是难以想象的，无论在生产部门内部、还是在生产部门之间或生产领域与消费领域之间都离不开运输，运输是人类社会不可缺少的活动之一。

根据马克思主义的理论，运输是开采业、农业和工业以外的第四个独立的物质生产部门。运输与其他生产部门相同，也必须具备人的劳动、劳动手段和劳动对象三要素，它的生产过程是借助于活的劳动和物化劳动的结合而实现的。它在转移旧价值的同时创造了新价值，所以是生产性的劳动。运输费用也是一种生产费用，商品经过一段运输后可按高于原产地的价格出售。但另一方面，运输又不同于其他的物质生产部门。它的生产过程和消费过程是紧密结合不可分离的，它仅仅改变商品的位置而不产生任何独立的新的物质形态的产品，因此也不能像工农业产品那样加以储备。

运输业的发展过程与人类社会生产力发展的过程是相适应的。随着社会生产力的向前发展和社会分工的逐步完善，商品生产和商品交换规模不断扩大，促使运输量不断增加，运输业务迅速发展，运输工具也获得了相应的改进。在资本主义以前相当长的历史时期内，由于当时生产力水平较低，故只能依靠驮畜、畜力、人力车等运输工具进行运输。在公元 9 世纪到 10 世纪间已出现了各种帆船。到 12 世纪，我国就已经在海船上使用指南针进行仪器导航；12 世纪后半叶又由阿拉伯人从我国传入欧洲，在各国海船上广泛应用，大大地推动了航海技术的进步，这是我国对世界航海技术的重大贡献。从 13 世纪起，海洋上已有各式各样的船速较快的大型帆船了。15 世纪初，中国庞大的商船队已航行在太平洋和印度洋上，到达过亚洲、非洲的 30 多个国家和地区，并远达非洲东岸今索马里和肯尼亚一带。由此可见，当时我国的造船和航海事业已相当发达。在 15 世纪到 16 世纪间，欧洲某些国家内资本主义生产关系已开始形成，当时新兴的资产阶级为了在国外寻找市场和黄金产地，大规模地开展海上探险活动，地理知识和航海经验日益丰富，航海技术又有了很大的发展。18世纪末至 19 世纪初的产业革命导致了运输工具的革命，出现了铁路火车和海洋轮船等近代运输工具。随着商品生产的发展和商品交换范围的扩大以及近代运输工具的出现，专门从事运输的企业日益扩展起来，运输工具所有者从商品所有者（工业主和商人）中分离出来，出现了专门从事运输的企业家，交通运输部门便成为运输业主特殊的投资领域。进入 20 世纪，生产技术不断革新，运输的合理化被提到议事日程上来，运输商品要求速度快、破损少、费用低，这就要求运输工具和运输方式来一次革命。将货物集成一组大的单位以适合装卸的机械化，于是出现了成组化运输方式——集装箱运输方式和托盘运输方式。从运输业发展的情况看，一般可分为下列几个阶段：古代的运输业是处于手工业阶段；自 15 世纪末叶起特别是进入 17 至 18 世纪，运输业可说是进入工场生产阶段；从 18 世纪末到 19 世纪初，出现火车、轮船等近代运输工具，可说是已进入机械生产阶段，这时的运输业已发展为除开采业、农业和工业以外的第四个独立的物质生产部门。进入 20 世纪 30 年代，汽车运输、航空运输和管道运输又相继崛起，迅猛发展，这样就形成了包括水、陆、空等多种运输方式的现代化运输体系；第二次世界大战以后，世界科学技术日新月异、突飞猛进，人类进入到一个原子、电子和宇航时代。科学技术的进步，进一步推动了运输业的发展，人类发明和使用了许多新的运输工具，其特点是向大型化、高速化、专门化和自动化方向发展。特别是集装箱运输的出现和应用促进了各种运输方式的发展，多式联运"门到门"（door to door）运输日渐取代"港到港"（port to port）和"站到站"（station to station）运输。由于出现了以集装箱为媒介的海陆空联运方式，充分发挥了各种不同运输方式的优点，使运输进入了第四阶段。在运输单据和手续上也日趋简化和统一，以适应现代化管理的要求。这些变化有效地促进了运输效率的提高。

运输，就其性质来说，是一种特殊的生产。

运输业作为一个独立的物质生产部门，它与其他部门一样具有共同特征，即具有生产的本质属性。

（一）运输具有生产的本质属性

（1）运输和一般生产一样，也必须具备劳动者（运输者）、劳动手段（运输工具和通路）、劳动对象（运输对象即货物或人）这三个基本条件。运输是产品生产过程的继续，离开它社会生产过程便无法完成。

（2）运输的过程（货物或人的位移）和一般生产的过程一样，是借助于活的劳动（运输者的劳动）和物化劳动（运输工具设备与燃料的消耗）的结合而实现的。

（3）运输的结果使运输对象发生了位移，就是在转移旧价值的同时改变了运输对象的地位，这也和一般生产的结果制造出新产品一样是创造了新价值。商品经过一段运输后，可按高于原产地的价格出售。

（4）运输也和一般生产一样，始终处在变化和发展的状态中，并且运输的变化和发展是与一般生产的变化和发展紧密地结合在一起而经历了几个相同的阶段。现代工业和现代运输之间的关系更是密不可分的。

（二）运输自身的特点

运输业虽然具有以上几个与一般生产共同的特点，但它也具有自身的特点。

（1）运输是在产品的流通领域内进行的，是生产过程在流通过程内的继续。

（2）运输不能改变劳动对象的性质和形状，不能生产出任何独立的物质形态的产品。运输生产的"产品"是无形的，随着运输的终止而消耗，不能像一般生产产品那样可以加以储备。

（3）运输使投入流通领域的产品发生位置移动，从而将生产和消费（包括生产消费和生活消费）连结起来，使产品的使用价值得以实现。运输业的产品既不能存入仓库，也不能进行积累。

（4）在运输费用中，没有原料费用，固定资产（运输设备）的折旧和工资是运输的主要费用。运输的流动资金则主要是燃料和辅助材料，没有原料和成品。

（三）现代运输手段四要素

现代运输的运输工具、运输动力、运输通路和电信设备，这四种要素配合才能发挥最好的效益。

（1）运输工具（vehicle）：载人载物运行的设备，如轮船、火车、汽车、航空器、火箭、管道等。运输工具随着科学技术水平和管理水平的不断提高而日益先进、完善。

（2）运输动力（motive power）：推动运输工具前进的力量，包括自然动力（风力、水力、人力、畜力等）和人工动力（蒸汽力、石油燃烧爆发力、气体燃烧力、压缩空气力、电力、原子能、核能等）。运输工具的动力也在不断进步中。

（3）运输通路（way or passage way）：运输工具借以运行的媒介，如河流、湖泊、海洋、铁路、公路、空间、地道等。运输通路与运输工具、动力相配合才能发挥效用。

（4）电信设备（telecommunication installation）：传递信息的设备，如有线电、无线电、雷达、广播、电视、计算机等。现代运输由于效率高、运量大、范围大而风险也大，迫切需要电信设备的配合。运输工具与地面的电信设备相互配合才能充分发挥其功能。

### 三、国际货物运输的含义

运输，就其运送对象来说，可分为货物运输和旅客运输两大类。而从货物运输来说，又可按地域划分为国内货物运输和国际货物运输两类。国际货物运输就是货物在国家与国家、国家与地区之间的运输。在国际贸易中，货物运输是国际商品流通过程里的一个重要环节。国际货物运输可分为贸易物资运输和非贸易物资（如展览品、个人行李、办公用品、援外物资等）运输两种。由于国际货物运输主要是贸易物资的运输，非贸易物资的运输往往只是贸易物资运输部门的附带业务，所以国际货物运输也通常被称为国际贸易运输，从一国来说，就是对外贸易运输，简称外贸运输。

在国际贸易中，商品的价格中包含有商品的运价，并且商品的运价在商品的价格中占有较大的比重：一般说来约占 10%，在有的商品中要占到 30% ~ 40%。商品的运价也和商品的生产价格一样随着国际市场供求关系的变化而围绕着价值上下波动。商品的运价随同商品的物质形态一起进入国际市场中交换，商品运价的变化会直接影响到国际贸易商品价格的变化。由于国际货物运输的主要对象是国际贸易商品，所以可以说国际货物运输也就是一种国际贸易，只不过它用于交换的不是物质形态的商品，而是一种特殊的商品——运输服务。所谓运价也就是它的交换价格。由此，可以得出这样一个结论：从贸易的角度来说，国际货物运输就是一种无形的国际贸易。

### 四、国际贸易运输的特点

与国内货物运输相比，国际贸易运输具有以下几个主要特点：

（一）国际贸易运输是中间环节很多的长途运输

国际贸易运输是国家与国家、国家与地区之间的运输，一般运距较长。在运输过程中，往往需要使用多种运输工具、通过多次装卸搬运、变换不同的运输方式、经由不同的国家和地区，中间环节很多。

（二）国际贸易运输涉及面广、情况复杂多变

货物在国家间的运输过程中，需要与不同国家、地区的货主、交通部门、商检机构、保险公司、银行、海关以及各种中间代理人打交道。同时，由于各个国家、地区的政策法律规定不一、金融货币制度不同，贸易运输习惯和经营做法也有差别，加之各种政治、经济形势和自然条件的变化都会对国际贸易运输产生较大的影响。

（三）国际贸易运输的时间性特别强

国际市场竞争十分激烈，商品价格瞬息万变，进出口货物如不能及时运到目的地，很可能会造成重大的经济损失。某些鲜活易腐商品和季节性商品如不

能按时送到目的地出售，所造成的经济损失将会更加严重。为此，货物的装运期、交货期被列为贸易合同的重要条款，能否按时装运直接关系到重合同、守信用的问题，对贸易、运输的发展起着极为重要的影响。

（四）国际贸易运输的风险较大

国际贸易运输由于运距长、中间环节多、涉及面广、情况复杂多变，加之时间性很强，因而风险也就相对较大，为了转嫁运输过程中的损失，各种进出口货物和运输工具都需要办理运输保险。

（五）国际贸易运输涉及国际关系问题

在组织国际贸易运输过程中，需要经常同国外发生广泛的联系，这种联系不仅仅是经济上的，也会牵涉到国际政治问题。对于各种运输业务问题的处理常常会涉及国际关系问题，是一项政策性很强的工作。因此，从事国际贸易运输的人不仅要有经济观点，而且也要有国家政策观念。

**五、国际贸易运输的地位和作用**

运输业的发展同国际贸易的发展是相联系的。国际贸易的发展要求运输业的规模与其相适应，而运输业的发展又有力地促进了国际贸易的发展。

随着世界各国生产的进一步发展与国际贸易额的不断扩大，国际货物运输量也相应增加，这就加大了运输的任务。为了适应国际贸易进一步发展的需要，各种现代运输工具不断得到改进，运输体系结构和经营管理工作也不断完善和日趋现代化，这对加强国际间的经济联系、深化国际分工、促进国际贸易的发展都起了而且在继续起着很重要的作用。

（一）国际贸易运输是国际贸易不可缺少的重要环节

在国际贸易中，进出口商品在空间上的流通范围极为广阔。没有运输，要进行国际间的商品交换是不可能的。商品成交以后，只有通过运输按照约定的时间、地点和条件把商品交给对方，贸易的全过程才算最后完成。

（二）国际贸易运输是交通运输的重要分支

交通运输可按运输的对象和运送的范围分为国内旅客运输、国际旅客运输、国内货物运输、国际货物运输四类。从世界范围来说，海上运输的绝大部分货运量属于国际货物运输；航空运输中的国际货运量也占有较大的比重；国际货运量在铁路运输中所占比重要小一些，但由于时间紧、运输要求高，常常是优先运送的对象；此外，国际货运量在公路运输中也占有一定的比例，尤其是在国际贸易高度发展、国土较小、公路发达的欧洲，国际公路货运占据重要的地位。

（三）国际贸易运输能够促进国际贸易的发展

国际贸易运输工具的不断改进、运输体系结构、经营管理工作的逐步完善和日趋现代化，一方面使得开拓越来越多的国际市场成为可能，另一方面由于交货更为迅速、准时、运输质量更高、运输费用更节省可以大大提高国际贸易的经济效益，并进而使得国际间的经济联系日益加强，国际分工日趋深化，国际贸易愈加发展。

（四）国际贸易运输能够促进交通运输的发展

竞争激烈的国际贸易市场迫使各国的外贸运输部门不断地根据新形势的要求，及时采用和引进国外先进的运输组织技术，开辟新的运输渠道，这就大大加速了交通运输部门对国外先进技术的推广与应用。

（五）国际贸易运输是平衡国家外汇收入的重要手段

如前所述，国际贸易运输是一种无形的国际贸易，它用于交换的是一种特殊的商品——运输服务。所以就一个国家来说，从事国际货运的规模越大、效益越高，就能获得越多的外汇收入。

**六、国际贸易运输的任务和要求**

（一）国际贸易运输的任务

国际贸易运输的基本任务就是根据对外开放政策的要求，在国家有关方针政策指导下，合理利用各种运输方式和运输工具，多快好省地完成进出口运输任务，为发展对外经贸服务，为我国外交活动服务，为现代化建设服务。具体地说，包括如下内容：

1. 认真贯彻国家的对外政策

国际贸易运输是涉外活动的一个重要组成部分，因此应本着平等互利的原则，密切配合外交活动，严格贯彻国家的对外政策，在实务中要注意体现这些外交政策。

2. 按时、按质、按量完成进出口运输任务

贸易合同签订后，只有通过运输将进出口商品运交约定地点，商品流通才能实现，合同才能履行。"按时"就是及时、迅速完成运输任务；"按质"是指安全、方便地运输商品；"按量"就是尽可能减少货损货差，也体现了运输中的安全原则。如果违反了上述三项条件，就会构成根本违反合同，就有可能导致罚款、毁约、赔偿等严重的法律后果。因此，必须按时、按质、按量完成国际货物运输任务。

3. 节省运杂费用，为国家积累建设资金

由于国际货物运输环节较多、运程较长、各项运杂费用的开支较大，故节省运杂费用的潜力比较大、途径也较多。因此，从事外贸运输的部门和企业应把节省运杂费用、为国家积累建设资金当成自身一项长期而重要的任务。

（二）国际贸易运输的要求

国际贸易运输的要求，一是要树立为货主服务的观念，二是要树立全局观

念。现分述如下：

1. 树立为货主服务的观点，实现"安全、迅速、准确、节省、方便"的要求

（1）安全：由于国际贸易运输牵涉面较广、环节较多，所以风险较大。这就要求特别注意运输工具和货物的安全，尽量避免事故，把事故可能带来的危险限制到最小范围内，以确保货物能安全运达目的地。

（2）迅速：按照双方约定的时间出运，关系到重合同、守信用的问题。因此，应加快装卸和运输速度，尽量缩短商品在途时间，以满足国内外市场的需要。

（3）准确：把运输工作做仔细，防止发生错交、错发、错运以及单货不符、单证不符等事故，力争正确无误地完成国际贸易运输任务是国际贸易运输的要求之一。

（4）节省：降低国际贸易商品流通费用。因此，在国际贸易运输工作中要积极组织各种方式的合理运输，大力节约人力、物力和财力，以降低运输成本和节省运杂费用。

（5）方便：国际贸易运输工作应把货主的利益放在首位，改进经营作风和管理方法，多为货主着想，不断提高服务质量，尽量给货主提供便利。

上述这五项要求是有机联系的整体，是国际贸易运输工作的十字方针。

2. 树立全局观点，加强与有关部门的配合、协作

在对国际贸易运输工作进行安排时要有全局观点，切实加强同国内外有关部门和企业的协作，充分调动各方面的积极性，使其互相配合、密切协作、共同完成国际贸易运输任务。

# 第二节　国际贸易运输方式

根据使用运输工具的不同，国际贸易运输主要可分为如下几种方式：

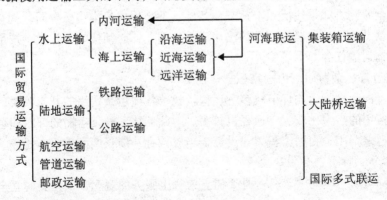

各种运输方式的特点差别很大，选择如何在合理的运输时间里以最经济的成本完成全部货物的运输，是外贸运输部门和货代从业人员的一项综合判断和首要操作步骤。各主要运输方式的特点见表1-1。

表1-1　主要运输方式的特点比较

| 运输方式 | 运输能力 | 运输时间 | 运价水平 | 适合于 |
|---|---|---|---|---|
| 江海运输 | 最大，运输能力不受限制 | 最长 | 最低 | 运量大，运距长，运费低，时间不紧 |
| 航空运输 | 较小，受重量、容积、舱门、地板承受力等限制 | 最短 | 最高 | 运量小，需要赶时间，运费负担能力强 |
| 铁路运输 | 较大，受到车厢容积和载重限制 | 比海运快 | 远距离运费低，近距离运费高 | 运量大，可靠性高，机动性差 |
| 公路运输 | 较小，受到车斗容积和载重限制，但运输灵活 | 比海运快 | 较低 | 门到门，运量小，接送地点灵活 |
| 国际多式联运 | 运输能力灵活 | 比海运快 | 比海运高，比空运低 | 门到门，运量灵活，运费和运输时间适中 |

## 一、国际海上货物运输

国际海上货物运输是指使用船舶通过海上航道在不同国家和地区的港口之间运送货物的一种方式。

### （一）国际海上货物运输发展概况

人类使用船舶作为运输工具的历史，几乎与人类文明史一样悠久。从远古的独木舟到现代的以柴油机为基本动力的钢船，大体经历了四个时代：舟筏时代、帆船时代、蒸汽机船时代和柴油机船时代。

在公元前8世纪至公元6世纪古希腊和古罗马原始社会解体、奴隶社会形成时，地中海沿岸就出现了海上船舶在国与国之间进行货物运输。现代海上运输则是在19世纪资本主义商品生产和国际贸易发展以及运输工具改进的基础上发展起来的。1801年，英国人薛明敦（Syminton）以蒸汽机为动力建成世界上第一艘轮船。1807年，美国人罗伯特·富尔顿（Robert Fulten）制造了第一艘蒸汽船"克莱蒙特"号（Clemont）并在哈得逊河上获得试航成功。1981年，美国帆船"萨凡那"（Savannah）号装置90匹马力蒸汽机从纽约经英国到达俄国圣彼得堡，成为第一艘远洋航行轮船。第二次世界大战以后，在产业革命浪潮的推动下，海上船舶的大型化、专业化、自动化程度和航海速度提高，各国港口建设和内陆集疏运系统日趋完备，使得国际海上货物运输发展到了空前的规模。

2011年，远东地区主要港口集装箱吞吐量一直维持高位，保持了较好的增长势头。其中，上海、香港、深圳、釜山等港口集装箱吞吐量皆达到1 500万TEU以上，各港口之间你追我赶，竞争极为激烈。

2011年，中国港口排名强势挺进，在前十大港口中占据7席。尤其是上海港继续稳居货物吞吐量首位，年吞吐量实现7.2亿吨，同比增长达到10.26%；天津港凭借积极投资建设和多方合作，吞吐量不断增长，排名上升一位；唐山港是中国能源和原材料等大宗货物运输大港，以快速、稳健发展态势挤入前十之列。

在我国，新中国成立前的国际海上运输业基本上操纵在西方列强手中，到新中国成立初期连一条远洋船舶也没有留下。20世纪50年代，我国的对外贸易伙伴主要是前苏联和东欧，进出口货物主要靠铁路运输。到50年代末，为适应对外贸易发展的需要，开始大力发展对外租船业务。60年代初开始组建自己的远洋船队。70年代发展非常迅速。进入80年代后，地方船队也开始兴办，目前已形成多家经营的局面。到1995年年底船舶拥有量已超过2 200万载重吨，居世界第九位，且船类齐全，技术比较先进，已成为我国对外贸易运输的主力。它们除承担我国对外贸易进出口货物运输外还积极承揽第三国货物，引起了西方航运部门的密切注意。2005年随着港口建设的扩容和进出口量的增加，我国集装箱吞吐量居世界第一。全国内河口岸集装箱吞吐量为405.19万TEU，与2004年同期相比增长128.8%。随着中国市场规模扩大和国际制造业继续向中国转移、国际资本加快向中国转移，中国在更大范围、更深层次上参与全球分工体系，2010年和2020年中国沿海港口集装箱吞吐量将分别达到1.2亿标准箱和2.4亿标准箱。

（二）国际海上货物运输的特点

（1）通过能力大：利用天然航道，不受道路或轨道的限制，如因政治、经济贸易条件变化可随时改选最有利的航线。

（2）运输量大：世界石油运输中已出现50万吨~70万吨的巨型油轮。最大的散装船已达16万吨~17万吨。第五代集装箱船的载箱能力已超过5 000TEU。

（3）运费低廉：航道天然构成，船舶运量大、运程远、经久耐用省燃料，加之港口设备一般均为政府修建，所以货物的单位运输成本较低，运价也比较低廉。据统计，海上货物运价约相当于铁路运价的1/5、公路运价的1/10、航空运价的1/30。这就为低值大宗货物的运输提供了有利的条件。

（4）对货物的适应性强：船舶由于运量大，基本上适合各种货物的运输，如井台、火车头等超重货物。其他运输方式无法装运的，轮船一般都可以装运。

（5）速度较低：商船体积大，水流阻力高，加之其他各种因素的影响，所以速度较慢。如要提高航行速度，燃料消耗又会大大增加，极不经济。

（6）风险较大：易受自然气候影响，航期不易准确，遇险的可能性也较大。全世界每年遇险沉没的船舶在 300 艘左右。

### （三）国际海上货物运输的作用

国际海上货物运输虽然存在速度较低、风险较大的不足，但由于它的通过能力大、运量大、运费低廉以及对货物适应性强等长处，加上全球特有的地理条件，使它成为国际贸易中最主要的运输方式。目前，国际贸易总运量中 2/3 以上、我国进出口货运总量的 90% 都是利用海上运输。此外，海上航运业实际上也是一个国家的国防后备力量：一旦发生战争，商业船队往往用来运输军需，成为海、陆、空三军之外的"第四军"（影子舰队）。正因为国际海上货物运输占有如此重要的地位、起着如此重要的作用，各国都很重视发展航运事业，通过立法加以保护并从业务上加以扶植和帮助，在税收和货载方面给予优惠。

## 二、国际铁路货物运输

### （一）铁路运输发展概况

铁路运输的发展还只有 170 多年的历史。1825 年，英国修建了世界上第一条蒸汽机车牵引的铁路，在斯托克顿与达灵顿之间进行不定期的货物运输。到 1836 年，才开始了定期的客货运输。其后，铁路运输由于有着明显的优越性，发展非常迅速。到 19 世纪末，全世界铁路总长度已达 65 万公里，第一次世界大战前夕增加到 110 万公里，20 世纪 20 年代增加到 127 万公里。从那以后，由于飞机和汽车运的发展，铁路运输的发展逐渐缓慢，处于相对稳定的状态。目前，世界铁路总长度只有 150 多万公里左右，其中美洲铁路约占世界铁路总长度的 1/3，欧洲约占 1/3 多，非洲、澳洲和亚洲合占 1/3。目前铁路最长的国家依次为美国、俄罗斯、加拿大、中国和印度，约占全世界铁路总长50%。铁路运输发展的主要趋势已转为运输设备现代化和运输管理自动化。铁路牵引动力现代化的主要方向是以电力机车和内燃机车逐步代替蒸汽机车，一些工业发达国家已先后淘汰了蒸汽机车，实现了牵引动力的电气化和内燃化。其中，作为铁路现代化主要标志之一的电气化铁路总长度已达 18 万公里。与此同时，各国加快了复线、无缝线路和重型钢轨的铺设，并采用了现代化通信设备，特别是电子计算机的应用使铁路营运管理工作逐步走上了自动化的道路。

我国的第一条铁路是 1876 年英国修建的吴淞路（上海到吴淞），全长 15 公里，后迫于沿线人民的坚决反对卖给了清政府，并予以拆毁。我国自己修建的第一条铁路是唐胥铁路（唐山到胥各庄），全长 10 公里，1881 年建成，在现在的京沈线上。到 1949 年为止，旧中国共修建了 2.1 万余公里的铁路。新中国成立后，铁路建设迅速发展，1997 年年底全国铁路通车里程已达 65 969.5 万公里，居亚洲第一位，仅次于美国、俄罗斯、加拿大，居世界第四位。与此同时，我国还修建了大量的复线和无缝线路及电气化铁路。牵引动力方面，内燃机车和电气机车的发展非常迅速。经营管理方面，实行集中统一的体制，不断引进国外先进技术，也提高到了一个新的水平。如今，在全国现代化运输方式中，铁路承担的客运周转量占 60.5%，货运周转量占 71%，我国每公里铁路的客货运输密度已居世界第二位。2006 年 7 月 1 日青藏铁路全线通车，至此全国铁路总营业里程已近 8 万公里。与此同时，我国铁路提速线路总里程达 1.65 万公里。这标志着铁路已经覆盖了全国所有的地区、所有的省份，标志着中国的铁路已经为所有的中国人服务，具有里程碑般的意义和作用。

（二）铁路货物运输的特点

（1）运输的准确性和连续性强：几乎不受气候条件影响，可全年终日地进行定期的、有规律的、准确的运转。

（2）运输速度较快：货车一般在 100 公里/小时左右，远远高于海上运输。

（3）运输量较大：一组列车可载货 3 000 吨~5 000 吨，远远高于航空或汽车运输。

（4）运输安全可靠：由于很少受自然条件影响，风险远比海上运输小。

（5）运输成本较低：就能源消耗而言，据测算，铁路运输每万吨公里耗油量，仅为汽车运输的 1/20。

（6）初期投资大：铁路运输需要铺设轨道、建造桥梁和隧道，建路工程艰巨复杂，初期投资大大超过其他运输方式。

（三）铁路运输在我国对外贸易中的作用

（1）通过铁路把欧、亚大陆连成一片，对发展我国与亚洲、欧洲各国之间的经济贸易关系起着重要的作用。在 20 世纪 50 年代，铁路运输占我国进出口货物运输总量的 50% 左右，是当时我国对外贸易货物的主要运输方式。60 年代以后，随着我国海上货物运输的发展，铁路运输进出口货物所占比例虽然逐步下降，但所起的作用仍然十分重要：我国与朝鲜、蒙古、俄罗斯、越南的进出口货物绝大部分仍然是通过铁路来运输的；我国与东欧、西欧、北欧和中东地区一些国家之间也是通过国际铁路联运或西伯利亚大陆桥运输方式来运送进出口货物。近年来随着俄罗斯、东欧市场的进一步开拓以及新欧亚大陆桥运输线路的建成，铁路运输进出口货量的比例正在逐步增加。

（2）对港澳地区的铁路运输是我国出口创汇、繁荣稳定港澳市场以及开展香港转口贸易、发展我国陆海、陆空联运的重要保证。

（3）我国出口货物由内地向港口集中、进口货物从港口向内地疏运以及省与省间、省内各地区间的外贸物资的调拨主要是靠铁路运输来完成的。

总之，在我国对外贸易中，无论是出口货物或是进口货物，一般都要通过铁路运输这一重要环节，仅以进出口货物量计算，铁路运输也仅次于海上运输而居第二位。

**三、国际公路货物运输**

公路运输（一般指汽车运输）是陆上运输的两种基本方式之一，也是现代运输的主要方式之一。在国际贸易运输中，它是不可缺少的一个重要组成部分。

**（一）公路运输发展概况**

从 1903 年美国福特汽车公司生产出世界上第一辆汽车以来，公路运输的历史不到一个世纪，比起水运、铁路运输来，时间要短得多，但它的发展速度却非常快。第一次世界大战前，公路不发达，汽车数量也很少，仅作为水路和铁路的辅助手段承担部分短途客运。第二次世界大战期间，由于战争的需要，汽车生产发展很快，公路网规模越来越大，汽车成为短途运输的重要力量，并且开始在长途运输中与水运竞争。从第二次世界大战结束至今，欧、美、日各国先后建立了比较完善的全国公路网，并大力兴建高速公路，战后恢复和重建的汽车工业已形成比较完善的体系。许多国家打破了长期以来以铁路为中心的局面，公路在各种运输方式中起主导作用。今后公路运输发展的总趋势从公路建设来说各国都将普遍重视公路设备现代化，提高公路质量，继续大力兴建高速公路；从货运汽车生产来说，将会大型化、专门化和列车化，与此相应，装卸作业将会机械化；从运输组织来说，将会大力发展集装箱运输和集中连贯运输，运距将不断延长，运输管理将广泛采用计算机和无线电通讯。公路运输很可能会在世界范围与铁路运输并驾齐驱，成为陆上运输的骨干。

在新中国成立前，我国公路运输非常落后，所筑公路多为土路，而且大部分集中在沿海一些主要城市，西北、西南有些省市连公路都没有，汽车则全部依靠进口。新中国成立后，国家大力改建原有公路、新建现代化的公路干线支线，公路通车里程从 7 万公里增加到 2006 年年底的 348 万公里，高速公路达4.54 万公里。2011 年中国新增公路通车里程7.14 万公里，其中高速公路1.10万公里，新改建农村公路19 万公里，公路建设平稳有序地进行。与此同时，我国也建立了自己的汽车工业。但是总的说来，与发达国家相比，我国的公路运输还是落后的，不能适应国民经济发展的需要。今后，我国将逐步改进现有公路质量，继续兴建高级公路、高速公路，并同时在汽车生产、管理上进一步改进，以实现我国公路运输的现代化。

（二）公路运输的特点

（1）机动灵活、简捷方便、应急性强。和其他运输方式相比，汽车运输的最大优势就是能深入到别的运输工具到达不了的地方。

（2）汽车运输投资少、收效快。

（3）随着公路建设的现代化、汽车生产的大型化，汽车也能够适应集装箱货运方式发展的需要而载运集装箱。

（4）汽车运输的不足之处是：载重量小，车辆运行时震动较大，易造成货损事故；费用成本较水运和铁路运输为高。

（三）公路运输在国际贸易运输中的地位和作用

（1）公路运输的特点决定了它最适合于短途运输。它可以将两种或多种运输方式串联起来，实现多种运输方式的联合运输（多式联运），做到进出口货物运输的"门到门"服务。

（2）公路运输可以配合船舶、火车、飞机等运输工具完成运输的全过程，是港口、车站、机场集散货物的重要手段，尤其是在鲜活商品、集港疏港的抢运中往往能够起到其他运输难以起到的作用。可以说，其他各种运输方式都或多或少地要依赖汽车运输来最终完成两端的运输任务。在海运、陆运、空运、仓储等门类齐全的综合运输企业中，汽车更是起着把各个环节有机地联系起来的作用。

（3）公路运输也是一个独立的运输体系，可以独立完成进出口货物运输的全过程。公路运输是欧洲大陆国家之间进出口货物运输的最重要的方式之一。在我国东北、西北边境贸易的过境运输以及供应港澳物资或通过港澳中转物资的运输，很大一部分也是靠公路运输独立承担的。

**四、国际航空货物运输**

航空货物运输是指采用商业飞机运输货物的商业活动。

（一）航空运输发展概况

世界上第一架飞机是 1903 年由美国人莱特兄弟发明制造的。飞机起初用于运送邮件，后发展为载运旅客和货物。第二次世界大战期间，由于战争的需要，军用飞机得到了很大的发展。战后，许多军用飞机转为民航使用，同时各国都大力发展航空工业，改进航空技术，增添航空设备，开辟国际航线，全球性的航空运输网逐步形成。航空货物运输就是在这种情况下作为国际贸易运输的一种方式而出现并日益显示出它的重要作用的。随着国际贸易的发展和扩大，适用于航空运输的货物不断增加，又加速了航空货物运输业的蓬勃发展。20世纪50年代末出现了超音速喷气式飞机，60年代末70年代初又制造了宽体飞机。各种航空运输组织也如雨后春笋般迅速涌现。目前，世界上共有1 000多家航空公司（其中400多家经营国际航线）、3万多个民用机场（其中1 000多个适合国际航班使用）、7 000多架民航喷气机。空运货物量也越来越大，据国际民航组织统计，从1962—1971年国际航空货物运输平均每年增长17%，几乎每4年增长一倍。70年代以后增长率有所下降，每年平均增长率仍在10%左右。据不完全统计，国际航空货运量近20多年来增长了13倍。预计今后随着航空工业技术的迅速发展和新技术革命的深化，飞机速度和载运能力不断提高，适于航空运输的商品逐渐增多，航空运输在国际贸易运输中的地位会越来越重要。

在我国，新中国成立前虽曾有中美合营的中国航空公司和中德合办的欧亚航空公司，但航空运输一直未能得到发展。新中国成立后才逐渐由小到大、初具规模，目前已形成一个以北京为中心的四通八达的航空运输网。根据国际民航组织统计的数据显示，2005年我国航空公司定期航班完成的总周转量为257. 765亿吨公里，比2004年增长了12%，世界排名在2004年第三位的基础上继续升至第二位，超过了航空强国德国，成为仅次于美国的世界第二航空运输大国。

（二）航空货物运输的特点

（1）速度快。现代喷气运输机一般时速都在900英里左右，协和式飞机时速可达1 350英里。航空线路不受地面条件限制，一般在两点间直线飞行，因此航程较地面短得多，而且运程越远所能节约的时间越多、快速的特点越显著。

（2）安全准确。航空运输管理制度比较严格、完善，货物破损率低，可以保证运输质量，如使用空运集装箱运输则更为安全。飞机航行有一定的班期，可保证按时到达。

（3）手续简便。航空运输为体现其快捷便利的特点，为委托人提供了简便的托运手续，甚至可以电话委托，由货运代理人上门取货并办理其他一切手续。

（4）节省包装、保险、利息和储存等费用。

（5）运量较小，运价较高。

（三）航空运输在国际贸易中的作用

（1）当今国际贸易大多是洲际市场，商品竞争激烈，时间就是金钱，争取时间至关重要。航空运输的出现满足了国际市场的这种需要，对于国际贸易的发展起到了很大的推动作用。

（2）易腐鲜活商品对时间要求极为敏感，如运输时间过长则变成废物，无法供应市场。采用航空运输可保新鲜成活，并有利于开辟运距较远的市场。航空运输还适用于季节性商品及其他应急物品的运送。

（3）航空运输虽然运量小、运价高，但由于速度快，商品周转期短，存货可相应降低，资金可迅速回收，这就大大节省储存和利息费用；货损货差少，可简化包装，又可节省包装费用；运送安全准确，保险费也较低。因此，有许多货物是适合于航空运输的。在我国，航空运输对于成套设备中的精密部分、电子计算机、电器产品、贵稀金属、手表、照相器材、技术资料、种畜及其他贵重物品等各种进口物品以及鲜活商品、纺织品、服装、丝绸、皮革制品、中药材、工艺品等出口货物的运送起到了不可忽视的重要作用。

**五、国际集装箱货物运输**

集装箱运输是以集装箱为集合包装和运输单位、适合门到门交货的成组运输方式，也是成组运输的高级形态。

集装箱运输作为一种先进的现代化运输方式，是件杂货运输的发展方向，是运输现代化的产物和重要标志，是运输领域的重要变革。

集装箱（container）又称"货柜"、"货箱"，原文是一种容器，是一种有一定强度和刚度、能长期反复使用可以集装成组货物而专供周转使用并便于机械操作和运输的大型货物容器。

**（一）集装箱运输的特点和优越性**

（1）提高装卸效率，加速车船周转。

（2）提高运输质量，减少货损货差。

（3）便利货物运输，简化货运手续。

（4）节省包装用料，减少运杂费。

（5）节约劳动力，改善劳动条件。

此外，集装箱可在雨天装卸、露天存放，可节约仓容；与传统运输相比，集装箱转运迅速，出口公司可压缩库存量、加速资金周转，从而有利于国际贸易的发展。

由于以集装箱作为流通媒介能够连接各种运输方式进行大量、快速、廉价、安全的连贯运输，它不仅对于运输本身、而且对于与运输有关的其他部门也带来很大影响。所以，集装箱运输的出现被称为"运输领域里的一次革命"。

**（二）集装箱运输的发展及其前景**

最简单的集装箱运输始于 20 世纪初，世界集装箱运输进入迅速发展时期是 50 年代中期。从那时到现在，世界集装箱运输的发展大致可以划分为三个阶段。第一阶段为初始阶段，自50年代中期至60年代末。1955年，美国铁路公司为了提高与公路运输竞争的能力，试行铁路平板车装运集装箱效果显著，于是大力发展，从1955年的16万辆增至1966年的116万辆，铁路运输量也相应地成倍增长。1956年4月，美国海陆运输公司试验用油轮改装集装箱获得巨大的经济效果，便于1957年10月正式开创世界上第一艘海上集装箱运输船舶，并将业务迅速扩大至北大西洋航线和远东航线。稍后美国马托松航运公司在太平洋地区也开展了集装箱运输。第二阶段为迅猛发展阶段，自60年代末至80年代初，上述美国两家公司的成功使得很多国家群起仿效，于是集装箱运输在世界范围内蓬勃发展起来。许多国家相继建造集装箱船，扩大集装箱船队，增建集装箱专用码头场地和内陆转运站，并出现了一些专门经营集装箱租赁业务的公司。至1979年年底，世界上共有集装箱船1 418艘，2 000万载重吨；1980年世界集装箱运量达3 250万箱，约3.4亿吨，占该年杂货运量的57%。80年代初，世界上已有集装箱航线500条以上，建成的集装箱港口近250个，一个世界性的集装箱运输体系已经形成。第三阶段从80年代初开始，集装箱运输已遍及全球，发达国家的杂货运输已经基本上实现了集装箱化（适箱货源的装箱率达80%以上），集装箱运输的增长率主要靠贸易的自然增长来维持。远东崛起的中国香港、中国台湾、新加坡、韩国等地区和国家发展极为迅速。可以预见，其他发展中国家的集装箱运输在今后几年内仍将保持旺盛的发展势头。

我国的集装箱运输始于1956年，到1973年才开辟了由上海、天津至日本的第一条国际集装箱运输航线，不久陆续开辟了澳大利亚、美国、加拿大、中国香港、新加坡和西欧航线。到目前，已基本上形成了连接世界各主要港口的海上集装箱运输网。"十五"期间，中国对外贸易呈现快速增长的态势，至2005年我国外贸进出口总额达14 221.2亿美元，年均增幅高达24.6%。在中国外贸高增长的带动下，"中国因素"在国际集装箱运输市场中影响力越来越大。2005年我国外贸集装箱运量2 100万TEU，约占世界集装箱海运量的20%，增幅达16.7%，高于世界平均水平。在亚欧西行和跨太平洋东行航线上，中国出口集装箱运量更是以约20%的增幅攀升，市场份额超过了50%。2005年随着港口建设的扩容和进出口量的增加，我国集装箱吞吐量居世界第一。2010年和2020年中国沿海港口集装箱吞吐量将分别达到1.2亿标准箱和2.4亿标准箱。

**六、国际多式联合运输及其他运输方式**

（一）国际多式联合运输

国际多式联合运输（International Multimodal Transport）简称国际多式联运

或多式联运。它的产生是当今科学技术的不断发展在国际贸易运输中的体现，是国际运输组织技术的革新。国际多式联运是在集装箱运输的基础上产生并发展起来的，一般以集装箱为媒介，把海上运输、铁路运输、公路运输、航空运输和内河运输等传统的单一运输方式有机地结合起来，构成一种连贯的过程来完成国际间的货物运输。因而它除了具有集装箱运输的优越性之外，还将其他各种运输方式的特点融汇一体加以扬长避短的综合利用，比传统单一的运输方式具有无可比拟的优越性。

国际多式联运于 20 世纪 60 年代末首先在美国出现，经过试办取得显著效果，受到贸易界的普遍欢迎。随后美洲、欧洲、亚洲及非洲一些地区很快仿效、广为采用。1980 年 5 月在日内瓦召开的联合国国际多式联运公约会议上产生了《联合国国际货物多式联运公约》，共有 67 个国家在会议最后文件上签字。我国参加了公约的起草并在最后文件上签了字。

中国外运（集团）公司于 1980 年年末在我国首先承办国际多式联运业务。经过多年的努力，目前已开办有十多条国际多式联运路线，承办的范围有日本、美国、加拿大、德国、瑞士、瑞典、英国、法国、意大利、奥地利、比利时、荷兰、澳大利亚、墨西哥、摩洛哥、布隆迪、乌干达、赞比亚、尼日尔、乍得、马里等欧洲、美洲、澳洲和亚洲、非洲的 20 余个国家。国内办理这项业务的地区也已从沿海主要港口逐步延伸到上海、广东、广西、山西、山东、陕西、四川、甘肃、湖北、湖南、河南、河北、江苏、浙江、福建、辽宁、黑龙江、吉林、新疆、安徽、内蒙古等省、自治区的主要地区。办理的业务有陆海联运、陆空联运、海空联运。此外，还有经过前苏联西伯利亚铁路到中东、欧洲的大陆桥运输以及通过朝鲜清津港到日本的小陆桥运输等多种方式。目前我国出口商品可以从一些发货地或加工厂通过多式联运，直接运到客户指定的国外港口或内陆城市；进口商品可以通过多式联运从国外的工厂或港口直接运到我国港口或一些内陆城市。

国际多式联运是当前国际贸易运输发展的方向。我国地域辽阔，更有发展多式联运的潜力。可以预料，随着我国内陆交通运输条件的改善，我国国际多式联运必将蓬勃地发展起来。

（二）内河运输

内河运输是水上运输的一个重要组成部分，也是连接内陆腹地和沿海地区的纽带。它具有运量大、投资少、成本低、耗能少的特点，对于国家的国民经济和工业布局起着重要的作用，因此世界各国都很重视内河运输系统的建设。我国有大小 5 000 多条河流和许多湖泊，也具有发展内河运输十分有利的自然条件。目前通航里程已达十余万公里，并已初步形成一个内河航运网。

国家已批准公布长江一些内河港口正式对外开放，我国大量的对外贸易物资已经可以直接从内河运进运出。此外，内河运输对于我国边境贸易的发展（如黑龙江对俄罗斯运输）以及港口进出口货物的疏运集运、省际省内外贸物资的调拨也起着重要的作用。

（三）邮政运输

国际邮政运输具有广泛的国际性，并具有国际多式联运和"门到门"运输的性质。它的手续简单方便，发货人只需将邮包交到邮局、付清邮费并取得邮政收据（即邮单）、然后将邮政收据交给收货人即完成了交货任务。但对邮件的重量和大小有一定的限制，一般每件重量不得超过 20 公斤，长度不得超过 1 米，所以它只适宜于量轻体小的小商品，如精密仪器、机器零件、金银首饰、文件资料、药品以及各种样品和零星物品等。我国于 1972 年加入万国邮政联盟组织，已与很多国家签订邮政包裹协议和邮电协定。国际邮政运输已成为我国重要的外贸运输方式之一。

（四）管道运输

管道运输是随着石油的生产、运输而产生、发展的，是运输通道和运输工具合二为一的一种运输方式。这种运输方式具有安全、迅速、不污染环境的优势，但铺设管道技术较为复杂、成本高，而且要求有长期稳定的油源。我国最早的管道为 1958 年始建的从克拉玛依到独山子全长 300 公里的输油管道。目前已有管道运输里程 1 万多公里，几个大油田已有管道与海港相通，如大庆至大连、大庆油田至秦皇岛、大港油田至渤海湾、胜利油田至青岛、丹东至朝鲜新义州等。我国向朝鲜出口的石油主要是通过管道运输。

# 第三节　国际贸易运输组织

## 一、国际贸易运输组织概况

（一）国际贸易运输的一般组织机构

世界上国际贸易运输的组织机构五花八门、数不胜数，但基本上可以归纳为三个方面，即承运人、货主（也称托运人或收货人）和货运代理人。这三方面的业务组成国际贸易运输工作的主体结构，它们之间在工作性质上有区别，在业务上则有着密不可分的关系。

（1）承运人（carrier），是指专门经营水上、铁路、公路、航空等货物运输业务的交通运输部门，如轮船公司、铁路或公路运输公司、航空公司等。它们一般都拥有大量的运输工具，为社会提供运输服务。

（2）货主（cargo owner），是指专门经营进出口商品业务的进出口商或商品生产厂家。它们为履行贸易合同必须组织办理进出口商品的运输，是国际贸易运输工作中的托运人（shipper）或收货人（consignee）。

（3）货运代理人（freight forworder），是指根据委托人的要求代办货物运输业务的机构。它们有的代理承运人向货主揽取货物，有的代理货主向承运人办理托运，有的兼营两方面的代理业务。它们属于运输中间人性质，在承运人和托运人之间起着桥梁作用。

此外，国际贸易运输工作与海关、商检、保险、银行以及包装、仓储等部门也有着十分密切的关系。

**（二）我国国际贸易运输的组织机构**

货　主　　（托运人、收货人）从事外贸业务的企业

货　运
代理人
商务部所属中国对外贸易运输总公司及其分支机构
商务部批准的其他货运代理公司
铁道部所属铁路服务公司
交通部所属中国外轮代理公司及各港口分公司
中外合资、合营货运代理公司

交通运
输部门
（承运人）
水上运输：中国远洋运输公司、中国经贸船务公司、地方轮
　　　　　船公司、长江航运公司、珠江航运公司及中外合
　　　　　资、合营轮船公司
铁路运输：铁路管理总局和各地分局
公路运输：公路局和运输公司
航空运输：中国民航总局所属各航空公司及地方民航公司
邮电运输：中国邮电总局和各地分局

我国办理国际贸易运输的组织机构基本上也是由交通运输部门、外贸部门或进出口商和代理人三个主要方面构成。这三个方面包括的主要机构如下：

1. 交通运输部门

它包括交通部、铁道部、民航部门、邮电部等下属的各专业运输机构。

（1）交通部：它主要包括水运方面的中国远洋运输集团、地方轮船公司、长江航运公司、珠江航运公司以及中外合资、合营、外商独资轮船公司等，公路方面主要有各地公路局和运输公司。

（2）铁道部：它主要从事铁路运输，下辖铁路管理总局和各地方局。

（3）民航部门：主要从事航空运输，包括中国民航公司及其分公司、地

方民航公司、中外合资、合营的航空公司。

（4）邮电部：主要进行数量不大的邮政包裹运输，包括中国邮电总局和各地分局。

2. 外贸部门和工农贸公司、外商独资、合资、合营企业

（1）各专业总公司及地方外贸专业公司。

（2）各工农贸公司。

（3）集体企业、工厂。

（4）外资、合资和合营企业。

3. 货运代理人

（1）商务部所属中国对外贸易运输总公司及其分支机构。

（2）商务部批准的其他货运代理公司。

（3）交通部所属中国外轮代理公司及各港口公司。

（4）铁道部所属铁路服务公司。

（5）中外合资、合营的代理公司。

**二、国际货物运输代理**

（一）国际货运代理人的定义

参照世界各国做法，结合我国实际情况，1995 年 6 月 6 日国务院批准的《中华人民共和国国际货物运输代理业管理规定》第二条规定"国际货物运输代理业，是指接受进出口货物收货人、发货人的委托，以委托人的名义或者以自己的名义，为委托人办理国际货物运输及相关业务并收取服务报酬的行业"。《中华人民共和国外商投资国际货运代理业管理规定》第二条则明确规定"外商投资国际货物运输代理企业是指境外的投资者以中外合资、中外合作以及外商独资形式设立的，接受进出口货物收货人、发货人的委托，以委托人的名义或者以自己的名义，为委托人办理国际货物运输及相关业务并收取服务报酬的外商投资企业"。据此，在我国国际货物运输代理人是指接受进出口货物收货人、发货人的委托，以委托人的名义或者以自己的名义，为委托人办理国际货物运输及相关业务并收取服务报酬的企业。

尽管世界各国因货运代理业的历史发展、管理体制和法律文化等的不同，对于货运代理人的称谓、定义有所不同，但是基本上都认为货运代理人是受运输关系人的委托，为了运输关系人的利益，安排货物的运输，提供货物的交运、拼装、接卸、交付服务及其他相关服务并收取相应报酬的人。其本身不是运输关系的实际当事人，而是运输关系实际当事人的代理人。

（二）国际货运代理的性质

如前所述，"货运代理"一词具有两种含义：其一是指货运代理人，其二

是指货运代理行业。与此相应，对于国际货运代理的性质也可以从国际货物运输代理人和国际货物运输代理行业两个角度来理解。

国际货物运输代理人本质上属于货物运输关系人的代理人，是联系发货人、收货人和承运人的货物运输中介人。有时代表发货人选择运输路线、运输方式、承运人，向承运人订舱，缮制贸易、运输单据，安排货物的短途运输、仓储、称重、检尺，办理货物的保险、报检、报验和通关手续，向承运人、仓储保管人及有关当局支付有关费用。有时代表收货人接收、检查运输单据，办理货物的报检、报验和通关手续，提取货物，安排仓储和短途运输，支付运费及其他相关费用，协助收货人向责任方索赔。还有时代表承运人揽货、配载、装箱、拼箱、拆箱，签发运输单据。虽然国际货物运输代理人有时也以独立经营人身份从事货物的仓储、短途运输，甚至以缔约承运人身份出具运单、提单，但这只不过是为了适应市场竞争需要、满足某些客户的特殊需求而拓展了服务范围的结果，并不影响其作为运输代理人的本质特征。

国际货物运输代理行业是随着国际经济贸易的发展、国际运输方式的变革、信息科学技术的进步发展起来的一个相对年轻的行业，在社会产业结构中属于第三产业，性质上属于服务行业。从马克思主义政治经济学的角度来看，它隶属于除了农业、采矿业、加工制造业以外的第四个物质生产部门——交通运输业，属于运输辅助行业。

（三）国际货运代理的作用

国际货运代理企业通晓国际贸易环节，精通各种运输业务，熟悉有关法律、法规，业务关系广泛，信息来源准确、及时，与各种承运人、仓储经营人、保险人、港口、机场、车站、堆场、银行等相关企业以及海关、商检、卫检、动植检、进出口管制等有关政府部门存在着密切的业务关系，不论对于进出口货物的收、发货人还是对于承运人和港口、机场、车站、仓库经营人都有重要的桥梁和纽带作用。不仅可以促进国际贸易和国际运输事业发展，而且可以为国家创造外汇来源，对于本国国民经济发展和世界经济的全球化都有重要的推动作用。仅对委托人而言，至少可以发挥以下作用：

1. 组织协调作用

国际货运代理人历来被称为"运输的设计师"、"门到门"运输的组织者和协调者。凭借其拥有的运输知识及其他相关知识，组织运输活动，设计运输路线，选择运输方式和承运人（或货主），协调货主、承运人及其与仓储保管人、保险人、银行、港口、机场、车站、堆场经营人和海关、商检、卫检、动植检、进出口管制等有关当局的关系，可以省却委托人时间，减少许多不必要的麻烦，使其专心致力于主营业务。

2. 专业服务作用

国际货运代理人的本职工作是利用自身专业知识和经验，为委托人提供货物的承揽、交运、拼装、集运、接卸、交付服务，接受委托人的委托，办理货物的保险、海关、商检、卫检、动植检、进出口管制等手续，甚至有时要代理委托人支付、收取运费，垫付税金和政府规定费用。国际货运代理人通过向委托人提供各种专业服务，可以使委托人不必在自己不够熟悉的业务领域花费更多的心思和精力，使不便或难以依靠自己力量办理的事宜得到恰当、有效的处理，有助于提高委托人的工作效率。

3. 沟通控制作用

国际货运代理人拥有广泛的业务关系、发达的服务网络、先进的信息技术手段，可以随时保持货物运输关系人之间、货物运输关系人与其他有关企业、部门的有效沟通，对货物进行运输的全过程进行准确跟踪和控制，保证货物安全、及时运抵目的地，顺利办理相关手续，准确送达收货人，并应委托人的要求提供全过程的信息服务及其他相关服务。

4. 咨询顾问作用

国际货运代理人通晓国际贸易环节，精通各种运输业务，熟悉有关法律、法规，了解世界各地有关情况，信息来源准确、及时，可以就货物的包装、储存、装卸和照管、货物的运输方式、运输路线和运输费用、货物的保险、进出口单证和价款的结算、领事、海关、商检、卫检、动植检、进出口管制等有关当局的要求等向委托人提出明确、具体的咨询意见，协助委托人设计、选择适当的处理方案，避免、减少不必要风险、周折和浪费。

5. 降低成本作用

国际货运代理人掌握货物的运输、仓储、装卸、保险市场行情，与货物的运输关系人、仓储保管人、港口、机场、车站、堆场经营人和保险人有着长期、密切的友好合作关系，拥有丰富的专业知识和业务经验、有利的谈判地位、娴熟的谈判技巧，通过国际货运代理人的努力可以选择货物的最佳运输路线、运输方式、最佳仓储保管人、装卸作业人和保险人，争取公平、合理的费率，甚至可以通过集运效应使所有相关各方受益，从而降低货物运输关系人的业务成本，提高其主营业务效益。

6. 资金融通作用

国际货运代理人与货物的运输关系人、仓储保管人、装卸作业人及银行、海关当局等相互了解，关系密切，长期合作，彼此信任，国际货运代理人可以代替收、发货人支付有关费用、税金，提前与承运人、仓储保管人、装卸作业人结算有关费用，凭借自己的实力和信誉向承运人、仓储保管人、装卸作业及银行、海关当局提供费用、税金担保或风险担保，可以帮助委托人融通资金，减少资金占压，提高资金利用效率。

（四）国际货运代理的分类

国际货物运输委托代理关系至少涉及委托人、代理人两方当事人，委托代理关系的内容与委托人授予代理人的权限范围、委托代理人办理的事项、代理人服务的地域范围等密切相关，这些因素都可以用来区别国际货运代理类型，作为划分国际货运代理类型的标准。按照不同的标准，可以对国际货运代理进行不同的分类。

（1）以委托人的性质为标准，可以将国际货运代理划分为：

① 货主的代理。它是指接受进出口货物收、发货人的委托，为了托运人的利益办理国际货物运输及相关业务，并收取相应报酬的国际货运代理。这种代理按照委托人的不同，还可以进一步划分为托运人的代理和收货人的代理两种类型。按照货物的流向，则可以进一步划分为进口代理、出口代理、转口代理三种类型。

② 承运人的代理。它是指接受从事国际运输业务的承运人的委托，为了承运人的利益办理国际货物运输及相关业务，并收取相应报酬的国际货运代理。这种代理按照承运人采取的运输方式的不同，也可以进一步划分为水运承运人的代理、空运承运人的代理、陆运承运人的代理、联运承运人的代理四种类型。其中，水运承运人的代理又可以细分为海上运输承运人的代理、河流运输承运人的代理两种类型。陆运承运人的代理则可以细分为道路运输承运人的代理、铁路运输承运人、管道运输承运人的代理等几种类型。承运人代理按照承运人委托事项的内容，还可以进一步划分为航线代理、转运代理和揽货代理三种基本类型。

（2）以委托人委托的代理人数量为标准，可以将国际货运代理划分为：

① 独家代理。它是指委托人授予一个代理人在特定的区域或者特定的运输方式或服务类型下，独家代理其从事国际货物运输业务和/或相关业务的国际货运代理。

② 普通代理。又称多家代理，它是指委托人在特定的区域或者特定的运输方式或服务类型下，同时委托多个代理人代理其从事国际货物运输业务和/或相关业务的国际货运代理。

（3）以委托人授予代理人权限范围为标准，可以将国际货运代理划分为：

① 全权代理。它是指委托人委托代理人办理某项国际货物运输业务和/或相关业务，并授予其根据委托人自己意志灵活处理相关事宜权利的国际货运代理。

② 一般代理。它是指委托人委托代理人办理某项具体国际货物运输业务和/或相关业务，要求其根据委托人的意志处理相关事宜的国际货运代理。

（4）以委托人委托办理的事项为标准，可以将国际货运代理划分为：

① 综合代理。它是指委托人委托代理人办理某一票或某一批货物的全部国际运输事宜，提供配套的相关服务的国际货运代理。

② 专项代理。它是指委托人委托代理人办理某一票或某一批货物的某一项或某几项国际运输事宜，提供规定项目的相关服务的国际货运代理。这种代理按照委托人委托事项的不同，可以进一步划分为订舱代理、仓储代理、交货代理、装卸代理、转运代理、提货代理、报关代理、报检代理、报验代理等类型。

（5）以代理人的层次为标准，可以将国际货运代理划分为：

① 总代理。它是指委托人授权代理人作为在某个特定地区的全权代表，委托其处理委托人在该地区的所有货物运输事宜及相关事宜的国际货运代理。在这种代理形式下，总代理人有权根据委托人的要求或自行在特定的地区选择、指定分代理人。

② 分代理。它是指总代理人指定的在总代理区域内的具体区域代理委托人办理货物运输事宜及其他相关事宜的国际货运代理。

这里应当指出的是总代理与独家代理既有联系，又有区别。总代理肯定是独家代理，但因独家代理并不一定拥有指定分代理的权利，独家代理不一定也是总代理。

（6）以运输方式为标准，可以将国际货运代理划分为：

① 水运代理。它是指提供水上货物运输服务及相关服务的国际货运代理。这种代理还可以具体划分为海运代理和河运代理两种类型。

② 空运代理。它是指提供航空货物运输服务及相关服务的国际货运代理。

③ 陆运代理。它是指提供公路、铁路、管道运输等货物运输服务及相关服务的国际货运代理。这种代理还可以进一步划分为道路运输代理、铁路运输代理和管道运输代理等类型。

④ 联运代理。它是指提供联合运输货运服务及相关服务的国际货运代理。这种代理又可以进一步划分为海空联运代理、海铁联运代理、空铁联运代理等类型。

（7）以代理业务的内容为标准，可以将国际货运代理划分为：

① 国际货物运输综合代理。它是指接受进出口货物收货人、发货人的委托，以委托人的名义或以自己的名义，为委托人办理国际货物运输及相关业务，并收取服务报酬的代理。

② 国际船舶代理。它是指接受船舶所有人、经营人或承租人的委托，在授权范围内代表委托人办理与在港国际运输船舶及船舶运输有关的业务，提供有关服务，并收取服务报酬的代理。

③ 国际民用航空运输销售代理。它是指接受民用航空运输企业委托，在约定的授权范围内，以委托人名义代为处理国际航空货物运输销售及其相关业务，并收取相应手续费的代理。

④ 报关代理。它是指接受进出口货物收货人、发货人或国际运输企业的委托，代为办理进出口货物报关、纳税、结关事宜，并收取服务报酬的代理。

⑤ 报检代理。它是指接受出口商品生产企业、进出口商品发货人、收货人及其代理人或其他对外贸易关系人的委托，代为办理进出口商品的卫生检验、动植物检疫事宜，并收取服务报酬的代理。

⑥ 报验代理。它是指接受出口商品生产企业、进出口商品发货人、收货人及其代理人或其他对外贸易关系人的委托，代为办理进出口商品质量、数量、包装、价值、运输器具、运输工具等的检验、鉴定事宜，并收取服务报酬的代理。

（五）我国货运代理管理细则

我国于 2004 年 1 月份修订了《中华人民共和国国际货物运输代理业管理规定实施细则》。

修订的主要重点是将"国际货运代理业务的申请人应当是与进出口贸易或国际货物运输有关、并有稳定货源的单位。符合以上条件的投资者应当在申请项目中占大股"修改为："国际货代企业的股东可由企业法人、自然人或其他经济组织组成。与进出口贸易或国际货物运输有关、并拥有稳定货源的企业法人应当为大股东，且应在国际货代企业中控股。企业法人以外的股东不得在国际货代企业中控股。"

根据商务部公报的修订细则，修订之目的是要为维护国际货运代理市场的秩序，加强对国际货运代理业的监督管理，促进中国国际货运代理业的健康发展。

细则表示，国际货物运输代理企业可以作为进出口货物收货人、发货人的代理人，也可以作为独立经营人从事国际货运代理业务。

国际货运代理企业作为代理人从事国际货运代理业务，是指国际货运代理企业接受进出口货物收货人、发货人或其代理人的委托，以委托人名义或者以自己的名义办理有关业务，收取代理费或佣金的行为。

国际货运代理企业作为独立经营人从事国际货运代理业务，是指国际货运代理企业接受进出口货物收货人、发货人或其代理人的委托，签发运输单证、履行运输合同并收取运费以及服务费的行为。

另外，细则亦指明，国际货运代理企业的名称和标志应当符合国家之规定，要与业务相符，并能表明行业特点，其名称应当含有"货运代理"、"运输服务"、"集运"或"物流"等相关字样。

根据公报的细则，国际货运代理企业应当依法取得中华人民共和国企业法人资格。企业组织形式为有限责任公司或股份有限公司。

细则禁止具有行政垄断职能的单位申请投资经营国际货运代理业务。承运人以及其他可能对国际货运代理行业构成不公平竞争的企业不得申请经营国际货运代理业务。

根据细则，经营国际货运代理的条件包括：具有至少五名从事国际货运代理业务三年以上的业务人员；有固定的营业场所，自有房屋、场地须提供产权证明；租赁房屋、场地，须提供租赁契约；有必要的营业设施；有稳定的进出口货源市场。

另外，企业申请的国际货运代理业务经营范围中如包括国际多式联运业务，还应当具备下列条件：从事国际货运代理企业三年以上经验；具有相应的国内、外代理网络；拥有在商务部登记备案的国际货运代理提单。

国际货运代理企业每申请设立一个分支机构，应当相应增加注册资本50万元人民币。如果企业注册资本已超过《规定》中的最低限额（海运500万元，空运300万元，陆运、快递200万元），则超过部分可作为设立分支机构的增加资本。

企业成立并经营国际货运代理业务一年后，可申请扩大经营范围或经营地域；在形成一定经营规模的条件下，可申请设立子公司或分支机构。

国际货运代理企业的经营范围包括：

（1）揽货、订舱（含租船、包机、包舱）、托运、仓储、包装；

（2）货物的监装、监卸、集装箱装拆箱、分拨、中转及相关的短途运输服务；

（3）报关、报检、报验、保险；

（4）缮制签发有关单证、交付运费、结算及交付杂费；

（5）国际展品、私人物品及过境货物运输代理；

（6）国际多式联运、集运（含集装箱拼箱）；

（7）国际快递（不含私人信函）；

（8）咨询及其他国际货运代理业务。

关于国际货运代理企业使用的国际货运代理提单之登记编号制度，细则表示，凡在中国境内签发的国际货运代理提单必须由国际货运代理企业报商务部登记，并在单据上注明批准编号。

国际货运代理提单的转让必须依照下列规定执行：

（1）记名提单：不得转让；

（2）指示提单：经过记名背书或者空白背书转让；

（3）不记名提单：无需背书，即可转让。

细则亦指明，国际货运代理企业不得将国际货运代理经营权转让或变相转让；不得允许其他单位、个人以该国际货运代理企业或其营业部名义从事国际货运代理业务；不得与不具有国际货运代理业务经营权的单位订立任何协议而使之可以单独或与之共同经营国际货运代理业务、收取代理费、佣金或者获得其他利益。

国际货运代理企业作为代理人，可向货主收取代理费，并可从承运人处取得佣金。国际货运代理企业不得以任何形式与货主分享佣金。

（六）国际货运代理的发展概况

货运代理从公元 10 世纪就开始存在，随着公共仓库在港口和城市的建立、海上贸易的扩大以及欧洲交易会的举办，货运代理业逐步发展起来。到了 16 世纪，已有相当数量的货运代理公司签发自己的提单、运单及仓储收据等。18 世纪，货运代理开始越来越多地把几家托运人运往同一目的地的货物集中起来托运，同时开始办理投保。以后逐步地变成现在我们所熟悉的中间性质的、独立的行业。到了 19 世纪，货运代理建立了行业组织，并于 1880 年在莱比锡召开了第一次国际货运代理代表大会。进入 20 世纪 20 年代，国际合作有了更大的发展，终于在 1926 年 5 月 16 个国家的货运代理协会在维也纳成立了国际货运代理协会联合会（International Federation of Forwarders Association，FIATA），简称"菲亚塔"。现在 FIATA 已有 50 多个正式会员和 1 000 多个协作会员。中国外运公司于 1985 年加入 FIATA，成为正式会员。国际货运代理在其发展的历史中，除了促使海上运输向更大规模发展外，也曾先后对于铁路运输、航空运输、公路运输、集装箱运输和国际多式联合运输的产生和发展起了很大的推动作用。也正是在这一过程中，国际货运代理企业越来越多、越来越发达，尤其是西欧每个国家有 300 ~ 800 家，法国有 2 000 家，德国有 4 500 家。亚洲的日本、中国、新加坡、韩国、印度等国家以及中国香港、中国台湾等地区也都各有几百家。其中，不少国家成立了国家级货运代理协会。目前，FIATA 已联合了 130 个国家的 3.5 万个货运代理。展望今后，国际货运代理将会逐渐地向业务范围广、在国外设有代理和分支机构网点的大企业发展，而在数量上则会逐渐减少。

我国在 1984 年以前，国际货运代理业务由中国对外贸易运输总公司独家经营。它作为各专业进出口公司的货运总代理，负责全国出口货物的发运和进口货物的接运，代表货主同运输承运人在码头、车站和机场办理货物交接、报关、报验等有关业务。1984 年以后，国家允许中国远洋运输总公司和中国对外贸易运输总公司交叉经营。更有大批新的国际货运代理企业（包括部分外商投资企业）陆续成立，开展业务。从此以后，我国国际货运代理市场逐渐对内、对外开放，形成多家竞争的局面。到 2002 年 10 月为止，我国已有国际货运代理企业 3 500 多家（包括分公司），从业人员近 30 万人。其中，国有国际货运代理企业占了 60%，外商投资国际货运代理企业占了 30%。沿海地区国际货运代理企业占了 70%，内陆地区国际货运代理企业占了 30%。从事国际航空货运代理业务的企业 361 家，占了 10% 还多。这些企业遍布全国各省、自治区、直辖市，分布在 30 多个部门和领域，国有、集体、外商投资、股份制等多种经济成分并存，已经成为我国对外贸易运输事业的重要力量，对于我国对外贸易和国际运输事业的发展乃至整个国民经济的发展做出了不可磨灭的贡献。目前，我国 80% 的进出口贸易货物运输和中转业务（其中散杂货占 70%，集装箱货占 90%）、90% 的国际航空货物运输业务都是通过国际货运代理企业完成的。

为了加强国际货运代理行业的监督管理，对外经济贸易部于 1988 年 6 月 25 日发布了《关于审批国际货运代理企业有关问题的规定》，明确了国际货运代理企业的主管部门、设立国际货运代理企业的条件、审批机关、审批权限、审批程序。1990 年 7 月 13 日，又发布了《关于国际货物运输代理行业管理的若干规定》，系统规定了国际货物运输代理行业管理的有关问题。这两个规章的发布标志着我国对于国际货运代理行业的管理开始进入规范化的轨道。

与此同时，对外经济贸易部还分别于 1987 年 8 月 15 日、1988 年 2 月 22 日、1988 年 9 月 9 日和 1989 年 10 月 5 日发出了《关于清理国际货运代理企业的通知》、《关于限制外商在我国内开办国际货运代理企业的通知》、《关于清理复查国际货物运输代理企业名单的函》和《关于加强外贸运输管理提高合同履约率的通知》，对全国国际货运代理企业进行了自下而上的认真清理、整顿，并根据清理、整顿情况分别于 1990 年 8 月 10 日以 ［90］ 外经贸进出运字第 1002 号、1991 年 5 月 9 日以 ［1991］ 外经贸进出发字第 281 号、1991 年 7 月 18 日以 ［1991］ 外经贸进出函字第 1141 号文件分三次公布了 261 家经清理整顿合格、持有《国际货物运输代理企业认可证书》的国际货物运输代理企业名单，结束了第一次全国国际货运代理企业的清理整顿工作。

为了进一步促进我国国际货运代理行业发展、引进多种市场主体、鼓励公平竞争，1992 年 11 月 10 日国务院又发出了《关于进一步改革国际海洋运输管理工作的通知》，重申"放开货代、船代，允许多家经营，鼓励竞争，以提高服务质量。凡符合开业条件、合法经营的企业（包括取得企业营业执照的分支机构），经批准都可以从事货代、船代业务，货主和船公司有权自主选择货代、船代，承运人与货主可以建立直接的承托运关系，任何部门都不得进行行政干预"。据此，对外经济贸易部在加强国际货运代理行业管理的同时，加快了审批国际货运代理企业、开放国际货运代理服务市场的步伐。到1992年年底为止，我国国际货运代理企业已经发展到了455家。其中，中外合资经营企业97家，中远、外运、外代系统以外的内资企业177家。国际货运代理行业终于成为我国一个有影响力的独立行业。

此后，为了加强国际货运代理行业管理，规范国际货运代理企业行为，保障货主、承运企业、国际货运代理企业合法权益，不仅国务院先后批准了《民用航空运输销售代理业管理规定》和《中华人民共和国国际货物运输代理行业管理规定》等法规性文件，对外贸易经济合作部也陆续发布了《关于整顿国际货运代理经营秩序的通知》、《外商投资国际货物运输代理企业审批规定》、《关于台湾海峡两岸间货物运输代理业管理办法》、《中华人民共和国国际货物运输代理行业管理规定实施细则（试行）》、《对违规、走私企业给予警告、暂停或撤销对外贸易、国际货运代理经营许可处罚的暂行规定》等规章。这些文件的发布进一步规范了我国国际货运代理市场秩序，促进了我国国际货运代理行业的健康、稳定发展。不仅一大批有实力的外国货运代理企业进入了中国国际货运代理市场，设立了一批中外合资、合作国际货运代理企业，纯粹由国内投资者设立的国际货运代理企业数量也有了迅速发展。到1998年年底，我国已经批准国际货运代理企业1 600家，其中中外合资国际货运代理企业就有444家。

为了促进国际货运代理行业的健康发展，加强行业自律，维护国际货运代理企业正当权益，各地还纷纷成立了国际货运代理协会。自1992年9月24日我国第一家地方国际货运代理协会——上海市国际货运代理协会成立起，至今已有21个省、自治区、直辖市、沿海开放城市成立了地方国际货运代理协会。为了协调国际货运代理行业发展中的全局问题，对外贸易经济合作部早在1994年就做出了筹建中国国际货运代理协会的决定，并于2000年9月6日正式成立了中国国际货运代理协会这一全国性的国际货运代理行业组织。中国国际货运代理协会的成立标志着我国政府对国际货运代理行业的管理进入了一个政府监管和行业自律并重的新阶段。

# 第四节　国际贸易运输对象

国际货物的运输对象就是国际货物运输部门承运的各种进出口货物如原料、材料、工农业产品、商品以及其他产品等。它们的形态和性质各不相同，对运输、装卸、保管也各有不同的要求。从国际货物运输的需要出发，可以从货物的形态、性质、重量、运量等几个不同的角度进行简单的分类。

## 一、从货物形态的角度分类

### (一) 包装货物

为了保证有些货物在装卸运输中的安全和便利，必须使用一些材料对它们进行适当的包装，这种货物就叫包装货物。按照货物包装的形式和材料，通常可分为以下几种：

1. 箱装货物

可分为木箱、纸箱和金属箱几种。木箱适用于包装各类较重的货物，纸箱适用于包装较轻的货物，金属箱则常用于包装贵重货物。

2. 桶装货物

有金属桶、胶合板桶、纸板桶、塑料桶和木桶等，分别适用于包装块状或粉状固体、糊状固体、液体以及浸泡于液体中的固态货物，有严格的密封要求。

3. 袋装货物

用多层牛皮纸、麻织料、布料、塑料、化纤织料和人造革等各种材料制成的包装袋，盛装粉状、结晶状和颗粒状的货物。

4. 捆装货物

使用棉、麻、金属或塑料等织物包扎或捆扎的条状货物。

5. 其他

如卷筒状、编筐状、坛罐瓶状等多种形状的包装货物。

### (二) 裸装货物

又称无包装货物。不加包装而成件的货物称为裸装货物。裸装货物通常是不便于包装的，且不包装也不影响货运质量。常见的有各种钢材、生铁、有色金属以及车辆和一些设备等。有些裸装货物在运输过程中需要采取防止水湿锈损的安全措施。

### (三) 散装货物

又称散。在运输中没有包装、一般无法清点件数的粉状、颗粒状或块状货物。这种大批量的低值货物不加任何包装，采取散装方式，以利于使用机械装卸作业进行大规模运输，把运费降到最低的限度，这种货物称为散装货物。包括干质散装货物和液体散装货物。如煤炭、铁矿、磷酸盐、木材、粮谷、工业用盐、硫磺、化肥、石油等。

## 二、从货物性质的角度分类

### （一）普通货物

**1. 清洁货物**

指清洁、干燥货物，这种货物在运输保管过程中不能混入杂质，也不能被玷污。如茶叶、棉纺织品、粮食、陶瓷器、各种日用工业品等。

**2. 液体货物**

指盛装于桶、瓶、坛内的流质或半流质货物，如油类、酒类、药品、普通饮料等。

**3. 粗劣货物**

指具有油污、水湿、扬尘和散发异味等特性的货物，如包装外表有油腻的桶装油类、生皮、盐渍货物、水泥、烟叶、化肥、矿粉、颜料等，这种货物由于易造成其他货物污损，所以又称之为污染性货物。

### （二）特殊货物

**1. 危险货物**

指具有易燃、爆炸、毒害、腐蚀和放射性性质的货物。根据危险货物运输规则，它又分若干大类与小类。

**2. 易腐、冷藏货物**

指常温条件下易腐变质或指定以某种低温条件运输的货物，如果菜、鱼类、肉类等。

**3. 贵重货物**

指价值高昂的货物，如金、银、贵重金属、货币、高价商品、精密器械、名画、古玩等。

**4. 活的动植物**

指具有正常生命活动、在运输中需要特殊照料的动植物。

## 三、从货物重量和体积的角度分类

按照货物的重量和体积比例的大小来划分，可分为重量货物和体积货物两种。根据国际上统一的划分标准，凡1吨重量的货物，体积如小于40立方英尺或1立方米，这种货物就是重量货物；凡1吨重量的货物，体积如大于40立方英尺或1立方米，这种货物就是体积货物，也称为轻泡货物。货物的这种划分对于安排货载和计算运费具有十分重要的意义。

### 四、从货物运量大小的角度分类

#### （一）大宗货物

同批（票）货物的运量很大者称为大宗货物，如化肥、粮谷、煤炭等。大宗货物约占世界海运总量的75%～80%。由于大宗货物批量较大，在运量构成中所占百分比也较大。因此，一般都以航次租船的营运方式承运。

#### （二）件杂货物

大宗货物之外的货物称为件杂货物。它一般具有包装，可分件点数，约占世界海运总量的25%，但其货价要占到75%。

#### （三）长大笨重货物

在运输中，凡单件重量超过限定数量的货物称为重件货物或超重货物；凡单件某一体积（尺码）超过限定数量的货物称为长大货物或超长货物。一般情况下，超长的货物往往又是超重的，超重的货物中也有一些是属超长的。所以这类货物统称为长大笨重货物，如石油钻台、火车头、钢管、钢轨等。

货物的这些划分对于货物的装载和计费具有十分重要的意义。

# 第五节　国际贸易合理运输

运输业是个特殊的物质生产部门，运输虽不会使产品增加，但它能使在运输时所消耗的劳动量追加到被运输的产品上去。据国内外有关资料，在社会产品最终成本中，运输费约占10%～30%左右，有的低值产品甚至大大超过这一比例。由此可见，开展合理运输、节约运输的劳动耗费对降低社会产品的成本起着重要作用。就国际贸易运输来说，它本身是一项复杂的运输组织和管理工作，牵涉到国内外交通运输部门、国外客户、国内生产和用货部门等，涉及面很广。从性质上看，它又是为对外贸易服务的部门，要求服务好、质量高、做到迅速、安全、准确、节省和方便。这些要求是国际贸易运输的性质和任务所提出的，也是为多年来运输实践所证明的。组织合理运输是达到这些要求的有力手段，也是提高货物运输的科学管理水平、加快货运周转、降低货运成本、取得最高经济效益所必不可少的。

### 一、合理运输的概念

合理运输就是按照货物的特点和合理流向以及交通运输条件走最少的里程、经最少的环节、用最少的运力、花最少的费用、以最快的时间把货物安全、完整地运到目的地。不合理运输就是指在各种运输方式间或在同一运输方式内部各条线路或航道上发生相同产品（或可以互代产品）的对流或相向运输、重复运输以及过远运输、迂回运输和违反各种运输合理分工原则的运输，其结果是造成不必要的货物周转或装卸工作量，浪费运输能力，增加运输费用。

国际贸易运输是中间环节很多、涉及面很广、情况复杂多变的长途运输，组织合理运输是贯彻执行"迅速、安全、准确、节省、方便"方针、完成运输任务、提高经济效益所必不可少的有力的科学管理手段。

**二、决定合理运输的五个要素**

（一）运输距离

运输里程的远近是决定合理与否诸因素中一个最基本的因素，应尽可能就近运输，避免舍近求远，从而浪费运输吨公里。我国幅员辽阔，要尽量避免过远、迂回运输。

（二）运输环节

围绕着运输业务活动还要进行装卸、搬运、包装等工作，多一道环节需多花很多劳动。所以应尽可能组织直达、直拨运输，使货物越过一切不必要的中间环节，减少二次运输。

（三）运输工具

要根据不同货物的特点分别利用海运、陆运或空运，选择最佳路线，如该走海运的不要走陆运、该用火车的不要用汽车等。

（四）运输时间

"时间就是金钱，速度就是效益"，运输不及时容易失去销售机会，造成商品积压或脱销，尤其是国际贸易市场瞬息万变，时间问题更为突出。

（五）运输费用

它是衡量运输经济效益的一项重要指标，也是组织合理运输的主要目的之一。运输费用的高低不仅关系到运输企业的经济效益，也影响到商品销售成本。

上述五个要素既相互联系，又互有影响，有时甚至是矛盾的，这就要求运输部门进行综合比较分析，选择最佳运输方案。在一般情况下，运输时间快、运输费用省是考虑合理运输的两个主要因素，它集中地体现了运输经济效益。

**三、组织合理运输的措施**

组织合理运输的措施要由生产、交通运输和流通等各个部门共同协作组织实施。从国际贸易运输的角度来说，要从以下几方面努力：

（一）合理选择运输方式和运输工具

各种运输方式有着各自的适用范围和不同的技术经济特征，选择时必须进行比较和综合分析，首先要考虑运输成本的高低和运行速度的快慢，此外还要考虑商品的性质、数量的大小、运输距离的远近、市场需要的缓急、风险的程度、国际政治经济形势的变化等。在选择运输工具上，同一运输方式如铁路、公路运输可根据不同商品选择不同类型的车辆，海运可选择班轮或不定期船，内河运输可选择轮船、木帆船等。发展多式联合运输和充分利用运输工具回空运输货物也是组织合理运输的有效措施。

（二）正确选择运输路线和装卸中转港口

运输路线的选择一般来说应尽量安排直达运输，以减少运输装卸转运环节，缩短运输时间，节省运输费用。出口商品就地收购、就地加工、就地包装、就地检验、直接出口的"四就一直"工作法、三列直达香港的特快列车以及各条海运直达航线的开辟就是组织合理运输的重要措施。必须中转的进出口货物也应选择适当的中转港、中转站。进出口货物的装卸港一般应尽量选择班轮航线经常停靠、自然条件装卸设备较好、费用较低的港口。进口货物的卸港还应根据货物流向和大宗货物用货部门所在地来考虑。出口货物的装港则还应考虑靠近出口货物产地或供应地点的原则，以减少国内运输里程、节约运力。

（三）提高包装质量，改进包装方法

进出口货物运输线路长，装卸操作次数多，必须根据不同的运输方式、运输距离和商品性质来合理地选择包装物料，以提高包装质量、保护商品安全、开展合理运输。在大力发展集装箱运输的今天，对于包装标准化提出了更高的要求。包装方法也要大力改进，轻泡货物用机器打包，可比用人力打包缩小体积；石油改桶装为大油轮散装，可提高自动化水平；其他许多货物包装的改进，也都对减少货物损失、降低运费支出、降低商品成本取得了明显的效果。上述这些都是组织合理运输的必要措施。

（四）提高装载技术

（1）采取零担货拼整车发运的办法，减少运输费用，节约动力。主要有零担货物拼整车直达运输、零担货物拼整车接力直达或中转分运、整车分卸（二三站分卸）、整装零担等四种具体做法。

（2）一方面最大限度地利用车船载重吨位，另一方面充分使用车船装载容积，以提高装载量、充分利用运力、降低费用。主要做法有三种：一是组织轻重配装，即把实重货物和轻泡货物组装在一起；二是实行解体运输，即对一些体大笨重、不易装卸又容易碰撞致损的货物将其拆卸装车，分别包装；三是改进堆码方法，即根据车船的货位情况和不同货物的包装形状，采取各种有效的堆码方法，如平装、补装、顺装、立装、叠装、骑装、跨装、套装、扣装、架装等。

组织合理运输的效益必须从全局来考虑，同时既要考虑经济效益，也要考虑社会效益。在制订运输方案时，则必须考虑客观现实条件的可行性，不能仅凭主观愿望。最优的运输方案也有一定的相对性，只能在一定的条件下、一定的时间里和一定的范围内适用，随着时间、地点、范围和其他条件的变化，合理的程度会随之发生变化。所以我们必须不断研究新情况，采取新措施，持续有效地开展合理运输。

# 本章知识结构图表

**第一节 国际贸易运输性质**

一、运输的含义

二、运输业的产生、性质和发展

（一）运输具有生产的本质属性

（二）运输自身的特点

（三）现代运输手段四要素

三、国际货物运输的含义

四、国际贸易运输的特点

（一）国际贸易运输是中间环节很多的长途运输

（二）国际贸易运输涉及面广、情况复杂多变

（三）国际贸易运输的时间性特别强

（四）国际贸易运输的风险较大

（五）国际贸易运输涉及国际关系问题

五、国际贸易运输的地位和作用

（一）国际贸易运输是国际贸易不可缺少的重要环节

（二）国际贸易运输是交通运输的重要分支

（三）国际贸易运输能够促进国际贸易的发展

（四）国际贸易运输能够促进交通运输的发展

（五）国际贸易运输是平衡国家外汇收入的重要手段

六、国际贸易运输的任务和要求

（一）国际贸易运输的任务

（二）国际贸易运输的要求

**第二节 国际贸易运输方式**

一、国际海上货物运输

（一）国际海上货物运输发展概况

（二）国际海上货物运输的特点

（三）国际海上货物运输的作用

二、国际铁路货物运输

（一）铁路运输发展概况

（二）铁路货物运输的特点

（三）铁路运输在我国对外贸易中的作用

三、国际公路货物运输

（一）公路运输发展概况

（二）公路运输的特点

（三）公路运输在国际贸易运输中的地位和作用

四、国际航空货物运输

（一）航空运输发展概况

（二）航空货物运输的特点

（三）航空运输在国际贸易中的作用

五、国际集装箱货物运输

（一）集装箱运输的特点和优越性

（二）集装箱运输的发展及其前景

六、国际多式联合运输及其他运输方式

（一）国际多式联合运输

（二）内河运输

（三）邮政运输

（四）管道运输

**第三节　国际贸易运输组织**

一、国际贸易运输组织概况

（一）国际贸易运输的一般组织机构

（二）我国国际贸易运输的组织机构

二、国际货物运输代理

（一）国际货运代理人的定义

（二）国际货运代理的性质

（三）国际货运代理的作用

（四）国际货运代理的分类

（五）我国货运代理管理细则

（六）国际货运代理的发展概况

**第四节　国际贸易运输对象**

一、从货物形态的角度分类

（一）包装货物

（二）裸装货物

（三）散装货物

二、从货物性质的角度分类

（一）普通货物

（二）特殊货物

三、从货物重量和体积的角度分类

四、从货物运量大小的角度分类

（一）大宗货物

（二）件杂货物

（三）长大笨重货物

**第五节　国际贸易合理运输**

一、合理运输的概念

二、决定合理运输的五个要素

（一）运输距离

（二）运输环节

（三）运输工具

（四）运输时间

（五）运输费用

三、组织合理运输的措施

（一）合理选择运输方式和运输工具

（二）正确选择运输路线和装卸中转港口

（三）提高包装质量，改进包装方法

（四）提高装载技术

# 本章综合测试

## 一、单项选择题

1. 以下不是国际海上货物运输特点的有（　　）。

    A. 通过能力大　　　　　　　　　B. 运输量大

    C. 运费低廉　　　　　　　　　　D. 对货物的适应性强

    E. 速度较低　　　　　　　　　　F. 风险较小

2. 国际贸易中最主要的运输方式是（　　）。

    A. 国际海上货物运输　　　　　　B. 国际铁路货物运输

    C. 国际公路货物运输　　　　　　D. 国际航空货物运输

3. 以下不是铁路货物运输特点的有(　　　)。

    A. 运输的准确性和连续性强　　　　B. 运输速度较快

    C. 运输量较小　　　　　　　　　　D. 运输安全可靠

    E. 运输成本较低　　　　　　　　　F. 初期投资大

4. 接受从事国际运输业务的承运人的委托、为了承运人的利益办理国际货物运输及相关业务并收取相应的报酬的国际货运代理是(　　　)。

    A. 独家代理　　　　B. 普通代理　　　　C. 货主的代理　　D. 承运人的代理

5. 委托人授予一个代理人在特定的区域或者特定的运输方式或服务类型下，独家代理其从事国际货物运输业务和/或相关业务的国际货运代理是(　　　)。

    A. 独家代理　　　　　B. 普通代理　　　　C. 货主的代理　　D. 承运人的代理

6. 委托人授权代理人作为在某个特定地区的全权代表、委托其处理委托人在该地区的所有货物运输事宜及相关事宜的国际货运代理是(　　　)。

    A. 综合代理　　　　　B. 专项代理　　　　C. 总代理　　　　D. 分代理

7. 国际货运代理企业成立并经营国际货运代理业务(　　　)后，可申请扩大经营范围或经营地域；在形成一定经营规模的条件下，可申请设立子公司或分支机构。

    A. 半年　　　　　　B. 二年　　　　　C. 三年　　　　　D. 一年

## 二、多项选择题

1. 现代运输手段四要素包括：(　　　　)。

    A. 运输工具　　　　　　　　　　　B. 运输动力

    C. 运输通路　　　　　　　　　　　D. 电信设备

    E. 运输物资

2. 国际贸易运输与国内贸易运输相比，具有以下几个主要特点：(　　　　)。

    A. 国际贸易运输是中间环节很多的长途运输

    B. 国际贸易运输涉及面广、情况复杂多变

    C. 国际贸易运输的时间性特别强

    D. 国际贸易运输的风险较大

    E. 国际贸易运输涉及国际关系问题

3. 国际贸易运输的地位和作用包括：(　　　　)。

    A. 国际贸易运输是国际贸易不可缺少的重要环节

    B. 国际贸易运输是交通运输的重要分支

    C. 国际贸易运输能够促进国际贸易的发展

    D. 国际贸易运输能够促进交通运输的发展

E. 国际贸易运输是平衡国家外汇收入的重要手段

4. 铁路运输在我国对外贸易中的作用有：(　　　　)。

A. 通过铁路把欧、亚大陆连成一片

B. 保证了对港澳地区的出口

C. 是我国出口货物由内地向港口集中、进口货物从港口向内地疏运的保证

D. 保证了省与省间、省内各地区间的外贸物资的调拨

5. 国际公路运输的特点包括(　　　　)。

A. 机动灵活、简捷方便、应急性强

B. 汽车运输投资大

C. 能够适应集装箱货运方式发展的需要

D. 载重量小

E. 费用成本较水运和铁路运输为高

6. 航空货物运输的特点包括(　　　　)。

A. 速度快

B. 安全准确

C. 手续复杂

D. 节省包装、保险、利息和储存等费用

E. 运量较小，运价较高

7. 集装箱运输的特点和优越性包括：(　　　　)。

A. 提高装卸效率，加速车船周转　　　　B. 提高运输质量，减少货损货差

C. 便利货物运输，简化货运手续　　　　D. 节省包装用料，减少运杂费

E. 节约劳动力，改善劳动条件

8. 国际贸易运输的组织机构基本上可以归纳以下哪几个方面？(　　　　)。

A. 承运人　　　　B. 货主　　　　C. 商检　　　　D. 货运代理人

9. 国际货运代理的作用包括：(　　　　)。

A. 组织协调作用　　　　　　　　B. 专业服务作用

C. 沟通控制作用　　　　　　　　D. 咨询顾问作用

E. 降低成本作用　　　　　　　　F. 资金融通作用

10. 以委托人的性质为标准，可以将国际货运代理划分为：(　　　　)。

A. 独家代理　　　　B. 普通代理　　　　C. 货主的代理　　　D. 承运人的代理

11. 组织合理运输的措施包括(　　　　)。

A. 合理选择运输方式和运输工具

B. 正确选择运输路线和装卸中转港口

C. 提高包装质量，改进包装方法

D. 提高装载技术

## 三、判断题

1. 运输是在产品的流通领域内进行的，是生产过程在流通过程内的继续。

　　　　　　　　　　　　　　　　　　　　　　　　　　　（　　）

2. 运输生产的"产品"是无形的，随着运输的终止而消耗，并像一般生产产品那样可以加以储备。　　　　　　　　　　　　　　　　　（　　）

3. 国际多式联运是以集装箱为媒介，把海上运输、铁路运输、公路运输、航空运输和内河运输等传统的单一运输方式有机地结合起来，构成一种连贯的过程来完成国际间的货物运输。　　　　　　　　　　　（　　）

4. 货运代理人是指专门经营进出口商品业务的进出口商及代办货物运输业务的机构。　　　　　　　　　　　　　　　　　　　　　　（　　）

5. 一般代理是指委托人概括委托代理人办理某项国际货物运输业务和/或相关业务，并授予其根据委托人自己意志灵活处理相关事宜权利的国际货运代理。　　　　　　　　　　　　　　　　　　　　　　　　（　　）

6. 国际货运代理企业作为代理人，可向货主收取代理费和佣金，并可从承运人处取得佣金。　　　　　　　　　　　　　　　　　　　（　　）

7. 国际货物运输代理企业可以作为进出口货物收货人、发货人的代理人，也可以作为独立经营人，从事国际货运代理业务。　　　　　（　　）

8. 国际货运代理企业作为独立经营人从事国际货运代理业务，是指国际货运代理企业接受进出口货物收货人、发货人或其代理人的委托，以委托人名义或者以自己的名义办理有关业务，收取代理费或佣金的行为。　（　　）

9. 凡在中国境内签发的国际货运代理提单必须由国际货运代理企业报商务部登记，并在单据上注明批准编号。　　　　　　　　　　　（　　）

## 本章综合测试答案

一、单项选择题

1. F　2. A　3. C　4. D　5. A　6. C　7. D

二、多项选择题

1. ABCD　2. ABCDE　3. ABCDE　4. ABCD　5. ACDE　6. ABDE　7. ABCDE

8. ABD　9. ABCDEF　10. CD　11. ABCD

三、判断题

1. T　2. F　3. T　4. F　5. F　6. F　7. T　8. F　9. T

## 复习思考题

1. 运输业是一个特殊的物质生产部门，它具有哪些特点？
2. 国际货物运输的地位和作用是什么？
3. 国际货物运输工作具有哪些特点？
4. 国际货物运输主要有哪几种方式？它们各有哪些特点？
5. 国际货物运输组织机构有哪些？各承担什么任务？
6. 国际贸易运输的任务是什么？为什么在工作中必须贯彻"十字方针"？
7. 国际货物运输代理的种类和作用是什么？
8. 国际货物运输对象主要分为哪几类？
9. 开展合理运输的主要内容是什么？
10. 开展合理运输与优质服务的关系如何？

# 第二章　国际贸易运输地理

## 【关 键 词】

国际海运系统、国际陆运系统、国际空运系统、时区、区时。

## 【知识目标】

● 了解世界大洋、国际运河及海峡、海运港口、国际铁路货运线的分布、国际航空站和航空线的分布；

● 熟悉我国通往邻国及地区的铁路线及国境口岸、我国对外贸易公路运输及口岸的分布、我国的国际贸易航空货运线和机场；

● 掌握世界海运通道、世界时区的划分和世界区时的计算。

## 【技能目标】

◆ 知道我国与国外海运、陆运和空运的航线分布；

◆ 能划分世界时区和计算世界区时；

◆ 做到对世界海运通道的熟悉和掌握；

◆ 实现对当前三大世界主要贸易通道系统即海运系统、陆运系统和空运系统的了解。

## 【导入案例或者任务描述或者背景知识】

我国位于亚洲东部、太平洋西岸，东邻朝鲜，南接越南、老挝和缅甸，西南和西部与印度、不丹、尼泊尔、巴基斯坦、阿富汗接壤，正北是蒙古，西北和东北是俄罗斯、哈萨克斯坦、吉尔吉斯斯坦和塔吉克斯坦。东部和东南部隔黄海、东海、南海与日本、菲律宾、马来西亚、文莱、印度尼西亚等国相望。海陆兼备，邻国众多，为发展国际贸易创造了良好的条件。第二次世界大战后，世界经济迅速发展，各国经济交往不断加强，国际经济关系愈益广泛与密切，世界贸易获得空前发展。与此相适应，国际货物运输业也向着多样化、大型化、高速化、专门化和自动化方向发展。当今世界已形成了由海陆空多种运输方式组成的全球性的贸易通道，运输网点遍及全球各地，可以把货物运送到世界任何角落。本章主要介绍世界贸易通道的地理分布和特点。

当前世界主要贸易通道的组成，按其分布可分为三大系统：海运系统、陆运系统和空运系统。

# 第一节　国际海运系统

### 一、世界大洋、国际运河及海峡

（一）大洋

地球上广阔连续的水体总称为海洋，其边缘部分叫海，中心部分叫洋。地球表面总面积约 5.1 亿平方公里，其中海洋面积约 3.6 亿平方公里，占全球总面积 71%。全球共有四大洋。

1. 太平洋

太平洋是世界上最大最深的海洋，位于亚洲、大洋洲、北美洲、拉丁美洲和南极洲之间，总面积为 1.7967 万平方公里，约占世界大洋总面积 1/2，平均深度 4 028 米。太平洋在世界海运业中具有重要地位。它拥有世界 1/6 以上的港口，海运量由 20 世纪 80 年代初占世界海运量的 1/5 上升到 90 年代初的 1/3 左右。太平洋沿岸成为当前世界经济贸易活动最活跃的地区。经济学家预言，21 世纪是太平洋国家的时代，海运量和航运密度将进一步增加。

2. 大西洋

大西洋位于欧洲、非洲、南北美洲和南极洲之间，面积约 9 336 万平方公里，平均深度 3 626 米，是世界第二大洋，也是世界重要海运大洋。大西洋沿岸有 70 多个国家，是四大洋中沿岸国家最多的海区，拥有世界约 3/4 的港口，海运量约占全球海运量的 1/2。尽管与 20 世纪 60—70 年代相比，目前大西洋海运量比重已逐渐下降，但仍是最重要的海域。

3. 印度洋

印度洋位于亚洲、大洋洲、非洲和南极洲之间，面积 7 492 万平方公里，平均水深 3 897 米，为世界第三大洋。印度洋周围有 30 多个国家和地区，拥有世界近 1/10 的港口。它沿岸资源比较丰富，特别是印度洋西北部的波斯湾地区素有"世界石油宝库"之称，其石油海运量巨大，在世界航运上占有重要地位。目前印度洋上的海运量约占世界海运总量的 1/6 左右。

4. 北冰洋

北冰洋大致以北极为中心，介于欧洲、亚洲和美洲的北岸之间，面积 1310 万平方公里，平均深度 1 296 米，是四大洋中最小最浅的洋。北冰洋地处高纬，气候严寒，冬季洋面 85% 冻结，夏季近 2/3 洋面覆盖浮冰，因此航运意义不大，有挪威海的巴伦支海西南由于受北大西洋暖流影响全年可航。由于北冰洋位于欧、亚、北美三洲的顶点，为联系三大洲的捷径，随着航海技术的进一步发展，北冰洋在海运方面也会有新的发展。

（二）世界海运中的重要运河和海峡

世界海运航道中最重要的国际运河是苏伊士运河和巴拿马运河，最重要的海峡是马六甲海峡、英吉利海峡和霍尔木兹海峡。

1. 苏伊士运河

苏伊士运河位于埃及东北部，扼欧、亚、非三洲交通要冲。它沟通了地中海和红海，从而连接了大西洋和印度洋，是一条具有重要战略意义和经济意义的水道。运河北起塞得港，南到陶菲克港，全长161.6公里，连同伸入地中海、红海河段总长173公里，宽160～200米，为一海平式运河。经过1985年完工的第二期扩建工程，目前已可通行吃水20.4米、载重25万吨级的超级油轮，船舶通过运河平均需要10小时。

苏伊士运河的开凿使西欧、北美至印度洋岸和太平洋西岸的航程比绕行好望角缩短5 500～8 000公里。而且通过运河的航线大多途经内海，比好望角航线安全，因此该运河成为世界上最繁忙的航道之一，每年通过运河的船舶约2万艘次，其货运量居各国际运河之首。

图2-1　苏伊士运河图

2. 巴拿马运河

巴拿马运河斜贯巴拿马共和国中部，为沟通太平洋和大西洋、连接两洋各港口的重要捷径。运河全长81.3公里，航道水深13.5～26.5米，为一水闸式运河，运河大部分河段的水面高出海面 26 米，有 5 个船闸，可通行载重 6.5 万吨级以下轮船，每年通过运河的货运量约在 1 亿多吨，在国际运河中仅次于苏伊士运河。

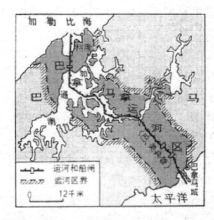

**图 2 - 2　巴拿马运河图**

3. 马六甲海峡（Malacca Strait）

马六甲海峡位于亚洲东南部马来半岛和苏门答腊岛之间，是沟通太平洋和印度洋的海上交通要道。海峡总长（包括新加坡海峡在内）1 100公里，水深 25～113 米，可通过 25 万吨满载海轮，每年约有 10 万艘次船只通过。由于船多拥挤，为避免事故，一般 20 万吨以上海轮绕道龙目——望加锡海峡航行，约增加1 000海里航程。

**图 2 - 3　马六甲海峡图**

4. 基尔运河

基尔运河位于德国东北部，横贯日德兰半岛，沟通波罗的海和北海，是波罗的海通往大西洋的捷径，可缩短航程 685 公里。运河长 98.7 公里，深 11.3 米，有船闸 6 座，可通行吃水 9.4 米、载重 2 万吨级以下船舶，通过时间需 7 小时，年通过 8 万多艘船舶，是世界通过船只最多的国际运河。年货运量约 5 000 万吨，运河对所有国籍的船舶日夜开放。

5. 英吉利海峡

英吉利海峡介于英、法两国之间的狭窄处，水深在 25～55 米之间，连同在它北部的多佛尔海峡总长约 600 公里，是连接西北欧与北美的主要航线，每年通过海峡的船舶达 17.5 万多艘次，日均通过船舶 300 艘以上，是世界上最繁忙的海峡。1993 年 12 月 10 日海峡最窄处的双孔海底隧道经过 10 年建设终于开通。铁路隧道的开凿节省了英法之间的往来时间，也减少了渡轮横穿的频率，减轻了海峡的运输压力，避免因拥挤而频频发生事故。

6. 霍尔木兹海峡

霍尔木兹海峡位于亚洲西部阿曼半岛和伊朗之间，海峡呈人字形，东西长约 150 公里，平均水深 70 米以上。海峡西接波斯湾，东连阿曼湾。波斯湾沿岸产油国家的石油资源绝大部分是通过这里输向西欧、日本和美国等地的。因此该海峡是世界著名的"石油海峡"，在国际航运上占有重要地位，进出霍尔木兹海峡的油轮每年约 2 万余艘，每年油运量为 6 亿～8 亿吨。

除上述三大运河和三大海峡之外，较重要的运河、海峡和其他运输通道还有：

7. 圣劳仑斯河道

该河由美国和加拿大交界的五大湖注入大西洋，原为天然河流，后经人工疏浚而成，其中包括数段人工运河与水闸。该河全长 4 344 公里，航道深 8 米，可通航载重 5 万吨船舶，为大湖区通往美、加腹地的捷径。但水闸较多，易耽误时间，同时每年 12 月中旬到次年 4 月底冻结断流。

8. 直布罗陀海峡

位于欧洲伊比利亚半岛南端和非洲西北角之间，是地中海通往大西洋的唯一海上通道，有地中海咽喉之称，具有重要的战略意义和交通地位。海峡长约 90 公里，东深西浅，平均水深 375 米。

9. 曼德海峡

位于阿拉伯半岛和非洲大陆之间，是沟通印度洋、亚丁湾和红海的重要水道。宽 32 公里，深约 150 米，海峡入口处的丕林岛把海峡分成两股，东水道宽约 3.2 公里，深 29 米，是航行的要道，西水道多暗礁不能通航。

10. 黑海海峡

又称土耳其海峡，位于土耳其西北部，包括博斯普鲁斯海峡、马尔马拉海和达达尼尔海峡，总长约 375 公里，是黑海和地中海之间的唯一通道，在交通和军事上具有重要地位。

11. 龙目海峡

为印度尼西亚龙目岛与巴厘岛之间的狭水道，长约 80 公里，水深一般在 200 米以上，最深达 1 306 米，波斯湾远东间 20 万吨级以上的巨轮均取道于此，再经望加锡海峡北上。

12. 望加锡海峡

介于马来群岛中的加里曼丹和苏拉威西岛之间，沟通爪哇海与苏拉威西海，海峡长 600 多公里，东侧水深近千米，西侧水深不足 60 米，是太平洋西部和印度洋东北部之间的重要水道。

**二、海运港口**

港口有很多种，如商港、军港、渔港等。本书仅介绍商港的相关知识。

商港是供商船停靠办理客、货运输，也是外贸进出口货物运输的出入口。商港按地理位置又可分为海湾港，即海港、河口港、内河港。

海港是一个国家的海上门户，水陆交通连接的枢纽，也是海上进出口货物的集散地。港口范围包括水域或陆域。一个良好的海港往往具有河海交接、水陆交通十分方便的地理条件。衡量海港业务大小的最主要指标是港口吞吐量。

**（一）世界主要港口**

世界上国际贸易海港共约 2 500 余个，其中吞吐量不足 100 万吨的占 3/4，吞吐量超过 1 000 万吨的有 100 多个，5 000 万吨以上的有 20 多个。

1. 鹿特丹（Rotterdam）

荷兰的鹿特丹港，位于东经 4°30′，北纬 51°55′，是欧洲第一大港，吞吐能力达 3 亿吨以上。该港位于荷兰西南沿海莱茵河和马斯河两大河流入海汇合处所形成的三角洲上，濒临世界海运最繁忙的多佛尔海峡，有"欧洲门户"之称。全港港区面积约 100 平方公里，水域面积达 27.7 平方公里，最大水深为 23 米。航道无闸，冬季不冻，泥沙不淤，常年不受风浪侵袭。该港位于欧洲的水陆交通要冲，是荷兰和欧盟的货物集散中心。

鹿特丹港最大进港船达 35 万吨级，最大集装箱码头可接纳第五代集装箱船进行装卸。每年进出港船舶 3.5 万多艘，每天可同时停靠 300 多条船，定期远洋班轮达 1.2 万多航次。鹿特丹港位于世界上最繁忙的两大运输线——大西洋海上运输线和莱茵河水系运输线的交接口，兼有海港和河港的特点，也是荷兰和欧盟的货物集散中心，素有"欧洲门户"之称，是人们公认的新亚欧大陆桥的西端桥头堡。中国港口开通欧洲的海上航线有 55% 挂靠鹿特丹港。2011 年鹿特丹港货物吞吐量 4.33 亿吨，是世界第六大港、欧洲第一大港；集装箱吞吐量 1 201 万标箱，位居全球集装箱港口第十位。

## 2. 釜山港（Busan）

位于韩国东南沿海，东南濒朝鲜（Korea）海峡，西临洛东（Naktong）江，与日本对马（Tsushima）岛相峙，是韩国最大的港口，也是世界第五大集装箱港。始建于 1876 年，在 20 世纪初由于京釜铁路的通车而迅速发展起来。它是韩国海陆空交通的枢纽，又是金融和商业中心，在韩国的对外贸易中发挥重要作用。工业仅次于汉城，有纺织、汽车轮胎、石油加工、机械、化工、食品、木材加工、水产品加工、造船和汽车等，其中机械工业尤为发达，而造船、轮胎生产居韩国首位，水产品的出口在出口贸易中占有重要位置。港口距机场约 28 公里。

最近几年，韩国海上进出口货物的年增长率达 20% 左右，几乎全部由釜山港进出。该港的集装箱码头起着骨干作用，它有大型龙门式集装箱装卸桥，码头面积达 63 万平方米。集装箱堆场面积达 38 万平方米。这里每年停靠约 2 000 艘集装箱船，包括 700 ~ 800TEU 型船以及大到 3 000TEU 的集装箱船。码头可同时为 4 艘 5 万载重吨的大型集装箱船进行装卸作业。在全年无休假日，即全年不中断的 24 小时作业的情况下，每天平均要装卸 4 ~ 5 艘集装箱船。港口主要出口货物为工业机械、水产品、电子、石化产品、纺织品等，进口货物主要有原油、粮食、煤、焦炭、原棉、原糖、铝、原木及化学原浆等。2011 年釜山港货物吞吐量 2.6 亿吨，居世界第十位，集装箱吞吐量达 1 641 万标箱，居世界第五位。

## 3. 迪拜（Dubai））港

位于阿联酋（The United Arab Emirates）东北沿海，濒临波斯湾的南侧。又名拉希德港（Mina Rashid），并与 1981 年新建的米纳杰贝勒阿里港（Mina Jebel Ali）同属迪拜港务局管辖，是阿联酋最大的港口，也是集装箱大港之一。该港地处亚欧非三大洲的交汇点，是中东地区最大的自由贸易港，尤以转口贸易发达而著称。它是海湾地区的修船中心，拥有名列前茅的百万吨级的干船坞。

迪拜是中东地区著名的全球性商业大都市。由于地处东西方交流的咽喉要道，经常作为欧亚经济活动的中心。如今的迪拜不仅是通往波斯湾沿岸地区也是通往南非、印度、中亚以及东欧各国的重要门户。为了更好地利用得天独厚的地理优势，迪拜市政府从 20 世纪 70 年代开始大力推进与交通运输业有关的基础设施建设，其中港口开发和机场建设是最重要的基建项目。1970 年，迪拜拉什德港（Port Rashid）正式运营。1979 年，世界最大的人工港迪拜杰贝拉里港（Port Jebelali）开始投入使用。经过近 20 年的努力，迪拜不仅成为波斯湾地区的第一大港，在世界港口航运业中也占有举足轻重的地位。1999 年，迪拜集装箱吞吐量达到 300 万 TEU，创历史最高纪录。同年，约有 10 200 艘船舶停靠迪拜的两座港口，其中 4 000 艘为集装箱船。目前，约有 125 家海运公司的航线经过迪拜。由此可见，迪拜已跻身世界主要港口之一，成为世界首屈一指的中转贸易港口。2011 年迪拜港集装箱吞吐量达 1 205 万标箱，居世界第九位。

4. 新加坡（Singapore）港

新加坡港位于东经 103°50′，北纬 1°16′，马来半岛南端的新加坡岛南岸，西临马六甲海峡的东南侧，南临新加坡海峡的北侧，是亚太地区著名的转口港和自由港，也是世界最大的集装箱港口之一。该港是太平洋及印度洋之间的航运要道，战略地位十分重要。新加坡港是全国政治、经济、文化及交通的中心，主要工业以电子电器、炼油及船舶修造为三大支柱部门，是世界第三大炼油中心。新加坡还是欧、亚及大洋洲的航空中心。

该港自然条件优越，水域宽敞，由于靠近赤道，很少受台风袭击、潮差小。港区面积达 583 平方公里，水深适宜，吃水在 13 米左右的船舶均可顺利进港靠泊，港口设备先进完善。

裕廊码头最大可停靠 30 万载重吨船舶，海上石油泊位最大可泊 35 万载重吨的超级油轮。

近几年来，新加坡港已成为世界上最繁忙的港口，共有 250 多条航线来往世界各地，平均每 12 分钟就有一艘船舶进出该港，有"世界利用率最高的港口"之誉称。新加坡港 2011 年货物吞吐量 6.157162 亿吨，居世界第三位，集装箱吞吐量达 2 988 万标箱，居世界第二位。

5. 汉堡（Hamburg）港

德国第一大港汉堡港位于东经 9°58′，北纬 53°33′，易北河下游，距北海入海口约 76 公里，是一个河海兼用的开敞式潮汐港。由于其位于欧洲市场的中心位置，已发展成为欧洲最重要的中转海港，欧洲第二大集装箱港和世界上最大的自由港。该港总面积为 91 平方公里，其中陆地为 44 平方公里，水域为 31 平方公里，自由港区 16 平方公里。

汉堡港设备先进，机械化、自动化程度高，被称为"德国通向世界的门户"和"欧洲最快的转运港"。汉堡港有近 300 条航线通向世界五大洲，与世界 1 100 多个港口保持着联系。每年进出港的船只达 1.8 万艘以上，铁路线遍及所有码头，车厢与船舶间可直接装卸。作为世界上最大的自由港，大多数中转货物都经过该港，在 16 平方公里的范围内提供了世界上最大的免税区域。2011 年汉堡港集装箱吞吐量为 862 万个标准集装箱，居世界第十五位，汉堡港货物转运量位居欧洲北海地区之首。

6. 安特卫普（Antwerp）港

安特卫普港是比利时最大港口、欧洲第二大港，也是世界著名港口之一。位于东经 4°25′，北纬 51°15′，斯海尔德河下游，距北海 50 公里。该港码头分为沿河与船坞两大部分，有六个船闸与河道相连。

港口每年进出港船舶约 1.7 万余艘次，码头最大可靠泊 13 万载重吨的船舶。1993 年货物吞吐量为 1.02 亿吨，在欧洲仅次于鹿特丹港。2006 年货物运输量达到 1.673 亿吨，比 2005 年增长 4%，20 英尺集装箱吞吐量也达到 700 万标箱。2011 年安特卫普港口集装箱吞吐量达 905 万标箱，位居世界第十四位，在欧洲位居第二位。

7. 伦敦（London）港

伦敦港是英国首都兼最大港口，位于英格兰东南部、泰晤士河下游，西经 0°51′，北纬 51°30′，距河口 88 公里。伦敦是个世界性大港，港区设备完善。整个港区包括印度及米尔瓦尔、蒂尔伯里、皇港区。水域面积达 207 万平方米，大量的封闭式港池群是该港的一大特色。

伦敦港同世界上 100 多个国家和地区的港口有往来，伦敦港的集装箱吞吐量尽管只有 200 多万箱左右，但航运服务的国际化水平和国际化程度仍使其成为无可争议的国际航运中心。

8. 长滩（Long Beach）港

长滩港位于美国西南部加利福尼亚州西部沿海圣佩德罗湾北岸、太平洋东侧。西经 118°13′，北纬 33°45′。它是北美西岸最大的物流中心、美国最大的集装箱港。港口距机场 4.8 公里，距洛杉矶国际机场约 34 公里，每天有定期航班飞往世界各地。

长滩港由内港和外港组成。港区主要码头泊位有 65 个，岸线长 4 745 米，水深达 15.2 米。油码头最大可靠泊 26 万载重吨大型油船。2011 年集装箱吞吐量 677 万 TEU，居世界第十八位。

9. 洛杉矶（Los Angeles）港

洛杉矶港位于美国西南部加利福尼亚州西南沿海圣佩德罗湾的顶端，太平洋东侧，西经 118°16′，北纬 33°43′。它是北美大陆桥的桥头堡之一，是横贯美国东西向的主要干线圣菲铁路的西部桥头堡，是美国第二大集装箱港。

此外，目前世界的主要贸易地区如北美、西欧、日本、四小龙所在的东亚、东南亚地区及澳大利亚等由于海运货运量多、消费水平较高，已经成为适于集装箱货运的主要地区，并由集装箱干线和支线连接成现代化的运输网络。洛杉矶港是全美国第一、世界第八繁忙的集装箱运输港口，2011 年集装箱吞吐量达 862 万标箱，居世界第十六位，拥有世界上第一个能提供岸电的绿色环保码头——中海洛杉矶集装箱码头，该码头可停靠9 600TEU 超大型集装箱船。

现将 2010 年及 2011 年世界 20 大港的集装箱吞吐量（部分）列于表 2 - 1 中，世界同名港列于表 2 - 2 中。

### 表 2 - 1　2010 年及 2011 年（部分）港口集装箱吞吐量排名

（单位：万 TEU）

| 年份 | 第一位 | 第二位 | 第三位 | 第四位 | 第五位 | 第六位 | 第七位 | 第八位 | 第九位 | 第十位 |
|---|---|---|---|---|---|---|---|---|---|---|
| 2010 | 上海 | 新加坡 | 香港 | 深圳 | 釜山 | 宁波—舟山 | 广州 | 青岛 | 迪拜 | 鹿特丹 |
|  | 3 213 | 2 934 | 2 438 | 2 321 | 1 615 | 1 497 | 1 396 | 1 356 | 1 186 | 1 180 |
| 2011 | 上海 | 新加坡 | 香港 | 深圳 | 釜山 | 宁波—舟山 | 青岛 | 广州 | 迪拜 | 鹿特丹 |
|  | 3 254 | 2 988 | 2 484 | 2 366 | 1 641 | 1 520 | 1 374 | 1 332 | 1 205 | 1 201 |

| 年份 | 第十一位 | 第十二位 | 第十三位 | 第十四位 | 第十五位 | 第十六位 | 第十七位 | 第十八位 | 第十九位 | 第二十位 |
|---|---|---|---|---|---|---|---|---|---|---|
| 2010 | 天津 | 高雄 | 巴生 | 安特卫普 | 汉堡 | 洛杉矶 | 丹戎帕拉帕斯 | 长滩 | 厦门 | 大连 |
|  | 1 171 | 970 | 965 | 890 | 860 | 847 | 739 | 669 | 613 | 595 |
| 2011 | 天津 | 高雄 | 巴生 | 安特卫普 | 汉堡 | 洛杉矶 | 丹戎帕拉帕斯 | 长滩 | 厦门 | 大连 |
|  | 1 188 | 986 | 982 | 905 | 875 | 862 | 751 | 677 | 624 | 605 |

### 表 2 - 2　世界主要同名港

| 港口英文名称 | 中文译名 | 所属国家 | 所属洲名 |
|---|---|---|---|
| 1. Baltimore | 巴尔的摩 | 美　国 | 北美洲 |
| Baltimore | 巴尔的摩 | 爱尔兰 | 欧　洲 |
| 2. Boston | 波士顿 | 英　国 | 欧　洲 |
| Boston | 波士顿 | 美　国 | 北美洲 |
| 3. Charleston | 查尔斯顿 | 美　国 | 北美洲 |
| Charleston | 查尔斯顿 | 英　国 | 欧　洲 |
| 4. Dammam | 达　曼 | 印　度 | 亚　洲 |
| Dammam | 达　曼 | 沙特阿拉伯 | 亚　洲 |
| 5. Sydney | 悉　尼 | 澳大利亚 | 大洋洲 |
| Sydney | 悉　尼 | 加拿大 | 北美洲 |
| 6. Georgetown | 乔治敦 | 美　国 | 北美洲 |
| Georgetown | 乔治敦 | 圭亚那 | 南美洲 |

| 港口英文名称 | 中 文 译 名 | 所 属 国 家 | 所 属 洲 名 |
|---|---|---|---|
| Georgetown | 乔治敦 | 加拿大 | 北美洲 |
| Georgetown | 乔治敦 | 圣文森特和格林纳丁斯 | 中美洲 |
| Georgetown | 乔治敦 | 马来西亚 | 亚 洲 |
| 7. Hamilton | 哈密尔顿 | 百慕大群岛 | 北美洲 |
| Hamilton | 哈密尔顿 | 加拿大 | 北美洲 |
| 8. Kingston | 金斯敦 | 加拿大 | 北美洲 |
| Kingston | 金斯敦 | 牙买加 | 中美洲 |
| Kingston | 金斯敦 | 澳大利亚 | 大洋洲 |
| Kingston | 金斯敦 | 圣文森特和格林纳丁斯 | 中美洲 |
| 9. Liverpool | 利物浦 | 英 国 | 欧 洲 |
| Liverpool | 利物浦 | 加拿大 | 北美洲 |
| 10. Newcastle | 纽卡斯尔 | 英 国 | 欧 洲 |
| Newcastle | 纽卡斯尔 | 加拿大 | 北美洲 |
| Newcastle | 纽卡斯尔 | 澳大利亚 | 大洋洲 |
| Newcastle | 纽卡斯尔 | 美 国 | 北美洲 |
| 11. Newport | 纽波特 | 英 国 | 欧 洲 |
| Newport | 纽波特 | 美 国 | 北美洲 |
| 12. Portland | 波特兰 | 美 国 | 北美洲 |
| Portland | 波特兰 | 英 国 | 欧 洲 |
| Portland | 波特兰 | 澳大利亚 | 大洋洲 |
| 13. San Juan | 圣胡安 | 秘 鲁 | 南美洲 |
| San Juan | 圣胡安 | 波多黎各 | 中美洲 |
| San Juan | 圣胡安 | 阿根廷 | 南美洲 |
| 14. San Francisco | 圣弗朗西斯科 | 美 国 | 北美洲 |
| San Francisco | 圣弗朗西斯科 | 巴 西 | 南美洲 |
| 15. Tripoli | 的黎波里 | 利比亚 | 非 洲 |
| Tripoli | 的黎波里 | 黎巴嫩 | 亚 洲 |
| 16. Vancouver | 温哥华 | 加拿大 | 北美洲 |
| Vancouver | 温哥华 | 美 国 | 北美洲 |
| 17. Victoria | 维多利亚 | 加拿大 | 北美洲 |
| Victoria | 维多利亚 | 巴 西 | 南美洲 |
| Victoria | 维多利亚 | 几内亚 | 非 洲 |
| Victoria | 维多利亚 | 咯麦隆 | 非 洲 |
| 18. Oakland | 奥克兰 | 美 国 | 北美洲 |
| Oakland | 奥克兰 | 新西兰 | 大洋洲 |

## (二) 我国对外贸易主要港口

伴随着我国对外经贸事业的不断发展，我国沿海港口建设近十多年来进入了速度快、成绩最显著的时期。我国拥有 1.8 万多公里的海岸线，沿海有许多优良港湾。近年来，中国沿海港口业的发展速度与成就已经雄冠全球，成为稳定成长的突出代表。截至 2005 年年底，中国内地拥有上海、深圳、青岛、宁波、天津、广州、厦门、大连和连云港等 9 个过百万 TEU 的大港，已成为世界第二大货运贸易国，每年运输总量在 1 000 万个标准箱左右。伴随着中国经济的持续稳步增长，中国已连续三年保持港口吞吐量和集装箱吞吐量世界第一，已成为全球港口吞吐量增长最快的国家。交通部的统计数据显示，截至 2006 年年末，中国内地亿吨大港已增至 12 个。2005 年，中国内地已拥有上海、宁波、广州、天津、深圳、青岛、秦皇岛、大连、南京、苏州 10 个亿吨港口。2006 年新增了江苏南通港、山东日照港两个亿吨大港。上海港 2005 年的货物吞吐量完成 4.43 亿吨，首次超过新加坡港成为世界第一货运港。目前，中国是世界上拥有亿吨港口最多的国家，也是世界上港口吞吐量和集装箱吞吐量最大的国家。

现将我国主要贸易港口（含台湾省港口）介绍如下：

### 1. 大连 (Dalian) 港

大连港位于东经 121°39′，北纬 38°55′，地处辽东半岛南端，濒临大连湾，是我国东北部的最大海港。1960 年 6 月经国务院批准正式对外开放，现为东北地区主要的外贸进出门户。该港每年 1～2 月为结冰期，但无碍航行。

鲇鱼湾油码头可靠 10 万载重吨的油船，单点系泊浮最大可靠 20 万载重吨的大型油船。新建的大窑湾港区 1993 年 7 月开港，被国家定为我国新开发的四大国际深水港之一。2011 年，大连港实现货物吞吐量 3.38 亿吨，完成集装箱吞吐量 595 万标准箱。

### 2. 秦皇岛 (Qinhuangdao) 港

秦皇岛港位于东经 119°37′，北纬 39°54′，河北省东侧，地处渤海海岸，为一天然良港，现为世界煤炭出口第一大港和我国最大的能源输出港，也是我国大陆地区十大港口之一。它是我国首批对外开放的港口，地处华北与东北两大经济区之间，是连接两区的咽喉要道。我国主要煤炭生产基地都在该港口经济腹地内，煤炭运量和外贸煤出口量均占全国港口的 70%。

该港每年 1 月开始结冰，但一般不影响航行。港口分东、西两港区。东港区主要为油、煤码头，西港区以散粮、木材及杂货为主。

至 2006 年年底，随着满载 6 万吨煤炭的"嘉祥山"号煤船离港，秦皇岛港运输生产再次实现历史性跨越，货物吞吐量突破了 2 亿吨，其中煤炭吞吐量达到 1.75 亿吨，成为全国沿海港口的第六个 2 亿吨大港。

### 3. 天津（Tianjin）港

天津港由天津、塘沽、新港三个港区组成，其中新港是天津港的主体。新港地处东经117°42′，北纬38°59′的渤海湾内，是我国首都北京的海上门户。天津港是我国北方海陆交通的枢纽，是我国国际集装箱中转枢纽港，也是我国最大的焦炭出口港、又是我国最大的稀土金属出口港、北方重要的国际贸易港口。它还是我国最大的人工港。每年12月到次年3月为海河结冰期，有破冰船协助航行。

该港包括天津、新港、塘沽三个港区，总面积近200平方公里，其中水域面积为180平方公里。

新港码头最大可靠5万载重吨的船舶，可接卸第四代集装箱船舶。新港港区内还建有保税区，在海关、金融、贸易及税收等方面实施比经济特区、开发区更灵活、更优惠的政策。2011年天津港货物吞吐量完成4.48亿吨，同比增长9.27%，其中集装箱增长速度继续高于全国沿海港口平均水平。

### 4. 青岛（Qingdao）港

青岛港位于东经120°19′，北纬36°05′，山东省东南海岸胶州湾内。港宽水深，冬季不冻，为一天然良港。该港腹地包括山东、河北、山西等省。该港口已发展成为我国重要的外贸、能源输出和集装箱进出口港。

青岛港由大港、中港、北港、黄岛油港和前湾港组成。

黄岛油码头最大可靠20万载重吨大型油轮，前湾港区矿石码头是我国北方最大的矿石泊位。该港保税区北临前湾港区，内设贸易、金融、仓储和加工四大功能区。青岛港是我国最早开始集装箱运输的港口之一。2006年，青岛港完成货物吞吐量3.75亿吨，排名世界十大港口第七位，完成集装箱1 188万标箱，排名全球前20大集装箱港第十一位。

### 5. 连云港（Lianyungang）港

连云港港位于东经119°29′，北纬34°44′，江苏省连云港市之东，是江苏省最大的海港，也是我国外贸十大港口之一。1990年9月我国北疆铁路与前苏联土西铁路接轨，第二条亚欧大陆桥运输线贯通，连云港成为这条新亚欧大陆桥的东方桥头堡，西边终点可直达荷兰的鹿特丹港。连云港是陇海—兰新铁路的东端起点，并与京沪线相接，是华东、中原、西北等11个省（区）贸易运输最便捷、最经济的出海口岸，是发展中的国际集装箱运输中转枢纽港。

2000年至2005年，连云港港吞吐量增幅连续5年全国第一，平均达53%，货物吞吐量5年跨越4个千万吨级台阶，2006年完成货物吞吐量7 232.20万吨，集装箱吞吐量130.23万标箱，而这些货源中西部地区占到65%以上。目前连云港港已成为中国铝锭出口第一港、焦炭出口和化肥进口第二港。

### 6. 上海（Shanghai）港

上海港位于东经 121°29′，北纬 31°14′，地处长江入海口南岸，背靠我国人口最密、物产丰富的上海经济开发区和整个长江流域，腹地广大，经济发达，交通便利，是我国最大的交通枢纽和综合性港口，也是世界著名港口之一。上海是全国工商业、金融及交通的中心，中国最大的商品集散地，重要的对外贸易基地，重、轻工业各个门类较齐全的综合性工业城市。上海还是我国第二大航空中心。浦东新区的开发开放以及外高桥保税区的正式营运使上海向着建成国际经济、金融和贸易中心又迈进了一大步。

上海港以吴淞口为界线分内、外港两部分。内港可进 3.5 万载重吨的船舶，外港长、阔不限。

上海港已与世界 170 多个国家和地区的 440 多个港口建立了贸易往来。2011 年上海港累计货物吞吐量完成7.20 329亿吨，集装箱吞吐量完成3 254万标准箱，分别同比增长 10.48% 和 12%，继续稳坐全球最大货运港口的宝座。

7. 宁波（Ningbo）港

宁波港位于东经 121°33′，北纬 29°52′的浙江省东北沿海甬江河口、杭州湾南侧，是我国最大的矿石和液体化工产品中转港口。1979 年 6 月经国务院批准正式对外开放，现已发展为由海港、河港、内河港组成的多功能综合性现代化港口。

宁波港包括 3 个港区：北仑、镇海及宁波老港。其中北仑港区具有水深、流顺、浪小、航道好、不冻不淤、深水岸线长的优势，今后将发展成为我国四大国际深水中转港之一。

北仑港区建成的 20 万吨级卸矿码头是目前我国内地最大的卸矿码头。改建成的 25 万吨级油码头已可靠泊国际上 25 万载重吨的大型油船。北仑港区还是我国最早拥有可停靠第四代集装箱船的集装箱码头，是我国内地 5 个国际集装箱多式联运网络之一。北仑港区另有 5 万吨级的煤炭码头，可起北煤南运中转港的作用。2011 年宁波港完成货物吞吐量6.78382亿吨，保持中国港口第二的位置，仅次于上海。集装箱吞吐量突破1 520万标准箱，排名世界第六。目前，宁波港有 147 条航线，每月 600 多个航班。

8. 广州（Guangzhou）港

广州港位于东经 113°15′，北纬 23°04′的广东省珠江三角洲上，地处东江、西江和北江的汇合处。黄埔（Huangpu）是广州的外港，距广州约 25 公里。该港是中国华南的国际贸易中枢港。每年在广州要举办春、秋季广交会，来自五大洲的海外客商及侨胞的参加促进了我国外贸的发展。广州白云国际机场已开辟国内外航线 30 余条，航班定期飞往国内外各大城市。

广州港包括黄埔、广州、新港及新沙 4 个港区。

码头最大可泊3.5万载重吨船，在大屿山锚地可泊15万载重吨各种类型船舶。广州保税区位于经济技术开发区的北围地段，总面积为1.4平方公里，是全国第一家由外资企业全面承担开发经营任务的保税区。2011年，广州港货物吞吐量突破4.51亿吨，居世界第四，集装箱吞吐量突破1 356万TEU，世界排名第八。

9. 深圳（Shenzhen）港

深圳港位于广东省珠江三角洲南部，珠江入海口东岸，毗邻香港。1980年建特区后，港口迅速崛起，建成蛇口、赤湾、妈湾、东角头、盐田、黄田机场、沙鱼涌、内河8个港区。1991年年底，深圳港口已进入全国沿海十大港口行列。至1995年年底，深圳港口水域面积106平方公里，陆域面积16平方公里，500吨级以上泊位113个，其中生产性泊位100个，万吨级以上深水泊位26个，集装箱专用泊位5个。港口设计年综合通过能力3 500万吨，其中集装箱140万标准箱。码头总长1.2965万米，最大靠泊能力7.5万吨级，库场面积169.21万平方米，装卸机械约800台。货物以集装箱为主，兼营化肥、粮食、饲料、糖、钢材、水泥、木材、砂石、石油、煤炭、矿石等。2011年全年完成集装箱吞吐量2 366万标箱，增长3.2%。深圳港已连续多年稳居世界第四大集装箱港口。

10. 高雄（Gaoxiong）港

高雄位于我国台湾省西南沿海的高雄湾内，东经120°16′，北纬22°37′，是港阔水深、风平浪静的天然良港，也是台湾最大的国际贸易港口、世界著名的集装箱港。由于该港正处于远东到东南亚航线的中点和远东到欧洲航运的要冲，从而吸引大量过往远洋船舶到这里挂靠。

港口成狭长形，有南北两个入口，均有防波堤围护。

20世纪80年代初，高雄一度成为世界集装箱港口老大，自90年代初开始将近10年都是世界集装箱运输的第三大港。2011年高雄的集装箱吞吐量为986万标箱，世界排名第十六位。而整个东亚的集装箱港口运营则继续了多年的增长势头，排在世界前五名的都是东亚大港，分别是新加坡、香港、上海、深圳和釜山。

11. 厦门（Xiamen）港

厦门港是厦门经济特区的一部分，海域面积达275平方公里，分为内港和外港两部分，主要担负厦门市和福建省内外贸运输任务，也承担江西省某些物资的中转任务。厦门港现拥有和平、东渡、高崎和海沧4个港区。

和平港区位于厦门内港东岸南段，紧临老市区，开发最早。

东渡港区位于厦门内港东岸中段、湖里工业区西部，始建于1982年，

1984 年建成投产。东渡港区（一期）岸线总长 976 米，拥有 4 个万吨级以上深水泊位，其中 1 个万吨级集装箱泊位、2 个可靠泊 5 万吨级船舶的散货泊位。东渡二期岸线总长 650 米，拥有 2 个分别为 2.5 万吨和 3.5 万吨级集装箱泊位和 1 个 2 万吨级杂货泊位。

高崎港区位于厦门内港东岸北段，邻近高集海堤和鹰厦铁路，是以散杂货中转为主的中、小泊位港区。

海沧港区位于厦门内港西岸南部，始建于 1990 年。拥有两个分别为 3 万吨级和 2 万吨级的集装箱泊位，另有在建的 2 万吨级泊位 1 个。

2011 年，厦门港的集装箱完成 634 万标箱，世界排名第十九位，位于中国沿海十大港口行列。

厦门港交通发达，形成了陆海空立体交通体系。铁路运输有鹰厦铁路为干线，省内与外福线、漳龙线、漳泉线等铁路支线连接。厦门的公路通过高集海堤、厦门大桥和海沧大桥与全省公路联网，形成了以福厦、厦漳主干道为骨干的运输网。厦门的高崎国际机场已拥有国内外航线 75 条。水运航线可通我国沿海、长江中下游和世界各港，内河可通九龙江干支流和乡镇码头。

12. 香港（Hong Kong）港

香港位于我国华南珠江口东侧，包括香港岛、九龙半岛和新界三部分。南邻东南亚，东临太平洋，西通印度洋，扼两洋之航运要冲，处东西方交通之枢纽，是我国进出口贸易和对外贸易的主要通道，远东地区的贸易中心，国际贸易的自由港，世界著名金融、贸易、旅游、信息中心之一。现为世界最大的集装箱中转港，也是货物吞吐量达到亿吨的世界大港之一。

香港原为我国广东省的一部分，后被英国占领，根据中英两国关于香港问题的联合声明，我国已在 1997 年 7 月 1 日恢复对香港行使主权，并将其划为祖国的特别行政区。目前对香港实行一国两制，采取了一系列的特殊政策，以继续保持香港的繁荣和稳定。

香港港湾在香港岛与九龙半岛之间，有东西两个入港通道，助航设备完善，东、南、北三面环山，避风条件好，码头岩壁坚硬，不淤不冻，风平浪静，是世界著名的岩峰良港。

香港码头装卸设施先进，采用电脑控制，被称为东方装卸效率最高的港口。集装箱码头可同时靠泊 9 艘第三代集装箱船，青衣油码头最大可靠 12 万载重吨的油船，煤码头每天可卸煤 1.5 万吨。港内还有 75 个供远洋船舶用的系泊浮筒，有 2 万艘小船从事本地的集装箱驳运，其中 5 000 艘可随时作业。该港自由港区面积 6.7 平方公里，主要分布在九龙半岛。

2011 年香港港口集装箱吞吐量达 2 484 万标箱，居世界第三位。

我国沿海的重要港口还有烟台、福州、珠海、北海、汕头等。

随着改革开放的不断深化，我国的第一大河——长江沿岸的众多河港陆续建设开放，直接投入进出口贸易运输。长江干流自四川宜宾至长江口全长2 813公里，其中武汉至长江口1 143公里，称为下游。长江干流武汉以下主要港口有武汉、黄石、九江、安庆、铜陵、芜湖、马鞍山、南京、镇江、高港、江阴、张家港、南通等13港，都是国务院批准的外贸开放口岸，除黄石、安庆、铜陵、马鞍山外，均为对外籍船舶开放的一类口岸。1996年13港口吞吐量为1.46亿吨，其中吞吐量超过5 000万吨的有南京港；1 000万吨～2 000万吨的有武汉、镇江、南通3港；500万吨～1 000万吨的有九江、安庆、马鞍山、张家港4港。以上港口中集装箱吞吐量较大的有武汉、九江、芜湖、南京、镇江、江阴、张家港、南通等8港口，其中超过10万TEU的有南京、张家港等港；超过5万TEU的有南通港，其余均在2TEU以下。

### 三、海运通道

（一）航线概念和分类

从经济角度来说，海洋是各国各地区之间往来和贸易的重要通道。

世界各地水域在港湾、潮流、风向、水深及地球球面距离等自然条件限制下可供船舶航行的一定路径，即称为航路。海上运输承运人在许多不同的航路中，就主观、客观的条件，为达到最大的经济效益而选定的营运通路称为航线。或者说，船舶在两个或多个海港之间从事运输的路线，称为海上运输路线，亦即航线，所以航线是船舶运输路线的简称。决定航线形成的最基本因素是货物的流向和流量。

（1）安全因素。指船舶航行的路线应考虑到自然界的种种现象，如风向、波浪、潮汐、水流、暗礁及流水等。

（2）货运因素。指该航线沿途货运量的多寡。货运量多，航行的船舶多，必定是繁忙的航线。

（3）港口因素。指船舶途径和停靠的港口水深是否适宜、气候是否良好、航道是否宽阔、有无较好的存储装卸设备、便利的内陆交通条件、低廉的港口使用费和充足的燃料供应。

（4）技术因素。指船舶航行时从技术上考虑选择最经济和快速航线航行。

除上述因素外，国际政治形势的变化、有关国家的经济政策、航运政策等也会对航线的选择和形成产生一定影响。航线选择的好坏直接关系到航运业的经济效益，因此航运公司都十分重视航线的选择。

目前，世界海运航线如蛛网般纵横于各大洋。从不同角度出发，海运航线主要有以下几种分类方法：

1. 按船舶营运方式分

（1）定期航线，是指使用固定的船舶按固定的船期和港口航行，并以相对固定的运价经营客货运输业务的航线。定期航线又称班轮航线，主要装运件杂货物。

（2）不定期航线，是临时根据货运的需要而选择的航线，船舶、船期、挂靠港口均不固定，是以经营大宗、低值货物运输业务为主的航线，又称租船运输。

2. 按航运范围分

（1）国际大洋航线（ocean-going shipping line）。也称远洋航线，是指贯通一个或数个大洋的海上运输路线，航线距离较长，是世界性的航线，包括大西洋航线、太平洋航线、印度洋航线以及穿越两个以上大洋的航线。

（2）地区性国际海上航线（near-sea shipping line）。也称近洋航线，是指不跨越大洋。在局部海域较邻近国家间港口运行的航线，航程较国际大洋航线为短。如地中海区域航线、波罗的海区域航线等。

（3）沿海航线（coastal shipping line），是指连接同一国家沿海各港口或锚泊点之间的海运，属于一国的国内航线。如我国上海至广州的航线、美国纽约至新奥尔良的航线等。

（二）世界主要大洋航线

1. 太平洋航线

（1）远东—北美西海岸航线。又称北太平洋航线。该航线包括从中国、韩国、日本和俄罗斯远东海港到加拿大、美国、墨西哥等北美西海岸各港的贸易运输线。从我国的沿海各港出发，偏南的经大隅海峡出东海；偏北的经对马海峡穿日本海后，或经清津海峡进入太平洋，或经宗谷海峡穿过鄂霍茨克海进入北太平洋。该航线是第二次世界大战后货运量增长最快的航线，也是太平洋上货运量最大的航线。

（2）远东—加勒比、北美东海岸航线。又称巴拿马运河航线。该航线常经夏威夷群岛南北至巴拿马运河后到达。从我国北方沿海港口出发的船只多半经大隅海峡或经琉球奄美大岛出东海。该航线是连接太平洋与大西洋沿岸各港口的重要捷径，也是太平洋上货运量最大的航线之一。

（3）远东—南美西海岸航线。我国北方沿海各港出发的船只经琉球奄美大岛、硫黄列岛、威克岛、夏威夷群岛之南的莱恩群岛穿越赤道进入南太平洋，至南美西海岸各港。

（4）远东—东南亚航线。该航线是中、朝、韩、日货船去东南亚各港以及经马六甲海峡去印度洋、大西洋沿岸各港的主要航线。东海、台湾海峡、巴士海峡、南海是该航线船只的必经之路，航运繁忙。

（5）远东—澳大利亚、新西兰航线。远东至澳大利亚东西海岸分两条航线。中国北方沿海港口及朝、韩、日到澳大利亚东海岸和新西兰港口的船只需走琉球久米岛、加罗林群岛的雅浦岛进入所罗门海、珊瑚湖；中澳之间的集装箱船需在香港加载或转船后经南海、苏拉威西海、班达海、阿拉弗拉海，后经托雷斯海峡进入珊瑚海。中、日到澳大利亚西海岸航线走菲律宾的民都洛海峡、望加锡海峡以及龙目海峡进入印度洋。

（6）澳、新—北美东西海岸航线。由澳新至北美海岸多经苏瓦、火奴鲁鲁等太平洋上重要航站到达。至北美东海岸则取道社会群岛中的帕皮堤，过巴拿马运河而至。

2. 大西洋航线

（1）西北欧—北美东海岸航线。又称北大西洋航线。该航线是西欧、北美两个世界工业最发达地区之间的原材料和产品交换的运输线，两岸拥有世界2/5的重要港口，运输极为繁忙，船舶大多走偏北的大圆航线。该航区冬季风浪大，并有浓雾、冰山，对航行安全有威胁。

（2）西北欧、北美东海岸—加勒比航线。西北欧—加勒比航线多半出英吉利海峡后横渡北大西洋。它同北美东海岸各港出发的船舶一起，一般都经莫纳、向风海峡进入加勒比海。除去加勒比海沿岸各港外，还可经巴拿马运河到达美洲太平洋沿岸港口。

（3）西北欧、北美东海岸—地中海、苏伊士运河—亚太航线。又称苏伊士运河航线。西北欧、北美东海岸—地中海—苏伊士航线属世界最繁忙的航段，是北美、西北欧与亚太、海湾地区间贸易往来的捷径。该航线一般途径亚速尔、马德拉群岛上的航站。

（4）西北欧、地中海—南美东海岸航线。该航线一般经由非大西洋岛屿——加那利、佛得角群岛上的航站。

（5）西北欧、北美东海岸—好望角、远东航线。又称南非航线。该航线一般是巨型油轮的油运线。佛得角群岛、加那利群岛是过往船只停靠的主要航站。

（6）南美东海岸—好望角—远东航线，这是一条以石油、矿石为主的运输线。该航线处在西风漂流海域，风浪较大。一般西航偏北行，东航偏南行。

3. 印度洋航线

印度洋航线以石油运输线为主，此外有不少是大宗货物的过境运输。

（1）波斯湾—好望角—西欧、北美航线。该航线主要由超级油轮经营，是世界上最主要的海上石油运输线。

（2）波斯湾—东南亚—日本航线。该航线东航经马六甲海峡（20万载重吨以下船舶可行）或经龙目、望加锡海峡（20万载重吨以上超级油轮可行）至日本。

（3）波斯湾—苏伊士运河—地中海—西欧、北美运输线。

除了上述三条运输线之外，印度洋其他航线还有：远东—东南亚—东非航线；远东—东南亚—地中海—西北欧航线；远东—东南亚—好望角—西非、南美航线；澳新—地中海—西北欧航线；印度洋北部地区—亚太航线；印度洋北部地区——欧洲航线。

世界主要大洋航线见表 2-3。

### 表 2-3　世界主要大洋航线

| 主要航线 | | 航线的主要特点 |
|---|---|---|
| 太平洋航线 | 远东—北美西海岸航线 | 该航线包括从中国、韩国、日本和俄罗斯远东海港到加拿大、美国、墨西哥等北美西海岸各港的贸易运输线 |
| | 远东—加勒比、北美东海岸航线 | 航线常经夏威夷群岛南北至巴拿马运河后到达 |
| | 远东—南美西海岸航线 | 我国北方沿海各港出发的船只经琉球奄美大岛、硫黄列岛、威克岛、夏威夷群岛之南的莱恩群岛穿越赤道进入南太平洋，至南美西海岸各港 |
| | 远东—东南亚航线 | 该航线是中、朝、韩、日货船去东南亚各港以及经马六甲海峡去印度洋、大西洋沿岸各港的主要航线 |
| | 远东—澳大利亚、新西兰航线 | 中国北方沿海港口及朝、韩、日到澳大利亚东海岸和新西兰港口 |
| | 澳、新—北美东西海岸航线 | 由澳新至北美海岸多经苏瓦、火奴鲁鲁等太平洋上重要航站到达 |
| 大西洋航线 | 西北欧—北美东海岸航线 | 该航线是西欧、北美两个世界工业最发达地区之间的原材料和产品交换的运输线 |
| | 西北欧、北美东海岸—加勒比航线 | 西北欧—加勒比航线多半出英吉利海峡后横渡北大西洋。它同北美东海岸各港出发的船舶一起，一般都经莫纳、向风海峡进入加勒比海 |
| | 西北欧、北美东海岸—地中海、苏伊士运河—亚太航线 | 该航线一般途经亚速尔、马德拉群岛上的航站 |
| | 西北欧、地中海—南美东海岸航线 | 该航线一般经由非大西洋岛屿—加那利、佛得角群岛上的航站 |
| | 西北欧、北美东海岸—好望角、远东航线 | 该航线一般是巨型油轮的油运线。佛得角群岛、加那利群岛是过往船只停靠的主要航站 |
| | 南美东海岸—好望角—远东航线 | 这是一条以石油、矿石为主的运输线。该航线处在西风漂流海域，风浪较大。一般西航偏北行，东航偏南行 |
| 印度洋航线 | 波斯湾—好望角—西欧、北美航线 | 该航线主要由超级油轮经营，是世界上最主要的海上石油运输线 |
| | 波斯湾—东南亚—日本航线 | 该航线东经马六甲海峡（20万载重吨以下船舶可行）或经龙目、望加锡海峡（20万载重吨以上超级油轮可行）至日本 |
| | 波斯湾—苏伊士运河—地中海—西欧、北美运输线 | 运输石油的主要航线 |
| 北冰洋航线 | | 世界上海洋运输最冷清的航区，沿岸国家少，冬季洋面结冰，夏季时有浮冰，故货运量最少 |

4. 世界集装箱海运干线

目前，世界上规模最大的海运集装箱航线主要有三条，见表2-4。

**表2-4　集装箱主要运输航线**

| 集装箱主要航线 | 包　括　航　线 |
| --- | --- |
| 远东—北美航线，又称为（泛）太平洋航线 | 远东—北美西岸航线 |
| | 远东—北美东岸航线 |
| 远东—欧洲、地中海，又称为欧地航线 | 远东—欧洲航线 |
| | 远东—地中海航线 |
| 北美—欧洲、地中海航线，又称为大西洋航线 | 北美东岸、海湾—地中海航线 |
| | 北美东岸、海湾—欧洲航线 |
| | 北美西岸—欧洲、地中海航线 |

**（三）我国对外贸易主要海运航线**

我国已和世界上200多个国家和地区有贸易往来，中国对外贸易运输集团和中国远洋公司已开辟了我国至世界各地的60多条定期航线（不包括香港特别行政区航线在内）。目前我国内地船舶拥有量为3 520万载重吨，排在世界第五位。

习惯上，我国海运业把我国沿海港口去往世界各地航线按航程远近分为近洋航线和远洋航线两类。

近洋航线（local line）是指由我国沿海出发去往太平洋及印度洋部分水域的对外贸易海运航线。通常是把苏伊士运河以东地区包括大洋洲在内的区域划分为近洋航线地区。这类航线航程较短，如中国至新、马航线、中国至澳、新航线等均属近洋航线。

远洋航线（ocean line）是指除近洋航线以外的中国至世界各地港口的航线。习惯上把苏伊士运河以西、包括欧、非、南北美洲等均列为远洋航线地区。远洋航线均贯穿一个或几个大洋，相当于国际海运界所称的"国际大洋航线"，航程较长。如中国至地中海航线、中国至北美西岸航线等均属远洋航线。

1. 近洋航线

（1）中国—朝鲜（Korea）航线。该航线包括朝鲜南浦（Nampo）、清津（Chungjin）等港，韩国仁川（Inchon）、釜山（Busan）等港。1983年4月，中、朝、日三国达成协议，利用清津港转运中日进出口货物。

（2）中国—韩国（R.O.Korea）航线。该航线包括仁川（Inchon）、釜山（Busan）等港。

（3）中国—日本（Japan）航线，包括神户（Kobe）、横滨（Yokohama）、

大阪（Osaka）、名古屋（Nagoya）、东京（Tokyo）、门司（Moji）、川崎（Ka-
wasaki）、四日市（Yokkaichi）等港。日本诸港每年 6～7 月为多雨期，8～10
月为台风季节。

（4）中国—越南（Vietnam）航线，包括海防（Haiphong）、胡志明市
（Hochimin City）等港。

（5）中国—香港（Hong Kong）航线。

（6）中国—俄罗斯远东航线，包括纳霍德卡（Nakhodka）、东方（Vos-
tochny）、海参崴（Vladivostok）等港。纳霍德卡港、东方港是俄罗斯西伯利亚
大陆桥海陆联运线的重要转口港之一。

（7）中国—菲律宾（Philippines）航线，包括马尼拉（Manila）、宿务
（Cebu）等港。

（8）中国—新马航线。该航线是新加坡（Singapore）和马来西亚（Malay-
sia）航线的简称，包括新加坡、巴生（Port Kelang）、马六甲（Malacca）、槟
城（Penang）等港。

（9）中国—北加里曼丹（Kalimantan）航线，包括文莱（Brunei）、诗亚
（Sibu）、古晋（Kuching）等港。

（10）中国—泰国湾航线，包括曼谷（Bangkok）、磅逊（Kompong Son）
等港。

（11）中国—印度尼西亚（Indonesia）航线，包括雅加达（Jakarta）、泗
水（Surabaya）、三宝垄（Semarang）等港。

（12）中国—孟加拉湾航线，包括仰光（Rangoon）、吉大（Chittagong）、
加尔各答（Calcutta）、马德拉斯（Madras）等港。

（13）中国—斯里兰卡（Sri Lanka）航线，至科伦坡（Colombo）港。该
港每年 5 月中旬至 8 月中旬、12 月至次年 2 月的季风期雨量多，货物易受湿。

（14）中国—波斯湾（Persian Gulf）航线。该航线包括波斯湾沿岸 8 国的
港口以及巴基斯坦、印度西海岸的港口。主要有孟买（Bombay）、卡拉奇
（Karachi）、班达阿巴斯（Bandar Abbas）、科威特（Kuwait）、霍拉姆萨赫尔
（Khorramshahr）、麦纳麦（Manama）、多哈（Doha）、迪拜（Dubai）、巴士拉
（Basra）等港。

（15）中国—澳大利亚（Australia）、新西兰（New Zealand）航线，包括
澳大利亚东南岸的布里斯班（Brisbane）、悉尼（Sydney）、墨尔本（Mel-
bourne）、阿德雷德（Adelaide）等港；西岸的费里曼特尔（Fremantle）港、
新西兰的奥克兰（Auckland）、惠灵顿（Wellington）港。悉尼港每年 1～3 月
份期间常有飓风。

2. 远洋航线

（1）中国—红海（Red Sea）航线。包括亚丁（Aden）、荷台达（hodeidah）、亚喀巴（Agaba）、阿萨布（Assab）、苏丹（Sudan）、吉达（Jedda）等港。

亚丁港是北美、西欧至远东、澳新间船舶往来的中途要站。吉达港所属国沙特阿拉伯是个伊斯兰教国家，每年在开斋节、朝圣节、斋月等节日期间去吉达港除油轮、装牲畜的船外均不作业，因此装船应避开上述时间，同时注意阿拉伯年与公元年的不一致性。

（2）中国—东非航线，包括自索马里以南的非洲东岸以及马达加斯加、毛里求斯各港口，主要有摩加迪沙（Mogadiscio）、蒙巴萨（Mombasa）、桑给巴尔（Zanaibar）、达累斯萨拉姆（Dar es Salaam）、路易港（Prot Louis）等港。毛里求斯的路易港是印度洋上重要航站，好望角航路的必经之地。

摩加迪沙港每年6~9月的季风季节里，风浪很大，影响装卸作业，交货时应避开这段时间。

（3）中国—西非航线，包括直布罗陀以南的非洲西岸各港口。主要有马塔迪（Matadi）、黑角（Point Noire）、拉各斯（Lagos）、塔科腊迪（Takoradi）、阿比让（Abidjan）、蒙罗维亚（Monrovia）、弗里敦（Freetown）、科纳克里（Conakry）、达喀尔（Dakar）、努瓦克肖特（Nouakchott）、达尔贝达（卡萨布兰卡 Casablanca）等港。塞内加尔的达喀尔港地处大西洋航线交通要冲，是西非主要门户，历来是欧洲至南美洲、南非至北美洲之间来往船舶的重要中途站。

（4）中国—地中海（Mediterranean Sea）航线，可分为地中海南岸航线、地中海北岸航线及黑海航线。

① 地中海沿岸航线，包括亚历山大（Alexandria）、的黎波里（Tripoli）、阿尔及尔（Alger）等港。

② 地中海北岸航线的主要港口有巴塞罗那（Barcelona）、马赛（Marseilles）、热那亚（Genoa）、威尼斯（Venice）、里耶卡（Rijeka）、贝鲁特（Beirut）、拉塔吉亚（Lattakia）等港。

③ 黑海航线的主要港口有康斯坦萨（Constantsa）、敖德萨（Odessa）、瓦尔纳（Varna）及沿途靠泊的比雷埃夫斯（Piraeus）、伊斯坦布尔（Istanbul）等港。

（5）中国—西欧航线，是我国最主要的对外贸易货运航线之一。主要港口有伦敦（London）、利物浦（Liverpool）、勒阿弗尔（Le Havre）、敦刻尔克（Dunkirk）、鹿特丹（Rotterdam）、阿姆斯特丹（Amsterdam）、安特卫普

（Antwerp）、汉堡（Hamburg）、不来梅（Bremen）等港。安特卫普港每年秋末春初之际雨量较多，并伴有强风。伦敦港冬季多雾。

（6）中国—北欧、波罗的海航线，沿西欧航线延伸经北海或基尔运河入波罗的海沿岸北欧各国。主要靠泊的港口有哥本哈根（Copenhagen）、哥德堡（Gothenburg）、斯德哥尔摩（Stockholm）、赫尔辛基（Helsinki）、奥斯陆（Oslo）、卑尔根（Bergen）、格但斯克（Gdansk）、格丁尼亚（Gdynia）、圣彼得堡（St. Petersburg）等港。北欧地处高纬，气候比较寒冷，北纬 $63°24'$ 以北港口每年 11 月至次年 5 月底为结冰期。有的港口封冻停航，有的则需依靠破冰船开航，以保持全年开放。

（7）中国—北美航线，分北美东、西岸航线。北美西岸航线包括温哥华（Vancouver）、西雅图（Seattle）、波特兰（Port Land）、旧金山（San Francisco）、洛杉矶（Los Angeles）、奥克兰（Auk-land）、长滩（Long Beach）、马萨特兰（Mazatlan）、火奴鲁鲁（Honolulu）等港。火奴鲁鲁港又名檀香山，位于美国夏威夷州的瓦胡岛上，是太平洋航线上的重要中继站。

北美东海岸航线包括美国、加拿大大西洋及墨西哥湾沿岸港口。主要有蒙特利尔（Montreal）、魁北克（Quebec）、多伦多（Toronto）、哈利法克斯（Halifax）、圣约翰（St. Johns）、波士顿（Boston）、纽约（New York）、费城（Philadelphia）、巴尔的摩（Baltimore）、诺福克（Norfolk）、查尔斯顿（Charleston）、萨凡纳（Savannah）、新奥尔良（New Orleans）、休斯敦（Houston）、韦腊克鲁斯（Veracruz）、坦皮科（Tempico）等港。

加拿大的蒙特利尔、多伦多、魁北克等圣劳伦斯河沿岸和五大湖沿岸港口因冬季封冻、港口停航，每年 1~4 月份去加拿大东海岸船只大多停靠不冻港哈利法克斯和圣约翰。纽约港每年 9~11 月为暴雨季节，海上多巨浪。新奥尔良港每年 6~11 月常受暴风雨袭击。

（8）中国—中南美航线。该地区指美国以南的美洲地区，包括墨西哥、中美洲、西印度群岛、南美洲。该航线的港口主要有巴尔博亚（Balboa）、克里斯托巴尔（Cristobal）、哈瓦那（Havana）、圣多斯（Santos）、里约热内卢（Rio de Janeiro）、蒙得维的亚（Montevideo）、布宜诺斯艾利斯（Buenos Aires）、卡亚俄（Callao）、安托法加斯塔（Antofagasta）、瓦尔帕莱索（Valparaiso）等港。

我国主要海运航线见表 2 - 5。

## 表 2 –5 我国对外贸易主要航线

| 范 围 | 航 线 | 主 要 港 口 |
|---|---|---|
| 近洋航线 由我国沿海出发去往太平洋及印度洋部分水域的对外贸易海运航线。通常是把苏伊士运河以东地区，包括大洋洲在内的区域划分为近洋航线地区 | 中国—朝鲜（Korea）航线 | 朝鲜南浦（Nampo）、清津（Chungjin）、韩国仁川（Inchon）、釜山（Busan）等 |
| | 中国—韩国（R. O. Korea）航线 | 仁川（Inchon）、釜山（Busan）等 |
| | 中国—日本（Japan）航线 | 神户（Kobe）、横滨（Yokohama）、大阪（Osaka）、名古屋（Nagoya）、东京（Tokyo）、门司（Moji）、川崎（Kawasaki）、四日市（Yokkaichi）等 |
| | 中国—越南（Vietnam）航线 | 海防（Haiphong）、胡志明市（Hochimin City）等 |
| | 中国—中国香港（Hong Kong）航线 | |
| | 中国—俄罗斯远东航线 | 纳霍德卡（Nakhodka）、东方（Vostochny）、海参崴（Vladivostok）等 |
| | 中国—菲律宾（Philippines）航线 | 马尼拉（Manila）、宿务（Cebu）等 |
| | 中国—新马航线 | 新加坡、巴生（Port Kelang）、马六甲（Malacca）、槟城（Penang）等 |
| | 中国—北加里曼丹（Kalimantan）航线 | 文莱（Brunei）、诗亚（Sibu）、古晋（Kuching）等 |
| | 中国—泰国湾航线 | 曼谷（Bangkok）、磅逊（Kompong Son）等 |
| | 中国—印度尼西亚（Indonesia）航线 | 雅加达（Jakarta）、泗水（Surabaya）、三宝垄（Semarang）等 |
| | 中国—孟加拉湾航线 | 仰光（Rangoon）、吉大（Chittagong）、加尔各答（Calcutta）、马德拉斯（Madras）等 |
| | 中国—斯里兰卡（Sri Lanka）航线 | 至科伦坡（Colombo）港 |
| | 中国—波斯湾（Persian Gulf）航线 | 孟买（Bombay）、卡拉奇（Karachi）、班达阿巴斯（Bandar Abbas）、科威特（Kuwait）、霍拉姆萨赫尔（Khorramshahr）、麦纳麦（Manama）、多哈（Doha）、迪拜（Dubai）、巴士拉（Basra）等 |
| | 中国—澳大利亚（Australia）、新西兰（New Zealand）航线 | 布里斯班（Brisbane）、悉尼（Sydney）、墨尔本（Melbourne）、阿德雷德（Adelaide）等港；西岸的费里曼特尔（Fremantle）港、新西兰的奥克兰（Auckland）、惠灵顿（Wellington）港 |

续 表

| 范 围 | 航 线 | 主 要 港 口 |
|---|---|---|
| 远洋航线 除近洋航线以外的中国至世界各地港口的航线。习惯上把苏伊士运河以西，包括欧、非、南北美洲等均列为远洋航线地区 | 中国—红海（Red Sea）航线 | 亚丁（Aden）、荷台达（hodeide）、亚喀巴（Agaba）、阿萨布（Assab）、苏丹（Sudan）、吉达（Jedda）等 |
| | 中国—东非航线 | 摩加迪沙（Mogadiscio）、蒙巴萨（Mombasa）、桑给巴尔（Zanaibar）、达累斯萨拉姆（Dar es Salaam）、路易港（Prot Louis）等 |
| | 中国—西非航线 | 马塔迪（Matadi）、黑角（Point Noire）、拉各斯（Lagos）、塔科腊迪（Takoradi）、阿比让（Abidjan）、蒙罗维亚（Monrovia）、弗里敦（Freetown）、科纳克里（Conakry）、达喀尔（Dakar）、努瓦克肖特（Nouakchott）、达尔贝达（卡萨布兰卡 Casablanca）等 |
| | 中国—地中海（Mediterranean Sea）航线 | 亚历山大（Alexandria）、的黎波里（Tripoli）、阿尔及尔（Alger）、巴塞罗那（Barcelona）、马赛（Marseilles）、热那亚（Genoa）、威尼斯（Venice）、里耶卡（Rijeka）、贝鲁特（Beirut）、拉塔吉亚（Lattakia）、康斯坦萨（Constantsa）、敖德萨（Odessa）、瓦尔纳（Varna）及沿途靠泊的比雷埃夫斯（Piraeus）、伊斯坦布尔（Istanbul）等 |
| | 中国—西欧航线 | 伦敦（London）、利物浦（Liverpool）、勒阿弗尔（Le Havre）、敦刻尔克（Dunkirk）、鹿特丹（Rotterdam）、阿姆斯特丹（Amsterdam）、安特卫普（Antwerp）、汉堡（Hamburg）、不来梅（Bremen）等 |
| | 中国—北欧、波罗的海航线 | 哥本哈根（Copenhagen）、哥德堡（Gothenburg）、斯德哥尔摩（Stockholm）、赫尔辛基（Helsinki）、奥斯陆（Oslo）、卑尔根（Bergen）、格但斯克（Gdansk）、格丁尼亚（Gdynia）、圣彼得堡（St. Petersburg）等 |
| | 中国—北美航线 | 温哥华（Vancouver）、西雅图（Seattle）、波特兰（Portland）、旧金山（San Francisco）、洛杉矶（Los Angeles）、奥克兰（Aukland）、长滩（Long Beach）、马萨特兰（Mazatlan）、火奴鲁鲁（Honolulu）、蒙特利尔（Montreal）、魁北克（Quebec）、多伦多（Toronto）、哈利法克斯（Halifax）、圣约翰（St. Johns）、波士顿（Boston）、纽约（New York）、费城（Philadelphia）、巴尔的摩（Baltimore）、诺福克（Norfolk）、查尔斯顿（Charleston）、萨凡纳（Savannah）、新奥尔良（New Orleans）、休斯敦（Houston）、韦腊克鲁斯（Veracruz）、坦皮科（Tempico）等 |
| | 中国—中南美航线 | 巴尔博亚（Balboa）、克里斯托巴尔（Cristobal）、哈瓦那（Havana）、圣多斯（Santos）、里约热内卢（Rio de Janeiro）、蒙得维的亚（Montevideo）、布宜诺斯艾利斯（Buenos Aires）、卡亚俄（Callao）、安托法加斯塔（Antofagasta）、瓦尔帕莱索（Valparaiso）等 |

# 第二节　国际陆运系统

陆运是指在国际贸易运输中跨越国界的铁路、公路、管道运输，其中铁路运输是陆运的主要干线。在内陆地区邻国之间的国际贸易运输中，铁路运输具有其他运输方式所不具备的明显优势和特点。就世界范围而言，铁路运输在国际贸易货物运输中位居第二。

## 一、国际铁路货运线的分布

铁路运输是现代综合交通系统中重要的运输方式，至今仍是许多国家交通运输的主导部门，也是一个国家国民经济发展程度的重要标志。

目前世界铁路营运总里程已达 140 万公里以上，就分布来看，欧洲、北美洲约各占 1/3 左右，其他洲合占约 1/3，拥有营业铁路 4 万公里以上的国家有 7 个，其中美国 33 万公里，居世界第一位，俄罗斯和加拿大各 9 万余公里，印度 6 万余公里，中国 6 万余公里，澳大利亚和德国在 4 万公里以上。

目前，具有国际贸易运输意义的国际铁路干线主要有：

### （一）西伯利亚铁路

该铁路东起俄罗斯远东地区的纳霍德卡、东方港，经海参崴、伯力、赤塔、伊尔库茨克、新西伯利亚、鄂木斯克、车里雅宾斯克、古比雪夫，止于莫斯科，全长 9 300 多公里。

### （二）欧洲铁路网

欧洲铁路网密度居各洲之首，纵横交错，十分发达，既可联系洲内各国，又沟通洲际。主要有：（1）伦敦—巴黎—慕尼黑—维也纳—布达佩斯—贝尔格莱德—索菲亚—伊斯坦布尔，与亚洲铁路相接；（2）伦敦—巴黎（或布鲁塞尔）—科隆—柏林—华沙—莫斯科，接俄罗斯西伯利亚铁路，可达远东地区；（3）由里斯本—马德里—巴黎—科隆—柏林—华沙—列宁格勒—赫尔辛基，可达斯堪的那维亚半岛各国。

### （三）北美横贯东西铁路线

加拿大境内有两条：（1）鲁珀特太子港—埃德蒙顿—温尼伯—魁北克；（2）温哥华—卡尔加里—温尼伯—蒙特利尔—圣约翰—哈利法克斯。美国境内有：（1）西雅图—斯波坎—俾斯麦—圣保罗—芝加哥——底特律线；（2）奥克兰—奥格登—奥马哈—芝加哥—匹兹堡—费城—纽约线；（3）洛杉矶—阿尔布开克—堪萨斯城—圣路易斯—辛辛那提—华盛顿—巴尔的摩线；（4）洛杉矶—图森—帕索—休斯敦—新奥尔良线。

**（四）西亚—欧洲铁路线**

由西亚的巴士拉—巴格达—伊斯坦布尔至欧洲索菲亚之后连上欧洲铁路网。

**（五）中国横贯东西铁路线**

1990年9月我国西部北疆铁路与前苏联土西铁路接轨。这条从我国最东端到最西端、横贯中部的铁路干线东起江苏省连云港，经兰州、乌鲁木齐至新疆阿拉山口，全长4 100多公里，西出我国后与哈萨克斯坦、俄罗斯、波兰、德国、荷兰等国铁路相连接，可直达西亚、欧洲各国至大西洋沿岸，横贯亚欧大陆。

此外在印度半岛、东南非、南美洲等也都有较重要的国际铁路线。

**二、我国通往邻国及地区的铁路线及国境口岸**

我国幅员辽阔，有15个陆上邻国。目前，与我国有铁路相连的国家主要有俄罗斯、朝鲜、蒙古、越南、哈萨克斯坦。我国内地与香港特别行政区也有铁路相连。目前我国主要承担国际货运的铁路干线有9条，相应口岸有9对（见表2-6）：

（1）滨洲线——自哈尔滨起向西北至满洲里，全长935公里。该线经满洲里出境后可接俄罗斯后贝加尔国境站，与西伯利亚铁路相连接。该线承担的我国铁路进出口货运量名列第一。我国东北三省运往俄罗斯中西部及欧洲的货物都走满洲里口岸。

（2）滨绥线——自哈尔滨起，向东经绥芬河与俄罗斯远东地区铁路相连接，全长548公里。该线终点站是绥芬河车站，是我国对俄罗斯远东地区进出口货物的边境口岸。与该站相邻的是俄罗斯的格罗科沃国境站。该线及车站在全国铁路年进出口总货运量中的比重居第三位。

（3）集二线——从京包线的集宁站，向西北到二连，全长333公里。二连站为该线终点站，邻接蒙古的扎门乌德国境站。集二线不仅是通往蒙古的重要铁路干线，而且也是我国关内地区通往俄罗斯及欧洲地区最短的路线。从北京到莫斯科，经由二连比经由满洲里要缩短1 141公里的路程。因此，我国关内各省、市、自治区运往俄罗斯中西部以及欧洲的货物都走二连口岸。该口岸承担的铁路进出口货运量居全国第二位。

由于中、蒙铁路轨距不同，对外贸易货物均需在上述国境口岸换装或换轮对后才能运送。

（4）沈丹线——从沈阳到丹东。越过鸭绿江与朝鲜铁路相连，全长274公里。丹东站为沈丹铁路终点站，也是我国对朝鲜进出口货物的主要国境口岸。朝鲜铁路国境站新义州站与它隔江相望。

（5）长图线——西起吉林长春，东至图们，横过图们江与朝鲜铁路相连接，全长为527公里。吉林省的图们站为该线终点和国境口岸，与它相邻的是朝鲜的南阳国境站。

（6）梅集线——自梅河口至集安，全长245公里，越过鸭绿江直通朝鲜满浦车站。集安站是我国铁路国境口岸。

由于中朝两国铁路轨距相同，车辆均可直接过轨，无须换装货物。

（7）湘桂线——从湖南衡阳起，经广西柳州、南宁到达终点站凭祥，全长1 013公里。凭祥站是我国铁路国境口岸，与越南的同登国境站相邻。

（8）昆河线——从云南昆明经碧色寨到河口，全长177公里。山腰为中国铁路国境口岸，与该站相邻的是越南的新铺国境站。

（9）北疆线——从新疆乌鲁木齐向西到达终点站阿拉山口，全长460公里。阿拉山口是我国与哈萨克斯坦铁路相连接的国境口岸，也是欧亚大陆桥的国境新口岸。

内地对香港特别行政区的铁路货运由内地各车站装车运至深圳。深圳站是广九铁路中段的终点站，罗湖桥为深圳通往香港的过境口岸。

表2-6 我国与邻国的铁路干线

| 我国与邻国 | 我国铁路干线 | 我国国境站站名 | 邻国国境站站名 | 我国轨距（毫米） | 邻国轨距（毫米） | 交接、换装地点 | | 至国境线距离 | |
|---|---|---|---|---|---|---|---|---|---|
| | | | | | | 出口 | 进口 | 我国国境站（公里） | 邻国国境站（公里） |
| 中俄间 | 滨洲线 | 满洲里 | 后贝加尔 | 1 435 | 1 520 | 后贝加尔 | 满洲里 | 9.8 | 1.3 |
| | 滨绥线 | 绥芬河 | 格罗迭科沃 | 1 435 | 1 520 | 格罗迭科沃 | 绥芬河 | 5.9 | 20.6 |
| 中蒙间 | 集二线 | 二连 | 扎门乌德 | 1 435 | 1 524 | 扎门乌德 | 二连 | 4.8 | 4.5 |
| 中朝间 | 沈丹线 | 丹东 | 新义州 | 1 435 | 1 435 | 新义州 | 丹东 | 1.4 | 1.7 |
| | 长图线 | 图们 | 南阳 | 1 435 | 1 435 | 南阳 | 图们 | 7.3 | 3.8 |
| | 梅集线 | 集安 | 满浦 | 1 435 | 1 435 | 满浦 | 集安 | 2.1 | 1.3 |
| 中越间 | 湘桂线 | 凭祥 | 同登 | 1 435 | 1 000/1 435 | 同登 | 凭祥 | 13.2 | 4.6 |
| | 昆河线 | 老街 | 新铺 | 1 000 | 1 000 | 新铺 | 老街 | 6.5 | 4.2 |
| 中哈间 | 北疆线 | 阿拉山口 | 得鲁日巴 | 1 435 | 1 520 | 得鲁日巴 | 阿拉山口 | 12 | |

注：① 越南铁路连接我国铁路凭祥一段线路为准轨和米轨的混合轨，我国铁路同越南铁路间经由凭祥的联运货车可以相互过轨。

② 我国昆明铁路局昆河线为米轨铁路。

③ 独联体与蒙古铁路轨距相差4mm，货车可以直接过轨。

### 三、我国对外贸易公路运输及口岸的分布

公路运输机动、灵活，在短途货物运输集散运转上它比铁路、航空运输具

有更大的优越性，尤其在实现"门到门"的运输中它起着其他运输方式不可比拟的重要作用。

随着我国公路建设和汽车运输的发展，到 1995 年年底，全国公路总里程已达 113.5 万公里。其中高等级公路 1.25 万公里。公路对外开放一类口岸达到 40 多个。中国高速公路从 20 世纪 80 年代实现零的突破后，发展极为迅速。截至 1996 年年底，全国高速公路里程达 3 422 公里，在世界高速公路排行榜中名列第九位。公路集装箱运输发展迅速，已形成以沿海各大港口为依托的辐射运输网。公路对外运输口岸多分布在新疆、西藏、云南、广东、广西、东北及内蒙古等省、区。

（一）新疆

新疆对哈萨克斯坦、巴基斯坦等国的公路运输口岸主要有吐尔尕特、霍尔果斯、塔克什肯、老爷庙、乌拉斯台、红山嘴、红其拉甫、巴克图、吉木乃、木札尔特、都拉塔、阿黑土别克等。

（二）内蒙古

内蒙古对蒙古等国的公路运输口岸主要有阿日哈沙特、珠恩嘎达布其、甘其毛道等。

（三）东北地区

吉林和黑龙江对朝鲜、俄罗斯公路运输口岸主要有临江、开山屯、三合、南坪、珲春、密山等。

（四）甘肃

甘肃对蒙古公路运输口岸有马鬃山等。

（五）西藏

西藏对印度、尼泊尔，不丹的公路运输口岸主要有樟木、普兰、吉隆、回屋等。

（六）广西

广西对越南的公路运输口岸主要有友谊关、水口、东兴等。

（七）云南

云南对缅甸的公路运输口岸有畹町、瑞丽、磨憨、天保、金水河等。

（八）广东

广东对港澳地区的公路口岸主要有文锦渡、沙头角、皇岗、拱北、河源等。

我国内地与香港特别行政区以及澳门地区的公路运输十分频繁，运量增长很快。特别是鱼虾、蔬菜、水果、花卉等鲜活易腐货物，有很大一部分是通过公路运往港澳，应时上市。据统计，目前在深圳地区营运的进出境汽车数量占全国进出境汽车总量的 80% 左右。全国最大的公路货运口岸皇岗、文锦渡均在深圳。

皇岗口岸于 1989 年年底开通，占地 65 万平方米，建有 102 条货运通道和 64 条客运通道。目前每天进出境车辆达 1.2 万辆次，是全国最大的公路货运口岸。

表 2-7 显示了国务院批准开放的一类陆地口岸的分布情况。

### 表 2-7　中国一类陆地口岸一览表

| 省/自治区 | 口岸数量 | 口 岸 名 称 |
|---|---|---|
| 内蒙古 | 5 | 二连浩特（公路、铁路）、满洲里（公路、铁路）、阳日哈沙特（公路）、朱恩嘎达布其（公路）、甘其毛道（公路） |
| 辽宁 | 1 | 丹东（铁路、公路） |
| 吉林 | 10 | 集安（铁路）、白山临江（公路）、珲春（铁路、公路）、图们（铁路、公路）、开山屯（公路）、圈河（公路）、三河（公路）、临江（公路）、南坪（公路） |
| 黑龙江 | 4 | 绥芬河（铁路、公路）、东宁（公路）、密山（公路）、虎林（公路） |
| 广东 | 12 | 广州流花（铁路）、广州天河（铁路）、深圳罗湖（铁路）、深圳文锦渡（公路）、深圳黄岗（公路）、深圳沙头角（公路）、珠海拱北（公路）、佛九直通车站（铁路）、佛山三水（铁路）、肇庆（铁路）、东莞常平（铁路）、河源（公路） |
| 广西 | 4 | 凭祥（铁路）、凭祥友谊关（公路）、东兴（公路）水口（公路） |
| 云南 | 6 | 畹町（公路）瑞丽（公路）、文山天宝（公路）、金水河（公路）、河口（铁路）、磨憨（公路） |
| 西藏 | 4 | 樟木（聂拉木）（公路）、日屋（公路）、吉隆（公路） |
| 甘肃 | 1 | 马鬃山（公路） |
| 新疆 | 13 | 老爷庙（公路）、乌拉斯台（公路）、霍尔果斯（公路）、都拉塔（公路）、木扎尔特（公路）、巴克图（公路）、塔克什肯（公路）、红山嘴（公路）、阿黑土别克（公路）、吉木乃（公路）、土尔尕特（公路）、红其拉普（公路）、阿拉山口（铁路） |

# 第三节　国际空运系统

## 一、国际航空站和航空线的分布

目前，世界航空货运已形成一个全球性的运输网和若干运输枢纽。据统计，1996 年全球空中货运量达到 4 930 万吨，比 1995 年增长 5.9%。总部设于英国的 Datamonitor 发表报告，预测从 2006 年至 2013 年间环球空中货运市场的价值将按年递增近 6%。据国际机场协会公布的最新数据，2011 年全球第一大货运机场仍由香港国际机场蝉联桂冠，以近 397 万吨运量超过排名第二的美国田纳西州孟菲斯机场。这是香港国际机场连续第二年位居首位。

1. 世界各大洲重要的航空站

亚洲：北京、上海、东京、香港、马尼拉、曼谷、新加坡、雅加达、仰光、加尔各答、孟买、新德里、卡拉奇、德黑兰、贝鲁特、吉达；

欧洲：伦敦、巴黎、法兰克福、苏黎世、罗马、维也纳、柏林、哥本哈根、华沙、莫斯科、布加勒斯特、雅典、里斯本；.

北美洲：纽约、华盛顿、芝加哥、蒙特利尔、亚特兰大、洛杉矶、旧金山、西雅图、温哥华及位于太平洋上的火奴鲁鲁（檀香山）；

非洲：开罗、喀土穆、内罗华、约翰内斯堡、布拉柴维尔、拉各斯、阿尔及尔、达喀尔；

拉丁美洲：墨西哥城、加拉加斯、里约热内卢、布宜诺斯艾利斯、圣地亚哥、利马；

大洋洲：悉尼、奥克兰、楠迪、帕皮堤。

世界航空运输网的地区分布存在着明显差异。欧洲西部、美国东部、加勒比海和东南亚等地区最为稠密，而非洲、拉丁美洲、亚洲部分地区则相当落后。美国、英国、法国、德国、俄罗斯、日本和巴西等国的航空运输业相对发达。其中，美国是世界上航空运输最先进和最发达的国家。在 1996 年，世界货运量最大的机场是美国的孟菲斯国际机场、货运量达 190 万吨，居第二、三位的是美国的洛杉矶和迈阿密机场，货运量分别为 171 万吨和 170 万吨。世界上主要的货运机场还有：法国的戴高乐机场、德国的法兰克福机场、荷兰阿姆斯特丹的希普霍尔机场、英国的希思罗机场、美国的芝加哥机场、日本的成田机场、香港的新机场等，都是现代化、专业化程度较高的大型国际货运空中枢纽，每年货运量都在数十万吨以上。

表 2-8 为世界各大洲重要的航空站

**表 2-8　世界各大洲重要航空站**

| 各大洲 | 重要的航空站 |
|---|---|
| 亚洲 | 北京、上海、东京、香港、马尼拉、曼谷、新加坡、雅加达、仰光、加尔各答、孟买、新德里、卡拉奇、德黑兰、贝鲁特、吉达 |
| 欧洲 | 伦敦、巴黎、法兰克福、苏黎世、罗马、维也纳、柏林、哥本哈根、华沙、莫斯科、布加勒斯特、雅典、里斯本 |
| 北美洲 | 纽约、华盛顿、芝加哥、蒙特利尔、亚特兰大、洛杉矶、旧金山、西雅图、温哥华及位于太平洋上的火奴鲁鲁（檀香山） |
| 非洲 | 开罗、喀土穆、内罗华、约翰内斯堡、布拉柴维尔、拉各斯、阿尔及尔、达喀尔 |
| 拉丁美洲 | 墨西哥城、加拉加斯、里约热内卢、布宜诺斯艾利斯、圣地亚哥、利马 |
| 大洋洲 | 悉尼、奥克兰、楠迪、帕皮堤 |

2. 世界上最繁忙的航空线

西欧—北美间的北大西洋航空线。该航线主要连接巴黎、伦敦、法兰克福、纽约、芝加哥、蒙特利尔等航空枢纽；

西欧—中东—远东航空线。该航线连接西欧各主要机场至远东香港、北京、东京等机场，并途经雅典、开罗、德黑兰、卡拉奇、新德里、曼谷、新加坡等重要航空站；

远东—北美间的北太平洋航线。这是北京、香港、东京等机场经北太平洋上空至北美西海岸的温哥华、西雅图、旧金山、洛杉矶等机场的航空线，并可延伸至北美东海岸的机场。太平洋中部的火奴鲁鲁是该航线的主要中继加油站。

此外，还有北美—南美、西欧—南美、西欧—非洲、西欧—东南亚—澳新、远东—澳新、北美—澳新等重要国际航空线。

**二、我国的国际贸易航空货运线和机场**

在我国，航空运输事业起步晚，但发展迅速。随着改革开放和对外贸易的发展，航空客货运量日益增多。近十多年来，我国民航运输的增长速度是世界民航平均发展速度的 4 倍。我国国内国际民航运输总周转量由 1980 年占世界第 35 位上升到 1995 年的第 11 位。国际上，我国已与 200 多个国家和地区的航空公司建立了业务往来。2011 年，国内航空公司共新开辟 43 条国际航线，其中客运航线 34 条、货运航线 9 条，与世界 200 多个国家和地区的航空公司有业务往来。2011 年，国内航空公司除了新开辟 43 条国际航线外，还加密了部分国际航线。比如，中国东方航空股份有限公司（China Eastern Airlines Corporation Limited，简称"东航"）、中国南方航空股份有限公司（China Southern Airlines Company Limited，简称"南航"）开通了由昆明、成都、重庆始发至东南亚的国际航线 10 条，南航增加了沈阳、大连至大阪的客运航班。我国对外贸易的航空货运工作开始于 20 世纪 50 年代中期，先后开辟了飞往苏联、缅甸、朝鲜、越南、蒙古、老挝、柬埔寨、日本、巴基斯坦、法国、伊朗、罗马尼亚、阿尔巴尼亚、埃及、埃塞俄比亚、南斯拉夫、瑞士、德国、菲律宾、阿拉伯联合酋长国、伊拉克、泰国、美国、英国、澳大利亚等国及通达香港特别行政区的航线。我国接办国际航空货运任务的国际机场有北京、天津、上海、沈阳、大连、哈尔滨、厦门、广州、深圳、南宁、昆明、拉萨、乌鲁木齐、珠海等。

北京首都国际机场于 1958 年建成后至今已经过三次不同规模的扩建，仍不能满足运量需求，为此将新建候机楼 24 万平方米、货运库 0.9 万平方米、停机坪 46 万平方米、停车场 6 万平方米及相应的配套设施。扩建工程已于

1999 年完成。我国在 2000 年左右重点建设 41 个机场，包括新建省会干线机场 13 个，即武汉、石家庄、贵阳、桂林、福州、广州、上海、郑州、南京、海口、杭州、南昌、银川机场，还改扩建一批干线机场和新建扩建一批支线机场。

# 第四节　世界的时区和区时

地球上不同经度的地方时间不同，承担国际货运的船舶，火车、飞机去往世界各地，均会遇到时差的困扰。尤其是飞机，时速高达几百甚至上千公里，很短时间就已跨越了若干经度，若不及时调整时差，到达目的地后会发现自己的时间与当地时间相差甚远。下面将世界时区有关知识简介如下：

## 一、时区的划分

由于地球自西向东的自转，形成太阳每天东升西落的现象，人们把当天所看到的当天太阳在天空中的位置最高时确定的时间定为"中午"，以此为标准计算的时间叫做"地方时"（local time），显然只要经度不同，地方时就不同。随着社会的发展，国际交往日益频繁，按"地方时"计时，在交通、通讯方面就造成了很大的混乱和不便。因此从 1884 年以后，大多数国家共同商定采用以时区为单位的标准时间（standard time）。

国际上规定，以经过英国格林尼治天文台原址的本初子午线（即 0°经线）为起始经线，分别向东、向西各 7.5°包含的范围划分为中时区（或零时区）。从中时区向东每隔经度 15°依次划分东 1 区、东 2 区、……、东 12 区；向西亦同样依次划分西 1 区、西 2 区、……、西 12 区。其中东 12 区和西 12 区各占经度 7.5°，它们之间的经线为 180°经线，东、西 12 区合为一个整时区。这样全球划分为 24 个时区，每个时区占经度 15°。

（一）理论时区与实际区时

区时指时区的时间。国际规定，每个时区内使用相同的时间，即以本时区中央经线的"地方时"为本区共同的标准时间。不同的时区有不同的区时，相邻时区相差 1 小时，相隔几个时区，就相差几个小时。时区越东，时间越早，全球共有 24 个时区，也就有 24 个区时（标准时）。

时区是一种理论上的标准，是制度，实际上世界各地的时区界线不完全按经度划分。有的沿着曲折的政治疆界划分，有的因海陆分布而弯曲。此外，许多国家还按照看书的需要来修订本国的区时。如苏联、法国、西班牙、朝鲜等国均采用比理论时区快 1 小时的标准时，加拿大的纽芬兰省、澳大利亚部分地区及阿富汗、缅甸、斯里兰卡、伊朗、印度则采用半时区的标准时。我国实际使用的时间也与理论时区不同，我国疆域辽阔，东西跨经度60多度，包括理论上的5个标准时区（东5区到东9区）。为了利于国家经济建设和使用方便，从实际需要出发，全国除乌鲁木齐使用东6区标准时外，统一采用首都北京所在的东8区的标准时间即"北京时间"。

（二）区时计算

1. 以经度求时区

根据所要求的某地的经度（任何地点均可在地图上查其经度数）按下列公式可算出它所在时区。

$$某地时区 = \frac{该地经度 - 7.5}{15}（所得结果如为小数一律进为整数）$$

2. 以时区求的区差

（1）当已知和所求地点同处于东时区或同处于西时区时：

$$时区差 = 两地时区序号之差$$

（2）当已知和所求地点分处于东、西时区时：

$$时区差 = 两地时区序号之和$$

3. 以时区差求区时（某地时间）

所求地点时间 = 已知地点时间" + "或" - "时区差×1小时

（1）当已知西面时间，求东面时间：

$$所求地点时间 = 已知地点时间 + 时区差×1小时$$

（2）当已知东面时间，求西面时间：

$$所求地点时间 = 已知地点时间 - 时区差×1小时$$

**二、日期变更线**

地球不停地自转，子夜、黎明、中午、黄昏由东向西依次周而复始地在地球上各地循环出现。地球上新的一天由哪里开始、旧的一天到哪里结束呢？国际规定，把东、西12区中央的180°经线作为国际日期变更线（简称日界线）。日界线两侧的时刻相同而日期相差一天。即东时区比西时区早1天。

为了照顾同一行政区域内日期的统一，日界线略有曲折。

北京与世界主要航空港之间的时差，见表2-9。（北京零点时与世界主要航空港相比，" + "表示比北京时间早，" - "表示比北京时间晚。）

### 表 2 - 9　北京与世界各主要航空港时差表

| 航空港名称 | 时差数（小时） |
|---|---|
| 亚洲：香港、马尼拉 | 0：00 |
| 东京 | +1：00 |
| 新加坡 | −0：30 |
| 曼谷、雅加达 | −1：00 |
| 仰光 | −1：30 |
| 孟买、新德里、加尔各答 | −2：30 |
| 卡拉奇 | −3：00 |
| 德黑兰 | −4：30 |
| 吉达 | −5：00 |
| 贝鲁特 | −6：00 |
| 欧洲：莫斯科 | −5：00 |
| 布加勒斯特、雅典 | −6：00 |
| 巴黎、法兰克福、苏黎世、罗马、维也纳、柏林、哥本哈根、华沙、里斯本 | −7：00 |
| 伦敦 | −8：00 |
| 北美洲：纽约、蒙特利尔、亚特兰大 | −13：00 |
| 芝加哥 | −14：00 |
| 洛杉矶、旧金山、温哥华 | −16：00 |
| 火奴鲁鲁 | −18：00 |
| 非洲：内罗毕 | −5：00 |
| 开罗、喀士穆、约翰内斯堡 | −6：00 |
| 布拉柴维尔、拉各斯 | −7：00 |
| 阿尔及尔、达喀尔 | −8：00 |
| 拉丁美洲：里约热内卢、布宜诺斯艾利斯 | −11：00 |
| 加拉加斯、圣地亚哥 | −12：00 |
| 利马 | −13：00 |
| 墨西哥城 | −14：00 |
| 大洋洲：悉尼 | +2：00 |
| 奥克兰、楠迪 | +4：00 |
| 帕皮堤 | −18：00 |

## 本章知识结构图表

**第一节　国际海运系统**

一、世界大洋、国际运河及海峡

（一）大洋

（二）世界海运中的重要运河和海峡

二、海运港口

（一）世界主要港口

（二）我国对外贸易主要港口

三、海运通道

（一）航线概念和分类

（二）世界主要大洋航线

（三）我国对外贸易主要海运航线

## 第二节　国际陆运系统

一、国际铁路货运线的分布

（一）西伯利亚铁路

（二）欧洲铁路网

（三）北美横贯东西铁路线

（四）西亚—欧洲铁路线

（五）中国横贯东西铁路线

二、我国通往邻国及地区的铁路线及国境口岸

三、我国对外贸易公路运输及口岸的分布

（一）新疆

（二）内蒙古

（三）东北地区

（四）甘肃

（五）西藏

（六）广西

（七）云南

（八）广东

## 第三节　国际空运系统

一、国际航空站和航空线的分布

二、我国的国际贸易航空货运线和机场

## 第四节　世界的时区和区时

一、时区的划分

（一）理论时区与实际区时

（二）区时计算

二、日期变更线

# 本章综合测试

## 一、单项选择题

1. 按固定的船期和港口航行，并以相对固定的运价经营客货运输业务的航线称为（　　）。

   A. 定期航线　　　　　　　　　B. 不定期航线

   C. 国际大洋航线　　　　　　　D. 地区性国际海上航线

2. 远洋航线又称为（　　）。

   A. 班轮航线　　　　　　　　　B. 沿海航线

   C. 国际大洋航线　　　　　　　D. 近洋航线

3. 以下哪个港口不是中国—西欧航线的港口？（　　）。

   A. 伦敦（London）　　　　　　B. 哥本哈根（Copenhagen）

   C. 利物浦（Liverpool）　　　　D. 鹿特丹（Rotterdam）

4. 以下哪个航空站不是属于亚洲的？（　　）。

   A. 东京　　　　　B. 孟买　　　　　C. 卡拉奇　　　　D. 罗马

## 二、多项选择题

1. 按船舶营运方式，航线可分为（　　）。

   A. 定期航线　　　　　　　　　B. 不定期航线

   C. 国际大洋航线　　　　　　　D. 地区性国际海上航线

2. 按航运范围，航线可分为（　　）。

   A. 定期航线　　　　　　　　　B. 沿海航线

   C. 国际大洋航线　　　　　　　D. 地区性国际海上航线

3. 世界主要大洋航线包括（　　）。

   A. 太平洋航线　　B. 大西洋航线　　C. 印度洋航线　　D. 北冰洋航线

4. 世界上规模最大的海运集装箱航线主要有（　　）。

   A. 远东—北美航线，又称为（泛）太平洋航线

   B. 北美东海岸—加勒比航线

   C. 远东—欧洲、地中海，又称为欧地航线

   D. 北美—欧洲、地中海航线，又称为大西洋航线

5. 具有国际贸易运输意义的国际铁路干线主要有（　　）。

   A. 西伯利亚铁路　　　　　　　B. 欧洲铁路网

   C. 北美横贯东西铁路线　　　　D. 西亚—欧洲铁路线

   E. 中国横贯东西铁路线

## 三、判断题

1. 临时根据货运的需要而选择的航线，船舶、船期、挂靠港口均不固定，以经营大宗、低值货物运输业务为主的航线称租船运输航线。　　　（　　）
2. 国际上规定，以经过英国格林尼治天文台原址的本初子午线（即0°经线）为起始经线，分别向东、向西各10°包含的范围划分为中时区（或零时区）。（　　）

**本章综合测试答案**

一、单项选择题

1. A　2. C　3. B　4. D

二、多项选择题

1. AB　2. BCD　3. ABCD　4. ACD　5. ABCDE

三、判断题

1. T　2. F

# 复习思考题

1. 熟悉世界各海域中重要的国际运河、海峡的名称、地理位置、沟通海域和主要特点。

2. 国际海运航线如何分类？试述世界主要有哪些大洋航线？有哪些集装箱海运干线？

3. 列举世界十个主要港口名、所属国名、所濒海域和所在航线。列举世界最大贸易港口和最大集装箱港口名称。

4. 熟悉我国主要贸易港口的地理位置、港口特点和货运概况。列举我国最大贸易港口和主要集装箱港口。

5. 我国对外贸易海运航线主要有哪些？熟悉各航线沿途挂靠港口。

6. 世界具有国际货运重要意义的铁路干线主要有哪几条？其起止点、名称？

7. 我国通往邻国的铁路线和铁路货运口岸有哪些？邻国相对应的国境口岸有哪些？内地对香港特别行政区的过境铁路口岸名称？

8. 了解国际贸易主要航空运输线的分布。熟悉世界主要航空港名称和所属国。

9. 熟悉我国与邻国间的主要公路出境口岸及内地对香港、澳门的公路口岸。

10. 世界的时区是如何划分的？国际上对区时是如何规定的？掌握区时计算的一般规律。

# 第三章　国际海上货物运输

## 【关　键　词】

船舶、海运进出口、海运单据、船务代理、海上货运事故。

## 【知识目标】

- 了解海上货物运输船舶与配载；
- 熟悉船务代理及海上货运事故的处理；
- 掌握海运进出口业务和主要单证的制作。

## 【技能目标】

- ◆ 会进行海上货运事故的处理；
- ◆ 能制作各种海上货运单据；
- ◆ 做到熟悉船务代理业务；
- ◆ 实现海运进口运输业务和海运出口运输业务的操作。

## 【导入案例或者任务描述或者背景知识】

海上货物运输是国际贸易运输的主要方式。国际海上货物运输虽然存在速度较低、风险较大的不足，但是由于它的通过能力大、运量大、运费低以及对货物适应性强等长处，加上全球特有的地理条件，使它成为国际贸易中主要的运输方式。我国进出口货运总量的 80% ~ 90% 是通过海上运输进行的，由于集装箱运输的兴起和发展，不仅使货物运输向集合化、合理化方向发展，而且节省了货物包装用料和运杂费，减少了货损货差，保证了运输质量，缩短了运输时间，从而降低了运输成本。

## 第一节　海上货物运输船舶与配载

船舶是海上运输工具，国际船舶运输企业的生产设备、现代海运船舶的航行性能和运输性能与古代船舶不可同日而语，形成了船舶大型化、专业化、快速化的局面。船体采用钢质建造、内燃机推动，都采用尾机尾驾布局，配置

ARPA 雷达、卫星定位系统（GPS）、罗经。

**一、船舶的分类**

**（一）三大主力船型**

1. 集装箱船

2004 年 11 月 8 日，由沪东中华造船厂（集团）有限公司与中海（集团）总公司/中海集装箱运输股份有限公司在上海国际会议中心签订了 4 + 1 艘 8 530 TEU 集装箱船的建造合同，交船期分别为 2007 年 10 月 31 日、2008 年 2 月 28 日、6 月 30 日和 10 月 31 日，该合同的签订创造了国内建造大型集装箱船的新纪录。此前，国产集装箱船的最大装载量为 5 688 箱。两年多后，中国首次建造的国内最大的"巨无霸"集装箱船——8 530 TEU 船从上海港驶出国门，全球超大型集装箱船家族中出现"上海造"巨轮的身影。

集装箱船通常可以分为这么几类：最大载箱量 500 TEU ~ 3 500 TEU 为支线型，3 500 TEU ~ 5 000 TEU 为巴拿马型，5 000 TEU ~ 1.2 万 TEU 为超巴拿马型。其中超巴拿马型又可划分为：5 000 TEU ~ 6 500 TEU 为小型超巴拿马型，7 000 TEU ~ 8 000 TEU 为中型超巴拿马型，9 000 TEU ~ 1.2 万 TEU 为大型超巴拿马型。从 20 世纪 90 年代中期以来，集装箱船大型化发展的步伐不断加快，从 1994 年市场上首次出现招标订购 5 500 TEU 集装箱船，2000 年即招标订购 7 700 TEU 集装箱船，2002 年招标订购 8 100 TEU 集装箱船，2003 年更上升至招标订购 9 600 TEU 集装箱船。据最近造船企业接获的新船订单价格，韩国有关造船界人士指出，世界船舶市场上的新船造价大幅上升，其中在集装箱船建造方面，如 6 200 TEU 集装箱船每艘造价已涨至 8 600 万美元，比 2003 年年底上涨了 21.1%。目前最大的集装箱船属于马士基集团的 E 字开头的船舶系列，最大装载量可以达到 1.4 万 TEU。

**图 3 -1　集装箱船**

2. 散货船

2004 年，由于中国对煤炭和铁矿砂等矿物需求强劲，散货航运出现红火的景象，其中世界4条主要航线货租船日租金的价格不断提高，超巴拿马型散货船、好望角型散货船等散货船种的运价明显让人感到了散货航运市场的兴旺。从市场的发展趋势和发展前景来看，干散货船同其他船种一样已进一步呈现大型化和超大型化的趋势，以此来适应最近几年煤炭、铁矿石和谷物等干散货的运输需求。散货船的类似类型主要有：

灵便型散货船（handysize bulk carrier）：指载重量在2万吨~5万吨左右的散货船，其中超过4万吨的船舶又被称为大灵便型散货船（handymax bulk carrier）。众所周知，干散货是海运的大宗货物，这些吨位相对较小的船舶具有较强的对航道、运河及港口的适应性，载重吨量适中，且多配有起卸货设备，营运方便灵活，因而被称之为"灵便型"。

巴拿马型散货船（Panamax bulk carrier）：顾名思义，该型船是指在满载情况下可以通过巴拿马运河的最大型散货船，即主要满足船舶总长不超过274.32米、型宽不超过32.3米的运河通航有关规定。根据需要调整船舶的尺度、船型及结构来改变载重量，该型船载重量一般在6万吨~7.5万吨之间。

好望角型散货船（Capesize bulk carrier）（见图3-2）：指载重量在15万吨左右的散货船，该船型以运输铁矿石为主，由于尺度限制不可能通过巴拿马运河和苏伊士运河，需绕行好望角和合恩角，台湾省称之为"海岬"型。由于近年苏伊士运河当局已放宽通过运河船舶的吃水限制，该型船多可满载通过该运河。

图3-2　散货船

大湖型散货船（lake bulk carrier）：是指经由圣劳伦斯水道航行于美国、加拿大交界处五大湖区的散货船，以承运煤炭、铁矿石和粮食为主。该型船尺度上要满足圣劳伦斯水道通航要求，船舶总长不超过222.50米，型宽不超过23.16米，且桥楼任何部分不得伸出船体外，吃水不得超过各大水域最大允许吃水，桅杆顶端距水面高度不得超过35.66米，该型船一般在3万吨左右，大多配有起卸货设备。

3. 油船

国际油轮航运在三大主力船型中持续活跃，单壳油轮逐步被淘汰是一个不可忽视的因素，大约有490艘、1880万载重吨的单壳油轮被淘汰。其中有12艘VLCC、12艘苏伊士型、49艘AFRA、40艘巴拿马型、370多艘5000~50000载重吨的小型油船。

表3-1 油船的类型

| 类　型 | 穿梭油船 | PANAMAX型制品油船 | AFRAMAX型油船 | 40 000吨制品油船 |
|---|---|---|---|---|
| 总吨位 | 77 600吨 | 39 342吨 | 58 959吨 | 26 758吨 |
| 载货重量 | 124 600吨 | 70 887吨 | 108 712吨 | 37 999吨 |

图3-3 油船

（二）LNG船

追溯液化天然气船的历史，早在1959年，美国建造了世界上第一艘运输液化天然气船"甲烷先锋号"，货舱仅5000立方米。1964年，英国设计建造了有2.74万立方米的"甲烷王子号"。1965年至1970年，法国、瑞典共建造了10艘LNG船。

LNG船与常规船舶相比，所具有的复杂性、特殊性和难度有目共睹。天然气经液化后，其体积约缩小620倍，沸点为-163℃，LNG船就是要保证在-163℃以下安全运输液化天然气。令人称道的是，LNG还将在海上实现燃料自给，在海上航行中自然挥发的天然气经管路将输送到船内主机中燃烧。

**图 3 - 4　LNG 船**

储存 LNG 液舱形式主要有欧美形式的 Moss 球型和法国开发的两种薄膜型，还有一种是日本 IHI 的 SPB 独立棱柱型共 4 种液舱形式。也有将目前世界天然气船的储罐系统分为自撑式和薄膜式两种。自撑式有 A 型和 B 型两种，A型为棱形或称为 IHI SPB，B 型为球形。

（三）船舶总类型

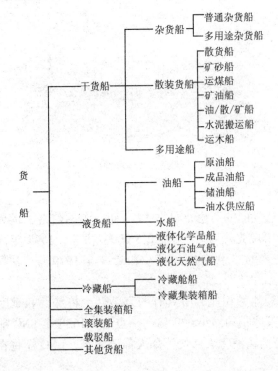

## 二、船舶规范（ship's particulars）

船舶规范应包括船名（ship's name）、船东（owners）、船型（type）、船级（classification）、船籍或船籍港（port of registry）、船旗（ship's flag）、呼号（code sign）、造船厂名（builder's name）、建造地点、时间（when and where built）、舱口、货舱及舱盖（hatch, hold and hatch cover）、无线电通讯设备（radio and communication）、助航设备（navigation aids）、机器（engine）、锅炉（boilers）、货物装卸装置（cargo gear）等。

船舶建造前后都有船舶规范，主要项目还有：

（一）载重吨（deadweight tons）

详见后述。

（二）吃水（draft）

由龙骨最低部到实际吃水线间的垂直距离也就是船体在水面以下的深度，按船舶状态的不同，可分空船吃水（light draft）、压载吃水（ballast）、实际吃水（actual draft）、满载吃水（loaded draft）、船首吃水（fore draft）和船尾吃水（aft draft）等。

（三）船舶全（总）长（length of overall，简称 LOA）

指船首的最前端与船尾的最末端之间的水平距离。船舶通过航道、进入港湾、停靠泊位、入坞、过闸、锚泊、回旋及掉头，均应密切注意受全长的限制。

（四）垂线间长（length between perpendiculars，简称 LBP）

指夏季载重水线（summer load water line）上，自船首（stern）前缘至舵柱（rudder post）后缘之间的水平距离。如无舵柱，则是立舵杆（rudder stock）中心点之间的水平距离，简称垂长。

（五）全宽（breadth extreme 或 BE）

即船舶的最大宽度，指船舶左右舷板或其附属物的最外缘之间的水平距离。全宽对船舶可否通过运河、装卸货时船舶吊杆能够伸到码头之位置或驳船关系极大。

（六）型宽（breadth moulded 或 BMLD）

指船舶最大宽度处左右舷板内缘之间的水平距离。

（七）型深（depth moulded 或 DMLD）

指船舶中部两舷上甲板下缘至龙骨板上缘之垂直距离。其大小与干舷、舱容、稳性、抗沉性及空船重量等有关。

（八）干舷（free board）

干舷是指船舶中部从干舷甲板的上边缘向下量到有关载重线的上边缘的垂

直距离。它是根据船舶的载重、长、宽、深及上层建筑结构等标准情况规定船舶必须具有的安全储备能力（safety reserve buoyancy）。勘定甲板线与夏季载重线两线上缘间之垂距，即为夏季载重干舷，其余冬季、热带、淡水等载重线干舷依此类推。

（九）船舶最大高度（height extreme 或 HE）

指船舶上层建筑物（含桅杆、雷达天线）最高点至船舶基线之间的垂距，当船舶必须航经江河上的桥梁或高压线时要特别注意船舶的水面高度是否受限制。

（十）方形系数（block coefficient or coefficient of fineness）

表示船舶排水体积与同该船等长、等宽、等深的长方形体的体积之比，因船舶线型的不同，一般商船的方形系数从 0.65~0.85 不等。

### 三、船舶吨位（ship's tonnage）

船舶吨位是衡量船舶载重能力和容积大小的计量单位，由于计算方法不同，可分以下几种：

（一）排水量吨位（displacement tonnage）

排水量吨位是指船舶在水中所排开水的吨数。根据船舶载重情况不同，排水量可分轻排水量、重排水量和实际排水量三种。

（1）轻排水量（light displacement）又称空船排水量，是全船装备齐全但无载重时的排水量。它包括船体、机械设备、锅炉中的燃料及冷凝器中的淡水等重量的总和。

（2）重排水量（full loaded displacement）又称满载排水量，是指船舶满载水线下船舶排开水的重量。它等于空船排水量与船舶满载时所承载的各种载荷重量的总和，通常是指夏季满载水线下的船舶排水量。

（3）实际排水量（actual displacement）是指船舶每航次载货后的实际排水量。

排水量的计算公式：

$$排水量（长吨）= \frac{长×宽×吃水×方形系数（立方英尺）}{35（立方英尺）}$$

$$或排水量（公吨）= \frac{长×宽×吃水×方形系数（立方米）}{0.9756（立方米）}$$

因海水每35立方英尺重1长吨，每0.9756立方米重1公吨。

排水量用于军舰大小及舰队的统计，也用于计算船舶的载重

（二）载重吨位

载重吨位指船舶在营运中的载重能力，可分载重吨位和载货重量两种：

（1）载重吨位（deadweight tonnage，DWT）指船舶在夏季载重线所允许装载的最大重量，是船舶满载排水量与空船排水量之差。即：载重量＝满载排水量—空船排水量。它包括货物、人员、行李、本航次所需的燃料、物料、滑润油、淡水、食物、供应品及船舶常数（视船舶的大小和新旧程度，一般为100～300吨）等重量的总和。载重量的大小反映出船舶的装载能力。

（2）载货重量（deadweight cargo tonnage 或 DWCGOT）指船舶夏季载重线所允许装载货物的最大营运重量。载货重量是由载重吨中减去本航次所需的燃料、物料、淡水、常数和其他储备品之和后的重量。它反映了船舶的载货能力。

载重吨位可用于货船的统计、租船租金计算和测算船舶的生产能力。

（三）登记（注册）吨位（registered tonnage）

由船舶检验机构按照船舶丈量规则对船舶所有（若干除外部分从略）围蔽空间（enclosed space）丈量所得的容积之和数，按每100立方英尺或每2.8328立方米为1登记吨折算得出的登记吨位。按此签发"吨位证书"（tonnage certificate）。

船舶根据不同规定的丈量范围，登记吨位分为登记总吨位和登记净吨位。两种登记吨位的共同用途：①设计建造依据；②各种证书、文件之登记；③统计；④买卖、租赁、抵押、海事赔偿等记载；⑤政府补助依据；⑥纳税缴费、计算收付等。

（1）登记总吨位（gross registered tonnage，GRT）简称总吨位（gross tonnage），指船舶甲板以上及甲板以下所有（除外部分从略）围蔽空间的容积和数，按每100立方英尺或每2.8328立方米折合的吨数。据以计算净吨位及表征船舶运力的规模。

（2）登记净吨位（net registered tonnage，NRT）简称净吨位（net tonnage），指船舶可供装运客货的容积，按每100立方英尺或每2.8328立方米折算之吨位，即从上述的总吨位减去不能载运客货的容积后的差数。不能载运客货的容积是指：船员生活处所（master，officers and crew accommodations and cabin）、驾驶台及设备室（navigation bridge and chart room）、无线电室（radio room）、厨房（galley）、餐厅（dining room）、用品室（store room）、卫生间（bath room）、机舱（engine room）、压载水舱（ballast tanks）等非直接营运空间。

净吨位是征缴船舶吨税、码头费、引水费、拖轮费、熏舱费、运河通过费及报关结关之依据，但苏伊士运河及巴拿马运河的净吨位丈量标准较一般国家规定的丈量标准略大。

（四）载货容积吨位（measurement capacity tonnage for measure cargo）

指船舶实际可装货物的容积（cargo space），按每 1.133 立方米或每 40 立方英尺为 1 载货容积吨，折算得出船舶的载货容积吨位。

船舶的容积图（capacity plan）上，分别列表载明每一货舱（car go hold）的散装容积及包（袋）装容积，两者的计量单位又分为立方米及立方英尺两栏。此外还有液舱容积，液舱容积又按专供储存不同的液体，分为压载水舱（ballast water tank，B.W）、淡水舱（fresh water tank，F.W）、燃油舱（fuel oil tank，F.O）、柴油舱（diesel oil tank，D.O）及润滑油（lubrication oil tank，L.O.）等。

散装容积、袋装容积及液舱容积是以各舱内部的长（L）×宽（B）×高（H）÷1.133 立方米或 40 立方英尺计算的，其丈量方法因货物充填性不同而有差异。

（1）散装容积（grain capacity）。其丈量方法：前后横隔舱壁（bulkhead）的水平距（长）×舱内左右舷板内壁的水平距（宽）货×舱底板（tank top）内底面与甲板横梁（deck beams）上缘的垂距（高）−货舱内所有肋骨（frame）和横梁所占的空间，即得出散装容积。

（2）袋（包）装容积（bale capacity）。其丈量方法：前后横隔舱壁的水平距（长）×横置于货舱内左右舷肋骨上的货物护板（cargo battens）两者内缘的水平距（宽）×横货舱底板与甲板横梁上缘的垂距（高），其乘积即为袋装容积。

上述两种容积是货物装船配载的重要依据。

（3）液舱容积（tanks capacity）。其丈量方法：船舱内壁之间的长×宽×高所得的积数即为液舱容积。液态物质的体积，随外界温度高低而涨缩，故所装油水不得超过液舱容积的 96%，并应根据液体的比重（海水为 1.025，淡水为 1，燃油为 0.93，柴油及润滑油为 0.897）计算。

（五）载货容积系数（coefficient of loading）

船舶的载货容积系数是表示其货物载重吨（deadweight cargo capacity）与载货容积（cargo space）之间的关系。当一艘船航次中所需的燃料、淡水、食物、物料和配件等的重量已确定时，即可算出该船的载货容积系数。例如某船资料如下：

| | |
|---|---|
| 满载时船舶重量 | 18 000 吨 |
| 未载货时的重量 | 6 700 吨 |
| 载重吨位 | 11 500 吨 |
| 燃料、淡水、食物、物料、配件 | 1 500 吨 |

货物载重吨　　　　　　　　　　　　　　　　　　　10 000 吨

包装货容积　　　　　　　　　　　　　　　　　　18 800 立方米

每吨平均　　　　　　　　　　　　　　　　　　　　1. 88 立方米

在本航次中，要使该船"重量和容积完全满载"，就需要装载货物积载系数（stowage ractor，SF）平均为1. 88（立方米/吨）的货物。货物积载系数是表示1长吨（或1公吨）货物在装船时实际所占空间的立方英尺（或立方米）数，包括因亏舱（broken towage or broken space）所浪费的空间。

货物正常堆积时占舱位容积

$$积载系数 = \frac{货物正常堆积时占舱位容积}{货物重量}（立方米/吨）$$

（六）船舶载重线（load line）

为了保证船舶所载运的旅客、货物、船员及船舶本身的安全，每艘船舶中部左右舷上都绘有载重线，以限制船舶的最大吃水。载重线标志是根据船舶航行的海区及季节变化由船舶检验局或船级社制定的。这种制度在国际上已得到各国政府的承认，超越这限度将受到法律的制裁。

载重线标志又称普里姆索标志（plimsoll mark），见图3－5。

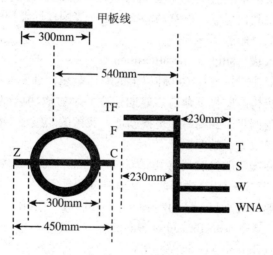

图 3 - 5　载重线标志

载重线标志包括：甲板线、载重线圆盘和各条载重线。图3－5中各条载重线含义如下：

IF（tropical fresh water）表示热带淡水载重线，即船舶航行于热带地区淡水中最大吃水不得超过此线。

F（fresh water）表示淡水载重线。

T（tropical sea water）表示热带海水载重线。

S（summer sea water）表示夏季海水载重线，它与载重线圆盘上的水平直线处于同一高度。

W（winter sea water）表示冬季海水载重线。

WNA（winter north Atlantic）表示冬季北大西洋载重线。

在租船业务中，期租船的租金习惯上按船舶夏季载重线（S）对应的夏季载重吨，每 30 天（或每日历月）每载重吨若干金额来计算。

### 四、船舶的国籍（ship's nationality）

凡是在公海上航行的船舶，按照海上国际公约的规定，须在本国的一个港口或特定的城市（指内陆国家）进行船舶登记，取得国籍证书。我国的国籍证书由港务监督机关颁发。船舶取得国籍证书后，就有权悬挂登记国的国旗，在登记国的沿海、内河和公海上航行并受到法律保护。目前世界上有一些船舶不在本国而在其他国家登记，悬挂登记国的旗帜，航运界称之为"方便旗"（flag of convenience）船，约占世界商船队的 1/3。其目的是为了逃避本国政府的高额征税和严格的航务监督，节省管理费用，降低营运成本以取得高额利润。方便旗船以在利比里亚、巴拿马、塞浦路斯等国登记者较多，因这些国家的税率和工资较低，船舶标准低。

### 五、船舶的入级（ship's classification）

国际航运界对注册总吨在 100 吨以上的海运船舶，都要求在某一公认的船级社或船舶检验机构的监督下建造，船舶建成并试航成功后即发给船级证书。证书有效期一般为四年，到期后须更换新证：我国的船级证书是由船舶检验局负责颁发的。世界较著名的船级社有：

中华人民共和国船舶检验局（Register of Shipping of the People's Republic of China——船级符号 ∗ZC 是中船两字汉语拼音的首字）

英国劳埃德船级社（Lloyd's Register of Shipping——LR）

美国船舶局（American Bureau of Shipping——AB）

法国船级社（Bureau Veritas ——BV）

挪威船级社（Norske Veritas ——NV）

意大利船级社（Registro Italiano ——RI）

德国劳埃德船级社（Germanischer Lloyd ——GL）

日本海事协会（Nippon Kaiji Kyokai ——NK）

独联体船舶登记局（Register of Shipping of USSR ——PC）

波兰船舶登记局（Polish Register of Shipping ——PRS）

船舶的入级制度可使国家对船舶进行必要的技术监督，保证航行安全，同时也便于托运人和租船人选择适当的船只以及保险公司决定船货保险费率。

**六、船舶的配载**

船舶的配载工作技术性很强，它关系到货运的质量、船舶的安全和船舶的经营成果。配载工作既包括按船分配装载的货物，也包括货物在船舱内积载的技术性安排。在配载先后次序上应优先安排重要出口货物（如出国展品、使领馆物资及急需援外物资等）、计划内的托运货物和合同或信用证装运期将到期的货物，以保证按时、按质、按量地完成外贸运输任务。在具体配载工作中，必须符合下列各项要求：

**（一）充分利用船舶的载重吨和载货容积**

在掌握船舶的载重吨、载货容积和载货容积系数的基础上，选载货物积载系数不同的轻重货物进行搭配，以达到"重量和容积完全满载"，取得最大的经济效益。现以载货量为10 000吨，容积为18 800立方米的船为例，如配装积载系数为3.5的羊毛3 887吨和积载系数为0.85的砖块6 113吨，则正好符合要求。

$$3\ 887 \times 3.5 = 13\ 604$$
$$6\ 113 \times 0.85 = 5\ 196$$
$$10\ 000（吨）\qquad 18\ 800（立方米）$$

在实际工作中，一条船可能装多种货物，而在货物的物理、化学性质各不相同的情况下，就要求具体工作人员不断探索和积累经验，提高业务水平。

**（二）保证货物的安全**

装船的货物配载得当对保证货物的质量和安全至为重要，因此要按货物的物理、化学特性合理安排舱位。如：

（1）按上轻下重的顺序装船而不能轻重倒置；

（2）有异味恶臭或潮湿的货物不应与食品等堆装在一起，易于玷污的物品与其他货物间要妥善隔垫，以防止货物之间的串味或污染；

（3）易燃易爆的物品要远离机舱、锅炉等热源和自热自燃物品；

（4）笨重货物的周围要注意防止挤压和摩擦等等。

**（三）保证船舶的安全和适航**

船舶航行的安全在很大程度上取决于货物的积载情况。因此要调整船舶的前后吃水，计算船舶的重心高度保证船舶稳性；注意各舱之间货物的均匀配载，保证航行安全。

**（四）便利船舶的装卸作业**

配载适当可有利船舶装卸，加速船舶周转。各舱货物的积载要按装卸港口顺序，装船时按先装的后卸原则，防止倒载发生。各港口的货物要分隔，并合理分舱积载，使卸货时可提高装卸速度。

# 第二节 海运进出口业务

## 一、海运进口运输工作程序

海运进口业务，就是根据贸易合同中有关运输条件把向国外的订货加以组织，通过海运方式运进国内的一种业务。

海运进口运输工作视成交条件之不同而有差别。

### （一）租船订舱（booking space）

以 FOB 成交的进口合同，租船订舱由买方负责。在合同规定交货前一定时期内，卖主应将预计装运日期通知买方。买方接到通知后，及时书面委托货运代理或直接委托船公司或船务代理办理租船订舱手续。受委托方在订妥舱位后，应及时将船名和船期通知委托方，以便其向卖方发出派船通知，同时受委托方还要通知装货港船务代理，及时与卖方或其货运代理联系，按时将备妥货物发到装货港口，以便船货衔接。委托订舱时，应将进口货名、重量、尺码、合同号、包装种类、装卸港口、交货期、成交条件、发货人名称、地址、电传号、电话、传真号等详细通知被委托人，必要时要附上合同副本。对特种货物如超长超重件或危险品等要列明最大件体积和重量、危险品性质、国际危规页码和联合国编号等。

### （二）保险

进口货物在国外装船后，卖方应按合同规定向买方发出装船通知，以便买方做好接货准备和办理投保手续（属买方自行保险者）。

在我国，属买方自行保险的进口货物，各外贸公司一般均与保险公司签有预约保险合同。每批进口货物在收到国外装船通知后，只要将船名、航次、提单号、预计开船日期、商品名称、数量、装运港、目的港等通知保险公司，即已办妥保险手续。

### （三）掌握船舶动态

为正确掌握到货时间，要经常收集船舶动态资料。资料可从船期表、报纸上登载的船期通告、国外发货人的装船通知及收到的各项单证资料中取得。船舶动态包括船名、船籍、船舶性质、装卸港顺序、预计抵港日期、船舶吃水、所载货物名称及数量等。

进口货物的转船信息至关重要，关键是掌握二程船信息。通常情况下，转船货只确定转船港，而未确定二程船。因此，收货人及其货运代理所收到的一程船提单上只有"在××港转船"（with transhipment at ××）字样，没有二程船名，但货运代理可从到港船舶的货物舱单上去寻找。因为凡属转船货，在舱单上均注明一程船名、提单号、装运港及装船日期等，这样只要舱单上列有转船货的船就是要找的二程船。舱单上有的转船货项下还注明货物件数、重量，这很有可能是原来属于一票的货物，现分若干批转来。这些都需要与所掌握的一程船提单核对，无误后及时制单报关提货。如仍查不到，就应立即向一程船公司或其代理查询，以免到货后发生滞报、漏报、压港甚至被海关超期没收而遭受损失。

（四）收集整理单证

各项进口单证是进口货物在卸船、报关、报验、接交和疏运各环节中必不可少的，因此必须及时收集整理备用。这些单证包括商务单证和船务单证两大类：商务单证有合同副本、发票、提单、装箱单、品质证明书等；船务单证则有舱单、货物积载图、租船合同或提单副本、重大件货物清单和危险货物清单等。单证来源于银行、国外发货人、装货港代理、港口船务代理公司，也有随进口船舶带来的。单证收到后要进行审核、归类或复制，以便货物进口时运用。

（五）报关报检

货物进口必须要经过"一关三检"，即海关、商品检验、卫生检疫、动植物检疫。

进口货物到港后，首先要填制"进口货物报关单"，随附提单（B/L）、发票（invoice）、装箱单或重量单（packing list or weight memo）。有的还要提供品质检验证书（certificate of quality）、原产地证明书（certificate of origin）、进口许可证（import licence）、危险品说明书（specification of dangerous goods）等有关单证，向海关报关。经海关查验无误，才准予放行。

按《中华人民共和国海关法》规定，进口货物应自运输工具申报进境之日起14天内申报，开出税单后7天内纳税。超过规定日期申报或迟交税款，要按进口货CIF价的万分之五交滞报金或按税款的千分之一交滞纳金。

根据我国1989年8月1日起施行的《进出口商品检验法》规定，凡必须经商检机构检验的进口商品需向商检机构办理进口商品登记。凡列入"种类表"的进口商品，海关凭商检机构在报关单上加盖的印章验放。收货人应在商检机构规定的地点和期限内向商检机构报验。凡国家法律、行政法规规定的须经商检机构检验的进口商品也必须同样办理。

根据我国1992年4月1日起施行的《进出境动植物检疫法》规定，凡输入动物、动物产品、植物种子、种苗及其他繁殖材料的，必须事先提出申请、办理审批手续。进境后，在进境口岸实施检疫。集装箱货物均要向进境口岸动植物检疫机关报检。来自动植物疫区的运输工具及货物，口岸动植物检疫机关也要实施检疫。

为了提高进出口通关效率、降低进出口检验费用，国务院将原国家进出口商品检验局、原卫生部卫生检疫局和原农业部动植物检疫局抽出来，共同组建了国家出入境检验检疫局。"三检合一"，把过去的三次申报、三次抽样检验变一次报验、一次取样、一次卫生除害处理、一次发证放行的高效率通关形式。

根据我国 1987 年 5 月 1 日起施行的《国境卫生检疫法》规定，集装箱进口货物均要向国境卫生检疫机关申报。凡食品、食品包装材料以及来自国外监测传染病流行区的货物，国境卫生检疫机关均要实施卫生监督检疫，采取预防控制措施。

对非贸易进口货物，须填制《免领许可证进口物品验放凭证》，连同有关证件向海关申报查验放行。不在港口查验放行的贸易货物须填制《国外货物转运准单》，向港口海关申报，经海关同意后监管运至目的地，由目的地海关查验放行。国外免费赠送样品须填制《进口非贸易样品申报单》，附发票一份向海关申报。如系使领馆进口物资，则凭使领馆或有关单位证明文件向海关申报。

（六）卸船和接交

船舶到港卸货前，按我国港口规定，由船方申请理货公司代表船方与港方交接货物。货主和货运代理，派员在现场监卸。监卸人员应与理货人员密切配合，把好货物数量与质量关，要求港方按票卸货，严禁不正常操作和混卸并分清原残与工残，对危险货物和船边现提货物，应联系收货人直接提走；对进库待提货物，应按提单、标记分别堆放。船货卸完后，由船方会同理货组长向港方办理交接手续。有关货物溢短残损，要由理货出具报告，散货的理货报告由船长和理货人签署，集装箱拆箱发现的货损货差的理货报告由拆箱人和理货人签署。凡进港区仓库货物，货主应凭海运正本提单到船公司或其代理处换取提货单，提货单上经海关加盖放行章，凭以向港区提货。提货时要认真核对货物的包装、唛头、件数等，如有不符，要取得港方的有效证明。一旦货物离港，港方的责任即告终止。

（七）代运

对港口没有转运机构的单位的进口到货，港口外运公司接受委托，可代表收货人办理接交，并安排运力将货物转运到收货人指定地点，这就是进口代运。委托可临时或长期的，与港口外运公司签订"海运进口国内接交、代运协议书"。长期委托一般为3年,逾期双方如无异议可再自动延长3年。

进口代运工作能大大方便收货人,解决接货转运方面的困难,节省收货人的人力和物力,同时可加快进口到货的疏运工作,减少对港口的压力。为使代运工作顺利进行,委托人应在船抵港前备妥向海关申报的单证。代理人应在海关放行货物后,及时做好船货车(船)的衔接,安排代运。货物发运后,及时通知收货人接货。

对过境、转运和通运的货物,应当向进境地海关如实申报,并在海关的监管下实施运输。

无论货主自提还是外运公司代运,最重要的是要划清各段承运人、港方(站方)以及货主之间的责任,外运公司则作为代理人行事。

海运进口运输工作程序如图3-6所示。

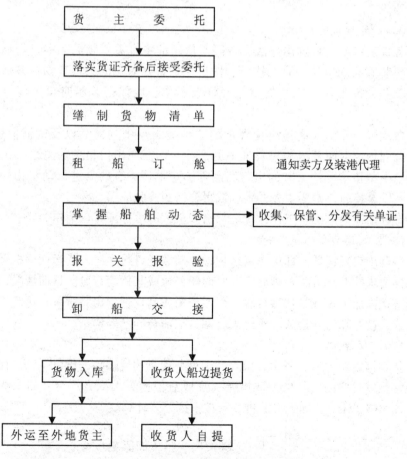

图3-6 海运进口运输工作程序

### 二、海运出口运输工作程序

#### (一) 审核信用证中的装运条款

海运出口货物运输业务是根据贸易合同有关运输条件，把售予国外客户的出口货物加以组织和安排，通过海运方式运到国外目的港的一种业务。凡以 CIF、CFR 条件成交的出口货物，要由卖方安排运输，其主要环节和程序是：

为使出运工作顺利进行，出口方在收到信用证后，必须审核证中有关的装运条款，如装运期、结汇期、装运港、是否能转船或分批装运以及是否指定船名、船籍和船级等。有的来证要求提供各种证明，如离港证明书、航线证明书、船长接受随船单证收据等。对这些条款和规定应根据我国政策、国际惯例、要求是否合理或是否能办到等方面来考虑接受或提出修改要求。

#### (二) 备货报验

备货工作就是根据出口成交合同及信用证中有关货物的品种、规格、数量、包装等的规定，按时、按质、按量地准备好应交的出口货物，并做好申请报验和领证工作。冷藏货要做好降温工作，以保证装船时符合规定温度要求。

在我国，凡列入商检机构规定的"种类表"中的商品以及根据信用证、贸易合同规定由商检机构出具证书的商品，均需在出口报关前填写"出口检验申请书"申请商检。有的出口商品需鉴定重量，有的需进行动植物检疫或卫生、安全检验，都要事先办妥，取得合格的检验证书。

做好出运前的准备工作，货证都已齐全，即可办理托运工作。

#### (三) 托运订舱

编制出口托运单，即可向货运代理办理委托订舱手续。货运代理根据货主的具体要求按航线分类整理后，及时向船公司或其代理订舱。目前情况，货主也可直接向船公司或其代理订舱。当船公司或其代理签出装货单，订舱工作即告完成，就意味着托运人和承运人之间的运输合同已经缔结。

#### (四) 保险

货物订妥舱位后，属卖方保险的即可办理货物运输险的投保手续。保险金额通常是以发票的 CIF 价加成投保（加成数根据买卖双方约定，如未约定则一般加 10% 投保）。如无 CIF 价，可按下列公式计算。

$$CIF = \frac{CFR}{1 - 保险费率 \times (1 + 加成率)}$$

（五）货物集中港区

当船舶到港装货计划确定后，按照港区进货通知并在规定的期限内，由托运人办妥集运手续，将出口货物及时运至港区集中，等待装船，做到批次清、件数清、标志清。在这项工作中，还要特别注意与港区、船公司以及有关的运输公司或铁路等单位保持密切联系，按时完成进货，防止工作脱节而影响装船进度。

（六）报关工作

货物集中港区后，编制出口货物报关单连同装货单、发票、装箱单、商检证等有关单证向海关申报出口，经海关查验合格放行后，方可装船。

（七）装船工作

在装船前，理货员代表船方收集经海关放行货物的装货单和收货单，经过整理后，按照积载图和舱单，分批接货装船。装船过程中，托运人委托的货运代理应有人在现场监装，随时掌握装船进度并处理临时发生的问题。装货完毕，理货组长要与船方大副共同签署收货单，交与托运人。理货员如发现某批货有缺陷或包装不良，即在收货单上批注，并由大副签署，以明确船货双方的责任。但作为托运人，应尽量争取不在收货单上批注以取得清洁提单。

（八）换取提单

装船完毕，托运人除向收货人发出装船通知外，即可凭收货单向船公司或其代理换取已装船提单，这时运输工作即告一段落。

（九）制单结汇

将合同或信用证规定的结汇单证备齐后，在合同规定的议付有效期内，向银行交单，办理结汇手续。

海运出口运输工作程序如下图所示。

**三、主要货运单证**

为了保证国际贸易货物的安全交接，在整个运输过程中需要编制各种单据。这些单证各有其特定的用途，彼此之间又有相互依存的关系。它们既把船、港、货各方联系在一起，又能分清各自的权利和义务。

（一）托运单（booking note，B/N）

有的地方称"下货纸"，是托运人根据贸易合同和信用证条款内容填制的、向承运人或其代理办理货物托运人的单证。承运人根据托运单内容，并结合船舶的航线、挂靠港、船期和舱位等条件考虑，认为合适后即接受托运。

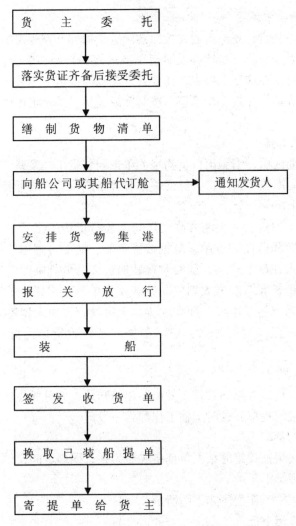

**图 3 - 7　海运出口运输工作程序**

　　托运单是出口货物报关的前期单据和取得装运文件的原始依据，是实现出口货物空间位移和实现国际商务单证流转的第一个实际操作阶段。托运单的分类见表 3 - 2。

### 表3-2　托运单的分类

| 分类方法 | 托运单种类 | 英文名称 |
| --- | --- | --- |
| 按表现形式分 | 纸质托运单 | shipper's letter of instruction, SLI |
| | 电子数据托运单 | EDI SLI |
| 按运输方式分 | 海运托运单 | ocean SLI |
| | 空运托运单 | air SLI |
| | 铁路运输托运单 | railway SLI |
| | 公路运输托运单 | road SLI |
| | 国际多式联运托运单 | international multimode transport SLI |
| | 危险货物托运单 | dangerous goods SLI |

（二）装货单（shipping order, S/O）

装货单是接受了托运人提出装运申请的船公司签发给托运人、凭以命令船长将承运的货物装船的单据。装货单既可用作装船依据，又是货主凭以向海关办理出口货物申报手续的主要单据之一，所以装货单又称关单。对托运人而言，装货单是办妥货物托运的证明；对船公司或其代理而言，装货单是通知船方接受装运该批货物的指示文件。

（三）收货单（mates receipt, M/R）

又称大副收据，是船舶收到货物的收据及货物已经装船的凭证。船上大副根据理货人员在理货单上所签注的日期、件数及舱位并与装货单进行核对后，签署大副收据。如果货物装船时发现外表有异状或损坏或短溢，大副就应在大副收据上给予相应的批注。托运人凭大副签署过的大副收据向承运人或其代理人换取已装船提单。

由于上述三份单据的主要项目基本一致，故在我国一些主要港口的做法是，将它们制成联单，一次制单，既减少工作量、又可减少差错。

（四）海运提单（bill of lading, B/L）

1. 提单的性质和作用

（1）提单是承运人或其代理人应托运人的要求所签发的货物收据（receipt of the goods），在将货物收归其照管后签发，证明已收到提单上所列明的货物。

（2）提单是一种货物所有权凭证（document of title）。提单持有人可据以提取货物，也可凭此向银行押汇，还可在载货船舶到达目的港交货之前进行转让。

（3）提单是承运人与托运人之间运输合同的证明（evidence of the contract of carriage）。

2. 海运提单的种类

（1）根据货物是否已装船，提单可分为已装船提单（shipped B/L or on

board B/L）和备运提单（received for shipment B/L）。前者是指货物已装上船后签发的提单，而后者是指承运人已接管货物并准备装运时所签发的提单，所以又称收讫待运提单。在贸易合同中，买方一般要求卖方提供已装船提单，因已装船提单上有船名和装船日期，对收货人按时收货有保障。随着集装箱运输的发展，如信用证未规定提供已装船提单，银行也可接受货物在承运人监管下出具的备运提单或联合运输提单。

（2）根据货物外表状况有无不良批注，提单可分为清洁提单（clean B/L）和不清洁提单（unclean or foul B/L）。前者是指货物装船时表面状况良好、一般未经加添明显表示货物及/或包装有缺陷批注的提单。在国际贸易中，银行为安全起见，在议付货款时均要求提供清洁提单。后者是指承运人在提单上已加注货物及/或包装状况不良或存在缺陷等批注的提单。

（3）根据不同运输方式，提单可分为直达提单（direct B/L）、转船提单（transhipment B/L）、联运提单（through B/L）和联合运输提单（combined transport B/L）等。直达提单是承运人签发的由起运港以船舶直接运达目的港的提单。如起运港的载货船舶不直接驶往目的港而需在转船港换装另一船舶运达目的港时所签发的提单，称为转船提单。如果货物需经两段或两段以上运输运达目的港而其中有一段是海运时，如海陆、海空联运或海海联运所签发的提单称联运提单。所以转船提单实质上也是联运提单的一种。而联合运输提单则必须是两种或两种以上不同运输方式的连贯运输时承运人所签发的货物提单，因此联合运输提单也可以叫做多式联运提单。目前在实际业务中，不少船公司把联运提单与联合运输提单使用同一格式，只是在作为联合运输提单使用时必须在提单上列明起运港和目的港外，还要列明收货地、交货地及前段运输工具名称等。

（4）根据提单抬头不同，提单可分为记名提单（straight B/L）、不记名提单（bearer B/L）和指示提单（order B/L）。记名提单在收货人一栏内列明收货人名称，所以又称为收货人抬头提单。这种提单不能用背书方式转让，而货物只能交与列明的收货人。不记名提单是在提单上不列明收货人名称的提单。谁持有提单，谁就可凭提单向承运人提取货物，承运人交货是凭单不凭人。指示提单上不列明收货人，可凭背书进行转让，有利于资金的周转，在国际贸易中应用较普遍。

提单背书（endorsement）有空白背书和记名背书两种。空白背书是由背书人（即提单转让人）在提单背面签上背书人单位名称及负责人签章，但不注明被背书人的名称，也不需取得原提单签发人的认可。指示提单一经背书即可转让，意味着背书人确认该提单的所有权转让。记名背书除了与空白背书一样,需由背书人签章外,还要注明被背书人的名称。如被背书人再进行转让,必须再加背书。指示提单有凭托运人指示、凭收货人指示和凭进口方银行指示等,则分别需托运人、收货人或进口方银行背书后方可转让或提货。

(5) 根据提单内容的繁简划分,可分为全式提单和略式提单。

① 全式提单(long form B/L)指在提单上列有承运人和托运人权利、义务等详细条款的提单。由于条款比较繁琐,所以又有繁式提单之称,这种提单在实践中被广泛采用,正本提单一般都是使用全式提单。

② 略式提单(short form B/L)指仅保留全式提单正面的必要内容而略去提单背面全部条款的提单,故又称简式提单。一般提单副本及租船合同项下的提单多使用这种提单。前者要参照提单正本的条款,而后者要参照有关的租船合同的规定。

(6) 根据运输费支付方式划分,可分为运费到付提单和预付提单。

① 运费预付提单(freight prepaid B/L)指运费在货物装船后即予支付的提单。

② 运费到付提单(freight to be collected at destination B/L)指运费在货物到达目的港、收货人提取货物前支付的提单。这种提单在收货人没有付清运费及其他有关杂费前,承运人得行使货物留置权。但下列货物的运费,船公司不同意到付,如舱面货、冷藏货、散装油、散装胶浆、活牲畜、鲜货、行李、家具和易腐物品等。

(7) 按提单的正副本划分,可分为正本提单和副本提单。

① 正本提单(original B/L)指可凭以押汇货款和向目的港船公司或其代理人提货的提单。正本提单可按习惯签发2~4份,我国习惯一般签发3份,以便托运人遗失其中一份时,可凭其他各份提单提货。提单正面列有提单正本的份数,并说明其中一份经完成提货手续后,其余各份即自动失效。一般转让提单也仅限于正本提单。

② 副本提单(non-negotiable copy 或简称 copy)指为承运人或托运人以及货运代理、船务代理工作参考用的提单,份数或按托运人要求或由船方自行安排,提单上船方不签字,一般均使用简式提单格式。

(8) 租船合同项下的提单(charter party B/L)指定程租船的船方根据定程租船合同签发的提单。通常使用简式提单形式。提单上仅列货名、数量、船名、装货港、目的港等项目,不列详细条款。

(9) 电子数据交换系统信息(electronic data interchange,简称 EDI)是在电子数据交换系统日益被广泛使用的条件下,如果买卖双方约定用电子手段通讯,就可用相应的电子数据交换系统信息代替提单,也有人称之为"电子提单"。也就是把贸易术语、国家和地区名称、货币名称、港口名称、货名等均编成数字代码，26 个英文字母也都处于 65～90 这一段连续代码之间，利用计算机通信技术，实现数字信号的处理和传输，信号的接收方经过计算机处理又可还原为原来的信号，实现电子数据交换（EDI）。这种由传统的传输各种模拟信号的方式转为传输数字信号的电子交换方式是通信技术上的一大变革。

（10）成组提单（groupage B/L）和分提单（house B/L）。成组提单是指运输代理行将几票同一目的地不同货主的货物合在一起成组向船公司托运、由承运人签发的提单。运输代理行收到成组提单后，向每一货主出具分提单，即运输代理行提单。目的港具体收货人可凭分提单向运输代理行在目的港的代理人提取货物。

（11）海上货运单（sea waybill or ocean waybill）是目前为了防止伪造提单押汇、转让和提取货物而在海上运输中有些地区经常使用的单据。它是一种不可向银行押款、也不可转让的货物收据。如果一批货物买卖关系人只涉及托运人、承运人和收货人时，可使用这种单据。签发的方法可以是"已装船"，也可以是"备运"。它既可用于一般传统运输，也可用于集装箱运输。

（12）其他特殊情况下签发的各种提单：

① 交换提单（switch B/L）。由于贸易上的需要，起运港签发提单后需在中途港另换一套提单，作为该批货物由中途港装运，装货人为中途港的关系人，仍由原船运至目的港。在这种情况下，原起运港签发的一套提单就称为交换提单。

② 最低运费提单（minimum B/L）又称起码提单。凡提单上所列货物按重量或容积计算出的运费额尚未达到运价表上规定的最低运费额，而船公司按最低运费计收时所签发的提单。

③ 舱面提单（on deck B/L）。货装甲板上，承运人所签发的有"货装甲板"批注的一种提单，所以又称甲板提单。这种提单的托运人一般均向保险公司加保舱面险，以保障货物运输安全。

④ 倒签提单（antidated B/L）是承运人或其代理人应托运人的要求在货物装船后以早于该批货物实际装船完毕日期作为签发提单的日期，以符合信用证或合同中关于装运期的规定所签发的一种提单。

⑤ 预借提单（a dvanced B/L）是承运人或其代理人应托运人因信用证规定的装运期和有效期已到而货尚未装船时的要求而预先签发的借予托运人的一种提单。

以上两种提单侵犯了收货人的合法权益，构成侵权行为，对托运人和承运人均有较大风险，在实际工作中应尽量减少使用或杜绝使用，以策安全。预借和倒签提单均需托运人提供保函，但保函的法律效力是有争论的。

保函（letter of indemnity）又称认赔书，即保证负责赔偿的文件。在国际贸易活动中，货物的交付如不能完全符合合同或信用证规定的要求时，为收取货款，托运人要求承运人签发合格提单时所出具的保证由此产生的全部责任和可能发生的损失所出具的文件。这对承托运双方均有约束力，但对第三者如收货人或提单持有人来说则无丝毫的法律约束力。如收货人发现实收货物有数量短缺或包装损坏，或查明系倒填提单日期或属预借提单，就有权撤销合同并提出索赔，承运人也不能减轻对托运人以外的第三者所应负的赔偿责任。保函是否合法要结合国际贸易中的具体复杂情况进行具体分析，而且要受制于有关国家的国内法。如英、美、法等国对保函即持否定态度，而亚洲、欧洲一些国家法律虽承认保函存在一定问题，但为了灵活进行国际贸易的需要，只要未损害第三者的利益并不认为非法。但为了慎重起见，对保函的使用仍以严加控制为宜。

常见的提单种类见表 3－3。

表 3－3　常见的提单种类

| 分类方法 | 提单种类 | 英文名称 |
|---|---|---|
| 按表现形式分 | 纸质提单 | bill of lading，B/L |
| | 电子报文提单 | electronics bill of lading |
| 按货物是否已装船 | 已装船提单 | shipped B/L or on board B/L |
| | 收货待运提单 | received for shipment B/L |
| 按有无包装状况批注 | 清洁提单 | clean B/L |
| | 不清洁提单 | unclean or foul B/L |
| 按提单收货人栏分 | 记名提单 | straight B/L |
| | 不记名提单 | bearer B/L |
| | 指示提单 | order B/L |
| 按不同运输方式分 | 直达提单 | direct B/L |
| | 转船提单 | transhipment B/L) |
| | 多式联运提单 | combined transport B/L |
| 按根据提单内容的繁简分 | 全式提单 | long form B/L |
| | 略式提单 | short form B/L |
| 按提单签发时间不同分 | 预借提单 | advanced B/L |
| | 倒签提单 | antidated B/L |
| | 顺签提单 | post-date B/L |

（五）装货清单（loading list）

装货清单是承运人根据装货单留底，将全船待装货物按目的港和货物性质归类，依航次、靠港顺序排列编制的装货单汇总清单。其内容包括装货单编号、货名、件数、包装形式、毛重、估计尺码及特种货物对装运的要求或注意事项的说明等。

装货清单是船上大副编制配载计划的主要依据，又供现场理货人员进行理货，港方安排驳运、进出库场以及承运人掌握情况的业务单据。

（六）舱单（manifest，M/F）

又称"船单"、"出口载货清单"（export M/F），是按卸货港逐票罗列全船载运货物的汇总清单。它是在货物装船完毕之后（注意制作时间），由船公司根据收货单或提单编制的。其主要内容包括货物详细情况、装卸港、提单号、船名、托运人和收货人姓名、标记号码等。

此单作为船舶运载所列货物的证明，是船舶办理进出口报关手续的必要单证，也是装卸港承运人代理联系及卸港代理据以事先做好卸货装备的业务单据。

我国及较多国外港口对于危险货物除舱单备注中注明其特性外，还要求承运人提供危险品货物清单（dangerous cargo list）。危险货物清单的内容主要有船名、船次、装卸港、提单号、货名、数量、货物性质、装舱位置等项。

在我国还有一种"出口载货运费清单"（export freight manifest），亦称"运费舱单"。它除记载舱单记载事项外，还包括运费率、运费、到付或预付及提单批注等。这种单证将"舱单"和"运费清单"合为一体，简便明了。它即是全船所载货物的证明，又是承运人或其代理人向货主收取运费的总清单。

（七）货物积载图（stowage plan or cargo plan）

货物积载图是按货物实际装舱情况编制的舱图。它是船方进行货物运输、保管和卸货工作的参考资料，也是卸港据以理货、安排泊位、货物进仓或安排车驳的文件。

（八）货物溢/短单和货物残损单（overlanded and shortlanded cargo list，broken & damaged cargo list）

残损单是一份根据理货员现场记录编制的属于船方责任的残损货物的一个汇总清单。而溢短单则是卸货完毕时，对全船所卸货物结合舱单及有关货运单据（包括理货单及理货日报单）对溢短卸货所做的汇总清单。这两份单证都应由理货组长和船方大副共同签订后才有效，可作为今后处理溢、短、残案件时划分货方及承运人之间责任的依据之一。

（九）提货单（delivery order，D/O）

又称小提单。收货人凭正本提单或副本提单随同有效的担保向承运人或其代理人换取的、可向港口装卸部门提取货物的凭证。发放小提单时应做到：

（1）正本提单为合法持单人所持有。

（2）提单上的非清洁批注应转上小提单。

（3）当发生溢短残情况时，收货人有权向承运人或其代理获取相应的签证。

（4）运费未付或到付的，应在收货人付清运费及有关费用后，方能放小提单。

# 第三节　主要单证的制作

## 一、海运出口托运单的缮制

（一）缮制依据

信用证或合同是制作托运单的依据。由发货人缮制的托运单必须在相应的船期表规定的截单日前提交给货运代理人或船公司，办理订舱手续。

（二）注意事项

（1）目的港。港口名称须明确具体，不可用国名或地区名代替。如有同名港时，须在港口名称后注明国家、地区或者州、城市。

如果信用证规定目的港为选择港（optional ports），则应是同一航线上的、同一航次挂靠的基本港，而且选择港最多不得超过三个。

（2）运输编号即委托书的编号。每个具有合法进出口权的托运人都有一个托运代号，以便查核和财务结算，这个运输编号是由托运代号和阿拉伯数字组成。

（3）货物名称应根据货物的实际名称，用中英文两种文字填写，更重要的是要与信用证所列货名相符。

凡危险品须写清化学成分和物理性能，注明国际海上危险品运输规则号码International Maritime Dangerous Goods Code，简称"国际危规"IMDG Code，（PAGE）、联合国号码（UN NO）、危险品等级（Ct，ASSNO），并附"船舶装载危险品清单"、危险品包装说明书和危险品说明书等。

冷藏货物、保温货物则需标明温度（°F或℃）。

（4）标记及号码又称唛头（marks & numbers）。为了便于识别货物、防止错发错运，每一票货物都得有一个具有一定意义的标记及号码。它通常由型号、图形或收货单位简称、目的港、件数或批号等组成。内容可以包括原产国、收货人、信用证号、合同号等。如件号不连续，应在托运单上标明，例如在缺掉的件号数处加上"Ex"（Ex：extraction）字样。

（5）件数或包装。如唛头里的件号是连续的，则件数应与最大件号数一致。包装应列具体名称，如袋装（bags）、箱装（case，C/S）、包装（bales，b/s）等，而箱装又可分纸箱（carton，Ctn）、木箱（woodencax3）、板（柳）条箱（Crates，crts）等若干种，英文表示要确切。托盘货不仅要表明托盘数，还需标明每托盘的件数。例如 IOPAIJ. ETSEACH S，T，C，20CTNS（其中 S、T、C 即 said to contain）。

（6）重量尺码。重量的单位为公斤（kg），尺码为立方米（m³）。托盘货要分别注明带托盘的重量、尺码和货物本身的重量、尺码。对超长、超重、超高货物，应提供每一件货物的详细的体积（长、宽、高尺寸）以及每一件的重量，以便货运代理和船公司计算货物积载因素，安排特殊的装货设备。

（7）运费付款方式。一般有运费预付（freight prepaid）和运费到付（freight to be collected）。有的转运货物，一程运输运费预付，二程运输运费到付，要分别注明。凡无商品价值的样品，体积不超过 0.2 立方米、重量不超过 50 公斤时，可以免费运送（freight free）。

（8）可否转船、可否分批以及装期、效期等均应按信用证或合同要求一一注明。

（9）通知人、收货人，按需要决定是否填写。

（10）有关的运输条款、订舱、配载若有特殊要求的也要一一列明。

（三）份数及流转程序

我国一些主要口岸的现行做法是将托运单、装货单、收货单、运费通知单等合在一起，制成一份多达九联的单据。各联作用如下：

第一联由订舱人留底，用于缮制船务单证。

第二、三联为运费通知联，其中一联留存，另一联随账单向托运人托收运费。

第四联装货单（shipping order，简写 S/O）是承运人确认承运货物的证明和通知装船的命令，也是海关对出口货物进行监管的单证，所以装货单又称"关单"。经海关加盖放行章后，船方才能收货装船。

第五联收货单（mate's receipt，简写 M/R）是货物装船后，承运船舶的大副签发给托运人、表示已收到货物并已装船的货物收据，又称大副收据。

第六联由配舱人留底。

第七、八联为配舱回单，留作缮制提单用。

第九联是缴纳出口货物港务费申请书。货物装船完毕后，港区凭以向托运人收取港杂费。

此外再附空白格式两联，作为码头仓库存查之用。

我国各港口托运单格式不尽相同，可因地制宜根据当地情况办理。

**二、出口货物报关单的缮制**

中华人民共和国海关法规定，出口货物的发货人应当向海关如实申报，交验出口许可证和有关单证。申报的时候也有规定，除海关特准的外，均应在交货前24小时以前向海关申报。同时出口贸易报关单还是出口企业向海关办理申领出口退税的单证，即出口企业向税务机关办理出口产品退税时必须提供盖有海关验讫章的出口退税报关单。因此，出口货物报关单必须一式三份来料加工等出口报关单一式四份。

（一）填写出口货物报关单的要求

（1）报关单填写的项目要准确、齐全、清楚，填报项目若有更改，应在更改项目处加盖核对章。

（2）不同合同的货物不能填报在一份报关单上。

（3）如果同一合同上包括多种商品时，要注意一份报关单上一般最多不要超过五项海关统计商品编号的货物。

（4）报关单应与随附合同、批文、发票、装箱单等相符，报关单所申报的内容应与实际出口的货物相符。

（二）出口货物报关单的填写

（1）出口口岸：填写货物出境的口岸名称。

（2）经营单位：填写经营出口货物业务的公司或单位名称。

对于外商投资企业委托外贸公司出口的货物，其经营单位应报为委托的一方，即以外商投资企业为经营单位，并应在报关单备注栏注明"委托××公司出口"。

（3）指运港（站）：填写出口货物的目的港。

（4）合同（协议）号：填写本批货物合同或协议的详细年份、字头、编号及附件号码。

（5）贸易方式：贸易方式有"一般贸易"、"补偿贸易"、"来料加工装配贸易（对口合同除外）"、"来料加工"、"出料加工"、"寄售贸易"、"对口合同各作各价"、"边境地方贸易"、"租赁贸易"、"对外承包工程货物"等。

（6）贸易国别（地区）：即成交国别（地区），填写货物的售予国（地区）。

（7）消费国别（地区）：指出口货物实际消费的国家（地区），包括直接使用或进行加工的国家。如果不能确定消费国的，可根据买方通知、合同（协议）或信用证等资料，以尽可能预知的最后售予国或最后运往国作为消费国填入。

（8）收货单位：填写国外外资企业名称和所在地。

（9）运输工具名称及号码：海运的填写船名及航次。

（10）装货单或运货单号：海运的填写提单号。

（11）收结汇方式：按实际结汇方式填写，例如 L/C、D/P 等。

（12）起运地点：填写出口货物实际发货单位的所在地。所在地要填写所在省（自治区、直辖市）、市、县。如果发货单位在经济开发区内，还应填写经济开发区名称。

（13）海关统计商品编号：按照《中华人民共和国海关统计商品目录》的规定填写。

（14）货名规格及货号：填写货物的中英文名称和详细规格，以及有关单位编制的商品代号。

（15）标记唛头、件数及包装种类：按照合同（协议）规定填写，如有地址名称的应该填上。包装种类是指袋、箱、包、捆、桶等。

（16）数量：填写实际出口货物的数量和数量单位（如台、个、公斤等）。如合同或协议规定的数量单位与海关统计商品目录所规定的数量单位不同，则应按海关规定的数量单位填写，同时在括号内填上合同中规定的数量及其单位。

（17）重量："毛重"填本批货物全部重量；"净重"一般填毛重扣除外层包装后的自然重量。对于有零售包装的货物，不必扣除零售包装的重量。对于一批不同品种的货物，应当分别申报净重。

（18）成交价格：填写合同或协议书规定的人民币或外币以及价格条件。

单价：是指合同或协议中成交的单价，原则上都必须写明。

总价：按照合同或协议书规定的价格填写（包括成交的价格条件：如 FOB、CIF、CFR 等，货币名称和币值）。出口货物的成交价格中，如包括离开我国后的运费、佣金、折扣等费用，应分别列明扣除，对来料加工后出口的料、件应按估定的离岸价格填报。

（19）离岸价格：填写出口货物离开我国国境的离岸价格，不包括离开我国后的运费、保险费以及佣金、折扣等费用。如果合同（协议）规定须另加包装等费用，或须另按实际出口货物品质计算差价的，都应当按照实际结算价格填写。离岸价格中人民币价格不必折算填报。外币价格则按国家外汇管理部门核定的各种货币对美元的内部统一折算率折算填报。

（20）备注栏填写该批出口货物需说明的事项。

（21）随附单据栏应填写随附提单、发票以及其他按规定必须随附的单、证或批准文件等，一般有商检证、出口许可证、来料加工登记手册等，这些随附单据及其编号要在报关单上注明。

（22）申请单位（盖章）。申报单位应加盖公章或向海关备案的"报关专用章"以及已备案的报关人员印章（或签名），并填上申报日期。

（23）海关放行日期：由出口地海关在核放货物后填写并加盖海关放行章。

**三、提单的制作及其依据**

海运提单是一种物权凭证，因此在交货过程中起着重要的作用。现在使用的提单大多是船方自行拟定的格式，除正面条款和内容外，背面还有多达二三十条的详细条款，这些条款各家公司的提单上并不一致，但基本上都根据现行的一些国际公约而拟定的。

（一）提单正面内容填制注意事项

1. 提单正面主要注意事项

（1）托运人（shipper）：一般即为××出口公司，也就是信用证中的受益人。如果开证人为了贸易上的需要要求做第三者提单（third parties B/L），也可照办。例如指定对外贸易运输公司为托运人。

（2）收货人（consignee）：如要求记名提单，则可填上具体的收货公司或收货人名称。如属指示提单，则填为"指示"（order）或"凭指示"（to or-der）。如需在提单上列明指示人，则可根据不同要求，作成"凭托运人指示"（to order of shipper）、"凭收货人指示"（to order of consignee）或"凭××银行指示"（to order of ×× bank）。

（3）被通知人（notify party）：这是船公司在货物到达目的港时发送到货通知的收件人，有时即为进口人。在信用证项下的提单，如信用证上对提单被通知人有具体规定时，则必须严格按信用证要求填制。如果是记名提单或收货人指示提单且收货人又有详细地址的，则此栏可以不填。如果是空白指示提单或托运人指示提单，则此栏必须填列被通知人名称及详细地址，否则船方就无法与收货人联系，收货人也不能及时报关提货，甚至会因超过海关规定申报时间而被没收。

（4）提单号码（B/L No.）：一般列在提单右上角，以便于工作联系和查核。发货人向收货人发送装船通知（shipping advice）时，也要列明船名和提单号码。

（5）船名（name of vessel）：应填列货物所装船舶的船名及航次。

（6）装货港（port of loading）：填列实际装船港口的具体名称，如"上海"、"天津"等，不要笼统地填为"中国港口"。

（7）卸货港（port of discharge）：填列货物实际卸下的港口名称。如属转船，第一程提单上的卸货港填转船港，收货人填二程船公司；第二程提单装货港填上述转船港，卸货港填最后目的港。如由第一程船公司出联运提单（through B/L），则卸货港即可填最后目的港，提单上列明第一和第二程船名。在第二程船名尚未确定但转船港已经确定的情况下，则卸货港也可填最后目的港，同时提单上须注明"with transhipment at ××× 转船港或 W/T at ××× 转船港"。在运用集装箱运输方式时，目前使用"联合运输提单"（combined transport B/L），提单上除列明装货港、卸货港外，还要列明"收货地"（place of receipt）、"交货地"（place of delivery）以及"第一程运输工具"（pre-carriage by）、"海运船名和航次"（ocean vessel，voy No.）

填写卸货港还要注意同名港口问题，如属选择卸货港提单，就要在这栏中注明。如伦敦/鹿特丹/汉堡选卸，则在卸货港栏中填写"option London/Rotterdam/Hamburg"，若收货人在船舶到达第一卸货港前船公司规定时间内未通知船方卸港，则船方可任意选择一个卸货港卸货。

（8）货名（discription of goods）：在信用证项下货名必须与信用证上规定的一致。

同一提单上列有两个或两个以上不同货物名称者，必须按不同货名分别提供毛重和体积，否则承运人要按收益高者计收运费。

（9）唛头（shipping marks）：信用证有规定的，必须按规定填列，否则可按发票上的唛头填列。

（10）件数和包装种类（number and kind of packages）：要按实际包装情况填列，如箱子要填列木箱、纸箱、铁箱，不可笼统填为"件"（packages）。但一张提单有几批不同包装的货物，在统计总数时则可用件表示，在货名下用大写填列，如总数为12件可填为"SAY TWELVE PACKAGES ONLY"。

（11）毛重、尺码（gross weight，measurement）：除信用证另有规定者外，一般以公斤为单位列出货物的毛重，以立方米列出货物体积，小数要保留三位。

（12）运费和费用（freight and charges）：运费和费用的支付方式一般有预付（freight prepaid）和到付（freight to be collected or freight payable at destination）之分。

如 CIF 或 CFR 出口，一般均填上运费预付字样，千万不可漏列，否则收货人会因运费问题提不到货；尽管到货时可查清情况，但拖延提货时间也将造成损失。如系 FOB 出口，则运费可制作"运费到付"字样，除非收货人委托发货人垫付运费。

按船公司费率表规定，有些货物如舱面货、冷藏货、散装胶浆、活牲畜、鲜货、行李、家具以及易腐货物等则必须预付运费。有些地区规定提单上要加注运费金额，或信用证中有此规定，则应照办。

2. 还有如下几条声明事项

（1）托运人所提供的详细情况（指货名、标志和号数、件数、毛重、尺码等）如填写不准确、错误或谎报，一切后果和所造成的损失应由托运人负责。

（2）声明外表情况良好的货物已装在船上，并应在卸货港或该船所能安全到达并保持浮泊的附近地点卸货。

（3）托运人、收货人和本提单的持有人明白表示接受并同意提单和它背面所记载的一切印刷、书写或打印的规定、免责事项和条件。

（4）正本提单其中一份完成提货手续后，其余各份失效。

（二）提单的签发、日期和份数

提单可以由承运人、船长或承运人的代理人签发。

提单签发的份数按各国法律和航运习惯一般都允许承运人签发一式数份的正本提单。例如，俄罗斯规定至少两份，英国为三份。有的国家没有规定，只要承、托运人双方同意即可。提单签发数份是为了防止在传递过程中遗失，一般在提单的正面条款中需注明正本提单的份数，并强调凭其中一份完成交货责任后其余各份作废，这样可有效地防止发生货方一物二卖、有一个以上的持单人前来提货的情况。如果提单持有人要求在原目的港以外的其他港口提货时，则必须提出全套正本提单，以防止提单中的任何一份正本在目的港向承运人要货。如两个以上的持单人向承运人提取同一批货，则承运人通知关系人，待确定谁是提货权利人后方可交货。

提单还是结汇的必需凭证，特别是在跟单信用证结汇时，银行要求所提供的单证必须一致。因此提单上所签的日期必须与信用证或合同上规定的最后装船日期一致或先于装期，只有这样才能保证安全结汇。但是如果卖方估计货物无法在信用证装期前装上船，应尽早通知买方，要求修改信用证，而不应利用"倒签提单"、"预借提单"等欺诈行为取得货款。

（三）提单的背面条款及其依据

在全式（long form）正本提单的背面，列有许多条款，其中主要有：

（1）定义条款（definition clause），主要对"承运人"、"托运人"等关系人加以限定。

（2）管辖权条款（jurisdiction clause）。指出当提单发生争执时，按照法律，某法院有审理和解决案件的权力。

（3）责任期限条款（duration of liability）。一般海运提单规定承运人的责任期限从货物装上船舶起至卸离船舶为止。集装箱提单则从承运人接受货物至交付指定收货人为止。

(4) 包装和标志 (packages and marks)。要求托运人对货物提供妥善包装和正确、清晰的标志。如因标志不清或包装不良所产生的一切费用由货方负责。

(5) 运费和其他费用 (freight and other charges)。运费规定为预付的，应在装船时一并支付，到付的应在交货时一并支付。当船舶和货物遭受任何灭失或损失时，运费仍应照付，否则承运人可对货物及单证行使留置权。

(6) 自由转船条款 (transhipment clause)。承运人虽签发了直达提单，但由于客观需要仍可自由转船，并不须经托运人的同意。转船费用由承运人负担，但风险则由托运人承担，而承运人的责任也仅限于其本身经营的船舶所完成的那段运输。

(7) 错误申报 (inaccuracy in particulars furnished by shipper)。承运人有权在装运港和目的港查核托运人申报的货物数量、重量、尺码与内容，如发现与实际不符，承运人可收取运费罚款。例如外运提单中规定的罚款为正误差额的五倍，或正确运费的两倍减去已收取运费，以金额小者为准。

(8) 承运人责任限额 (limit of liability)。规定承运人对货物灭失或损坏所造成的损失所负的赔偿限额，即每一件或每计算单位货物赔偿金额最多不超过若干金额。例如，中远、中外运提单均规定最高赔偿限额为每件人民币700元。

(9) 共同海损 (general average，简写 C. A.)。规定若发生共同海损时按照什么规则理算。国际上一般采用《1974 年约克—安特卫普规则》理算。在我国，一些提单常规定按照《1975 年北京理算规则》理算。

(10) 美国条款 (American clause)。规定来往美国港口的货物运输只能适用美国《1936 年海上货运法》 (Carriage of Good by Sea Act. 1936)。运费按联邦海事委员会 (FMC) 登记的费率本执行，如提单条款与上述法则有抵触时，则以美国法为准。此条款也称"地区条款" (local clause)。

(11) 舱面货、活动物和植物 (on deck cargo, live animals and plants)。对这三种货物的接受、搬运、运输、保管和卸货规定，由托运人和收货人承担风险，承运人对其灭失或损坏不负责任。

由于提单由各家船公司制订，且每种提单的内容都有二三十条之多，不再一一说明。

正本提单的这些背面条款从理论上讲是由承运人和托运人双方事先约定的，承运人和托运人的责任、权利、义务以及豁免事项以此为依据。但事实上这些条款是由承运人单方拟制的，托运人很少有机会修改。因此作为托运人要注意选择船公司这一环节，根据惯例，使用哪家船公司的船载货就得使用该公司的提单，就意味着接受该公司提单上的所有条款，除非事先已协商修订过。

现行的提单背面条款虽说由承运人单方面制订，但事实上都根据现行的《统一提单的若干法律规则的国际公约》（International Convention for the Unification of Certain Rules of Law Relating to Bills of Lading）即《海牙规则》（The Hague Rules）来拟定。

《海牙规则》是海洋运输方面一个十分重要的国际公约。目前已有 80 多个国家和地区已通过法令采用实施。许多国家的航运公司在其制订的提单中均列明采用《海牙规则》。我国虽未在该公约上签字，但目前使用的中远提单和外运提单中均声明"有关承运人的义务、赔偿责任、权利以及豁免应适用《海牙规则》"。

《海牙规则》共分 16 条。其中第一条至第八条是规定了承运人与托运人双方的责任与权利，第八条是对货币单位的解释，第十条规定《海牙规则》的适用范围，第十一至第十六条订明各国批准、承认、加入、退出或修改等程序的规定。

随着国际政治、经济形势的变化和运输技术的发展，1924 年制定的《海牙规则》逐渐地暴露出其不足之处。20 世纪 60 年代初，国际海事委员会开始对《海牙规则》进行修改，并成立了专门工作委员会，直至 1968 年 2 月在布鲁塞尔召开的外交会议上通过了《1968 年布鲁塞尔议定书》，即《海牙—维斯比规则》（Hague-Visby Rules）。此规则共计 17 条，第一条至第五条是对《海牙规则》的修改和补充，第六条至第十七条是加入和退出的手续以及解决纠纷程序的规定。

《海牙—维斯比规则》虽对《海牙规则》做了一些修改，但对货主权益仍少保障。

1978 年联合国在汉堡召开的"海上货物运输会议"上讨论、修改并通过了"1978 年联合国海上货物运输公约"（United Nations Convention on the Carriage of Goods by Sea, 1978），即《汉堡规则》（The Hamburg Rules）。

《汉堡规则》共有 34 条，其对《海牙规则》做出的最重要的修改是扩大了承运人的责任。其修改主要有以下几方面：

（1）扩大了适用范围。对装、卸港、选卸港所在国以及提单或运输合同等单证签发国中只要有一个是缔约国就有约束力。此外，凡提单或运输合同中规定按《汉堡规则》立约的也有约束力。

（2）增加了承运人的责任，减少了其免责范围。例如将承运人对货物的负责期限从《海牙规则》的装卸期间扩展到承运人接、交货期间。又例如，原来承运人对船舶管理、驾驶不善所产生的不良后果可以免责，《汉堡规则》则废除了航行过失免责，加强了承运人的责任。

（3）改善了托运人的条件，扩大了货物的含义。例如《海牙规则》认为活动物、甲板货不算货物而《汉堡规则》却算货物，托运人提供的集装箱、托盘或包装也属货物，承运人必须对这些货物同样负责。

（4）提高了承运人对灭失或损害货物的最高赔偿金额。《海牙规则》规定凡属未申报价值的货物其灭失或损坏赔偿金额为每件不超过 100 英镑。《海牙—维斯比规则》规定最高限额不超过10 000金法郎或每公斤 30 金法郎，两者中以高者计算。《汉堡规则》规定为 835 特别提款权记账单位（SDRS）或每公斤 2.5SDRs，也是两者中以较高的数额为准。《海牙—维斯比规则》和《汉堡规则》均规定，如一个集装箱或一个托盘若在提单内载明内装多少件数或其他货运单位数时，可以按所装件数或其他货运单位数赔偿，如未载明，则以一个集装箱或一个托盘作为一件赔偿。

（5）《海牙规则》规定承运人的责任期间是从装船到卸船，即吊钩到吊钩（tackle to tackle）。《汉堡规则》扩大为自接受货物时起到交付货物时为止，包括港区至港区（port to port）、集装箱堆场到堆场（CY to CY）或者集装货运站到货运站（CFS to CFS）。

（6）《海牙规则》对延迟交货未做规定。《汉堡规则）规定了承运人若延迟交货则要负下列三种责任：① 行市损失；②利息损失；③停工停产损失。如果全部迟交，赔款不超过运输合同规定的运费总额。如果部分迟交，则以迟交货物应付运费的 2.5 倍为限，但也以不超过应付运费总额为限。

（7）延长诉讼时效。将原来《海牙规则》规定的一年诉讼时限延长为两年。至于提出诉讼或仲裁的地点，《汉堡规则》规定了一个管辖范围，而《海牙规则》中未作具体规定。

可见《汉堡规则》在货方和承运人双方的权益方面作了较公平的调整，对《海牙规则》有了较大的实质性的修改。该公约已于 1992 年 11 月 1 日正式生效。但目前海运提单中主要还是引用《海牙规则》。尽管如此，可以预见《汉堡规则》的生效对建立航运新秩序有着极其重要的意义，它必将对航运业的发展产生深远的影响。

**四、进口货物报关单的缮制**

进口货物的买方或其代理人应根据已掌握的进口单据及时填写"进口货物报关单"。填制中应注意以下几个问题：

（一）填制要求

可参见"出口货物报关单"。

（二）贸易性质与单据的选用

1. 根据不同的进口货物性质选用不同的报关单

（1）进料加工货物应使用粉红色报关单；

（2）加工装配货物应选用绿色报关单；

（3）其他进出口货物应使用白色报关单；

（4）进口转关货物应使用"转关运输货物准单"；

（5）过境货物应使用"出入境报单"；

（6）转运货物应使用"外国货物转运准单"。

2. 根据需要选择不同的份数

（1）下列情况只需填制一份报关单：

① 进口货物价值在 30 美元及以下的；

② 进口货样、广告品在人民币 500 元及以下的；

③ 无商业价值和其他用途以及用于分析、化验、测试品质并在上述过程中耗费掉的货物：

④ 非商业性的印刷品。

（2）一般进出口货物只要填写一式两份报关单。

（3）下列进出口货物需要一式三份报关单：

① 来料加工；

② 加工装配；

③ 补偿贸易；

④ 保税仓库。

此外，转关运输的进口货物应填制一式三份"转关运输货物准单"，进口转运货物应填制一式三份"外国货物转运准单"，过境货物应填制一式三份"出入境报单"。

报关单位自己需要留存的，应另外增加份数。

（三）填制说明（与"出口报关单"一样的项目略）

（1）进口口岸：填写货物进入我国国境的口岸名称。

（2）经营单位：填写对外签订或执行进口贸易合同（协议）的中国境内企业或单位名称及海关编码。

（3）收货单位：填写进口货物的实际使用单位名称及其所在地区。进口货物如果预知收货后的运往地区，其收货单位所在地以预知运往收货的地区为准。

（4）合同（协议）号：填写本批货物合同或协议的详细年份、字头和编号及附件号码。

（5）批准机关及文号：指需经有关单位批准才能进口货物的批准机关名称及批准文号。

（6）运输工具名称及号码：江海运输填船名及航次，陆运填车号，空邮运只填"空运"及"邮运"字样。

（7）贸易方式：分别可填写"一般贸易"、"国家间、国际组织无偿援助和赠送物质"、"华侨、港澳同胞、外籍华人捐赠物资"、"补偿贸易"、"来料加工装配（对口合同除外）"、"来料加工贸易"、"寄售、代销贸易"、"其他免费提供的货物"、"边境地方贸易和小额贸易（边民互市贸易除外）"、"对外承包工程货物"、"租赁贸易"、"外商投资企业作为投资进口的设备、物品"、"外商投资企业进口供加工内销产品的料、件"、"出料加工贸易"和"其他"，不能简略填报为"加工装配"或"赠品"等。

（8）贸易国别（地区）：即货物的购自国（地区），填写同中国境内的企业和单位签订合同协议的国家或成交厂商所在地的国家（地区）。

（9）原产国别（地区）：填写进口货物生产、开采或制造的国家（地区），如果该货物经过其他国家加工复制，以最后加工的国家为原产国。但是仅经过简单整理如改换包装、分类、筛选、加刷唛头、加贴标签等未改变货物性质、规格的不做加工论。对不同原产国的货物应分别填明。

（10）外汇来源：分别填写"中央外汇"、"地方外汇和地方留成外汇"、"中央各部留成外汇"或"其他"（包括贷款外汇、国家投资以及进口货物不需支付外汇等）。如是自筹或调剂外汇，则应按外汇来源分别填写。例如，调剂中央各部留成外汇进口的货物应填写为"中央各部留成外汇"，而不应填为"调剂外汇"。

（11）进口日期：填写运输工具申报进口的日期。

（12）提单或运单号："海运填提单号、陆运填运单号、空运填空运单号、邮运填报税清单（包裹单）号。

（13）运杂费及保险费/率：填写实际支付金额，如果不能取得实际运杂费及保险费数字时，可按规定的定额率填写。

（14）标记唛码：填写货物的实际标记唛码，如有地点名称的也应该填写。

（15）包装种类及件数：包装种类指袋、箱、包、捆、桶等。一批货物有多种包装的，要分别填报件数。

（16）重量："毛重"填写本批货物全部重量；"净重"填写扣除外层包

装后的自然净重，合同发票等单据上没有净重时，可以按业习惯填写公量重、净重等，也可将毛重扣除估计外层包装重量后填报。对于不同品种的货物，如果统计商品目录和计量单位是"公斤"的，应当分别填明净重。

（17）海关统计商品编号：按照《中华人民共和国海关统计商品目录》的规定填写。

（18）货名、规格及货号：填写货物的中外文详细名称和规格。例如，进口钢材应填钢号，纺织物应填纺织原材料所占成分比例。

（19）数量：填写货物的实际数量及数量单位（如台、打、个、箩等）。如合同（协议）另有规定的数量单位同海关统计商品目录所规定的计量单位不同，或者统计商品目录规定有第二数量单位的（如发电机除了填写台数外，还需填写千瓦数；内燃机除台数外，还需填写马力）都要按照海关统计商品目录规定的数量单位填写。整套机械分批进口时，应在本栏注明"分批"。

（20）成交价格：填写合同（协议）规定的成交单价、总价和价格条件（如 EIF，CFR 等），并且要注明外币名称；如果合同（协议）规定的价格条件为 CFR 或 FOB 时，则应按规定在"运杂费和保险费/率"栏内填写实际运杂费、保险费或定额率。

（21）到岸价格：填写进口货物到达我国国境时的到岸价格。包括货价、运抵我国起卸前的运费、保险费和其他一切费用。到岸价格的外币一项按照国家外汇管理部门核定的各种货币对美元内部统一折算率折合为美元，到岸价格的人民币栏免填。

邮运、空运进口货物，采用货物运到指定地的到岸价格。

到岸价格外币计至元为止，元以下四舍五入。

（22）关税、产品税（增值税）的完税价格、税则号列和税率等，由海关填写。

（23）随附单据：填写随附单据名称。

（24）申报单位（盖章）：必须加盖申报单位公章、报关员印章并填写申报日期。

（25）海关放行日期：由进口地海关在核放货物后填注日期并加盖海关放行章。

# 第四节 船 务 代 理

## 一、概述

船务代理是国际海上货物运输业务的重要组成部分。船务代理属于委托代理的一种，接受船东或租船人的委托，在国际通商港口办理有关船舶运转、进出口货运和客运等方面的业务。

按不同的委托人划分，船务代理可划分为船东代理和租船人代理。

按船舶的经营方式，又可划分为班轮代理和不定期船代理。

此外，在特定条件下，船东还可以委托监护代理（protecting agent or supervision agent or husbandry agent）以维护其利益。

船务代理业务主要包括：船舶进出港安排、货物装卸、船舶加油加水、物料和生活用品的供应、办理有关船、货单证手续、联系安排船舶检验、维修、清舱、代委托人支付港口使用费以及接船、还船、接待船员等。

**二、代理关系的建立**

根据船方代理公司业务章程的规定，船务代理与航行于中国港口的国际海上客货运输船舶的代理关系有三种，即长期代理关系、航次代理关系和第二委托方代理关系。

**（一）长期代理关系**

（1）为了简化业务往来手续，委托人可以书面向中国船务代理总公司或分公司签订长期代理协议。长期代理关系建立后，委托人经营的船舶来港便不需逐港逐航次再委托。

（2）签订长期代理关系的船公司与代理公司建立往来账户，并预付适当数量的备用金，供船舶逐航次使用。

（3）总公司负责对外宣布终止代理关系，各口岸分公司负责对外清理并结束往来账户，长期关系终止后，委托方再派船来港须另行委托，重新建立代理关系。

**（二）航次代理关系**

凡无长期代理关系的船舶每次来港进行装卸或临时添加燃料、物料、修船、避难或船员急病就医等，需委托港口船务代理办理有关事项，航次代理的委托人应在船舶抵港15天前以书面或函电向船务代理总公司或分公司（停靠一个以上港口的，仅向第一港委托即可）提出委托，船舶抵港10天前，委托人必须将船舶规范、有关租约合同等资料寄达代理人。

**（三）第二委托方代理关系**

委托方是指委托代理并负责支付港口使用费和代理费的一方。第二委托方指对同一艘船舶要求代理为其办理业务的一方。

在一般情况下，委托方是船方（船舶所有人或经营人）或租方；而第二委托方则可以是船方、租方、货方或其他有关方。一艘船舶只能有一个委托方，但同时可以有一个或几个第二委托方。

建立第二委托方代理关系必须于船舶到港三天前委托，提供租约、贸易合同、货类、货量等资料，并按章支付第二委托方代理费。

根据代理章程，委托方应向船务代理承付报酬（即代理费或代理佣金），并负责支付船舶在港所发生的一切费用。

**三、备用金索汇和结算**

船舶抵港前，代理要按照委托人提供的资料预先算出船舶到港使用的备用金，包括港口使用费、代理费等，向委托人索汇务求于船舶到港前收妥。要严格掌握备用金预付的原则，除另有协议或特殊情况外，代理一般不垫款。

（一）备用金分类

（1）港口费总额（包括港务费、装卸理货费、引水费及其有关费用等）；

（2）船舶吨税；

（3）垫隔物料及供应品总额；

（4）代理费；

（5）船员借支和船员遣送、就送借支。

（二）备用金使用原则

备用金如数汇达后，有时因情况变化发生特殊费用或额外费用，造成实际费用超支，使最后结算发生困难，甚至拖延等情况。

因此，对备用金的使用应掌握以下原则：

（1）指定专人掌握，专款专用，不可挪作他用；

（2）加强核算，预防超支。如发生超支，应及时向委托人再索汇；

（3）船务调度和外勤部门须加强与财务部门的联系。

（三）船员借支

船员借支系船长或船员在港期间用作购买个人物品或其他个人用途的费用，应严格按照委托人的指示和允许的范围内办理。主要有以下几点：

（1）按委托人所汇"船员借支"数额借支，如要求多借，需经委托人确认。

（2）如汇达的备用金中无船员借支项目，应向船长说明情况，由船长要船东汇款。船公司汇款，银行确认后方可借支。

（3）凡船方、租船人明确规定不准船员借支的，不予借支。

（4）船员借支的退转工作，必须在出口联检前办妥。

（四）结算

备用金的结算工作是整个代理工作的最后一环，关系到船务代理的声誉，必须做到迅速准确。应该"一船一结，一港一清"。

代理应在船舶离港后十五天内开出航次结账单，连同应附单据向委托方结算。

对外结算的单据应有中英文对照，签字有效。原始单据原则上应在费用结清时对外寄送，如备用金未达或有结欠，暂不寄送，只能提供影印本。

船舶速遣费原则上另行索取，不在备用金中混用或从备用金的余款中扣除。

对长期代理的船舶也应在每航次船舶离港后，及时作出航次结账单，附寄各种单据，按时寄送往来账，核清账目。

**四、出口货运**

卖方或其委托的货运代理按贸易合同或信用证的规定，在指定的港口和装船期内向承运人或其代理人办理货物托运手续，作为船公司的船务代理，要代表承运人审核托单，签署装货单，办理货物装船手续。

**（一）接受委托订舱**

以 CIF 条件成交的出口货物，一般由出口商通过外运公司（货运代理）订舱配载，然后向船务代理办理托运手续。

为了合理利用舱容和安全积载，应在船舶抵港或开始装船前若干天，凭发货人的托运凭证——装货单（shipping order）具体安排货物进港装船。这就是通常所说的"截止签单"日期。在这个日期以后临时托运的货物即称"加载货物"。

如舱容已满或积载因素问题而不能装船时，加载货物可不予接受。

非班轮订舱的出口货则按委托方要求和有关的租船合同办理。

以 FOB 条件成交的出口货由买方派船装运，如买方委托装船港的船务代理公司洽订舱位，则以订舱单（booking note）作为委托凭证和运输契约。

**（二）货运单证**

船务代理业务中一项经常性的工作是缮制各种货运单证，单证要求完整、正确、及时。

主要单证有：

（1）装货单（shipping order）是托运人凭以报关和船舶据以装船的依据。

（2）装货清单（loading list）是船公司或其代理据以编制装货汇总清单之用。

（3）出口载货运费清单（export freight manifest）是船舶所装货物及应收运费的汇总清单。由船务代理公司根据装货单缮制。财务部门凭以缮制运费收款单向托运单位计收（预付）运费，并凭以向承运人结算运费，承运人用以作为核算和结算运费的依据。到付运费的，供目的港或中转港的承运人（或代理人）凭以申报进口，安排卸货、核收（到付）运费，联系提货及安排转运。卸港代理人凭以计收代理费。

（4）危险品货物清单（dangerous cargo list）。

（5）更改单（correction notice）是指当变更托运或原托运单有错误时编制的清单。

（6）航次结账单（trip account）。

（7）装卸时间事实记录表（laytime statement of facts）。

（8）速遣/延滞费计算书。

（三）单证流转

首先货运单证必须及时发送，应随船的单证随船带走；应发往卸港的邮寄单证，近洋的于船离港后三天内寄出，远洋的于船离港后五天内寄出。

对外提供货运单证的份数原则上按照委托方的要求提供，并向委托方计收工本费。

各种单证应该集中统一保存管理，建立船舶航次单证资料档案，保存三年。

（四）签发提单

国际海上货物运输，对托运人交运的货物，承运人或船公司往往委托船务代理人代其签发各种提单。船务代理根据大副收据向托运人签发提单。

（五）代收运费

根据委托，可代船东或承运人向托运人收取运费。

**五、进口货运**

进口货运船舶的及时靠泊、卸货有利于收货人提取货物，也有利于船舶周转。

（一）进口船舶的必需单证

对来港卸货的船舶，委托方或船方应在船舶抵港前十天将下列单证寄达卸港代理。

（1）船舶规范；

（2）船员名单；

（3）客轮或客货轮提供旅客名单（包括过境旅客）及个人物品清单；

（4）程租合同或大合同，订舱单及有关运输契约或有关费用分摊条款、资料；

（5）进口货物运费舱单（包括危险品、超长、超重货物清单）、提单副本、积载图、集装箱单证及其他有关货运单证。

上述单证如有变更应及时通知更正。如因航程短，有关单证不能按时寄达时，应随船带到，并应在船舶驶离装港时电告到达港，代理船舶预抵期、来港任务、船舶实际吃水、装卸货物名称、重量/数量、货物分舱情况等，以便做好卸货准备。

（二）催提货物

根据我国海关法规定，进口货物自运输工具申报进口之日起满三个月尚未报关和纳税者，应由海关变卖。因此代理公司必须尽早通知有关收货人提取货物，避免货物积压。

（三）发放货物

代理公司在收回正本海运提单时给收货人一份提货单，即完成了发放货物的手续。

收货人在凭正本海运提单换取提货单时，须在提单上盖章背书。有运费到付条款的，须付讫运费。

## 六、进口货物理赔

在货物运达目的港时发现货损货差，收货人根据提单或运输合同的规定，直接或通过代理公司向船方提出赔偿要求。作为船舶代理人，在收到收货人索赔要求后，可按下列办法处理：

（1）对不符合索赔要求的案件（如单证、手续不全或理由不足等），应予以拒赔。

（2）根据船方的委托，对必须赔偿的案件，应代表船方在授权范围和一定的限额内赔偿，并将理赔结果报给船方，如金额过大则应转给船方处理解决。

（3）凡船方无委托，所有索偿案件均应转给船方自行解决。

## 七、船舶进出口联检

船舶进出口联检工作是维护国家主权的一项重要工作，作为船舶代理，应责无旁贷地协助有关单位做好联检工作。

1. 准备好联检必需的文件表格

主要有：吨税申请、船舶国际航行进出口报告书、船员和旅客名单、船员自用和船舶备用品、货币、金银清单、进出口载货清单、航海健康证明书、拖轮申请表等等。

2. 协助联检单位办理好各种联检手续

提交船长各种文件和空白表格，并协助填写申报，转递船长各种电传、电报、船用文件、船员信件；接受船方装卸准备就绪通知书以及给船方签认装卸时间事实记录。

## 八、期租船的接船还船和起租停租

根据船务代理公司《业务章程》规定，经委托人书面（函电）委托，代理公司可以代表租船人或船方在港办理接船或者还船工作、起租或停租工作。

（一）接船

（1）租船人或船方委托代办接船工作，必须要有书面委托并提供租约，或先电告要求、地点、解约日、最低存油量、费用划分等有关条款。

（2）掌握接船地点、日期、货舱情况，严格按租约规定及委托人要求办理。

（3）掌握存油数量，安排测油、货舱检验。

（4）代表委托人与船方共同签署接船证书。

（5）做好各种费用的划分和预算。

（二）还船

（1）租船人或船方委托代办还船工作，也要书面委托，并提供租约，或者电告还船要求、地点、条款、存油水数、费用划分等。

（2）掌握还船地点、条款、日期、货舱等情况。

（3）掌握存油数量、进行货舱检验。

（4）代表委托人与船方签署还船证书。

（5）做好各项费用的结算。

（三）在租期中退租

船舶在租期内因失去适航能力不能继续为租方营运，在租方和船方的双方同意下，代理可以接受委托办理退还船手续。

（四）租期届满后续租

租期届满后，租方和船方愿意续租，可委托代理同时办理还船、接船手续。还船证书和接船证书可分别签署，因还船接船时间一致，存油量相同，也可合做一份。

（五）停租

租期内，由于船方责任不能继续为租方营运，租方可以委托代理代其办理停租工作。签署停租证书，做好事实记录，都可作为船、租双方划分责任、结算租金和燃料的证明。

（六）复租

停租事故消除后，船方认为可以继续为租方服务，仍可委托代理办理复租工作，签署复租证书，并做事实记录。

# 第五节　海上货运事故的处理及案例分析

## 一、海上货运事故

（一）基本概念

国际海上货物运输的时间、空间跨度都比较大，涉及的部门、作业环节众多；使用的文件、单证繁杂，运输过程中的环境条件复杂多变。因此在国际海上货物运输过程中，就可能会造成货物的灭失或损坏，即发生货损货差事故。

国际海上货物运输合同的当事人即承运人与托运人、或收货人、船舶所有人与承租人尽管在签约时取得了一致，但在出现纠纷之后出于各自的利益会对运输合同中的条款、约定拥有不同的解释和理解，更由于海运欺诈等不法行为的存在，使得海事纠纷多式多样、层出不穷。

（二）货运事故的种类和原因

货损、货差均属货运事故。货运事故可根据其产生的原因、性质、损失程度等划分。

按照货物损失的程度划分有：全部损失和部分损失；

按照事故 的性质划分有：货差和货损。

按照货物损失程度的划分方法主要适用于保险业务；这是由保险、保赔的方式决定的。按照事故性质的划分方法则适用于海运货物纠纷的处理。货差是指运输的货物在不同的交接环节上出现了数量的不一致，主要是交接的货物数量少于贸易合同或提单上注明的数量。货损是指被运输的货物在运输过程中受到了某种程度的损害，以至于不能保持其原状、或其失去某些功能乃至不能被利用，即货物失去了部分或全部价值。

在集装箱运输方式中，尽管集装箱直起到了保护货物的作用，但在整个运输过程中，由于不适当的保管和堆存、陆路运输过程中的震动、温度、湿度控制不当等原因的存在，也会产生箱内货物损坏等。

就造成货物事故产生的责任人而言，货运事故又可分为：承运人的责任事故、托运人的责任事故、第三者的责任事故、不可抗力造成的事故。无论事故是由何种原因造成的，在索理赔时最终要将事故归类于这些事故种类。

**二、货运事故的责任划分**

货物运输事故的发生可能在货物运输过程中任何环节上。而发现货损、货差，则往往是在最终目的地收货人收货时或收货后。当然，有时货物在船发生货损事故时，也会被及时发现。不同的事故当事人的责任有：

（一）托运人的责任

首先，不论是租船运输还是班轮运输，托运人根据运输合同将货物交付承运人之前所发生的一切货损、货差均由托运人负责。当货物交付承运人，货物处于承运人监管下时，托运人也不能百分之百地免除对货损发生的责任。

例如，由于货物的包装不坚固、标志不清或由于托运人隐瞒货物种类或其特性、或潜在缺陷等原因造成货损时，则由托运人负责；而且由此而引起的其他损失也应由托运人负责赔偿。在 FIOST 条款下，如果由于积载不当或绑扎不牢从而造成了货损，根据租船合同的规定也可能由托运人负责。我国《海商法》第 66 条第 1 款规定，"托运人托运货物，应当妥善包装，并向承运人保证，货物装船时所提供的货物品名、标志包装或者件数、重量或者体积的正确性；由于包装不良或者上述资料不正确、对承运人造成损失的，托运人应当负赔偿责任。"

（二）承运人的责任

货物在承运人监管过程中所发生的货损、货差事故，除由于上述的托运人的原因和不可抗力的原因外，原则上都由承运人承担负责。承运人对货物的监管过程不仅指货物在船积载阶段，也包括待装船和待提货阶段。这要由运输合同的条款约定来决定。

一些国家的海商法包括我国的海商法以及海牙规则都规定，对船长、船员、引航员或承运人的其他受雇人在驾驶船舶或管理船舶中的航行过失所引起的，或承运人的非故意行为所引起的火灾而带来的货损，承运人可以免责；而且还规定了其他因海上固有危险所造成损害的免责事项。

根据有关法规和提单上通常记载的免责条款，承运人只对以下原因造成的货损事故承担赔偿责任。

（1）船舶不适航造成的损害。船舶的适航包括两个要件。一是船舶的技术状态符合其确定的等级航区；这些技术状态既指船体、船机、属具等到设备的状态，也包括船员、航行资料、船舶备品和必要消耗品等的配备状态。二是船舶处于适于收受、载运和保管货物的状态。要使货舱及其他载货处所适合积载货物，并使其处于良好的保管状态，保证货物安全运达目的港。

（2）对货物的故意或过失所造成的损害

在货物处于承运人监管期间，包括货物在装船、积载、运输、保管、卸货等各个环节都应尽"谨慎处理"义务，并承担相应的责任。因船员或承运人的受雇人员的故意行为所造成的货损，承运人负有赔偿责任。

（三）第三者的责任

第三方责任人一般是港口装卸企业、陆路及水路运输企业、第三方船舶以及仓储企业等。在装卸作业过程中会由于装卸工人操作不当或疏忽致使货物遭受损害；水路运输中会由于驳船方面的原因导致货物受损；陆路运输中也会由于交通事故、管理不善的原因而发生货物灭失。仓储过程中，不良的保管条件、储存环境会使货物变质、失窃；与他船的碰撞事故也是导致货损的现象之一。理货失误等也会造成货差事故的出现。对于这些损害，承运人和托运人如何分担负责，如何向第三者索赔等事务处理，要根据货损、货差发生的时间和地点而定。

总而言之，事故的责任划分，应以货物在谁的有效控制下为基准。而且，对于任何货损、货差事故，首先是托运人与承运人之间的赔偿问题的解决，然后才是承运人或托运人与第三方之间的追偿问题。

**三、索赔（claim）**

海运索赔是指货主对因货运事故造成的损失向船方提出赔偿要求的法律行为。

经海上运输的货物，因路途长、环节多，经常会发生货损货差现象；当收货人发现承运人交付给他的货物在数量或品质方面与托运人托运时情况不符时，收货人会因自己利益受损而提出索赔要求。

**（一）索赔的原则**

任何一件诉讼都是从索赔开始的，索赔应坚持实事求是、有根有据、合情合理、注重实效的原则。

（1）实事求是是沟通双方的基础，也是解决纠纷的关键。实事求是就是根据所发生的实际情况，分析原因，确定损失的程度或准确数量。

（2）有根有据就是要进行深入细致的调查研究，掌握货损货差的有效证据。根据运输契约的规定，尊重有关的国际惯例，做到有根有据。

（3）合情合理就是根据事故发生的事实，准确地确定损失程度和金额，合理地确定责任方应承担的责任。根据不同情况，采用不同的解决方式、方法，使事故合理、尽早得以处理。

（4）注重实效就是要在货损、货差索赔中注重实际效益。如果已不可能得到赔偿，但仍然长期纠缠在法律诉讼中，则只能是浪费时间和财力。如果能收回一部分损失，切不可因等全额赔偿而放弃。

**（二）索赔的条件**

一项合理的索赔必须具备下列条件：

**1. 索赔人要有索赔权**

提出货物索赔的人原则上是货物所有人，或提单上记载的收货人或合法的提单持有人。但是根据收货人提出的"权益转让证书"，也可以由有代位求偿权的货运代理人或其他有关当事人提出索赔。货物的保险人也可以是货运事故的索赔人。

**2. 责任方必须有实际赔偿责任**

收货人作为索赔方提出的索赔应是属于承运人免责范围之外的，或属保险人承保责任内的，或买卖合同规定由卖方承担的货损、货差。

**3. 索赔的金额必须是合理的**

合理的索赔金额应以货损实际程度为基础。要注意在实践中责任人经常会受到赔偿责任限额的保护。

4. 在规定的期限内提出索赔

索赔必须在规定的期限即"索赔时效"内提出。否则，索赔人提出的索赔在时效近后就很难得到赔偿。

（三）索赔程序

海运进出口货物通常由买方或卖方向保险公司办理运输保险，所以货损事故发现后，货方应尽可能保留现场，保持受损货物的原来状态并立即发出损失通知，通知保险公司及有关方面派员检验，以便搜集有关证据，调查货物残损原因。对进口货物的这种检验称联合检验。在我国，收货人向保险公司发出损失通知，申请联合检验的期限，最迟不得超过保险责任终止日起10天。如因特殊原因无法按期发出损失通知进行检验的，则需向保险公司申请延期，否则被保险人可能丧失索赔权。

联合检验之后，保险公司或其代理人根据对保险货物的检验结果，签署"进口货物残损联合检验报告"。

造成货损货差事故的原因是各种各样的，托运人、承运人以及港方等都有可能是造成事故的责任方。例如，货物包装不牢或货物本身存有缺陷，或者托运人利用保函让船方消除本应加注在提单上的关于货物不良的批注，以取得清洁提单等，由此引起的损失应属托运人的责任。如果是船舶不适航或船方在管货等环节上的过失使货物造成损失，应属船方责任。此外，装卸、仓储公司等单位也可能成为货损的责任方。

如果赔偿责任既属于事故的直接责任者又属于保险人承保责任范围时，一般被保险人可向保险公司提出索赔，除非保险合同另有规定。保险公司可以按保险合同规定先予赔偿，然后从被保险人那里取得"权益转让书"（letter of subrogation），并以其名义或自己的名义向责任方提出追偿。当赔偿责任在保险合同承包责任范围以外时，被保险人只能向直接责任方索赔。

（四）索赔依据

向承运人索赔的主要依据是租船合同和海运提单，它们是海上运货中的运输合同，前者决定了租船人与船东之间的法律关系，后者决定了收货人与承运人之间的法律关系。为了举证，索赔时还必须提出能够证明货运事故的原因、种类、损失规模以及能区分责任的货运单据、检验证书、商业票据和有关记录等。主要的索赔单据如下：

1. 提单正本

提单既是承运人接受货物的收据，也是交付货物给收货人时的凭证，还是确定承运人与收货人之间责任的证明，是收货人提出索赔依据的主要单证。提单条款规定了承运人的权利、义务、赔偿责任和免责项目，是处理承运人和货主之间争议的主要依据。

2. 卸货港理货单或货物溢短单、残损单等卸货单证

这些单证是证明货损或货差发生在船舶运输过程中的重要单证。如果这些卸货单证上批注了货损或货差情况并经船舶大副签认，而在收货单上又未做出同样的批注，就证明了这些货损或货差是发生在运输途中的。

3. 重理单

船方对所卸货物件数有疑问时，一般要求复查或重新理货，并在证明货物溢短的单证上做出复查或重理的批注。这种情况下，索赔时必须同时提供复查结果的证明文件或理货人签发的重理单并以此为依据证明货物有否短缺。

4. 货物残损检验报告

在货物受损的原因不明显或不易区别或无法判定货物的受损程度时，可以申请具有公证资格的检验人对货物进行检验。在这种情况下，索赔时必须提供检验人检验后出具的"货物残损检验证书"。

5. 商业发票

商业发票是贸易中由卖方开出的一种商业票据。它是计算索赔金额的主要依据。

6. 装箱单

装箱单也是一种商业票据，列明了每箱内所装货物的名称、件数、规格等，用以确定损失程度。

7. 修理单

用来表明被损坏的仪器设备、机械等货物的修理所花费的费用。

8. 有关的文件证明索赔的起因和索赔数目的计算依据

9. 权益转让证书

除了以上所述单证外，其他能够证明货物事故的原因、损失程度、索赔金额、责任所在的单证都应提供。索赔案件的性质、内容不同，所需要的索赔单证和资料也就不同。至于提供何种索赔单证没有统一规定。总之，索赔单证必须齐全、准确、一致，不能自相矛盾。

提供必要的索赔单证是索赔中一项很重要的工作。若提供索赔，单证必须齐全且单单相符，否则就属无效举证。

向保险公司索赔的依据，主要是保险合同及其所属保险条款。索赔时也需提供有关单证，如属港方责任，则除上述单证外还需提供港方出具的货运记录。

（五）索赔时效

按一般海运提单规定的索赔时效是"海牙规则"第三条第六款中规定：诉讼时效为卸货后一年，也就是说，索赔人必须在一年内在有关法院向承运人

起诉，否则就丧失了诉讼权。虽然在一年内早已向承运人索赔，并且确属承运人的责任，但这种索赔实际上是没有法律效力的，承运人可以不负责。在实际工作中应注意时效问题。

租船的索赔时效按租约而定，如果没有明确规定的，一般期租船运输货物的索赔期为十年，程租船为六年。向保险公司索赔的时效，在我国根据进出口公司及外运公司与中国人民保险公司签订的"海运进口货物预约保险合同"（open policy）的规定为卸货后两年。但按合同所属"国内转运扩展条款"的转运期限为卸货后的 60 天运抵国内目的地、承运人仓库时的责任期限为到达后 30 天，运到收货人仓库时保险责任立即终止。此外，还有检验期限，是在各方的保险责任终止后 10 天，所以虽然索赔时效定为卸货后两年，但若上述条款所规定的期限中有一项超期，就将丧失这两年的索赔时效。

另外，向港埠公司的索赔时效，按交通部规定自港方签署货运记录之日起180 天。

（六）索赔金额

索赔金额的确定牵涉到一系列的问题。在海运中主要有以下两个方面：

1. 损失金额确定的标准

关于确定损失金额的标准，《海牙规则》并未作出规定，《海牙—维斯比规则》规定："全部赔偿额应参照该货物根据合同从船上卸载或应卸载的当地当时的价值计算，货物价值应按照商品交换价格确定，或者如无此种价格时则按现时市场价格，或者如无商品交换价格或现时市场价格时则按该相同种类和质量货物的正常价值确定。"在我国实际业务中，是以 CIF 发票价格作为确定赔偿金额的标准。若发票是 FOB 价格时，则以发票价格加上保险费、运费和装卸费的总额为确定损失金额的标准。

中国外运公司和远洋运输公司提单条款规定："当承运人对有关货物的灭失或损坏负赔偿责任时，该赔偿金额应按货方的净货价加运费及已付的保险费计算。"实际上这一赔偿金额与 CIF 发票价格是一致的。

2. 承运人的责任限制（limit of liability）

这里所指的责任限制是承运人对每件货物或每一单位货物的最高赔偿限额。各国海商法典和国际公约以及各船公司的提单条款对承运人所应负的赔偿责任限制在一定的数额下，其目的是为了减轻承运人的责任。

《海牙规则》规定承运人的责任限制是每件或每单位货物最高赔偿限额为1 130 英镑，《海牙—维斯比规则》规定最高赔偿金额是每件或每单位10 000 金法郎或按毛重每公斤 30 金法郎，两者中取高者为限。中国外运及中远公司提单条款规定承运人的赔偿限额为每件或每计算单位 700 元人民币。美国 1936

年海上运输法规定赔偿限额为每运输单位为 500 美元。

**四、集装箱运输保险与索赔**

（1）保险标的物除货物和船舶（卡车或航空器等）以外，集装箱也是保险标的物。

（2）同传统运输方式相比，集装箱坚固、密封，货物受到有效的保护。在换装和运输途中因受外力的冲击而遭受损失的机会很少，因而集装箱运输的货物风险较小。主要表现在：①装卸过程中货损事故少；②被偷窃事故减少；③水湿雨淋事故少；④货物污染机会少；⑤装卸溢短数量少。因此货主期望降低保险费用。但是保险人认为，集装箱运输在下述方面增加了风险：①采用集装箱运输后，货物包装简化了，货物在箱内因装卸不当易造成损失，尤其是拆箱后还需要改由其他载运工具继续运输时，更易产生货损事故；②装在舱面上的集装箱比装在舱内的货物风险大；③集装箱本身的价值高，损坏的机会也多，因此保险费用不能降低。有的保险公司还提出对舱面载运的集装箱还应加收附加保险费。在实际业务中，装在甲板上的集装箱内的货物视同舱内货物，不加收这项附加保险费。

（3）在传统运输情况下，中国人民保险公司对进口货物的保险规定，其责任期限和范围从外国装港到国内最终收货地点。在集装箱运输条件下，若商品包装已经简化，其责任和风险只负责到拆箱为止。若拆箱后继续运输的需另行投保。

（4）集装箱运输货物的索赔，集装箱运输同传统运输一样，在提单背面可以引用《海牙规则》的全部或部分条款，应注意的是集装箱内实际装入的货物件数是计算索赔金额的依据。但如果单据上只填箱数、没有件数时，只能以箱作为理赔单位。因此，装箱人在缮制装箱单时务必填上实际件数。

**五、案例分析**

（一）托运人未将货物妥善包装、装箱的责任问题

1. 案情

原告：OC 运输公司

被告：A 公司

被告：B 进出口集团有限公司

1997 年 8 月 15 日，OC 运输公司接受 B 进出口集团有限公司的订舱，开具了一份已装船正本提单，该提单注明货物的品名为二氧化硫脲，船名"坚强"号，起运港青岛，卸货港洛杉矶，托运人为 B 进出口集团有限公司。1997 年 8 月 19 日晚，当"坚强"轮停泊在上海港时，船上发现二舱冒烟，经消防部门及港务公司共同检测，倒箱 166 个，将货物自燃冒烟的

OOLU3360121 集装箱卸下船，堆放在港区的危险品码头，同时卸下的还有编号为 OOLU3429526 的集装箱，因该箱散发浓烈的气味，开箱检查时，有 6 名工人发生轻微中毒。上海市浦东新区环境监测站到场检查，认定是 OOLU3360121 集装箱内装载的货物二氧化硫脲自燃。"坚强"轮将 OOLU3360121 集装箱滞留在码头，其他集装箱装船后于 1997 年 8 月 21 日起航，同年 8 月 23 日到达日本神户港，船到日本后，OC 运输公司聘请海事（横滨）有限公司对船上的污染进行检查，结论是装载 OOLU3360121 集装箱的二舱有污染，25 个集装箱的表面有化学污染痕迹。船上的集装箱在日本的横滨港、东京港进行了倒箱、清洗。船舶开航后，船员又对船舱进行了清洗。货物到达目的港后，发生了多起收货人因货物受损引起的索赔，OC 运输公司聘请美国的 FREEHILL HOGAN & MAHAR LLP 处理索赔事宜，发生了大量的费用。事故发生后，OC 运输公司即委托了上海某咨询有限公司于 1997 年 8 月 26 日和 1998 年 8 月对出事的集装箱进行检验，后一次检验 OC 运输公司还委托了香港专家 ED、新加坡专家 MU 一同参加，几份检验报告的一致意见是货物由于装载不当引起自燃。

OC 运输公司遂诉至法院，请求 A 公司和 B 进出口集团有限公司赔偿其各项损失。

另查明，1997 年 5 月，A 公司与 B 进出口集团有限公司签订了一份"出口外贸代理协议书"，约定由 A 公司自行对外签约，办理涉案货物出运的手续，由此而产生的一切纠纷由 A 公司自己解决，被告 B 进出口集团有限公司提供全套的出口单据，收取一定的代理费用。

2. 法院审判结果

B 进出口集团有限公司作为涉案海上货物运输合同的托运人，违反了《海商法》关于托运人应将货物妥善包装并装箱的规定，应对由于其过失而造成的承运人的损失负赔偿责任。A 公司仅是实际的货主，与 OC 运输公司之间并无海上货物运输合同关系。其与 B 进出口集团有限公司之间的外贸代理协议，不能对抗承运人。同时 OC 运输公司对其诉讼请求应当负举证责任，应提供证据证明其费用发生和对外赔偿的必要性与合理性。对于完成举证责任的部分诉讼请求，法院可依法予以支持。遂判决 B 进出口集团有限公司赔偿 OC 运输公司因货物自燃造成的损失，对 OC 运输公司的其他诉讼请求未予支持。一审判决后，双方均未上诉。

（二）指示提单背书交付的法律效力——海上货物运输合同货损赔偿纠纷案

1. 案情

原告：中国人民保险公司北京市分公司

被告：日本 D 运输公司

2001 年 9 月 20 日，中国某股份有限公司（以下简称"A 公司"）作为买方与荷兰 CONTINAF B. V.（以下简称"C 公司"）签订 500 公吨可可豆销售合同，付款条件为 FOB 阿比让，信用证付款。装运期为 2001 年 11 月，包装为新麻袋。2001 年 11 月 19 日，原告中国人民保险公司北京市分公司出具涉案货物运输保险单，其中记载的被保险人为 A 公司，由科特迪瓦至中国上海，承保险别为一切险。同日，A 公司支付了保险费。2001 年 11 月 20 日，被告日本 D 运输公司签发编号为 754062853 的提单，提单记载：托运人为 SAGACI（以下简称"S 公司"），收货人凭指示，通知人为 A 公司和浙江某制品有限公司（以下简称"B 公司"），装货港为科特迪瓦阿比让，卸货港为中国上海，货物状况为7 700包科特迪瓦可可豆，共 500 公吨。

2001 年 12 月 21 日，涉案货物进口报关，报关单记载的经营单位为 A，收货单位为 B 公司，货物用途为加工返销。2002 年 1 月 15 日，中国进出口商品检验总公司（以下简称中国商检）就涉案货物出具了检验证书，证明中国商检工作人员于 2001 年 12 月 25 日到达检验地点浙江省绍兴市库场，发现集装箱铅封号、箱号与提单一致，箱体无破损，但有渗水，箱内顶部有大量凝结水，干燥剂全部潮湿，衬垫货物的纸板浸湿，箱门处麻袋腐蚀破损，上层货物发霉程度较轻，底层货物进水并发霉结块，上述损失共计105 835美元，损失原因基本判定为集装箱在海运途中遭海水浸泡所致。2002 年 3 月 8 日，A 公司出具赔款收据及权益转让书，证明其已收到涉案货物保险赔款人民币1 157 824.01元，并同意将已取得赔款部分保险标的的一切权益转让给原告。

2001 年 9 月 28 日，A 公司与 B 公司签订委托加工协议，双方约定 A 公司委托 B 公司加工可可豆共 500 公吨，B 公司负责返还加工成品。涉案提单背面背书人依次为托运人 S 公司、销售合同卖方 C 公司、A 公司和 B 公司，最后由 B 公司持提单向被告提货。

指示提单背书交付后产生两个效力，对内，除非另有约定，背书人（提单出让人）背书交付提单的行为是转让提单所证明的运输合同项下的权利义务（包括对承运人的提单项下货损索赔权）的初步证据；对外，承运人此后只需也只能向提单受让人履行提单项下的合同义务并承担义务不履行的责任包括货损赔偿责任，而不再向提单出让人履行义务或承担责任。本案中承运人已足以相信 B 公司已经受让了提单，并基于这种信任向 B 公司履行了交货义务。在此情况下，被保险人（提单背书人）A 公司与提单受让人 B 公司之间的委托加工等法律关系以及货物权属的划分，不属承运人验单放货的审查范围，委托加工合同形成的法律关系不能对抗第三者——承运人。而原告作为保险人行使代位求偿权，不能取得被保险人在法律上已丧失的权利，因此其依据提单请求承运人承担货损赔偿责任的诉请同样缺乏事实与法律依据，不能得到支持。

2. 法院审判结果

上海海事法院经审理认为，指示提单的背书即意味着运输合同权利义务的转让。涉案货物在目的港交付前，提单已由 A 公司背书给 B 公司，B 公司作为提单持有人向承运人主张提货，提单所证明的运输合同的权利义务已经转让，A 公司与 B 公司之间的委托加工和代为提货的关系不能对抗包括承运人和保险人在内的第三人。A 公司已经不是提单的合法持有人，其再以提单所证明的运输合同为依据，要求被告承担违约责任已无法律依据。故本案原告不能向被告主张货损赔偿。据此判决对原告的诉讼请求不予支持。原告不服提起上诉，上海市高级人民法院经审理，于 2003 年 12 月 22 日作出二审判决，驳回上诉，维持原判。

（三）无正本提单提货纠纷案

1. 案情

原告：香港 X 船务公司

被告：珠海市 Y 进出口公司

被告：Z 银行

1992 年 5 月 2 日，香港 X 船务公司所属的"201"轮在香港承运 91 箱西药。货物装船后，香港 X 船务公司签发了正本提单一式三份。提单载明：托运人罗氏化学与药品有限公司，收货人凭指示，通知方珠海市 Y 进出口公司，起运港香港，目的港珠海，货物为 Rocephin2000 瓶共 91 箱。5 月 3 日，"201"轮抵达珠海，香港 X 船务公司通知珠海 Y 公司提货，因珠海 Y 公司不能出示正本提单，X 船务公司没有向其交付货物。5 月 9 日，珠海 Y 公司向 X 船务公司出具一份 Z 银行印制的"提货担保书"。担保书在提取货物栏记载：信用证号 4620392043，货值210 000美元，货名西药，装运期 1992 年 5 月 2 日，船名 201 等。在保证单位栏记载："上述货物由敝公司进口货物。倘因敝公司未凭正本提单先行提货致使贵公司遭受任何损失，敝公司负责赔偿。敝公司收到上述提单后将立即交还贵公司换回此担保书"，由珠海 Y 公司的盖章和负责人的签字。在银行签署栏记载："兹证明上述承诺之履行"，有"Z 银行"的字样，盖 Z 银行国际部的业务专用章。X 船务公司接受提货担保书，给珠海 Y 公司签发了提货单。珠海 Y 公司取得提货单后，委托珠海市 Q 进出口公司（以下简称瑞平公司）报关。因 Q 公司伪报货物名称，该批货物被拱北海关没收。珠海 Y 公司没有付款赎单，提单被退回给托运人。1993 年 4 月 6 日托运人持正本提单在香港法院以错误交货为由，对 X 船务公司提起诉讼，要求赔偿

210 000美元的货价损失、利息和其他费用。香港法院于 1995 年 2 月 20 日作出 "ORDER"，X 船务公司须向托运人支付1 035 000港元并承担托运人所发生的律师费691 637.95港元，共计 1 726 637.95港元。

1994 年 3 月 15 日 X 船务公司委托珠海经济特区某货运有限公司（下称 L 公司）致函 Z 银行，要求其履行担保义务。Z 银行于 3 月 22 日复函称：提货担保书抬头为香港 X 船务公司而非 L 公司；Z 银行开出的信用证，按珠海 Y 公司的要求，已作撤证处理，且得到议付行及受益人的默认，Z 银行无须履行此信用证项下的款项支付责任。X 船务公司致函珠海 Y 公司，要求其履行担保义务，也遭到拒绝。

X 船务公司于 1994 年 5 月 10 日向海事法院提起诉讼，认为：珠海 Y 公司和 Z 银行于 1992 年 5 月 9 日向 X 船务公司出具提货担保书，提取了货物。珠海 Y 公司至今未将该批货物的正本提单还给 X 船务公司。该批货物的托运人于 1993 年 4 月 6 日在香港法院持正本提单以错误交货为由对 X 船务公司提起诉讼，要求 X 船务公司赔偿210 000美元的货价损失、利息及其他费用。请求海事法院判令两被告赔偿货款损失1 035 000港元、在香港法院诉讼所发生的双方律师费691 637.95港元和 1 092 184.61港元，以及上述款项的利息，并承担本案的诉讼费。

珠海 Y 公司答辩认为：珠海 Y 公司出具担保书，X 船务公司接受担保而放货，X 船务公司本身有过错；当时货物还在保税仓，没有放行，不构成走私，海关处罚欠妥。该批货物由瑞平公司代理进口，应追加 L 公司参加本案诉讼。

Z 银行答辩认为：担保书中只注明 "证明上述承诺之履行"，并没有担保内容。根据最高人民法院《关于审理经济合同纠纷案件有关保证的若干问题的规定》的规定，Z 银行不应承担担保责任。

2. 法院审判结果

海事法院认为，本案是涉港提货担保合同纠纷，当事人各方未在合同中选择处理争议所适用的法律，但在庭审时，原被告均选择适用中华人民共和国的法律，因此本案应适用中国法律。本案所涉提货担保书，存在两个法律关系，一个是 X 船务公司与珠海 Y 公司之间的提货协议，另一个是 X 船务公司与 Z 银行之间的保证合同关系。珠海 Y 公司作为贸易合同的买方和提单上的通知方，在货物已抵港而提单还未到达的情况下，要求提货，并承诺如因其未凭提单提货而造成承运人的任何损失，由其负责赔偿。珠海 Y 公司的这一行为并不是想非法占有该批货物，也不构成对任何第三方的欺诈，是善意的。因此，珠海 Y 公司与 X 船务公司的提货协议合法有效，对双方有约束力。珠海 Y 公司应按协议赔偿因其提货行为造成 X 船务公司的损失，即香港法院判令 X 船务公司支付给托运人的款项，计1 726 637.95港元。至于 X 船务公司在香港所发生的律师费，因与珠海 Y 公司的提货行为没有必然的因果关系，珠海 Y 公司无需赔偿。Z 银行尽管在提货担保书上没有注明"担保"的字样，只是盖章"证明"承诺的履行，但从南山工商银行出具提货担保书过程、背景和目的以及 X 船务公司接受该份文件的真实意思看，Z 银行当时的真实意思表示是为珠海 Y 公司提供担保。X 船务公司也是将 Z 银行视为保证人才同意放货。Z 银行提供担保也是出于善意，因此，Z 银行与 X 船务公司之间的保证合同关系成立，并具有法律约束力。提货担保书未约定保证人承担何种保证责任，根据最高人民法院《关于审理经济合同纠纷案件有关保证的若干问题的规定》，作为保证人的 Z 银行仅在珠海医药公司的财产不足以清偿债务时，承担赔偿责任。

依照《中华人民共和国民法通则》第八十九条第一款第一项、第一百一十一条、第一百四十五条的规定，海事法院判决：

一、被告珠海市 Y 公司应赔偿原告香港 X 船务有限公司损失1 726 637.95港元。

二、被告 Z 银行在被告珠海市 Y 公司的财产不足以清偿上述债务时，承担赔偿责任。

珠海 Y 公司不服海事法院的判决，提起上诉，认为：原审判决珠海 Y 公司应赔偿香港 X 船务有限公司损失1 726 637.95港元无事实和法律依据。X 船务公司未按提单及运输规则放货，侵犯了托运人的权利，托运人通过香港法院向其主张权利，该过错责任不能转嫁给珠海 Y 公司。珠海 Y 公司与托运人之间订有买卖合同，托运人委托 X 船务公司运输，X 船务公司负有向珠海 Y 公司交货的责任，无需理会珠海 Y 公司是否与托运人结算。货物被海关扣留时仍在 X 船务公司的仓库，珠海 Y 公司未实际提货。货物的损失应由珠海 Y 公司和船务公司共同承担。691 637.95港元的律师费，关系到两地的司法制度，不应支持。

二审法院认为：珠海 Y 公司在未能出示正本提单的情况下向 X 船务公司提取货物，向 X 船务公司出具了提货担保书，承诺赔偿因此可能造成 X 船务公司遭受的任何损失。珠海 Y 公司的上述承诺构成了对 X 船务公司履行债务的保证，该保证函对于双方均有约束力，双方均有履行义务。珠海 Y 公司不能按约定收回正本提单交给 X 船务公司，X 船务公司由于无正本提单放货的行为遭到托运人的索赔。经香港高等法院的审判，X 船务公司被判令赔偿1 035 000港元给托运人，X 船务公司已按该判决作了赔付。赔付的款项应视为 X 船务公司无单放货行为所造成的损失，符合珠海 Y 公司保证履行债务的条件。故珠海 Y 公司应按提货担保书的约定对 X 船务公司予以赔偿。X 船务公司赔付托运人的律师费用，与珠海 Y 公司的无单提货的行为有直接的因果关系，属 X 船务公司由于珠海 Y 公司无单提货行为所遭受的损失范围，珠海 Y 公司应负责赔偿，但证据表明该项律师费用的实际数额为 600 000 港元。至于 X 船务公司与托运人诉讼时发生的律师费用，因 X 船务公司对此未提出上诉，视为服从原判。Z 银行对珠海 Y 公司无单提货行为出具虚假证明，应对由此造成 X 船务公司的损失承担相应的责任。综上，珠海 Y 公司的上诉理由不能成立。原审判决认定事实清楚，只是认定赔偿数额略有误差。依据《中华人民共和国民事诉讼法》第一百五十三条第一款第（三）项的规定，判决：

一、维持原审判决第二项；

二、变更原审判决第一项为：珠海 Y 公司应赔偿 X 船务公司 1 635 000 港元

（四）预借提单纠纷案

1. 案情

原告（反诉被告）：中国 G 开发总公司（简称 G 公司）

被告（反诉原告）：新加坡 L 船务（私人）有限公司（以下简称 L 公司）

被告：印度尼西亚 M 合板厂有限公司（以下简称 M 厂）

1993 年 5 月 8 日，中国 G 开发总公司与 M 厂签订购销合同，约定：由 M 厂向 G 公司提供三种规格的胶合板 6 000 立方米，价格条件为 CIF 汕头，总价款 2 266 000 美元，以信用证方式结算。1993 年 6 月 4 日，G 公司向中国银行汕头分行申请开立以 M 厂为受益人的 100％即期议付不可撤销跟单信用证。信用证约定：货物装运期不迟于 1993 年 7 月 31 日，可分批装运，不可转运；议付单据包括一套以议付银行为指示人的清洁已装船提单；信用证有效期至 1993 年 8 月 21 日。

G 公司依据上述购销合同，于 1993 年 5 月 23 日与汕头经济特区某物资公司（以下简称汕头物资公司）签订一份《产品订货合同》，约定：由 G 公司向汕头物资公司提供 6 000 立方米胶合板，单价每立方米人民币 4 500 元，总价款人民币 27 000 000 元；供方须于 1993 年 7 月最迟 8 月 15 日前将全部货物交付给需方；合同签订后 7 日内，需方付 30 万美元给供方作为购货定金，接到提单后 3 日内付清全部货款；若供方不能按期按质交货，除应退还需方 30 万美元定金外，按等额赔偿需方 30 万美元。合同签订后，汕头物资公司分别于 5 月 24 日和 5 月 29 日共向 G 公司支付定金 30 万美元。

7 月 23 日，M 厂从印度尼西亚坤甸港发运第一批胶合板 2 999.9893 立方米，G 公司根据信用证的规定议付了货款 1 132 981.99 美元。该批货物由新加

坡 L 船务（私人）有限公司的"新中"轮承运，于 8 月 11 日运抵汕头。第二批货物由 L 公司承运，L 公司向 M 厂签发了一式三份清洁已装船提单，提单记载船名是"东方"轮，货物为2 999.9893立方米胶合板，提单签发日期是 1993 年 7 月 31 日。8 月 3 日，M 厂传真通知 G 公司，后一批胶合板总数 2 999.9893立方米已于 1993 年 7 月 31 日装上"新发"轮，并附 L 公司签发的提单。G 公司接到货物已装船的通知后，于 8 月 5 日与汕头物资公司就《产品订货合同》签订补充协议，约定：由于两批货物没有在 7 月份运抵汕头，G 公司无法在 7 月份交付货物。G 公司应于 8 月 15 日前将全部货物一次性交付汕头物资公司。如果 G 公司违约，汕头物资公司有权拒收货物，并按合同追究违约责任。

8 月 24 日，G 公司收到中国银行汕头分行要求其付款赎单的通知书，此时货物尚未抵达汕头港。据调查，"东方"轮 1993 年 7 月 30 日至 8 月 6 日还在汕头港进行上一航次的卸货。G 公司认为 L 公司与 M 厂恶意串通，签发了虚假提单，属于提单欺诈行为，遂于 8 月 25 日向法院提出冻结信用证的申请。法院准予 G 公司的申请，于 8 月 27 日裁定冻结 G 公司申请中国银行汕头分行开出的 M 厂为受益人的第 41A931374 号信用证，止付信用证项下的货款 1 132 981.99美元。9 月 13 日，G 公司向海事法院申请扣押"东方"轮，要求 L 公司提供 70 万美元的担保。海事法院准许 G 公司的申请，于 9 月 22 日裁定扣押了"东方"轮，责令 L 公司提供 70 万美元的担保。10 月 6 日，L 公司提供了担保，海事法院解除了对"东方"轮的扣押。

庭审中，L 公司承认，第二批胶合板实际于 1993 年 8 月 13 日在印度尼西亚坤甸港装船，8 月 26 日装船完毕，9 月 16 日抵达汕头港。

由于第二批胶合板没有按期装运，G 公司不能按期履行其与汕头物资公司的《产品订货合同》，G 公司为此已向汕头物资公司退还购货定金 30 万美元，并赔偿定金 30 万美元。另据调查，按照当时的情况，进口一批相同数量、规格的胶合板，需货款 1 132 981.99 美元，发生各项费用共计人民币 577 072.54元。

G 公司起诉认为：M 厂没有按照购销合同约定的期限发运货物，而向 L 公司预借提单，L 公司在货物尚未装船时就向 M 厂签发已装船提单，两者合谋欺诈 G 公司，致使 G 公司无法履行内贸合同，产生严重的经济损失，请求海事法院判令两被告赔偿 G 公司利润损失和向内贸单位赔付的定金损失等共计 528 488.34美元、3 571 609.38元人民币。

L 公司答辩认为：L 公司在客观上预借了提单，但其主观上并没有恶意。G 公司通过申请法院冻结信用证，止付货款，没有取得提单，意味着没有取得提单项下货物的所有权，也意味着放弃了凭正本提单向船东索赔的权利，因此 G 公司对 L 公司不具有诉权。L 公司提出反诉，认为 G 公司申请诉讼前扣押船舶错误，请求法院判令 G 公司赔偿联发公司因此遭受的损失103 258美元。

M 厂没有答辩。

2. 法院审判结果

海事法院认为：

本案提单签发地在印度尼西亚，但损害结果发生在中国，故可以适用中国法律。根据《中华人民共和国海商法》的规定，在货物装船完毕后，承运人才能签发已装船提单。L 公司在货物尚未开始装船时就签发了已装船提单，构成了预借提单。由于 M 厂没有按期交货装船，而 L 公司向其预借提单，掩盖了 M 厂的真实履约情况，配合 M 厂隐瞒延迟装船的事实，制造出货物已装船的假象，使 G 公司不能履行内贸合同，并丧失了采取补救措施的时机。M 厂和 L 公司的行为属于共同侵权行为，直接侵害了 G 公司的利益。G 公司为减少损害而申请法院冻结信用证，没有付款赎单，但仍然可以对侵权行为人提起侵权损害赔偿之诉。本案属于预借提单侵权损害赔偿纠纷，应依照侵权损害赔偿的法律规定，确定赔偿范围。第一批货物在购销合同和信用证规定的装运期内装船，且系另一承运人承运，承运人也没有实施预借提单行为，故有关第一批货物的损失与第二批货物的预借提单没有必然的因果关系，G 公司要求 M 厂和 L 公司赔偿第一批货物的可得利润损失和相应的违约金损失，缺乏根据，不予支持。第二批货物的损失，包括 G 公司依据其与汕头物资公司的订购合同预期可得的利润和由于无法履行合同而支付的违约赔偿金，与 M 厂和 L 公司的预借提单行为有直接因果关系，应由 M 厂和 L 公司共同赔偿。G 公司为防止损失扩大和保全其海事请求，申请法院冻结信用证、诉讼前扣押船舶，符合法律规定，由此产生的费用也应由 M 厂和 L 公司赔偿。

依照《中华人民共和国海商法》第七十四条、《中华人民共和国民法通则》第一百零六条、第一百一十七条、第一百三十条、第一百四十六条的规定，海事法院判决：

一、L 公司、M 厂连带赔偿 G 公司可得利润损失人民币2 726 041.40元、违约金损失150 000美元、申请冻结信用证和诉讼前扣船申请费人民币57 580元，以及上述款项的利息。

二、驳回 L 公司的反诉请求

L 公司不服，提起上诉，认为：G 公司没有付款赎单，不具备侵权索赔的基本条件；L 公司的预借提单行为与 G 公司不能履行内贸合同没有必然联系。请求上级法院撤销原判。

G 公司答辩认为：本案是侵权之诉，不以取得提单为起诉的条件；G 公司不能履行内贸合同是 M 厂和 L 公司预借提单的必然结果。请求上级法院维持原判，驳回上诉。

经二审法院调解，G 公司与 L 公司经协商达成协议：由 L 公司补偿 G 公司总计 30 万美元。

# 本章知识结构图表

## 第一节　海上货物运输船舶与配载

一、船舶的分类

（一）三大主力船型

（二）LNG 船

（三）船舶总类型

二、船舶规范（ship's particulars）

（一）载重吨（deadweight tons）

（二）吃水（draft）

（三）船舶全（总）长（length of overall，简称 LOA）

（四）垂线间长（length between perpendiculars，简称 LBP）

（五）全宽（breadth extreme 或 BE）

（六）型宽（breadth moulded 或 BMLD）

（七）型深（depth moulded 或 DMLD）

（八）干舷（free board）

（九）船舶最大高度（height extreme 或 HE）

（十）方形系数（block coefficient or coefficient of fineness）

三、船舶吨位（ship's tonnage）

（一）排水量吨位（displacement tonnage）

（二）载重吨位

（三）登记（注册）吨位（registered tonnage）

（四）载货容积吨位（measurement capacity tonnage for measure cargo）

（五）载货容积系数（coefficient of loading）

（六）船舶载重线（load line）

四、船舶的国籍（ship's nationality）

五、船舶的入级（ship's classification）

六、船舶的配载

（一）充分利用船舶的载重吨和载货容积

（二）保证货物的安全

（三）保证船舶的安全和适航

（四）便利船舶的装卸作业

## 第二节　海运进出口业务

一、海运进口运输工作程序

（一）租船订舱（booking space）

（二）保险

（三）掌握船舶动态

（四）收集整理单证

（五）报关报检

（六）卸船和接交

（七）代运

二、海运出口运输工作程序

（一）审核信用证中的装运条款

（二）备货报验

（三）托运订舱

（四）保险

（五）货物集中港区

（六）报关工作

（七）装船工作

（八）换取提单

（九）制单结汇

三、主要货运单证

（一）托运单（booking note，B/N）

（二）装货单（shipping order，S/O）

（三）收货单（mates receipt，M/R）

（四）海运提单（bill of lading，B/L）

（五）装货清单（loading list）

（六）舱单（manifest，M/F）

（七）货物积载图（stowage plan or cargo plan）

（八）货物溢/短单和货物残损单（overlanded and shortlanded cargo list, broken & damaged cargo list）

（九）提货单（delivery order，D/O）

## 第三节　主要单证的制作

一、海运出口托运单的缮制

（一）缮制依据

（二）注意事项

（三）份数及流转程序

二、出口货物报关单的缮制

（一）填写出口货物报关单的要求

（二）出口货物报关单的填写

三、提单的制作及其依据

（一）提单正面内容填制注意事项

（二）提单的签发、日期和份数

（三）提单的背面条款及其依据

四、进口货物报关单的缮制

（一）填制要求

（二）贸易性质与单据的选用

（三）填制说明

## 第四节　船务代理

一、概述

二、代理关系的建立

（一）长期代理关系

（二）航次代理关系

（三）第二委托方代理关系

三、备用金索汇和结算

（一）备用金分类

（二）备用金使用原则

（三）船员借支

（四）结算

四、出口货运

（一）接受委托订舱

（二）货运单证

（三）单证流转

（四）签发提单

（五）代收运费

五、进口货运

（一）进口船舶的必需单证

（二）催提货物

（三）发放货物

六、进口货物理赔

七、船舶进出口联检

八、期租船的接船还船和起租停租

（一）接船

（二）还船

（三）在租期中退租

（四）租期届满后续租

（五）停租

（六）复租

**第五节 海上货运事故的处理及案例分析**

一、海上货运事故

（一）基本概念

（二）货运事故的种类和原因

二、货运事故的责任划分

（一）托运人的责任

（二）承运人的责任

（三）第三者的责任

三、索赔（claim）

（一）索赔的原则

（二）索赔的条件

（三）索赔程序

（四）索赔依据

（五）索赔时效

（六）索赔金额

四、集装箱运输保险与索赔

五、案例分析

（一）托运人未将货物妥善包装、装箱的责任问题

（二）指示提单背书交付的法律效力—海上货物运输合同货损赔偿纠纷案

（三）无正本提单提货纠纷案

（四）预借提单纠纷案

# 本章综合测试

## 一、单项选择题

1. 按《中华人民共和国海关法》规定，进口货物应自运输工具申报进境之日起( )天内申报。

   A. 5 天　　　　B. 10 天　　　　C. 14 天　　　　D. 20 天

2. 按照海运运输的业务要求，进口商办理租船订舱手续，必须由委托人填写( )。

   A. 海运提单　　　　　　　　　B. 海运货运委托书

   C. 海运单　　　　　　　　　　D. 配舱单

3. 下列在海上货物运输实践中被称为"下货纸"的单证是( )。

   A. 提单　　　B. 装货单　　　C. 收货单　　　D. 提货单

4. 货物装船后换取正本提单的单据是( )。

   A. 大副收据　　　B. 下货纸　　　C. 光单　　　D. 托运单

5. 纸质托运单一式十联单，其中，( )是托运单的核心。此联在海关放行后被海关盖上"放行章"，船公司据此联才可以将货物装上船。

   A. 第二联船代留底　　　　　　B. 第五联装货单

   C. 第七联场站收据　　　　　　D. 第九联配舱回单

6. 提单收货人栏记载："TO THE HOLDER"，这表明( )。

   A. 该提单是记名提单

   B. 该提单是不记名提单

   C. 收货人是"TO THE HOLDER"公司

   D. 该提单是指示提单

7. 下列构成不清洁提单的批注为( )。

   A."铁皮松散"　　　　　　　　B."发货人装箱、点数并铅封"

   C."旧桶装"　　　　　　　　　D."货物状况良好"

8. 经过背书才能转让的提单是( )。

   A. 装船提单　　B. 指示提单　　C. 记名提单　　D. 不记名提单

9. 一票货物于 2009 年 4 月 10 日开始装船，并于同月 12 日全部装上船，同日船舶开航。如果在同月 11 日，应托运人要求，承运人签发已装船提单，则此提单被称为( )。

   A. 倒签提单　　　B. 顺签提单　　　C. 预借提单　　　D. 待运提单

10. 海运提单和多式联运提单的签发人分别是( )。

A. 船公司，船公司　　　　　　B. 货运代理，船公司

C. 承运人，货运代理　　　　　D. 船公司，多式联运经营人

11. 若某货物由上海吴淞港（关区代码：2202）出运，在出口报关"出口口岸"栏目正确的填报应是(　　　)。

A. 上海口岸　　　　　　　　　B. 吴淞海关 2202

C. 上海口岸 2202　　　　　　 D. 吴淞口岸

12. 贸易方式若是一般贸易，出口报关单的"征免性质"栏和"征免"栏应分别填他(　　　)。

A. 一般征税、照章征税　　　　B. 照章征免、一般纳税

C. 一般纳税、照章征免　　　　D. 照章纳税、一般征免

13. 我国某进口商从菲律宾购进澳大利亚生产的羊毛，用船运至中国香港再陆运进入深圳。进口报关单上起运国和运抵国两栏应填报为(　　　)。

A. 澳大利亚/中国　　　　　　　B. 菲律宾/中国

C. 中国香港/中国　　　　　　　D. 菲律宾/中国香港

14. 内地某进出口公司从中国香港购进一批 SONY 牌电视机，该电视机为日本品牌，其中显像管由韩国生产，集成电路板由新加坡生产，其他零件均由马来西亚生产，最后由韩国组装成整机，该公司向海关申报进口该电视机时，原产地应填报为(　　　)。

A. 日本　　 B. 韩国　　　 C. 新加坡　　　 D. 马来西亚

15. 出口商得到托运确认后，应填制(　　　)连同发票等相关单据向海关申报出口货物。

A. 汇票　　　 B. 报检单　　　 C. 报关单　　　 D. 装货单

## 二、多项选择题

1. 以下哪些是 CIF 条件下海运出口运输工作需要的程序？(　　　　)。

A. 审核信用证中的装运条款　　　B. 租船订舱

C. 办理保险　　　　　　　　　　D. 报关报检

2. 出口货物托运人缮制《国际货物托运委托书》所依据的文件有(　　　　)。

A. 外销出仓单　 B. 销售合同　　 C. 信用证　　　 D. 配舱回单

3. 装货单的作用有(　　　　)。

A. 承运人确认承运货物的证明

B. 海关对出口货物进行监督的单证

C. 承运人通知船长收货装运的命令

D. 说明货物包装细节的清单

4. 海运托运单的作用是(　　　　　)。

   A. 是收货人凭以提货的物权凭证

   B. 是承运人收到托运人货物的收据

   C. 是承运人与托运人之间运输契约的证明

   D. 经过背书，海运单是可以转让的

5. 海运提单的作用有(　　　　　)。

   A. receipt for the goods　　　　　　B. documents of title

   C. evidence of contract of carrier　　D. commercial bill

6. 提单按收货人的不同可分为(　　　　　)。

   A. Straight B/L　　B. Master B/L　　C. Blank B/L　　D. Order B/

7. 按不同的运输方法，提单可以分为(　　　　　)。

   A. 直达提单　　　　　　　　　B. 无船承运人提单

   C. 转船提单　　　　　　　　　D. 多式联运提单

8. 海运提单要求作出指示抬头，CONSIGNEE 一栏可以填写(　　　　　)。

   A. TO ORDER　　　　　　　　B. TO ORDER OF SHIPPER

   C. TO CONSIGNED　　　　　　D. TO ORDER OF ISSUING BANK

9. 所谓清洁运输单据是指承运人未在运输单据上加注针对货物表面状况的不良批注，反之则称作不清洁运输单据，指出下面那些批注属于不清洁提单？(　　　　　)。

   A. 两袋扯破（2 bags torn）

   B. "对货物或包装生锈免责（Not responsible for rusty）"或对货物包装破碎免责（Not responsible for breakage）

   C. 提单注明货物装入开顶集装箱

   D. 短装十箱（10 cases short shipped）

10. 如果信用证要求作成"空白抬头、空白背书"，则(　　　　　)。

   A. 作成指示式提单　　　　　B. 作成凭买方指示式提单

   C. 作成买方背书的提单　　　D. 背书时不写明受让人名称

   E. 背书时须注明受让人的名称

11. 在使用提单的正常情况下，收货人要取得提货的权利，须(　　　　　)。

   A. 将全套提单交回承运人　　B. 将任一份提单交回承运人

   C. 在提单上正确背书　　　　D. 付清应支付的费用

12. 出口货物报关单是由海关总署统一格式印制的，由出口企业或其代理人的装运前填制并凭以向海关申报通关经海关审核并签发的法律文件。出口货物报关单的作用主要有(　　　　　)。

A. 海关依法监管货物出口的法律证书

B. 海关征收关税、税费的重要凭证

C. 出口货物核销、退税的重要依据

D. 海关编制海关统计的原始凭证

13. 按照海关规定的《结汇方式代码表》，出口货物报关单："结汇方式"栏可以填写(　　　　)。

A. 信汇　　　　B. 信用证　　　　C. 汇票　　　　D. 电汇

14. 按不同的委托人划分，船务代理可划分为(　　　　)。

A. 船东代理　　B. 班轮代理　　C. 租船人代理　　D. 不定期船代理

15. 船务代理与航行于中国港口的国际海上客货运输船舶的代理关系有以下哪几种? (　　　　)。

A. 班轮代理关系　　　　　　　B. 长期代理关系

C. 航次代理关系　　　　　　　D. 第二委托方代理关

16. 货运事故按照货物损失的程度划分有(　　　　)。

A. 全部损失　　B. 部分损失　　C. 货差　　　　D. 货损

17. 就造成货物事故产生的责任人而言，货运事故又可分为(　　　　)。

A. 承运人的责任事故　　　　　B. 托运人的责任事故

C. 第三者的责任事故　　　　　D. 不可抗力造成的事故。

### 三、判断题

1. 在我国，属买方自行保险的进口货物，各外贸公司一般均与保险公司签有预约保险合同。每批进口货物在收到国外装船通知后，只要将船名等通知保险公司，即已办妥保险手续。　　　　　　　　　　　　　　(　　)

2. 货物进口必须要经过"一关三检"，即海关、商品检验、卫生检疫、动植物检疫。　　　　　　　　　　　　　　　　　　　　　　　　　　(　　)

3. 按《中华人民共和国海关法》规定，进口货物超过规定日期申报或迟交税款，要按进口货 CIF 价的万分之十交滞报金或按税款的千分之一交滞纳金。　　　　　　　　　　　　　　　　　　　　　　　　　　　(　　)

4. 提货单（D/O），俗称"小提单"，是收货人凭以向现场提取货物的凭证，与提单的作用相同。　　　　　　　　　　　　　　　　　　　　　(　　)

5. 大副收据是货物装上船后，由承运人签署给托运人的作为证明船方已经收到该票货物并已装上船的重要凭证，托运人可以凭此大副收据向银行办理结汇。　　　　　　　　　　　　　　　　　　　　　　　　　　　(　　)

6. 提单正面通常印有"不知条款"，表示承运人不知道集装箱内的实际装入货物品质和件数，与有关的货损、货差、货物短缺、货物不实等责任均由托

运人承担。　　　　　　　　　　　　　　　　　　　　　（　　）

7. 倒签提单是指货物尚未装船，货主与船方勾结，由船方签发出来的提单。
　　　　　　　　　　　　　　　　　　　　　　　　　　（　　）

8. 进口报关单上的申报日期应填报所载进口货物运输工具的进境日期。
　　　　　　　　　　　　　　　　　　　　　　　　　　（　　）

9. 某企业经海关批准从保税仓库内提一批货物内销到国内市场，由于该批货原进入保税仓库时为空运进口，故在报关单运输方式栏应填报"航空运输"。　　　　　　　　　　　　　　　　　　　　（　　）

10. 进口货物报关单上的"进口口岸"一栏，应填报进境口岸的口岸名称及关区代码。　　　　　　　　　　　　　　　　　　　　（　　）

11. 在 FIOST 条款下，如果由于积载不当或绑扎不牢，从而造成了货损，根据租船合同的规定也可能由承运人负责。　　　　　　　（　　）

12. 因船员或承运人的受雇人员的故意行为所造成的货损，承运人负有赔偿责任。　　　　　　　　　　　　　　　　　　　　　（　　）

13. 提出货物索赔的人只能是提单上记载的收货人或合法的提单持有人。
　　　　　　　　　　　　　　　　　　　　　　　　　　（　　）

14. 集装箱内实际装入的货物件数是计算索赔金额的依据。　　（　　）

**本章综合测试答案**

一、单项选择题

1. C　2. B　3. B　4. A　5. B　6. B　7. A　8. B　9. C　10. D　11. B　12. A
13. B　14. B　15. C

二、多项选择题

1. ABCD　2. ABC　3. ABC　4. BC　5. ABC　6. ACD　7. ACD　8. ABD　9. AD
10. AD　11. BD　12. ABCD　13. ABD　14. AC　15. BCD　16. AB　17. ABCD

三、判断题

1. T　2. T　3. F　4. F　5. F　6. T　7. F　8. F　9. F　10. F　11. F　12. T
13. F　14. T

# 本章技能训练

（一）根据下列资料填制出口托运单

Applicant：ABC CO. LTD.

　　　　HANS TOWER 43-5 GURO-DONG GURO-GU，SEOUL，KOREA

Beneficiary：ORIENT INTERNATIONAL HOLDING SHANGHAI TEXTILES IMP. & EXP. CO. , LTD. 200 SI PING ROAD，SHANGHAI CHINA

Consignee：TO THE ORDER OF INDUSTRIAL BANK OF KOREA

Port of Shipment：SHANGHAI, CHINA

Port of Discharge：BUSAN, KOREA

Partial Shipment：not allow

Transshipment：allow

Latest Date of Shipment：MAR. 30，04

Description of Goods：NATURAL COLORED COTTON YARN

Packing：155CTNS

Gross Weight：3399. 46KGS

Measurement ：4. 25M3

Number of B/L：three

Shipping Marks：N/M

（二）根据以下资料填制海运提单，以承运人代理人身份填写提单

1. 根据上题的海运托运单全部资料

2. 配船资料

Ocean Vessel and Voy：DONGFANGHONG V. 223

B/L No. ：COSUSHA003139

On Board Date：MAR. 25，2004

集装箱箱、封号：GATU8544340/3320747

3. 承运人代理公司：XYZ COMPANY

# 本章技能训练答案

## （一）海运托运单

| | |
|---|---|
| Shipper<br>ORIENT INTERNATIONAL HOLDING<br>SHANGHAI TEXTILES IMP.& EXP. CO.,LTD.<br>200 SI PING ROAD SHANGHAI CHINA | D/R  NO. |

Consignee

TO THE ORDER　　OF INDUSTRIAL BANK OF KOREA

中远集装箱运输有限公司
**COSCO CONTAINER LINES**

COSCO CONTAINER LINES

*COSCO*

Notify Address

ABC CO. LTD.

HANS TOWER 43-5 GURO-DONG

GURO－GU, SEOUL, KOREA

TLX: 33057 COSCO CN

FAX: +86（021）6545 8984

集装箱货物托运单

货主留底

第
一
联

| Pre-carriage by | Place of Receipt | |
|---|---|---|
| Ocean Vessel　　Voy. No | Port of Loading<br>SHANGHAI, CHINA | |
| Port of Discharge<br>BUSAN, KOREA | Place of Deliver | Final Destination for the Merchant<br>Reference |

| Container No.<br>Marks & Nos.<br>N/M | Seal NO.<br><br> | No. of Container<br>or Packages<br>155CTNS | Description of Goods(If Dangerous Goods, See Clauses 20)<br>NATURAL COLORED COTTON YARN<br><br>FREIGHT COLLECT | Gross Weight<br>(kgs)<br><br>3399.46KGS | Measurement m³<br><br><br>4.25M3 |
|---|---|---|---|---|---|

*Particulars Furnished by Merchants*

| Total Number of Containers and/or<br>Packages (in words) | ONE HUNDRED AND FIFTY FIVE CTNS ONLY |
|---|---|

| FREIGHT & CHARGES | Revenue Tons. | Rate　　Per | Prepaid | Collect |
|---|---|---|---|---|
| Ex. Rate: | Prepaid at | Payable at | Place of issue<br>SHANGHAI | |
| | Total Prepaid | No. of Original B(s)/L<br>THREE | | |

| Service Type on Receiving<br>☐-CY  ☒-CFS  ☐-DOOR | Service Type on Delivery<br>☐-CY  ☒-CFS  ☐-DOOR | Reefer Temperature Required<br>°F  °C |
|---|---|---|

| TYPE<br>OF<br>GOODS | ☒ Ordinary　☐ Reefer　☐ Dangerous　☐ Auto<br>☐ Liquid　☐ Live Animal　☐ Bulk | 危<br>险<br>品 | Class<br>Property<br>IMDG Code Page<br>UN NO |
|---|---|---|---|

| 可否转船: ALLOWED | 可否分批: NOT ALLOWED | 金额: USD15 141.57 | 制单日期: MAR. 20, 2004 |
|---|---|---|---|
| 装　　期: MAR. 25, 2004 | 效　　期: | | |

## （二）海运提单

许可证号：JTL0008

| Shipper | | B/L NO |
|---|---|---|

**Shipper**
ORIENT INTERNATIONAL HOLDING
SHANGHAI TEXTILES IMP. & EXP. CO., LTD.
200 SI PING ROAD SHANGHAI CHINA

中远集装箱运输有限公司
**COSCO CONTAINER LINES**
TLX: 33057 COSCO CN
FAX: +86 (021) 6545 8984

**COSCO**

**Consignee**
TO THE ORDER OF INDUSTRIAL BANK OF KOREA

Port-to Port or Combined Transport

**Notify Address**
ABC CO. LTD.
HANS TOWER 43-5 GURO-DONG
GURO-GU, SEOUL, KOREA

# BILL OF LADING

RECEIVED in apparent good order and condition except as otherwise noted the total number of containers or other packages or units enumerated below for transportation from the place of receipt to the place of delivery subject to the terms and conditions hereof. One of the Bills of Lading must be surrendered duly endorsed to the Carrier by or on behalf of the Holder of the Bill of Lading, the rights and liabilities arising in accordance with the terms and conditions hereof shall, without prejudice to any rule of common law or statute rendering them binding on the Merchant, become binding in all respects between the Carrier and the Holder of the Bill of Lading as though the contract evidenced hereby had been made between them. IN WITNESS whereof the number of original Bills of Lading stated under have been signed. All of this tenor and date, one of which being accomplished, the other(s) to be void.

For delivery of goods please apply to :

| Pre-carriage by | Place of Receipt |
|---|---|

| Ocean Vessel　Voy. No | Port of Loading |
|---|---|
| DONGFANGHONG　V. 223 | SHANGHA I, CHAIN |

| Port of Discharge | Place of Delivery |
|---|---|
| BUSAN, KOREA | |

| Container/Seal No. Marks & Nos. | No. of Container or Packages | Description of Goods (If Dangerous Goods, See Clauses 20) | Gross Weight (kgs) | Measurement (m³) |
|---|---|---|---|---|
| CN: GATU8544340 SN: 3320747 N/M | 155CTNS | NATURAL COLORED COTTON YARN FREIGHT COLLECT 1×20'FCLCY TO CY ON BOARD ON BOARD DATE: MAR. 25, 2004 | 3399.46 | 4.25 |

*Particulars Furnished by Merchants*

| 10 Total Number of Containers and/or Packages (in words) | SAY ONE HUNDRED AND FIFTY FIVE CTNS ONLY |
|---|---|

| 11. FREIGHT & CHARGES | Revenue Tons. | Rate | Per | Prepaid | Collect |
|---|---|---|---|---|---|

| Ex. Rate: | Prepaid at | Payable at SEOUL, KOREA | Place and date of issue SHANGHAI, MAR. 25, 2004 |
|---|---|---|---|
| | Total Prepaid | No. of Original B(s)/L | Stamp & Signature XYZ COMPANY AS AGENT FOR THE CARRIER |

LADEN ON BOARD THE VESSEL
Date　　　　　　By　　　　　　　　　(TERMS CONTINUED ON BACK HEREOF)

# 复习思考题

1. 普通杂货船有什么特点？它适宜承运哪些货物？

2. 什么是排水吨位？载重吨位？它们之间有什么关系？

3. 船舶注册吨反映船舶的什么性能？注册总吨和注册净吨各有什么意义？

4. 试述船舶配载工作的重要性。

5. 在船舶配载工作中，有哪些具体要求？

6. 谈谈货物积载因素在船舶配载中的意义和作用。

7. 简述装货单的作用及其与收货单、提单之间的关系。

8. 倒签提单是怎样产生的？为什么说它不仅是对收货人的欺诈行为，同时对发货人也有较大风险？试举例说明。

9. 发放小提单应注意些什么？

10. 简述我国海运进、出口程序。

11. 在填写托运单上的目的港时应注意什么？

12. 填写进、出口货物报关单的要求有哪些？

13. 进口报关单中"外汇来源"一项应怎么填？

14. 什么是提单？它有什么作用？

15. 在转船情况下，怎样填写提单的卸货港一栏？

**附件一：装箱单**

_____

_____

_____

# PAKING LIST

TEL：0086 - 21 - 65658933　　　　　　　　INV. NO. : _____

FAX：0086 - 21 - 65658932　　　　　　　　DATE： _____

　　　　　　　　　　　　　　　　　　　　　S/C NO. : _____

TO：　　　　　　　　　　　　　　　　　MARKS & NOS.

| DESCRIPTION OF GOODS | QUANTITY ( PCS) | PACKING ( CTNS) | G. W. ( KGS) | N. W. ( KGS) | MEASUREMENT ( $M^3$ ) |
|---|---|---|---|---|---|
|  |  |  |  |  |  |
|  |  |  |  |  |  |
|  |  |  |  |  |  |
|  |  |  |  |  |  |
| TOTAL: |  |  |  |  |  |

# 附件二（1）

Shipper

Consignee

Notify Address

D/R　NO.

COSCO

中远集装箱运输有限公司
COSCO CONTAINER LINES
TLX：33057 COSCO CN
FAX：+86（021）6545 8984

集装箱货物托运单

货主留底

第
一
联

| Pre-carriage by | Place of Receipt | |
|---|---|---|
| Ocean Vessel　　Voy. No | Port of Loading | |
| Port of Discharge | Place of Delivery | |
| | | Final Destination for the Merchant's Reference |

| Container/Seal No. Marks & Nos. | No of Container or Packages | Description of Goods(If Dangerous Goods, See Clauses 20) | Gross Weight (kg) | Measurement(m³) |
|---|---|---|---|---|
| | | | | |

Particulars Furnished by Merchants

Total Number of Containers and/or Packages(in words)

| FREIGHT & CHARGES | Revenue Tons. | Rate　　Per | Prepaid | Collect |
|---|---|---|---|---|
| Ex. Rate:　Prepaid at | | Payable at | Place of Issue | |
| Total Prepaid | | No. of Original B(s)/L | | |

| Service Type on Receiving □-CY □-CFS □-DOOR | Service Type on Delivery □-CY □-CFS □-DOOR | Reefer Temperature Required | | |
|---|---|---|---|---|
| TYPE OF GOODS | □ Ordinary □ Reefer □ Liquid □ Live Animal | □ Dangerous □ Auto □ Bulk □ | 危险品 | Class Property IMDG Code Page UN NO 　　　℉　℃ |

| 可否转船： | 可否分批： | 金额： | 制单日期： |
|---|---|---|---|
| 装　期： | 效　期： | | |

## 附件二（2）

| Shipper | | D/R NO. |
|---|---|---|

中远集装箱运输有限公司
**COSCO CONTAINER LINES**

COSCO

TLX: 33057 COSCO CN
FAX: +86 (021) 6545 898

集装箱货物托运单

船代留底

第二联

| Consignee | |
|---|---|

| Notify Address | |
|---|---|

| Pre carriage by | Place of Receipt | |
|---|---|---|
| Ocean Vessel    Voy. No | Port of Loading | |
| Port of Discharge | Place of Deliver | Final Destination for the Merchant's Reference |

Particulars Furnished by Merchants

| Container/Seal No. Marks & Nos. | No of Container or Packages | Description of Goods (If Dangerous Goods, See Clauses 20) | Gross Weight (kg) | Measurement (m³) |
|---|---|---|---|---|
| | | | | |

Total Number of Containers and/or Packages (in words)

| FREIGHT & CHARGES | Revenue Tons. | Rate    Per | Prepaid | Collect |
|---|---|---|---|---|

| Ex. Rate: | Prepaid at | Payable at | Place of Issue |
|---|---|---|---|
| | Total Prepaid | No. of Original B(s)/L | |

| Service Type on Receiving | Service Type on Delivery | Reefer Temperature Required |
|---|---|---|
| ☐ CY  ☐ CFS  ☐ DOOR | ☐ CY  ☐ CFS  ☐ DOOR | 危险品 Class / Property / IMDG Code Page / UN NO    °F  °C |

| TYPE OF GOODS | ☐ Ordinary | ☐ Reefer | ☐ Dangerous | ☐ Auto |
|---|---|---|---|---|
| | ☐ Liquid | ☐ Live Animal | ☐ Bulk | |

| 可否转船： | 可否分批： | 金额： | 制单日期： |
|---|---|---|---|
| 装    期： | 效    期： | | |

## 附件二（3）

| | |
|---|---|
| Shipper | D/R NO. |
| | |
| | 中远集装箱运输有限公司 |
| | COSCO CONTAINER LINES |
| Consignee | COSCO　　TLX：33057 COSCO CN |
| | FAX：+86（021）6545 898 |
| | 集装箱货物托运单 |
| Notify Address | 货代留底　　第三联 |

| | |
|---|---|
| Pre carriage by | Place of Receipt |
| Ocean Vessel　Voy. No | Port of Loading |
| Port of Discharge | Place of Deliver |
| | Final Destination for the Merchant's Reference |

Particulars Furnished by Merchants

| Container/Seal No. Marks & Nos. | No. of Container Packages | Description of Goods(If Dangerous Goods, See Clauses 20) | Gross Weight (kg) | Measurement (m³) |
|---|---|---|---|---|
| | | | | |

Total Number of Containers and/or Packages(in words)

| FREIGHT & CHARGES | Revenue Tons. | Rate　Per | Prepaid | Collect |
|---|---|---|---|---|
| | | | | |

| Ex. Rate: | Prepaid at | Payable at | Place of Issue |
|---|---|---|---|
| | Total Prepaid | No. of Original B(s)/L | |

| Service Type on Receiving | Service Type on Delivery | Reefer Temperature Required | | |
|---|---|---|---|---|
| CY　CFS□　DOOR | CY　CFS□　DOOR | | | |
| TYPE OF GOODS | Ordinary　Reefer　Dangerous　Auto | 危险品 | Class Property IMDG Code Page UN NO | ℉　℃ |
| | Liquid　Live Animal　Bulk | | | |

| 可否转船： | 可否分批： | 金额： | 制单日期： |
|---|---|---|---|
| 装　期： | 效　期： | | |

## 附件二（4）

Shipper

D/R   NO.

Consignee

中远集装箱运输有限公司
COSCO CONTAINER LINES

COSCO

TLX: 33057 COSCO CN
FAX: +86 (021) 6545 898

装货单
场站收据副本          第
四
联

Notify Address

| Pre carriage by | Place of Receipt | |
| Ocean Vessel    Voy. No | Port of Loading | |
| Port of Discharge | Place of Deliver | Final Destination for the Merchant's Reference |

| Container/Seal No.<br>Marks & Nos. | No of Container<br>or Packages | Description of Goods(If Dangerous Goods, See Clauses 20) | Gross Weight (kg) | Measurement (m³) |
|---|---|---|---|---|
| Particulars Furnished by Merchants | | | | |

Total Number of Containers and/or
Packages(in words)

| FREIGHT & CHARGES | Revenue Tons. | Rate      Per | Prepaid | Collect |
|---|---|---|---|---|

| Ex. Rate: | Prepaid at | Payable at | Place of Issue |
| | Total Prepaid | No. of Original B(s)/L | |

Service Type on Receiving          Service Type on Delivery          Reefer Temperature Required

☐ CY  ☐ CFS  ☐ DOOR          ☐ CY  ☐ CFS  ☐ DOOR

| TYP<br>OF<br>GOODS | ☐ Ordinary | ☐ Reefer | ☐ Dangerous | ☐ Auto | 危险品 | Class<br>Property<br>IMDG Code Page<br>UN NO | ℉  ℃ |
| | ☐ Liquid | ☐ Live Animal | ☐ Bulk | | | | |

| 可否转船： | 可否分批： | 金额： | 制单日期： |
| 装　期： | 效　期： | | |

## 附件三：提单

Shipper

许可证号：JTL0008

B/L NO

COSCO

中远集装箱运输有限公司
COSCO CONTAINER LINES

TLX: 33057 COSCO CN
FAX: +86 (021) 6545 8984

Consignee

Port-to Port or Combined Transport

# BILL OF LADING

Notify Address

RECEIVED in apparent good order and condition except as otherwise noted
the total number of containers or other packages or units enumerated below
for transportation from the place of receipt to the place of delivery
subject to the terms and conditions hereof. One of the Bills of Lading
must be surrendered duly endorsed to the Carrier by or on behalf of the
Holder of the Bill of Lading, the rights and liabilities arising in
accordance with the terms and conditions hereof shall, without prejudice
to any rule of common law or statute rendering them binding on the Merchant,
become binding in all respects between the Carrier and the Holder of the
Bill of Lading as though the contract evidenced hereby had been made
between them. IN WITNESS whereof the number of original Bills of Lading
stated under have been signed. All of this tenor and date, one of which
being accomplished, the other(s) to be void.
For delivery of goods please apply to :

| Pre-carriage by | Place of Receipt |
| Ocean Vessel  Voy. No | Port of Loading |
| Port of Discharge | Place of Deliver |

Particulars Furnished by Merchants

| Container/Seal No. Marks & Nos. | No of Container or Packages | Description of Goods(If Dangerous Goods, See Clauses 20) | Gross Weight (kg) | Measurement(m³) |
|---|---|---|---|---|
| | | | | |

10 Total Number of Containers and/or Packages(in words)

| 11. FREIGHT & CHARGES | Revenue Tons. | Rate | Per | Prepaid | Collect |
|---|---|---|---|---|---|
| | | | | | |

| Ex. Rate: | Prepaid at | Payable at | Place and Date of issue |
| | Total Prepaid | No. of Original B(s)/L | Stamp & Signature |

**LADEN ON BOARD THE VESSEL**

Date                        By

**(TERMS CONTINUED ON BACK HEREOF)**

**附件四：进口订舱联系单**

中国对外贸易运输（集团）总公司

# 进 口 订 舱 联 系 单

第　号　　　　　　　　　　　　　　　　　　　　　　　年　月　日

| 货　名<br>（填写英文） | | | |
|---|---|---|---|
| 重　量 | | 尺　码 | |
| 合同号 | | 包　装 | |
| 卸货港 | | 交货期 | |
| 买货条款 | | | |
| 发货人名称地址 | | | |
| 发货人电挂/电传 | | | |
| 订妥船名 | | 预抵港期 | |
| 备　注 | | 委托单位<br>联系人及<br>电传电话 | |

危险品需注明性能，重大件注明每件重量及尺码。买货条款需详细注明。

## 附件五：普惠制产地证明书申请书

申请单位（加盖公章） 证书号：

申请单位郑重声明： 注册号：

本人被正式授权代表本企业办理和签署本申请书。

本申请书及普惠制产地证明书格式 A 所列内容正确无误，如发现弄虚作假，冒充格式 A 所列货物，擅改证书，自愿接受签发机构的处罚并承担法律责任，现将有关情况申报如下：

| 生产单位 | | 生产单位联系人电话 | |
|---|---|---|---|
| 商品名称（中英文） | | H. S. 税目号（以六位数码计） | |
| 商品 FOB 总值（以美元计） | | 发票号 | |
| 最终销售国 | 证书种类 "√" | 加急证书 | 普通证书 |
| 拟出运日期 | | | |

贸易方式和企业性质（请在适用处画 "√"）

| 正常贸易 C | 来进料加工 L | 补偿贸易 B | 中外合资 H | 中外合作 Z | 外商独资 D | 零售 Y | 展卖 M |
|---|---|---|---|---|---|---|---|

| 包装数量或毛重或其他数量 | |
|---|---|

原产地标准

本项商品系在中国生产，完全符合该给惠国给惠方案规定，其原产地情况符合以下第　　条：

(1) "P"（完全国产，未使用任何进口原材料）；

(2) "W"，其 H. S. 税目号为＿＿＿＿＿＿（含进口成分）；

(3) "F"（对加拿大出口产品，其进口成分不超过产品出厂价值的 40%）。

本批产品系：1. 直接运输从＿＿＿＿＿＿到＿＿＿＿＿＿；

2. 转口运输从＿＿＿＿＿＿中转国（地区）＿＿＿＿＿＿到＿＿＿＿＿＿。

申请人说明 领证人（签名）

电话：

日期： 年 月 日

现提交中国出口货物商业发票副本一份，普惠制产地证明书格式 A （FORM A）一正两副，以及其他附件　　份，请予审核签证。

注：凡有进口成分的商品，必须要求提交《含进口成分受惠商品成本明细单》。

商检局联系记录

## 附件六：普惠制产地证明书

# Copy

| 1. Goods consigned from (Exporter's business name, address, county) | Reference No.<br><br>GENERALIZED SYSTEM OF PREFERENCES<br>CERTIFICATE OF ORIGIN<br>(Combined declaration and certificate)<br>FORM A<br>issued in THE PEOPLE's REPUBLIC OF CHINA<br>(COUNTRY)<br>See Notes overleaf |
|---|---|
| 2. Goods consigned to (Consignee's name, address, country) | |
| 3. Means of transport and route (as far as known) | 4. For official use |

| 5. Item number | 6. Marks and numbers of packages | 7. Number and kind of packages; description goods | 8. Origin criterion(see Notes overleaf) | 9. Gross weight or other quantity | 10. Number and date of invoices |
|---|---|---|---|---|---|
| | | | | | |

| 11. Certification<br>   It is hereby certified, on the basis of control carried out, that the declaration by the exporter is correct.<br><br><br><br><br>------------------------------------------<br>   Place and date, signature and stamp of certifying authority | 12. Declaration by the exporter<br>   The undersigned hereby declares that the above details and statements are correct; that all the goods were produced in<br>------------------------------------------<br>(country)<br>   and that they comply with the origin requirements specified for those goods in the Generalized System of Preferences for goods exported to<br>------------------------------------------<br>(importing country)<br>------------------------------------------<br>Place and date, signature of authorized signatory |
|---|---|

## 附件七：一般原产地证明书/加工装配证明书申请书

一般原产地证明书/加工装配证明书
# 申　请　书

申请单位注册号：　　　　　　　　　　　　　　　　　　证书号：

申请单位郑重声明：

　　本人被正式授权代表本企业办理和签署本申请书。

　　本申请书及一般原产地证明书/加工装配证明书所列内容正确无误，如发现弄虚作假，冒充证书所列货物，擅改证书，自愿接受签发机构的处罚并承担法律责任，现将有关情况申报如下：

| 企业名称 | | 发票号 | | |
|---|---|---|---|---|
| 商品名称 | | H. S. 编码（六位数） | | |
| 商品 FOB 总值（以美元计） | | 最终目的地国家/地区 | | |
| 拟出运日期 | | 转口国（地区） | | |
| 贸易方式和企业性质（请在适用处画"√"） | | | | |
| 一般贸易 | | 三来一补 | 其他贸易方式 | |
| 国有企业 | 三资企业 | 国有企业 | 三资企业 | 国有企业 | 三资企业 |
| | | | | | |
| 包装数量或毛重或其他数量 | | | | |
| 证书种类（画"√"） | | 一般原产地证明书 | 加工装配证明书 | |

　　现提交中国出口货物商业发票副本一份，一般原产地证明书/经过装配证明书一正三副，以及其他附件　　份，请予审核签证。

　　申请单位盖章　　　　　　　　　　　　　　　　申请人（签名）

　　　　　　　　　　　　　　　　　　　　　　　　电话：

　　　　　　　　　　　　　　　　　　　　　　　　日期：　　　年　月　日

　商 检 局 联 系 记 录

## 附件八：一般原产地证书

# Copy

| 1. Exporter (full name, address, country) | Certificate No. |
|---|---|
| | **CERTIFICATE OF ORIGIN**<br>OF<br>**THE PEOPLE's REPUBLIC OF CHINA** |
| 2. Consignee (full name, address, country) | |
| 3. Means of transport and route | 5. For certifying authority use only |
| 4. Destination port | |

| 6. Marks and numbers | 7. Number and kind of packages; description of goods | 8. H. S. Code | 9. Quantity | 10. Number and date of invoices |
|---|---|---|---|---|
| | | | | |

| 11. Declaration by the exporter | 12. Certification |
|---|---|
| The undersigned hereby declares that the above details and statements are correct, that all the goods were produced in China and that they comply with the Rules of Origin of the People's Republic of China. | It is hereby certified that the declaration by the exporter is correct. |
| ------------------------------------<br>Place and date, signature and stamp of authorized signatory | ------------------------------------<br>Place and date, signature of authorized signatory |

**附件九：中华人民共和国出入境检验检疫出境货物报检单**

# 中华人民共和国出入境检验检疫
# 出境货物报检单

报检单位（加盖公章）          *编    号＿＿＿＿＿＿

报检单位登记号：     联系人：     电话：     报检日期：   年   月   日

| 发货人 | （中文） | | | | | |
|---|---|---|---|---|---|---|
| | （外文） | | | | | |
| 收货人 | （中文） | | | | | |
| | （外文） | | | | | |

| 货物名称（中/外文） | H. S. 编码 | 产地 | 数/重量 | 货物总值 | 包装种类及数量 |
|---|---|---|---|---|---|
| | | | | | |
| | | | | | |

| 运输工具名称号码 | | 贸易方式 | | 货物存放地点 | |
|---|---|---|---|---|---|
| 合同号 | | 信用证号 | | 用途 | |
| 发货日期 | | 输往国家（地区） | | 许可证/审批号 | |
| 启运地 | | 到达口岸 | | 生产单位注册号 | |

| 集装箱规格、数量及号码 | | |
|---|---|---|

| 合同、信用证订立的检验检疫条款或特殊要求 | 标记及号码 | 随附单据（划"√"或补填） |
|---|---|---|
| | | □合同    □包装性能结果单<br>□信用证    □许可/审批文件<br>□发票    □<br>□换证凭单    □<br>□装箱单    □<br>□厂检单    □ |

| 需要证单名称（划"√"或补填） | | *检验检疫费 |
|---|---|---|
| □品质证书 ＿正＿副    □植物检疫证书 ＿正＿副<br>□重量证书 ＿正＿副    □熏蒸/消毒证书 ＿正＿副<br>□数量证书 ＿正＿副    □出境货物换证凭条<br>□兽医卫生证书 ＿正＿副    □出境货物通关单<br>□健康证书 ＿正＿副    □<br>□卫生证书 ＿正＿副    □<br>□动物卫生证书 ＿正＿副    □ | | 总金额<br>（人民币元）<br><br>计费人<br><br>收费人 |

| 报检人郑重声明：<br>   1. 本人被授权报检。<br>   2. 上列填写内容正确属实，货物无伪造或冒用他人的厂名、标志、认证标志，并承担货物质量责任。<br><br>                签名：＿＿＿＿＿＿＿＿＿ | 领取证书 | |
|---|---|---|
| | 日期 | |
| | 签名 | |

## 附件十：中华人民共和国海关出口货物报关单

数据中心统一编号：000000000010197036

### 中华人民共和国海关出口货物报关单

预录入编号：　　　　　　　　　　　　　　　　　　　海关编号：

| 出口口岸 | | 备案号 | | 出口日期 | 申报日期 |
|---|---|---|---|---|---|
| 经营单位 | | 运输方式 | 运输工具名称 | | 提运单号 |
| 发货单位 | | 贸易方式 | 征免性质 | | 结汇方式 |
| 许可证号 | | 运抵国(地区) | 指运港 | | 境内货源地 |
| 批准文号 | | 成交方式 | 运费 | 保费 | 杂费 |
| 合同协议号 | | 件数 | 包装种类 | 毛重(公斤) | 净重(公斤) |
| 集装箱号 | | 随附单据 | | 生产厂家 | |
| 标记唛码及备注 | | | | | |

| 项号 | 商品编号 | 商品名称、规格型号 | 数量及单位 | 最终目的国(地区) | 单价 | 总价 | 币制 | 征免 |
|---|---|---|---|---|---|---|---|---|
| | | | | | | | | |
| | | | | | | | | |
| | | | | | | | | |
| | | | | | | | | |
| | | | | | | | | |

税费征收情况

| 录入员　　　　录入单位 | 兹声明以上申报无讹并承担法律责任 | 海关审单批注及放行日期 盖章 |
|---|---|---|
| 报关员 | | 审单　　　　审价 |
| | 申报单位：(签章) | 征税　　　　统计 |
| 单位地址 | | 查验　　　　放行 |
| 邮编　　　　电话　　　　填制日期 | | |

## 附件十一：中华人民共和国海关进口货物报关单

数据中心统一编号：000000000010197036

## 中华人民共和国海关出口货物报关单

预录入编号：                                              海关编号：

| 出口口岸 | | 备案号 | | 进口日期 | | 申报日期 | |
|---|---|---|---|---|---|---|---|
| 经营单位 | | 运输方式 | | 运输工具名称 | | 提运单号 | |
| 发货单位 | | 贸易方式 | | 征免性质 | | 结汇方式 | |
| 许可证号 | | 起运国（地区） | | 装货港 | | 境内目的地 | |
| 批准文号 | | 成交方式 | 运费 | | 保费 | | 杂费 |
| 合同协议号 | | 件数 | | 包装种类 | 毛重（公斤） | | 净重（公斤） |
| 集装箱号 | | 随附单据 | | | 用途 | | |
| 标记唛码及备注 | | | | | | | |

| 项号 | 商品编号 | 商品名称、规格型号 | 数量及单位 | 原产国（地区） | 单价 | 总价 | 币制 | 征免 |
|---|---|---|---|---|---|---|---|---|
| | | | | | | | | |
| | | | | | | | | |
| | | | | | | | | |
| | | | | | | | | |
| | | | | | | | | |
| | | | | | | | | |

税费征收情况

| 录入员    录入单位 | 兹声明以上申报无讹并承担法律责任 | 海关审单批注及放行日期（盖章） | |
|---|---|---|---|
| 报关员 | | 审单 | 审价 |
| | 申报单位：（签章） | 征税 | 统计 |
| 单位地址 | | 查验 | 放行 |
| 邮编    电话    填制日期 | | | |

**附件十二：国际海上运输合同**

## 国际海上运输合同

合同编号：＿＿＿＿＿＿＿＿＿＿＿

日期：＿＿＿＿＿＿＿＿＿＿＿＿＿＿

订单号：＿＿＿＿＿＿＿＿＿＿＿＿

买方：＿＿＿＿＿＿＿＿＿＿＿＿＿

卖方：＿＿＿＿＿＿＿＿＿＿＿＿＿

买卖双方签订本合同并同意按下列条款进行交易：

（1）品名及规格：＿＿＿＿＿＿＿＿＿＿＿＿

（2）数量：＿＿＿＿＿＿＿＿＿＿＿＿＿＿＿

（3）单价：＿＿＿＿＿＿＿＿＿＿＿＿＿＿＿

（4）金额：＿＿＿＿＿＿＿＿＿＿＿＿＿＿＿

合计：＿＿＿＿＿＿＿＿＿＿＿＿＿＿＿＿

允许溢短装：＿＿＿＿＿％

（5）包装：＿＿＿＿＿＿＿＿＿＿＿＿＿＿＿

（6）装运口岸：＿＿＿＿＿＿＿＿＿＿＿＿＿

（7）目的口岸：＿＿＿＿＿＿＿＿＿＿＿＿＿

（8）装船标记：＿＿＿＿＿＿＿＿＿＿＿＿＿

（9）装运期限：收到可以转船及分批装运之信用证＿＿＿＿＿＿天内装出。

（10）付款条件：开给我方100％保兑的不可撤回即期付款之信用证，并须注明可在装运日期后15天内议付有效。

（11）保险：按发票110％保全险及战争险。＿＿＿＿＿＿＿＿由客户自理。

（12）买方须于＿＿＿＿＿年＿＿＿＿＿月＿＿＿＿＿日前开出本批交易信用证，否则，售方有权：不经通知取消本合同，或接受买方对本约未执行的全部或一部分，或对因此遭受的损失提出索赔。

（13）单据：卖方应向议付银行提供已装船清洁提单、发票、中国商品检验局或工厂出具的品质证明、中国商品检验局出具的数量/重量签订书；如果本合同按CIF条件，应再提供可转让的保险单或保险凭证。

（14）凡以CIF条件成交的业务，保额为发票价值的110％，投保险别以本售货合同中所开列的为限，买方如要求增加保额或保险范围，应于装船前经售方同意，因此而增加的保险费由买方负责。

（15）质量、数量索赔：如交货质量不符，买方须于货物到达目的港30日内提出索赔；数量索赔须于货物到达目的港15日内提出。对由于保险公司、船公司和其他转运单位或邮政部门造成的损失卖方不承担责任。

（16）本合同内所述全部或部分商品，如因人力不可抗拒的原因，以致不能履约或延迟交货，售方概不负责。

（17）仲裁：凡因执行本合同或与本合同有关事项所发生的一切争执，应由双方通过友好方式协商解决。如果不能取得协议时，则在中国国际经济贸易仲裁委员会根据该仲裁机构的仲裁程序规则进行仲裁。仲裁决定是终局的，对双方具有同等约束力。仲裁费用除非仲裁机构另有决定外，均由败诉一方负担。仲裁也可在双方同意的第三国进行。

（18）买方在开给售方的信用证上请填注本确认书号码。

（19）其他条款：_____

卖方：_____

买方：_____

**附件十三：货运承运协议书**

## 货运承运协议书

甲方：＿＿＿＿＿＿＿＿＿＿＿＿

乙方：＿＿＿＿＿＿＿＿＿＿＿＿

双方在平等互利的基础上，就合作办理由广州或经香港往世界各地的国际出口运输业务，达成下列协议。

一、甲方委托乙方代理合同项下＿＿＿＿＿＿＿＿＿＿货名：＿＿＿＿件数：＿＿＿＿毛重：＿＿＿＿净重：＿＿＿＿价值：＿＿＿＿，所有经过白云机场出口货物的配载，运输，报关，报检及其他相关手续。

二、服务范围

乙方办理甲方由广州空运到世界各地，包括运至香港中转之货物手续。乙方应负责为甲方提供安全、迅速、可靠的空运事宜，包括优先提供航位。

三、双方的义务与权利

1. 乙方作为甲方代理，在接到甲方齐全正确的报关资料及单货相符的前提下，乙方在报关过程中如海关需查验货物或遇到其他问题时应及时通知甲方，甲方在接到乙方通知时，应尽快办理，从而保证货物的质量不受损害及顺利通关。

2. 甲方应对所提供的报关资料和货物的真实性负责任。

3. 乙方应确认遵守并执行甲方委托之一切货物运输责任与义务，并依照买卖合同或订单这有关运输条件规定自起运地妥善安排运至目的地。

4. 货物交运时，乙方应切实查验其表面情况，并查点货物实际运载箱数，乙方有确保甲方利益的责任。提货时，如发现货损、货差、发运体积、重量等有变动，必须通知甲方，必要时向甲方提供货运站凭证，或代甲方聘请测量行作测量报告。

本协议自双方签字盖章之日起生效。

甲方（签章）                              乙方（签章）

＿＿＿＿＿＿＿＿＿＿＿                    ＿＿＿＿＿＿＿＿＿＿＿

2004 年      月      日                  2004 年      月      日

**附件十四：倒签提单保函**

# 倒签提单保函

致××××××货运代理有限公司：

拖柜日：1 月 11 日

提单号：

柜号：

品名：

件数：CTNS

我司×××××公司已安排货物由上述船舶承运，因信用证结汇日期已到且无法更改，现请求贵司将此正本提单倒签至 2004 年 12 月 31 日。

如贵司接受我司上述请求，我司同意承担贵司以及贵司代理因倒签所产生的责任。

公司签章：

**附件十五：装货单**

托运人
Shipper _____

**装 货 单**
**SHIPPING ORDER**

编号_____ 船名_____
No. _____ S/S _____

目的港
For _____

兹将下列完好状况之货物装船后希签署收货单
Receive on board the undermentioned goods apparent in good order and condition and sign the accompanying receipt for the same.

| 标记及号码<br>Marks & Nos. | 件　数<br>Quantity | 货　名<br>Description of Goods | 重量公斤<br>Weight Kilos | |
|---|---|---|---|---|
| | | | 净<br>Net | 毛<br>Gross |
| | | | | |
| 共计件数（大写）<br>Total Number of Packages in Writing | | | | |

日　期
Date _____　　时　间
Time _____

装入何舱
Stowed _____

实　收
Received _____

理货员签名
Tallied By _____　　经办员
Approved by _____

# 第四章  班 轮 运 输

## 【关 键 词】
班轮运输、班轮运价、班轮航运公会组织。

## 【知识目标】
● 了解运价本和班轮航运公会组织；
● 熟悉班轮运输主要关系人、船期表及班轮运输在国际海上货物运输中的地位和作用；
● 掌握班轮运输的概念、特点、杂货班轮货运的主要单证、班轮货运业务流程及班轮运费的计算。

## 【技能目标】
◆ 会分辨班轮运输的主要当事人；
◆ 能计算班轮运费；
◆ 做到熟练掌握班轮运输的概念、特点和作用；
◆ 实现对班轮货运业务流程的掌握。

## 【导入案例或者任务描述或者背景知识】

在国际贸易运输中，班轮运输是主要的运输方式之一。它的服务对象是非特定的、分期的众多货主，因此班轮公司具有公共承运人的性质。

班轮运输是在不定期船运输的基础上而发展起来的，迄今已有150多年历史。目前班轮运输的航线，已遍及世界各海域和主要港口，有力地促进了国际贸易的发展。

## 第一节  班轮运输的特点和作用

### 一、班轮的概念

班轮通常是指具有固定航线、沿途停靠若干固定港口、相对固定的费率，按照事先规定的时间表（sail schedule）航行的船舶。对于停靠的港口，不论货物数量多少，一般都可接受托运。

## 二、班轮运输的基本特点

（1）"四固定"即航线、挂港、船期、运价比较固定，有利于货主掌握船期、核算运输费用、组织货源、促进出口成交。

（2）同一航线上的船型相似并保持一定的航班密度。这可保证商品既不脱销又不集中到货，适应均衡应市的需要，使商品能卖到相对合理的价格。

（3）运价内已包括装卸费用。班轮运输中货物的装卸费用一般由承运人支付，承运人和托运人之间一般不计滞期、速遣费，而是按照港口习惯快速装卸（customary quick despatch，C. Q. D）。但近年来，有的班轮公司为了减少船期损失，同一些装卸效率太低的港口签订了速遣协议，这种协议与货主没有直接关系。

（4）承托双方的权利义务和责任豁免以签发的提单条款为依据。班轮公司出具的班轮提单载明了承运人应负的有关责任条款，是班轮公司接收货物并负责运输的依据。若因特殊情况，在某一航次中取消了沿途中某一挂港时，班轮公司将负责安排其他船将原定由本航次运往该港的货物尽快运到目的地，交给提单指定的收货人，并负担由此产生的一切费用。

## 三、班轮运输主要关系人

班轮运输中，通常会涉及班轮承运人、船舶代理人、无船（公共）承运人、海上货运代理人、托运人等有关货物运输的关系人。

### （一）班轮承运人

班轮承运人，这里指班轮公司，是运用自己拥有或者自己经营的船舶、提供国际港口之间班轮运输服务、依据法律规定设立的船舶运输企业。班轮公司应拥有自己的船期表、运价本、提单或其他运输单据。根据各国的管理规定，班轮公司通常应有船舶直接挂靠该国的港口。班轮公司有时也被称为远洋公共承运人。

世界上集装箱班轮公司很多，许多班轮运输公司的规模不断扩大，超级航运班轮企业已经成为国际航运的主流。2006 年世界十大班轮公司的集装箱箱位共 5 478 992TEU，占世界集装箱船队总箱位 9 135 749TEU 的 60.0%（见表 4 −1）。

表 4 −1　世界十大班轮公司排名

| 排　名 | 船公司 | 箱位（TEU） | 占世界集装箱总箱位（%） |
|---|---|---|---|
| 1 | AP 摩勒/马士基 | 1 165 272 | 18. 2 |
| 2 | 地中海船运 | 784 248 | 8. 6 |

| 排　名 | 船公司 | 箱位（TEU） | 占世界集装箱总箱位（%） |
|---|---|---|---|
| 3 | 达飞 | 547 954 | 5.6 |
| 4 | 长荣 | 477 911 | 5.2 |
| 5 | 赫伯罗特 | 412 344 | 4.5 |
| 6 | 中海集运 | 346 493 | 3.8 |
| 7 | 美国总统轮船 | 331 437 | 3.6 |
| 8 | 韩进海运/胜利 | 328 794 | 3.6 |
| 9 | 中远集运 | 322 326 | 3.5 |
| 10 | 日本邮船 | 302 213 | 3.3 |

（二）船舶代理人

船舶代理人，这里指船舶代理公司，是接受船舶所有人、船舶经营人或者船舶承租人的委托，为船舶所有人、船舶经营人或者船舶承租人的船舶及其所载货物或集装箱提供办理船舶进出港口手续、安排港口作业、接受订舱、代签提单、代收运费等服务，并依据法律规定设立的船舶运输辅助性企业。由于国际船舶代理行业具有一定独特的性质，所以各国在国际船舶代理行业大多制定有比较特别的规定。

中国最大的国际船舶代理公司是成立于1953年的中国外轮代理公司。20世纪80年代末中外运船务代理公司成立，成为第二家从事国际船舶代理业务的国际船舶代理公司。现在，在我国对外开放的港口都有许多国际船舶代理公司。实践中，国际货运代理人经常会与船舶代理人有业务联系。

（三）无船承运人

无船承运人，也称无船公共承运人，这里指经营无船承运业务的公司，是以承运人身份接受托运人的货载，签发自己的提单或者其他运输单证，向托运人收取运费，通过班轮运输公司完成国际海上货物运输，承担承运人责任，并依据法律规定设立的提供国际海上运输服务的企业。

（四）海上货运代理人

国际海上货运代理人，也称远洋货运代理人，这里指国际海上货运代理公司，是接受货主的委托，代表货主的利益，为货主办理有关国际海上货物运输相关事宜，并依据法律规定设立的提供国际海上货物运输代理服务的企业。

海上货运代理人除可以从货主那里获得代理服务报酬外，因其为班轮公司提供货载，所以还从班轮公司那里获得奖励，即通常所说的佣金。但是，根据各国的管理规定，国际海上货运代理人通常无法与班轮公司签订协议运价或 S.C.。

（五）托运人

托运人指货主企业，在运输合同中是指本人或者委托他人以本人名义或者委托他人为本人与承运人订立海上货物运输合同的；本人或者委托他人以本人名义或者委托他人为本人将货物交给与海上货物运输合同有关的承运人的人。

托运人可以与承运人订立协议运价，从而获得比较优惠的运价。但是托运人无法从承运人那里获得佣金，如果承运人给托运人佣金，则将被视为给托运人回扣。

四、船期表

班轮船期表是班轮运输营运组织工作中的一项重要内容。班轮公司制定并公布班轮船期表有多方面的作用。首先是为了招揽航线途径港口的货载，既为满足货主的需要，与体现海运服务的质量；其次是有利于船舶、港口和货物及时衔接，以便船舶有可能在挂靠港口的短暂时间内取得尽可能高的工作效率；再次是有利于提高船公司航线经营的计划质量。

班轮船期表的主要内容包括：航线、船名、航次编号、始发港、中途港、终点港的港名、到达和驶离各港的时间、其他有关的注意事项等。典型的班轮船期表如表4-2所示。

#### 表4-2　班轮船期表

| CEN/美国周班线 | | 联系人： | | | 电话： | | | | | |
|---|---|---|---|---|---|---|---|---|---|---|
| 船名<br>VESSEL | 航次<br>VOY | 大连<br>DAL | 新港<br>XIN | 青岛<br>QIN | 神户<br>KOB | 温哥华<br>VCR | 长滩<br>LGB | 大连<br>DAL | 新港<br>XIN | 青岛<br>QIN |
| 秀河<br>PRETTY R. | 0070E/<br>0071E | 23-23/<br>05 | 24-25/<br>05 | 26-27/<br>05 | 29-29/<br>05 | 10-11/<br>06 | 14-15/<br>06 | 04-04/<br>07 | 05-05/<br>07 | 07-08/<br>07 |
| 荣河<br>HONOR R. | 0079E/<br>0080E | 30-30/<br>05 | 31-01/<br>06 | 03-03/<br>06 | 05-05/<br>06 | 17-18/<br>06 | 21-22/<br>06 | 11-11/<br>07 | 12-13/<br>07 | 14-15/<br>07 |
| 雅河<br>DAINTY R. | 0067E/<br>0068E | 06-06/<br>06 | 07-08/<br>06 | 09-10/<br>06 | 12-12/<br>06 | 24-25/<br>06 | 28-29/<br>06 | 18-18/<br>07 | 19-20/<br>07 | 21-22/<br>07 |

国际海上货运代理人不但应了解班轮船期表的内容，还应该了解在哪里可以查到船期表，同时要知道班轮船期表所表示的ETA、ETD的准确性。

五、班轮运输在国际海上货物运输中的地位和作用

由于班轮承运的对象是件杂货物，与大宗货物相比具有批次多、批量小、货价高等特点，对港口装卸要求高。在国际贸易中，班轮承运的货物数量约占海运货物总量的20%左右；但价值却是海运国际贸易总额的80%左右。班轮运输的运输组织技术比较复杂，每艘班轮航次一般都要接运数百份、甚至上千

份的提单，且货物特性、包装差异很大，沿途挂靠四、五个港口，每个港口有卸有装，又要不误船期，这就需要配以一定实力的设备和人员。因此，一个国家有多少定期班轮航线，每月能开出多少班轮航班是衡量这个国家对外贸易和航运业发达程度的重要标志之一。

**六、班轮运输承运人同托运人的责任划分**

班轮承运人是指班轮运输合同中承担提供船舶并负责运输的当事人。托运人是在班轮运输合同中委托承运人运输货物的当事人。

承运人同托运人责任和费用的划分界限一般在船上吊杆所能到的吊钩底下。换言之，托运人将货物送达吊钩底下后就算完成交货任务，然后由承运人负责装船。但风险的划分一般以船舷为界，即货物在装运港越过船舷以前发生的风险由托运人负责，越过船舷以后发生的风险由承运人（即船方）负责。承运人最基本的义务是按合理的期限，将货物完整无损地运到指定地点，并交给收货人。托运人的基本义务是按约定的时间、品质和数量准备好托运的货物，保证船舶能够连续作业，并及时支付有关费用。

# 第二节　班轮货运业务流程

**一、班轮货运程序**

（一）货物出运

货物出运工作包括揽货与订舱和确定航次货运任务等内容。订舱是托运人（包括其代理人——货运代理人）向班轮公司（即承运人包括其代理人）申请货物运输，承运人对这种申请给予承诺的行为。托运人的申请可视为"要约"，承运人对这种申请给予承诺，则货物运输合同订立。

（二）装船与卸船

（1）装船：集装箱班轮运输，装船工作由班轮公司负责。杂货班轮运输，装船有两种形式：一是托运人将货物送至船边直接装船或现装，二是搬运人将货物送至码头指定地点（通常为港口码头仓库），即采用"仓库收货，集中装船"的形式。

杂货班轮运输，集中装船与直接装船的不同之处只不过是由班轮公司指定的装船代理人代托运人将货物从仓库送至船边，而班轮公司与托运人之间的责任界限和装船费用的分担仍然以船边货物挂上吊钩为界。对于仓库收货后至船边装船以前货物的责任，船公司和装船代理人之间的特约，属装船代理人责任。

（2）卸船：集装箱班轮运输，卸船工作由班轮公司负责。杂货班轮运输，卸船有两种形式：一是船边直接卸船或现卸，二是"集中卸船，仓库交货"。

（三）提取货物

集装箱班轮运输，提货多采用 CY TO CY 交接方式；杂货班轮运输，多采用"集中卸船，仓库交付"的交接方式，并且收货人必须在办妥进口手续后，方能提货。

使用提货单提货，收货人必须向承运人交回经适当正确背书的提单。同时，付清所有应支付的费用，否则船公司有权根据提单上的留置权条款的规定，暂时不交付货物，直至收货人付清各项应付的费用；如收货人拒付，船公司有权经卸货港所在地法院批准，对卸下的货物进行拍卖，以拍卖所得价款充抵应收取的费用。

（1）凭银行和收货人的保证书放货：收货人开具由一流银行签署的保证书，以保证书交换提货单提货。收货人收到提单后应及时交加船公司，取回保证书。

（2）"电放"：货物装船后，承运人签发提单，托运人再将全套提单交回承运人，并指定收货人，承运人以电讯的方式授权其在卸货港的代理人，在收货人不出具提单的情况下交付货物。"电放"中应注意：托运人和收货人都要出具保函，但收货人不需要履行解除担保的责任；承运人不能交错货；托运人（卖方）应能收到货款；收货人（买方）应能提到货物。

（3）海运单：海运单不是物权凭证，不得转让。使用海运单应注意：对一票货物，使用海运单就不再使用提单等单证；海运单必须为记名收货人；海运单通常签发一份正本；收货人提货时不需出具正本海运单，而只要证明其是海运单中的收货人；在收货人向承运人请求提货之前，只要符合要求，托运人有权改变收货人的名称。

（4）选港和变更卸货港：对于选港货，要求货主必须在船舶自装货港开航后，抵达第一个选卸港之前的一定时间以前（通常为 24 小时或 48 小时），把决定了的卸货港通知船公司及被选定的卸货港船公司的代理人，否则船长有权在任何一个选卸港将货物卸下，并认为船公司已履行了对货物运送的责任。

由于变更卸货港交付货物是在提单载明的卸货港以外的其他港口年货和交付货物，所以收货人必须交出全套提单才能换取提货单提货。

## 二、杂货班轮货运的主要单证

杂货班轮货运及主要货运单证流程如图 4 - 1 所示。

（1）托运人向船公司在装货港的代理人（也可直接向船公司）提出货物装运申请，递交托运单（booking note），填写装货联单。

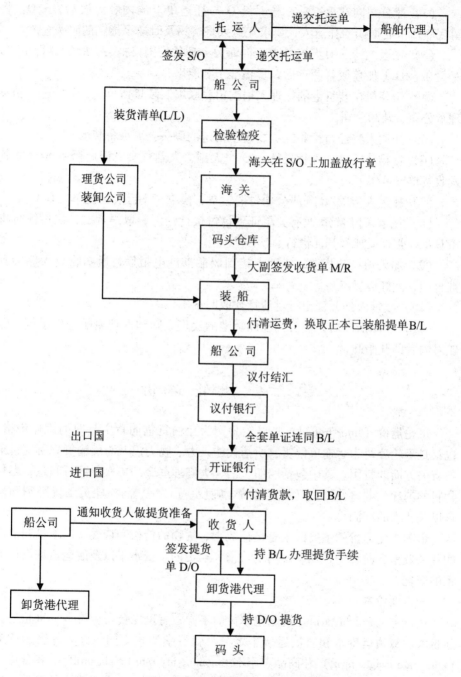

**图 4-1 杂货班轮货运及主要货运单据流程**

（2）船公司同意承运后，核对 S/O 与托运单上的内容无误后，S/O，将留底联留下后退还给托运人，要求托运人将货物及时送至指定的码头仓库。

（3）托运人持 S/O 及有关单证向海关办理货物出口报关，验货放行手续，海关在 S/O 上加盖放行图章后，货物准予装船出口。

（4）船公司在装货港的代理人根据留底联编制装货清单（L/L）送船舶及理货公司、装卸公司。

（5）托运人将经过检验的货物送至指定的码头仓库准备装船。

（6）货物装船后，理货长将 S/O 交大副，大副核实无误后留下 S/O 并签发收货单（M/R）。

（7）托运人持 M/R 到船公司付清运费，换取正本已装船提单（B/L）。

（8）托运人持 M/R 及有关单证到议付银行结汇，取得货款，议付银行将 B/L 及有关单证邮寄开证银行。

（9）船公司在卸货港的代理人接到船舶抵港电报后，通知收货人船舶到港日期，做好提货准备。

（10）收货人到开证银行付清货款取回 B/L。

（11）船舶抵港后，船公司在卸货港的代理人随即办理船舶进口手续，船舶靠泊后即开始卸货。

# 第三节　班　轮　运　价

班轮运价（liner freight）是班轮公司为运输货物向货主收取的运输价格，也就是班轮公司为运输单位货物所消耗的人力、物力以及为运输货物所支付给各有关方面的费用。其中包括船舶折旧、大修理基金的提取、银行利息、燃料物料的消耗、港口使用费（如装卸费、吨税、运费税等）、船员工资福利和伙食以及适当的利润等。

影响班轮运价的主要因素是运输成本、货物的价值和特性、运输量和港口的装卸效率、航程的距离、燃料的价格和船员的工资水平以及航运市场供求关系的变化等。

## 一、运价本

运价本（freight tariff）视制定单位的不同，有班轮公司运价本、班轮公会运价大、双边运价本和协议运价本之分。就费率形式不同，分为等级运价本（class rate freight tariff）和商品费率本（commodity rate freight tariff）。各种运价本在内容上虽稍有区别，但一般都包括说明及有关规定、港口规定及条款、货物分级表、航线费率表、附加费费率表、冷藏货及活牲畜费率表等部分。目前使用的主要运价本有：

（1）我国广泛使用的外运 3 号本、中远集团六号运价表属等级运价本。它把所有货物分成 20 个等级，由交通部印发。费率均以美元标价，适用于由我国港口与中远航线挂靠港口之间的往返货运。

（2）凡对美国海运进出口货物的运价，船公司需向美国联邦海事委员会（FMC）登记，经认可后方能公平、公正、公正的原则，船公司向（FMC）登记的运价（属商品费率）适用于各托运人，不受歧视。

（3）如使用中波轮船公司、日本东方轮船公司、德国瑞克麦斯公司班轮承运或进出口货物，则分别使用其本公司制订的费率本。

**二、有关运价的名词解释**

1. 基本港和非基本港（basic ports，non-basic ports）

基本港是指港口设备较好，货运量较大，班轮公司按期挂靠的港口。按国际航运习惯，运往基本港的货物，均按基本费率收取运费。非基本港指班轮公司不常挂靠的港口，去该港货物要加收附加费。

2. 基本费率（basic rate）

基本费率又称基本运费率（basic freight fate），是指每一计费单位（如 1 运费吨）货物收取的基本运费。基本费率有等级费率、货种费率、从价费率、特殊费率和均一费率之分。班轮运费是由基本运费和附加费两部分组成。

3. 附加费（surcharges）

为了保持在一定时期内基本费率的稳定，又能正确反映各港各种货物的航运成本，班轮公司在基本费率之外，又规定了各种附加费用。附加费种类繁多并经常变化，在计算运费成本时不能忽视。现将主要的附加费列举如下：

（1）燃油附加费（bunker surcharge or bunker adjustment factor，B. A. T）。在燃油价格突然上涨时，按每 1 运费吨加收 1 绝对数或按基本运价的一定百分比加收的附加费。

（2）货币贬值附加费（devaluation surcharge or currency adjustment factor，C. A. F）。在货币贬值时，船方为保持其实际收入不致减少，按基本运价的一定百分比加收的附加费。

（3）转船附加费（transhipment surcharge）。凡运往非基本港的货物，需转船运往目的港，船方收取的附加费，其中包括转船费和二程运费。但有的船公司不收此项附加费，而是分别另收转船费和二程运费。这样收取一、二程运费再加转船费，即通常所称的"三道价"。

（4）直航附加费（direct additional）。当运往非基本港的货物达到一定的货量，船公司可安排直航该港而不转船时所加收的附加费。一般直航附加费较转船附加费为低。

（5）超重附加费（heavy lift additional），超长附加费（long length additional）和超大附加费（surcharge for bulky cargo）。当一件货物的毛重或长度或体积超过或达到运价本规定的数值时加收的附加费。我国中远公司规定每件货物达到5公吨或9米以上时，加收超重或超长附加费。国外船公司规定不一，有3公吨或8公吨以上为超重货，12米或以上为超长货，6立方米或以上为超大件者。一般超重费按公吨计收，超长费按运费吨或按公吨和运费吨中高者计收。但无论超长、超重或超大件，在托运时必须注明。如货物需转船，则每转船一次加收一次附加费。

（6）港口附加费（port additional or port surcharge）。有些港口由于设备条件差或装卸效率低以及其他原因，船公司加收的附加费，一般按基本运价的一定百分比收取。

（7）港口拥挤附加费（port congestion surcharge）。有些港口由于拥挤致使船舶停泊时间增加而加收的附加费。这种附加费是随着港口条件的改善或恶化而变化，一般也是按基本运价的一定百分比计收。

（8）选港附加费（optional surcharge）。货方托运时尚不能确定具体卸港，要求在预先提出的两个或两个以上港口中选择一港卸货，船方因此而加收的附加费。所选港口限定为该航次规定的挂港，并按所选港中收费最高者计收运费及各种附加费。货主必须在船舶到达第一卸港前的规定时间内（一般规定为24小时或48小时前）通知船方最后选定的卸港。

（9）变更卸货港附加费（alternation of destination charge）。货主要求改变货物原来规定的卸港，在经有关当局（如海关）准许、船方又同意的情况下所加收的附加费。若改卸港运费较原卸港运费增加时，货主还须补缴差额运费。

（10）绕航附加费（deviation surcharge）。由于正常航道受阻不能通行、船舶必须绕道才能将货物运至目的港时，船方所加收的附加费。

除以上各种附加费外，还有一些附加费需临时由船货双方议定。如洗舱费（cleaning charge）、熏蒸费（fumigation charge）和破冰费、加温费等，各种附加费是对基本运价的调节和补充，可比较灵活地对各种外界不测因素的变化作出反应。它是班轮运价的重要组成部分之一。

关于附加费的计算办法一般有两种规定：一是用百分比表示的，是指按基本费率增收百分之几；一是用绝对数表示的，即指每运费吨增收若干元，也就是与基本费率直接相加计算。

4. 运费计算标准（basis/unit for freight calculation）

运费计算标准是指计算运费的货物单位，不同的商品按不同的单位来计算运费。计算标准通常有：

（1）按货重量（weight）计算，以"W"表示。如1公吨（1 000公斤）、1长吨（1 016公斤）或1短吨（907.2公斤）为一计算单位，又称重量吨。

（2）按货物尺码或体积（measurement）计算，以"M"表示。如1立方米（约合35.314 7立方英尺）或40立方英尺为一计算单位，又称尺码吨或容积吨。

（3）按货物重量或尺码，选择其中收取运费较高者计算运费，以"W/M"表示。

（4）按货物 FOB 价收取一定百分比作为运费，称从价运费，以"Ad. Val."表示（系拉丁文 AD VALOREM 之缩写），也有以"W/M or Ad. Val"三种计算标准中选取运费较高者和"W/M plus Ad. Val"重量或尺码任选一种运费较高者再加上从价运费，但运用不多。

（5）按每件为一单位计收，如活动物按每头（per head），车辆按每辆（per unit），起码运费按每提单（per B/L）计收。

（6）由船货双方临时议定价格收取运费，称为议价（open rate）。

以重量吨或尺码吨计算运费的，统称为运费吨。凡不同商品混装在一个包装内（集装箱除外），则全部货物按其中收费高的商品计收运费。同一种货物因包装不同其计费标准也不同。

5. 起码运费和起码提单（minimum charge & minimum B/L）

每张提单应收的最低运费称起码运费。按起码运费收费的提单叫起码提单。一般不足1个运费吨的货物才可能按起码运费收费。

### 三、运费计算

由于航线和卸港不同，班轮公司运价本的结构也不同，运费的计算方法也不一样，下面只介绍一些常用的方法。

1. 按等级运价表计算班轮运费的步骤

（1）选择相关的运价本；

（2）根据货物名称，在货物分级表中查到运费计算标准（basis）和等级（class）；

（3）在等级费率表的基本费率部分，找到相应的航线、启运港、目的港，按等级查到基本运价；

（4）再从附加费部分查出所有应收（付）的附加费项目和数额（或百分比）及货币种类；

（5）根据基本运价和附加费算出实际运价；

（6）运费＝运价×运费吨。

因为常会遇到各项费用的计算单位不同，货币种类不同，有的按百分比，有的按绝对数，因此要一笔一笔计算后总加才能得出最终运费。

2. 计算举例

例1：一批棉织品，毛重为1.020公吨，尺码3.040立方米，目的港为一基本港，基本费率为人民币37.00元，W/M，燃油附加费每运费吨人民币8.50元，港口附加费10%，求运费。

解：运价：基本费率　　　　37.00元

燃油附加费　　　　　　　　8.50元

港口附加费　　　　　　　　37.00元×10%＝3.70元

合计49.20元

运费吨：∵1.020＜3.040　　　　∴取M按尺码吨计算

运费＝49.20元×3.040＝149.57元

答：这批棉织品运费为人民币149.57元。

例2：上海出口去巴西衬衣100立方米，需经香港转船后运往目的港。假定该货物运费等级为10级，M，第一程运费每立方米25美元，第二程140美元/F.T.、中转费75港元/F.T.（美元同港币的比率为1：7.8），燃油附加费按基本运价的10%计算，求该批衬衣应付的运费总额。（F.T.为运费吨）

解：运价：一程运价　　　　25美元

一程燃油附加费　　　　　　25×10%＝2.5美元

中转费　　　　　　　　　　75÷7.8＝9.6美元

二程运价　　　　　　　　　140美元

二程燃油附加费　　　　　　140×10%＝14美元

合计191.1美元

运费＝100×191.1＝19110美元

答：该批货物总运费为19110美元。

例3：中国某港运往南斯拉夫里耶卡（Rijeka）港（非基本港）的货物需在马赛或热内亚转船，除去一程运费要加收13%的燃油附加费外，所加收的转船附加费（基本运价的50%）也还要再加13%的燃油附加费。如果这批货重2公吨，45立方米，M8级，一程运价为213.50港元，求全程运费。

解：全程运费＝4×213.50（1＋0.13＋0.5＋0.5×0.13）＝1447.53（港元）

答：该批货全程运费应是1447.53港元。

### 四、运费计算的有关规定

（1）托运样品一般按运价表规定，凡无商品价值的样品可以要求船方免费运送，但体积不得超过 0.2 立方米，重量不得超过 50 公斤。承运人只签发一份正本提单或包裹提单，不承担货损货差的赔偿责任。

（2）回运货物通常在货物运抵目的港后的一年中，交原承运船公司所属船舶运回原启运港，回程运费可按原来运费的 50% 计收享受优惠。如退货、展品等，均可利用这项规定，以节省运费开支。

（3）托盘货物。有些班轮公司为鼓励货方多做托盘货，一般只要符合有关规定，给予下列两方面的优惠：①运费吨位打折扣；②运费给予一定回扣。

在做托盘货时，单据上要分别填写带托盘及不带托盘时货物的尺码和重量。

（4）费率变更。班轮公司或班轮公会提高运价一般提前 2 个月通知，降低不限时间，可在公布降价的第二天开始生效。

### 五、《1974 年联合国班轮公会行动守则公约》（Convention on a Code of Conduct for Liner Conference，1974）

这是发展中国家要求变更旧的经济体系、建立新的世界经济秩序、在斗争中取得胜利的产物。公约包括 7 个部分和 1 个附件，1983 年 10 月 6 日已正式生效。

该公约规定了班轮公会的定义，阐述其宗旨是为便利世界海洋货运有秩序地扩展，促进班轮服务，保证班轮运输的提供者和使用者之间的利益均衡。其核心条款是所谓 4:4:2 原则，也就是货载贸易双方可各占 4 成，其余 2 成可由第三国航运公司承运。公会要提高运价，至少须在 5 个月前通知托运人或其组织。如托运人认为提价理由不充分，可向公会申诉。两次提价之间的时间间隔不得少于 10 个月等。

## 第四节　班轮航运公会组织

与铁路运输业相比，创办海洋运输业不需巨额投资征地铺设轨道，可借天然航道到达世界各地。航线可随时变更，规模大小均可经营。小公司甚至只有一条船也可开业，无意继续经营时也可把船舶转让给他人；大公司可有数十或数百条船，需增加运力时也可临时租赁船舶，因此海运运输业竞争是非常激烈的。为缓和彼此间的矛盾，乃有班轮航运公会（fright conference）的组织出现。世界上最早的班轮航运公会是 1875 年由经营英国与印度港口之间货物运输的英国航运公司组成的。后来由于航运公司的增加，航运资本的集中和垄断程度的加深而逐步发展起来的，最多时世界上有 200 多个班轮航运公会。如远东航运公会就是一个包括英、法、日、意、荷、丹麦、挪威、德国和南斯拉夫等国船公司的一个庞大的国际航运垄断组织。

班轮航运公会又称运价协会，俗称水脚（即指运费）公会。其基本目的是通过指定统一的费率和惯例，限制在从事某一航线运输业务的班轮公司之间的竞争，以缓和彼此之间的矛盾并抵制外来的竞争进行航运垄断，以谋取最大限度的利润。

公会会员有正式会员（full members）和准会员（associate members）之分。正式会员是对全部会务享有完全选举权的轮船公司，而准会员仅参加公会航线中一部分地区的运输，因此他们的选举权仅限于与其有关的个别航线。由于某些轮船公司经营好几条定期航线，同时成为几个航运公会的会员，所以各航运公会之间有着密切的联系；资力雄厚的班轮公司甚至在几个航运公会中占据垄断地位，在公会事务上起决定性的作用。有时几个航运公会联合起来，组成联合公会。如墨西哥湾联合水脚公会（Gulf Associated Freight Conferences），就是由九个公会联合而成、控制墨西哥湾至欧洲北部、地中海、南非和东非货运的一些水脚公会。

航运公会的主要任务是：

（1）制订费率和各项垄断性的规章制度。这是航运公会最主要的一项工作，在会员公司之间签订最低限度的运费或共同费率。此外，还规定各项垄断性的规章制度（如回扣制度和安排"战斗船"实行垄断），拟订运价表，商定提单特种条款和运输合同格式等。

（2）统一安排航次挂港、分配货载。公会在其控制的航线上对会员公司分别规定在一定时期内的航运次数和装卸挂靠港口，但对会员公司在本国港口或其总公司所在港口航行可不包括在分配和限制之间。

公会除分配航次挂港外，对会员公司的货载也进行分配。根据总的货运量对会员公司规定一个配额，并允许有一定百分比的伸缩。有的公会则成立"订舱营业所"，统一接受货载，按规定的配额在会员公司中进行分配，实际上是便于监督会员公司载运他被允许承担的配额。

为了保证每一参加公会的班轮公司均能获得一定数量的利润，防止无限制的竞争，如某一公司载运较其应得配额为多的货物，成为"余载户"（overcarrier），反之便是"缺载户"（undercarrier）。如缺载户已提供足够的运输吨位，则余载户须对缺载户给予补偿。

（3）规定回扣制度。回扣制度有两种形式：一是延期回扣制度（deferred rebate system），班轮公司定期地按托运人于前一年或半年所付运费总额，给予托运人一定百分比的回扣，但托运人在上述期间内必须将其全部货物交由公会班轮公司运输。因这项回扣须定期满期后方才支付，故称延期回扣。另一种是合同费率制度（contract freight system）。根据这一制度，公会规定合同费率以及非合同费率两种不同的费率，与公会班轮公司签订合同的托运人，将其全部货物均交公会班轮公司运输，可享受较低的合同费率优惠。

（4）安排"战斗船"。安排"战斗船"（fighting ship）是为了对付外来的竞争。当非参加班轮公会的公司行驶公会垄断的航线时，即派出一艘船舶与会外公司船舶同时装货，其运费率暂时大幅度地降低，企图斗垮对方。当会外船舶已经调回或撤离后，则由降低的运费率恢复原有水平。"战斗船"所有人在运费上所受的损失则由各会员公司分担。

# 本章知识结构图表

**第一节 班轮运输的特点和作用**

一、班轮的概念

二、班轮运输的基本特点

三、班轮运输主要关系人

（一）班轮承运人

（二）船舶代理人

（三）无船承运人

（四）海上货运代理人

（五）托运人

四、船期表

五、班轮运输在国际海上货物运输中的地位和作用

六、班轮运输承运人同托运人的责任划分

**第二节 班轮货运业务流程**

一、班轮货运程序

（一）货物出运

（二）装船与卸船

（三）提取货物

二、杂货班轮货运的主要单证

**第三节 班轮运价**

一、运价本

二、有关运价的名词解释

三、运费计算

四、运费计算的有关规定

五、《1974 年联合国班轮公会行动守则公约》（Convention on a Code of Conduct for Liner Conference，1974）

### 第四节 班轮航运公会组织

# 本章综合测试

## 一、单项选择题

1. 下列费用中，不属于班轮运费的是(　　)。

    A. 装卸费 　　　　B. 速遣费 　　　　C. 平舱费 　　　　D. 理舱费

2. 班轮费的计收标准有多种，其中(　　)表示按货物重量、尺码或价值三者中选择最高的一项(　　)。

    A. W/M 　　　　B. W/M or ad val 　　　C. Ad val 　　　　D. Open Rate

3. 采用集装箱班轮运输方式，其海运费应包括(　　)。

    A. 装卸费、燃油附加费、货币贬值附加费

    B. 装卸费，但不包括燃油附加费

    C. 装卸费，但不包括货币贬值附加费

    D. 以上 A、B、C 都不是

4. 对于成交量小、批次多、交货港口分散的货物，比较适宜的运输方式是(　　)。

    A. 班轮运输 　　　　　　　　　　B. 租船运输

    C. 不定期船运输 　　　　　　　　D. 定程租船

5. 下列在海上货物运输实践中被称为"下货纸"的单证是(　　)。

    A. 提单 　　　　B. 装货单 　　　　C. 收货单 　　　　D. 提货单

6. 货物装船后换取正本提单的单据是(　　)。

    A. 大副收据 　　　B. 下货纸 　　　C. 光单 　　　D. 托运单

7. 下列关于集装箱班轮运输的操作程序，顺序排列正确的是(　　)。

    A. 办理托运，领取装船凭证，装船，装货，向买方发出《装船通知》

    B. 向买方发出《装运通知》，办理托运，领取装运凭证，装船，装货，提取提单

    C. 办理托运，领取装运凭证，装船，装货，提取提单，向买方发出《装运通知》

    D. 向买方发出《装运通知》，办理托运，装船，装货，领取装运凭证，提

取提单

8. 海运单是（　　）。

   A. 货物收据和海运合同的证明　　　　B. 有价证券

   C. 物权证书　　　　　　　　　　　　D. 流通证券

9. 凡运往非基本港的货物，达到或超过规定的数量，船舶可直接挂靠，但要收取（　　）。

   A. 转船附加费　　　　　　　　　　　B. 直航附加费

   C. 港口附加费　　　　　　　　　　　D、选港附加费

10. （换提单）"电放"情况下交付货物时，收货人出具了保函，收货人（　　）。

   A. 应履行解除担保的责任　　　　　　B. 不需要履行解除担保的责任

   C. 在收到提单后换回保函　　　　　　D. 在收到海运单后换回保函

11. 班轮运费应该（　　）。

   A. 包括装卸费，但不计滞期费、速遣费

   B. 包括装卸费，但应计滞期费、速遣费

   C. 包括装卸费和滞期费，但不计速遣费

   D. 不包括装卸费

12. 某公司出口一批货物，单件货物超重且超长，经查该货物船公司只收取超重和超长附加费，单件货物超重附加费为2.4美元，单件货物超长附加费为2.6美元，则船公司计收的单件货物附加费为（　　）美元。

   A. 2.4　　　　　B. 2.6　　　　　C. 5　　　　　D. 2.5

13. 货方托运时尚不能确定具体卸港，要求在预先提出的两个或两个以上港口中选择一港卸货，船方因此而加收的附加费称为（　　）。

   A. 变更卸货港附加费　　　　　　　　B. 选港附加费

   C. 港口拥挤附加费　　　　　　　　　D. 港口附加费

## 二、多项选择题

1. 班轮运输最基本的特点有（　　　　）。

   A. 固定的航线　　　　　　　　　　　B. 固定的挂靠港口

   C. 固定使用的提单　　　　　　　　　D. 固定的船舶班期

   E. 相对固定的运价

2. 集装箱班轮运费一般包括海运费和运输附加费。下列费用（　　　　）应包括在运费中。

   A. 燃油费　　　　B. 报关费　　　　C. 装箱费

   D. 速遣费　　　　E. 货币贬值费　　　F. 平舱费

3. 班轮船期表的内容包括(　　　　　)。

　　A. 航线和船名　　　　　　　　　B. 船舶总吨和净吨

　　C. 传播载箱能力　　　　　　　　D. 预计抵港和离港时间

4. 班轮运输中，通常会涉及的关系人包括(　　　　　)。

　　A. 班轮承运人　　　　　　　　　B. 船舶代理人

　　C. 无船（公共）承运人　　　　　D. 海上货运代理人

　　E. 托运人

### 三、判断题

1. 集装箱运输就是班轮运输。　　　　　　　　　　　　　　　　(　　)

2. 班轮运费计收标准中的 "M/w Plus Ad Val" 表示按货物体积、重量和价值
   三者中选择较高者计收运费。　　　　　　　　　　　　　　(　　)

3. 某商品 100 箱，每箱尺寸 10cm×20cm×30cm，每箱毛重 30 公斤，如果海
   运费计收标准 M/W（1 立方米＝1 运费吨），则承运人按重量吨计收运费。

   (　　)

4. 托运人完成交货后，向承运人或其代理人换取提单的凭据是 Mate's Re-
   ceipt.　　　　　　　　　　　　　　　　　　　　　　　　(　　)

5. F. I. O 是指在班轮运输的情况下，船方不管装、不管卸。　　(　　)

6. 某商品的积载系数为 0.987，该商品用班轮运输，船公司则按毛重计算费
   用。　　　　　　　　　　　　　　　　　　　　　　　　　(　　)

7. 提货单（D/O），俗称"小提单"，是收货人凭以向现场提取货物的凭证，
   与提单的作用相同。　　　　　　　　　　　　　　　　　　(　　)

8. 班轮运费包括装卸费。　　　　　　　　　　　　　　　　　(　　)

9. 属于第一级的商品，其班轮运费的计收标准是最高的。　　　(　　)

10. 重量吨和尺码吨统称为运费吨。　　　　　　　　　　　　　(　　)

11. 凡不同商品混装在一个包装内（集装箱除外），则全部货物按其中收费高
    的商品计收运费。　　　　　　　　　　　　　　　　　　　(　　)

12. 班轮承运人，这里指班轮公司，是运用自己拥有或者自己经营的船舶，提
    供国际港口之间班轮运输服务，依据法律规定设立的船舶运输企业。

    (　　)

13. 无船承运人，指经营无船承运业务的公司，是以承运人身份接受托运人的
    货载，但不能签发自己的提单或者其他运输单证。　　　　　(　　)

14. 海上货运代理人除可以从货主那里获得代理服务报酬外，还从班轮公司那
    里获得佣金。　　　　　　　　　　　　　　　　　　　　　(　　)

15. 凡无商品价值的样品，可以要求船方免费运送，但体积不得超过 0.5 立方

米，重量不得超过 50 公斤。　　　　　　　　　　　　　（　　）

**本章综合测试答案**

一、单项选择题

1. B　2. B　3. A　4. A　5. B　6. A　7. C　8. A　9. B　10. B　11. A　12. B

13. B

二、多项选择题

1. ABDE　2. AEF　3. AD　4. ABCDE

三、判断题

1. F　2. F　3. T　4. T　5. B　6. A　7. B　8. T　9. F　10. T　11. T　12. T

13. F　14. T　15. F

# 本章技能训练

1. 上海某公司对新加坡某客户出口商品共 10 公吨，报价为每公吨净重 FOB 上海 2 000 港元，后外商要求改报价 CFR 新加坡，经查该商品木箱装，每箱装货 20 公斤，箱重 5 公斤，以重量计收运费，从上海至新加坡每公吨运价为 500 港元，并收港口附加费 20%，请计算运费和重新报价。

2. 某公司出口一批货物，共 2 640 件，总重量为 37.80 公吨，总体积为 124.486 立方米，由船公司装一个 20 英尺和两个 40 英尺集装箱，从上海装船，满载香港转船至荷兰鹿特丹港。运费计算标准：M，等级 1—8 级，从上海至鹿特丹港口的直达费率和香港转船费率分别为 USD1 850/20，USD3 515/40 和 USD2 050/20，USD3 915/40。装箱费率为 USD120/20，USD240/40。

（1）试计算该批货物的总运费；

（2）该批货原报价为每件 USD24FOB 上海，试求 CFR 鹿特丹价。

3. 我某公司出口东非蒙巴萨港的 1 000 箱水果罐头，总尺码为 25.974 立方米，计算标准为 M，基本费率为每运费吨人民币 95 元。另加港口拥挤费 35%，燃油附加费 28%，香港中转费每运费吨人民币 40 元，问应付多少运费？

# 本章技能训练答案

1F = 7 500HKD，CFR = 2 750HKD

2F = 10 480USD，CFR = 28USD

3F1 = fQ(1 + S1 + S2 + …… + Sn) = 25.974 × 95 × (1 + 35% + 28%) = CNY4 022.07

F = （4 022. 07 + 40）× 1 000 = CNY4 062 070

## 复习思考题

1. 班轮运输的基本特点是什么？

2. 班轮运输业务中，承托双方的责任、风险、费用是如何划分的？

3. 写出班轮运费中的三种附加费（及英文表示）并说明其作用。

# 第五章 租 船 运 输

## 【关 键 词】
租船运输、程租船、期租船。

## 【知识目标】
- 了解期租船的经营管理；
- 熟悉租船业务流程和租船合同；
- 掌握租船运输的特点及租船方式。

## 【技能目标】
- 会签订租船合同；
- 能进行期租船的经营管理；
- 做到熟悉租船业务流程；
- 实现对租船运输的特点及租船方式的掌握。

## 【导入案例或者任务描述或者背景知识】

国际贸易运输中另一种重要的船舶经营方式是租船运输，租船（chartering）运输中，船东（或二船东）向租船人提供的不是运输劳务，而是船舶的使用权。船东和租船人之间所进行的租船业务是国际贸易的一种商业行为，也叫无形贸易。租船通常在租船市场上进行，在那里，船东（ship owner）、租船人（charterer）、船舶经纪人（ship broker）聚集在一起，互通情报，提供船舶和货源，进行租船活动。由于租船是国际性的业务活动，船东和租船人分布于世界各地，因此现代的租船市场一定要有固定的场所，只要是有船集中供租的地方，都可以成为租船市场，现在大量的租船业务是通过电讯完成的。

## 第一节  租船运输的特点

相对于班轮运输，租船运输具有以下特点：

（1）属不定期船，没有固定的航线、装卸港及航期。租船运输的航线和装卸港的安排根据租船人的需要或按合同而定，灵活是租船运输的最大优点，而班轮是按照船期表定期、定航线的运输。

（2）没有固定的运价。租船的运价受市场供求规律的约束，船舶供过于求时，运价就下跌，反之则上涨，因此租船运价随租船市场行情的变化经常变化，而班轮运价是按照固定的费率本，比较稳定。

（3）租船运输中的提单不是一个独立的文件。租船运输中船方出具的提单一般为只有正面内容的简式提单，并注明"all terms and conditions as per charter party"，或"freight payable as per charter party"。这种提单要受租船契约约束，银行不乐意接受这类提单，除非信用证另有规定，而班轮提单则是承托双方的合同凭证，是一个完整的法律文件。

（4）租船运输中的港口使用费、装卸费及船期延误按租船的合同规定划分及计算，而班轮运输中船舶的一切正常营运支出均由船方负担。

（5）租船主要是用来运输国际贸易中的大宗货，例如工业原料、燃料、各种矿石、石油、煤炭、硫黄、磷灰石、各种谷物、饲料及各种工业产品如化肥、水泥等。而班轮运输一般多系装运杂货。

# 第二节　租　船　方　式

租船方式目前主要有程租（voyage charter）和期租（time charter 两种）。

## 一、程租

又称航次租船。它是船舶所有人按双方事先议定的运价与条件向租船人提供船舶全部或部分舱位，在指定的港口之间进行一个或多个航次运输指定货物的租船业务。

在程租的情况下，船舶的营运调度工作，仍由船舶所有人负责，包括燃料费、港口费和拖轮费等在内的一切营运费用都由船舶所有人支付。租船人按合同规定将货物装上船后，即可在卸货港等待提货。

程租船的"租赁"决定于完成一个或数个航次实际所需的时间，航次结束租赁终止。在这种方式下，缩短航次时间直接关系到船方的利益，而租船人所关心的只是运费的多少，对船舶的装卸速度关心较少，因此程租合同一般有每天装卸率或装卸总天数和计算延滞和速遣的规定。

根据船东和租船人约定应该完成的航次数，程租又可分为：

（1）单航次程租（single voyage charter）即只租一个航次的租船。船舶所有人负责将指定货物由一港口运往另一港口，货物运到目的港卸货完毕后，合同即告终止。

（2）来回航次租船（round voyage charter）即洽租往返航次的租船。一艘船在完成一个单航次后，紧接着在上一航次的卸货港（或其附近港口）装货，驶返原装货港（或其附近港口）卸货，货物卸毕合同即告终止。

（3）连续航次租船（consecutive voyage charter）即洽租连续完成几个单航次或几个往返航次的租船。在这种方式下，同一艘船舶在同方向、同航线上连续完成规定的两个或两个以上的单航次，合同才告结束。

（4）包运合同（contract of affreightment，COA）又称大合同，即只确定承运货物的数量及完成期限，不具体规定航次数和船艘数的一种租船方式。

**二、期租**

又称定期租船，是船舶所有人把船舶出租给承租人使用一定时期的租船方式。在这期限内，承租人可以利用船舶的运载能力来安排货运。租期内的船舶燃料费、港口费用以及拖轮费用等营运费用，都由租船人负担，船东只负责船舶的维修、保险、配备船员和供给船员的给养和支付其他固定费用。期租船租金在租期内不变，支付方法一般按船舶夏季载重线时的载重吨每吨每月若干货币单位计算，每30天（或每日每历月）或每半月预付一次。

期租船的租期一般为六个月、一年、二年甚至五年不等。期限确定后，双方都不能随意改变。

当装货港和卸货港的条件较差，或者航线的航行条件较差，比较难于确定完成一个航次所需的时间时，采用期租方式对船东有利，采用程租则对租船人有利，对于租船人来说，大宗货采用程租船较为有利。程租与期租比较，有以下几点主要区别：

（1）运费支付不同

程租租船的运费，是按装运货物的吨数计，直接表现货物的运输成本。期租租船的租金则按船舶夏季载重线时的载重吨计，并不直接反映货的运输成本。租金通常都是预付的，也有货到目的港才付的，还有部分预付的、部分到付的。

（2）对船舶的调度权不同

期租条件下，租船人掌握船舶的调度权，可以根据货运需要，在租期内根据合同规定可选择航线和选装任何合法货物，靠挂任何港口，而程租船却没有这方面的方便。

（3）费用划分不同

期租条件下，船东只负担少数几项船舶营运费，其他日常开支大都由租船人负担。在程租条件下，租船人只付运费及其少数几项费用，其余费用由船东负担。费用的划分根据租船合同而定。

（4）船舶的管理要求不同

期租时，租船人需要全面了解和掌握船舶性能、规范，特别是船舶的设备、货舱结构和布局、航速、油耗等是否合理经济。在船舶运行中，租船人还要做好加油计划、掌握船舶航行动态、审查航行日志和机房日志等工作，工作量较大。而程租则较简单，技术性工作较少，因此除非必须，一般货主不愿意采用期租方式租船。

除程租和期租外，在实践中近年来出现了一种新的租船方式，即航次期租（time charter on voyage basis，TCV）。这是一种以完成一个航次运输为目的、按完成航次的日数和约定的日租金率计算租金的租船方式。其租船期限以一个航次为限，但租金计算的方法和费用分担关系却类似于期租船。

光船租船（demise or bare boat charter）是一种比较特殊的租船方式。这也是按一定的期限租船，但它与期租不同之处，就是船东不提供船员，光一条船交租船人使用，由租船人自行配备船员，负责船舶的经营管理和航行各项事宜。在租赁期间，租船人实际上对船舶有着支配权和占有权。从租方来说，一般的货主都不可能采用这种方式，因为它比期租方式更复杂，仅雇佣船员一事就需要一个部门来管理，所以只有正规的船公司，本身有一套船舶经营管理机构和人员，才能使用光船租船。

# 第三节　租船业务流程

## 一、租船市场

（一）租船市场的形成及定义

租船市场是需求船舶的承运人和提供船舶运力的出租人协商洽谈租船业务订立租船合同的主要场所。这只是狭义租船市场的定义；而广义的租船市场是指需求船舶的承租人和提供船舶运力的出租人的交易关系，交易的对象是作为租赁对象的船舶的运力。它通常设立在世界上货主和船东汇集，外贸和运输繁荣发达的地方。世界上各种租船场所有专门在城市内设集中场所当面洽谈的，也有不设专门集中场所、而分散在城市内各个经纪人凭借内互联网、电传、传真等一系列通讯设施进行洽谈的。

（二）租船市场的作用

实务中，租船市场的作用主要有：

（1）为货主和船东提供一个船舶运力供给和货运需求相结合的交易平台，并通过平台，使海运贸易服务需求者和供给者之间得到沟通，通过洽谈程序实现国际海运贸易的结合。

（2）良好的业务运作条件和模式，能使船货结合交易在短时间内完成，比如几个小时内便能完成远程货运交易。这个作用主要基于：它拥有一批精通业务的专业人员操守在各自的岗位上；是船舶动态信息中心和交易信息的采集中心，通过信息网及时向世界各地提供市场即期信息，因此只要进入这个网络系统就可以根据信息对业务活动作出相应的决策；它是一种互交式的网络性市场，当一个地区市场出现不能满足货运需求的运力时，通过网络可以得到其他地区可提供的运力；它具有能促使船、货结合交易的功能齐全、配合密切的协作体系，解决交易过程中发生的问题或要求事宜；现代通讯技术等。

（3）有利于世界范围内船舶运力与货运需求关系的调节，平衡货运市场价格。它通过租船市场的信息功能、网络互交功能和船舶的可流动性以实现。船舶运力及分布朝需求地区合理地流动，实现全球性船舶运力及运价的协调和调整。

（三）主要租船市场

租船市场是由若干个相互联系、相互作用的若干个体市场组成。分析租船市场组成个体，有助于货主根据自己的货运需求进行船货结合交易。租船市场，可按上述程租、期租等货运方式、按承运货物、按船舶吨位，按租船货运时间长短等划分为若干和专业性市场。

（1）英国伦敦租船市场

英国伦敦的波罗的海商业航运交易所是公认的世界上历史最悠久、租船业务最多的散杂货租船市场。波罗的海商业航运交易所的主要业务包括租船、船舶买卖、粮食和油料作物种子交易以及航运租机交易。

（2）美国纽约租船市场

纽约租船市场是仅次于伦敦租船市场的世界第二大租船市场。纽约租船市场上的主顾是谷物、铁矿石、煤炭进出口商和希腊及挪威的船东。成交的船舶主要是油船、散装粮船和其他干散货船。

（3）北欧租船市场

北欧租船市场包括挪威的奥斯陆、瑞典的斯德哥尔摩、德国的汉堡、荷兰的鹿特丹等专业化船舶租船市场，以租赁特殊的高技术船舶为主，如冷藏船、液化石油气船等。在租船方式上以长期期租为主。

（4）亚洲租船市场

亚洲租船市场包括日本东京、中国的香港、上海和东南亚的新加坡等租船市场，成交的主要是短程近洋运输船舶的租赁。

## 二、租船经纪人

租船经纪人，在租船货运活动中发挥着重要的作用。通过经纪人洽谈租船事宜，主要基于：信息提供、专业知识、中介经验，有利于租船货运当事人之间进行背靠背谈判和意向达成一致，能迅速、有效地促成租船业务；保证租船货运合同格式、条款和措词符合法律、国际航运的惯例和原则，减少委托人在租约中的风险责任和确保合同利益不受损害。

货主或其代理人通过经纪人开展租船货运业务，应注意以下几点：

（1）经纪人品行和业务素质。中介工作中维护委托人的利益，恪尽职责，运用丰富的专业知识和业务经验，实现委托人的意向。

（2）在授权范围内开展工作。不能不经授权或超越授权自作主张、将委托人的要求有折扣地、或隐瞒或造假等同另一方谈判，损害委托人的利益或使合同存在潜在风险责任。

（3）所有以委托人名义对外签约必须经委托人同意，文件经委托人审阅。合同成交机会不大、合同内容尚存在疑问、或某些条款用词存在问题等及委托人尚未表示完全同意的情况下，不应强求和催促委托人接受合同或要求签约。委托人对此应有明确态度。

（4）所有文件起草的内容都应该是完整、正确的，增删和更改内容必须表达清楚。

（5）提供信息和反馈信息，如市场行情及趋势、谈判方的情况、意向与要求等，应是及时、连续和真实的，不能断章取义。

经纪人是以收取佣金的方式获得报酬。佣金按与委托人约定的业务标的一定百分比计收。佣金一般由船舶出租人支付。有些合同规定，船东除支付经纪人的佣金外，还应支付承租人一定数量的回扣佣金。承租人若要收取回扣佣金，在发给船东的询价订单中应写明该回扣佣金计收方法及百分比。当然，船东支付的这笔佣金、回扣佣金及其他相关费用，往往通过运费率或租金率全部或部分转移给作为承租人的货主。

必须指出，经纪人在经纪活动中所收的佣金来自船东运费或租金收入。为节约贸易运输成本和增强竞争力，特别当货运批量很大和当事双方建立有长期业务合作关系的情况下，许多货主与船东一般不经过第三者经纪人而通过自己直接洽谈和签约的方式完成租船货运的合同谈判事宜，以节省为数不小的佣金开支。

## 三、租船货运的一般程序

租船货运的一般程序如图5-1所示。图中可见，询价是租船货运程序的开始。

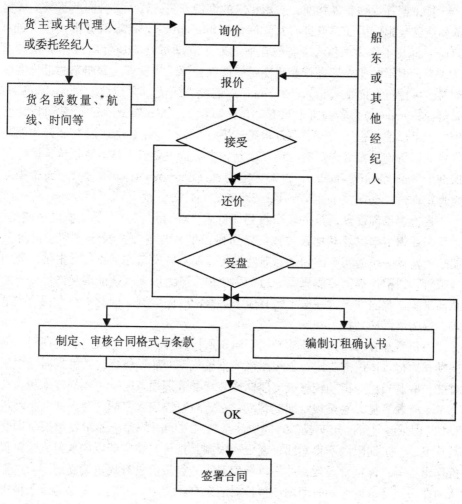

**图5-1 租船货运一般程序**

所谓询价，是指货主或其代理人根据自己货运情况和对船舶的特殊要求，通过经纪人或直接在租船市场寻找合适的船东，并要求感兴趣的船东答复能否提供合适的船舶及其报价。询价电文很简单，但必须把主要内容和基本意思表达清楚。以航次租船货运为例，询价一般包括：承租人的姓名、地址及通讯联系（全称）、货物名称和数量、装货港和卸货港、船舶受载期和解约期、装卸时间及条款、装卸费负担、要求的运费率（有些询价中写明船东包运费率）、船舶类型、吨位和舱容的要求、建议使用合同格式（有些由船东在报价时提出）、佣金等。

货主据其货物备妥状况，采用相应的询价方法：若买卖合同已签署、货物备妥或已收到信用证，可进行实质询价（firm order），要求对方报实盘（offer firm），即货主作为承租人准备与合适的船东立即进行实质性洽谈；货物买卖已成交，但不希望立即进行实质性租船谈判，仅希望征求几家船东的报价供参考时，可进行意向性（indications only）询价，或请对方建议（please indicate or please propose）；若询价中写有 "firm with ×× day's notice"，表示货物已落实，可以谈判租约，但要在订租确认书（fixture note）达成后××天才能装货；如果货物买卖尚未落实，还在谈判之中，货主希望了解运费报价，则作试探询价（prospective order），或未肯定询价（order not yet definite），或希望最终肯定询价（order expected to become definite）等。

报价，也称发盘，是指船东收到询价后，经过审核、估算，就提供船舶、运费率或租金率以及其他条件按规定所做出的一种答复。对于 "实质询价"，船东的发盘一般为实盘。如果意向性报价，船东的发盘亦为意向性报价。意向性报价，通常仅提供船舶概况、运费率或租金率，以及其他能满足询价要求的意向事宜。意向性报价一般不附有应予答复的时间限制，因此不约束行为当事人，仅为继续谈判打下基础。

报价是双方有谈判意愿的开始。船东所报实盘，一般都规定答复期限，但限期长短视具体情况决定。当租船市场不景气或交船期较远时，答复时间限制可能长些。当租船市场较好或交船期或装货受载期很近时，可能规定承租人在几个小时内答复，甚至规定即刻答复，必要时写规定答复的时间，如 1 小时或 2 小时即刻答复等。报实盘的时间应注意与对方的时间差。船东发出报价即受其约束，一定期限内不得撤回、变更或限制其报价。规定期限内承租人未对报价作出答复，该报价无效，并不再约束船东。如报价没有规定答复期限，一般认为在得到受盘所需的时间内该报价对船东有约束力。如船东发出的是条件报价或条件实盘（conditional firm offer），船东在答复期限前或货主受盘之前，撤回该条件报价或该船找到更好租船业务而想撤回该条件报价时，它随时可撤回或变更报价，不受约束。对于条件报价，货主应谨慎对待。

还价，又称还盘，是指承租人对船舶出租人或其经纪人报价不完全接受并对部分内容、或条款或运费率租金率提出的意思、条件和要求。还价，意味着货主或询价人对船东或其报价人报价的拒绝和新的询价的开始。实务中，货主对船东的报价很少有全部接受的情况，因此，需要通过还价和反还价多次往复行为才能使双方意思接近和达成一致。若还价全部不接受，谈判可能终止。货主若对船东报价的绝大多数条款不能接受，但仍想同船东谈判，还价中可措词

"charterers decline owner's offer and offer firm as follows—"（"承租人拒绝船东的报价，但提出实盘如下"）。货主若完全不接受船东报价，想终止谈判，还价中的措词"charterers decline owner's offer without counter"（"承租人毫无还价地拒绝船东报价"）。

受盘（acceptance），即接受订租船舶，是指经过当事人反复多次还价后就租船货运的主要内容与条款达成一致意见，承租人在有效期内明确表示接受的行为。一般而言，接受订租，即意味租船货运合同形成。然而实际租船业务中通常还需要最后两项程序，即编制订租船舶确认书和签署正式租船货运合同。

编制订租船舶确认书（fixture note），是指双方达成一致意见和形成合同的基础上，由船东汇总编制的一份对租船货运主要条款予以确认的书面文件，经送承租人签署后由当事人双方各存一份备查。由于受盘主要是对租船货运的主要问题达成共识，所以订租船舶确认书中，汇总编制的只是主要条款。因此，有的订租船舶确认书上载明对于具体细节问题需要进一步商定，如"subject to detail"（"另定细节"）字样。例如，"owners accept charterers' last in full and confirm hereby the fixture subject to details"（"船东全部接受租方上一还价内容，并确认另定细节的订租确认书"），租方可回复船东"charterers reconfirm the fixture subject to details"（"租方再次确认另定细节的订租确认书"）。

关于另定细节的受盘，在承租人和船舶出租人之间是否具有合同效力，则有不同的意见。美国法认为是肯定的，"另定细节"仅表示对合同的空白作进一步的填补，并不意味重新衡量整个谈判。即使以后双方对细节问题达不成一致协议，双方成立的合同不受其影响，细节纠纷可提请仲裁解决。英国法持否定意见。英国法院认为带有"另定细节"条件的订租船舶确认书并不表示具有约束力的合同已成立，还得看以后细节谈判来认定合同是否成立，只有无条件地接受所有条款才构成受盘，合同才成立。因此，货主或其代理人在受盘时要了解不同国家和地区对此的看法。

关于"另定细节"的商谈，通常在订租船舶确认书签署后进行。细节商谈一般针对已谈妥的主要条款和合同格式有关文字的补充和删减。这种修改过程，包括书面传递的修改建议，仅作为一种讨论，不被认为是发盘和受盘。当双方一致同意所有细节、原先的保留条件也全部取消时，经过双方当事人对租约再次确认（hereby reconfirm the fixture），一个完整的租约确认（clean fixture）完成。需注意的是，洽谈主要条款和细节时，洽谈双方应将所有从询价开始到签署订租船舶确认书期间往来的电传、传真、电话记录等相关文件按顺序保存，以备洽谈期间随时取阅和核对之用。

审核和签署租船货运合同。租约全部谈妥后，由船东或其经纪人汇总、整理和编制正式租船货运合同，交承租人审核。承租人必须认真、仔细地对合同内容、条款进行逐段逐名审核，若发现有与原约定内容不符外，应及时向船东或其经纪人提出异议，要求改正。货主代理人代行签署合同，在合同相关栏内应写全承租人姓名、地址、通讯等的同时，应明示其代理人的身份以及根据谁的授权和代表谁签署。

实务中，航次租船日期已经临近，但正式租船货运合同尚未签署，也有凭订租船舶确认书的内容作为租船货运活动的依据。

**四、注意事项**

（1）坚持统一对外和内紧外松原则，在租船市场上，大宗货运输占绝对大的比重，所以程租用得很普遍，租船市场行情的涨落也主要以程租运价来表示。我国对程租船的需求量较大，因此可以利用船东之间、代理之间、不同船型的矛盾和差别，争取有利条件达成交易。

（2）对船东和租船代理人的资信必须有深入的了解。国际租船市场上的诈骗行为时有发生，切不可贪图租价便宜，租用资信不好或身份不明的船东提供的船只。

（3）要认真贯彻我国的航运政策。由于各条航线进出口货量的不平衡和商品结构上的差异，在一定条件下租用外国船有时比使用国内船舶运输更为经济。但租船只是国内船队的一个补充，我们必须按照国轮优先，租轮为辅的原则安排外贸海上运输。在租用外籍船时，首先要遵循国家有关政策，不租用外交政策不允许租用的国家的船舶，在航行区域方面也不允许租船停靠这些国家的港口。

（4）租船前必须熟悉贸易合同有关运输条款，做到租船条款与贸易条件相衔接。在货源方面，要了解货物的品名、性质（易燃、易爆、危险、易腐等）、包装、尺码及其他有关情况，如卡车的重量和尺寸、冷冻货物所需的温度、超长超重货物的重量和长度等。在交货方面，要了解装卸港名称、装卸率、交货条件、备货通知期限及其他有关情况，以便洽租合适的船舶。

（5）掌握租价要随行就市。报价前要先了解市场行情和类似航线的成交价，通过对比计算，对报价做出初步估计，做到心中有数。

# 第四节　期租船的经营管理

期租船在租期中，船舶由租船人自行掌握和调度，要使船舶在租期内能充分利用，取得良好的经济效益，租船人必须以认真负责的态度，了解船舶结构和性能，熟悉租船合同条款，懂得航海知识，做好下列各项工作：

## 一、灵活调度船舶

要根据货运需求合理配备船舶，灵活调度。运力不足时，可临时租进；运力过剩时，可短期转租出去，尽量避免船舶运力的闲置和空放。

## 二、加强与货运代理的联系

货运代理熟悉当地的情况，在做出航次安排后，应将有关船货的信息及时电告代理，使其有充裕时间争取揽到足够的货量，提高舱容利用率（即装载率），增加运费收入，并加强与当地有关部门的联系，在船舶抵港前做好一切装船准备，以加速船舶的周转。

## 三、合理安排加油、加水计划

各地油、水价格不同，合理安排加油、加水地点，可节省大量油、水费用。加油、加水过量，将影响船舶载货数量，加油、加水不足，又不能满足船舶正常需要。因此调度人员要根据航线情况，选择合适的加油、加水港口，安排好加油、加水计划。在航程中，要争取船员的合作，节约燃料费用和其他杂费开支，减少租期损失。

## 四、熟悉租船合同条款

灵活运用航速条款和停租条款。航速快慢，直接影响到租期内船舶的周转次数。按中国租船公司租船合同规定，在整个租期内船东要保证航速，否则租船人有权进行航速索赔。但租约规定的航速是有条件的，也就是说在良好的天气情况下，如船舶主机转数达到规定的数字，而实际航速由于外部的因素，受逆风、逆流等因素的影响而减速，租船人就不能要求航速索赔，如由于机器损坏或船员操作有误造成的时间损失，则租船人有权不付租金。至于因船舶污底（bottom fouling）而使船速降低，那就要分析造成的原因：如由于租船人的责任，使船舶长期停泊而造成海洋生物大量附于船底而减速，租船人无权索赔；如因船东未按规定时间进行刮底，不履行应尽义务而使船舶减速，租船人有权进行航速索赔。

$$租金停付数额 = 租船人时间损失 \times 每日租金率$$
$$= \left(船舶实际航行时间 - \frac{船舶航行距离}{租约规定航速 - 气候因素}\right)$$
$$\times 每日租金率$$

上述航行距离不包括进港出港的距离，气候因素是指风、浪、流、涌等对航速的影响，是加给船东的补偿。如由于租船双方计算不一致又不能和解，最后只好进行仲裁或诉讼。现在美国有 Ocean Routes 导航公司，它提供的天气因素、船舶航行距离以及船舶的实际航速都很精确，是租船人凭以索赔的最先进、最准确的证据。但要付诸实施，必须在租约中订明："航速以 Ocean Routes 提供的证据为准"的条款。

在租期内如果因为船上人员或用品不足、机器设备损坏、船货海损或碰撞、搁浅、修船、进坞以及船员罢工、违章而使船舶被扣留等原因，船舶不能提供运输服务或运输时间减少，或船舶处于无效工作状态，租船人可行使停租权，在停租期间租金免付。在实践中，航速索赔和停租是相当复杂的事情，受内外因素影响较多，因此调度人员要熟悉租约条款，灵活运用，以保障租船人的权益。

目前，世界上最常用的航次租船合同格式有：《统一杂货租船合同》（Uniform General Charter），租船合同代号"金康"（GENCON）。此格式由 BIMCO 制定，并经 1922 年、1976 年、1994 年三次修订。到目前为止，国际使用较多的仍是 1976 年格式。此格式在很多条款上，比较明显地维护出租人的利益。它可适用于各种航线和各种货物的航次租船，目前在世界上采用最广，我国进出口的航转租承租人多用这一格式。此外，还有《巴尔的摩 C 式》（Baltime Berth Charter Party Steamer，Form C），此格式广泛适用于北美地区整船谷物运输，由北美谷物出口协会制订并为 BIMCO 认可，租船合同代号"NORGRAIN"；《澳大利亚谷物租船合同》（Australian Grain Charter Party），租船合同代号"AUSTRAL"；《油船航次租船合同》（Tanker Voyage Charter Party），此格式由美国船舶经纪人和代理人协会于 1977 年制订，专门适用于油船航次租船，由国际独立油轮船东协会制订，租船合同代号"INTERTANKVOY"。

**五、选择资信可靠、业务能力强的港口代理**

代理工作的好坏，直接影响到期租船的经济效益。因此在选择代理工作上要谨慎稳妥，既要资信可靠，又要有较强的业务能力，能与有关部门密切联系，协同工作，以争取港口的优惠装卸条件，节约港口使用费和装卸费用。为调动其积极性，提高服务质量，可考虑制订代理工作奖励办法。

**六、加强经济核算**

搞好期租船的航次成本测算和成本核算，注意节省各项管理费用支出。

# 第五节　　租船合同及案例分析

租船合同（charter party）又称租约，是载有租船订约双方权利和义务条款的一种运输合同。租船合同都是事先印好现成格式，在洽订时加以增删。期租合同格式有数种，程租合同则有数十种之多。使用较广的有"标准杂货租船合同"（Uniform General Charter Party，GENCON），简称金康合同。期租则有"标准定期租船合同"（Uniform Time Charter Party，BALTIME），又称巴尔的摩租船合同、"纽约物产交易所定期租船合同"（New York Produce Exchange Time Charter）和中国租船公司的"中国期租1980"（SINOTIME1980）合同等，现将租船合同的主要条款简介如下：

## 一、程租合同的主要条款

### 1. 合同当事人

通常指船东和租船人双方为合同当事人，也就是根据合同有权提出索赔或被索赔的对象，或有权起诉和作为被诉的人。由于租船合同常常是由代理人出面签订，因此谁对合同负责，就会出现不同的情况。

（1）如果被授权代理人为公开身份的委托人订约，并以代理人的身份签署合同，则委托人是契约的当事人，代理人没有责任。

（2）如果被授权的代理人为委托人订约，但没有公开委托人的身份，通常代理人要对合同负责。

（3）把自己说成是代理人，而事实上是委托人，则代理人通常对合同要负责任。

如果租船合同的一方当事人非船东，而是二船东（disponent owner），即可得出这样的结论：合同中指定的船舶不为他所有，而是租来的。如果当事人是船东，则指定的船舶必须是属于他的，不可用租船代替。

### 2. 船名和船旗

这是合同的重要条件之一，这关系到船舶的安全和经营，特别在战时更为重要。合同中规定的船名，船东不得以其他船代替，除非合同中原有可用代替船的规定。

### 3. 货物

程租船一般均在合同中订明承运货物种类、名称、数量、包装、性能等项，租船人不得随意变更。在装运大宗货时，装货数量一般订有5%~10%的伸缩，由船东来选择的条款。如租船人需从几种货中选装，可洽订"货物选择权"（option of cargo）条款，如小麦及/大豆及/或高粱，这样租船人就有选装的自由。合同中对装货数量或规定具体数量，或规定有一定的增减幅度，轻泡货则只规定船舶的装载能力而不规定货量，如果租船人没有按约定供足货量，要按比例支付空舱费（dead freight）；如船舶实际装载量少于船东保证数，则运费可按比例减少。

### 4. 装卸港

最简单的订法是把装卸港的数目和港口名称订明，但比较灵活的办法是只订装卸区域,如中国港口或中国一个或两个港,由租船人任选其中一至两个港口,用此订法,船东通常要求指定的港口必须是安全港口(或安全泊位)。港口安全与否不仅与自然条件有关,而且与社会、政治因素有关,如遇罢工、战争或流行传染病,港口即认为不安全,所以在租约上有"就近条款"(near clause)的规定,订上这种条款,就给船东一个灵活性,如船东认为租船人指定的港口不安全,就可至附近另一港口装卸货物,这是对租船人不利的。所以租船人员尽量争取取消这一条款。

5. 受载日和解约日

受载日(laydays)是按合同规定租船人可以接受船舶的最早装货日期。解约日(Cancelling Date)是按合同规定租船人可以接受船舶的最晚装货日期。两者之间的时间称为船舶的受载期。如船舶脱期,租船人有权选择保留合同或取消合同。如脱期是由于船东的疏忽或有意造成,而租船人不仅有权解约,并可提出损害赔偿。

6. 运费(freight)

运费是船东提供船舶运输服务应得的报酬。程租合同中有的规定运费率,按货物每单位重量或体积若干金额计算;有的规定整船包价(lump sum freight)。费率的高低主要决定于租船市场的供求关系,但也与运输距离、货物种类、装卸率、港口使用费、装卸费用划分和佣金高低等有关。合同中对运费按装船重量(in taken quantity)或卸船重量(delivered quantity)计算、运费是预付或到付均须订明。特别要注意的是应付运费时间是指船东收到的日期,而不是租船人付出的日期。

7. 装卸费用的划分

(1)船方负担装卸费(gross or liner or berth terms)又称"班轮条件"。

(2)船方不负担装卸费(freehand out,FIO)采用这一条件时,还要明确理舱费和平舱费由谁负担。一般都规定租船人负担,即船方不负担装卸费,理舱费和平舱费条件(free in and out,stowed,trimmed,F. I. O. S. T.)。

(3)船方管装不管卸(free out,F. O. )条件。

(4)船方管卸不管装(free in,F. I. )条件。

上述条款仅是划分装卸费用,而不是责任划分。即使船方不负担装卸费,但对货物的安全装载仍要负责。

8. 许可装卸时间(laytime,laydays)

为节省船期,在程租合同中船东一般要求规定租船人在一定时间内完成装卸作业的条款,这规定的时间就是许可装卸时间。有的合同将装货与卸货的许可时间分别规定,至于如何计算,需在合同中明确规定。常见的有下列数种:

（1）连续日（running days）。按自然日计算，即时钟连续走过 24 小时算一天。

（2）工作日（working days）。按港口习惯正常工作的日子，星期日及假日除外。这种计算法因世界各国港口工作时间不同，常易发生争执而较少采用。

（3）晴天工作日（weather working days）。是工作日又是晴天才算，如刮风下雨不能正常进行装卸作业则不予计算。

（4）连续 24 小时晴天工作日（weather working days of 24 consecutive hours）。在昼夜作业的港口，连续工作 24 小时即算一天。如中间有坏天气、设备损坏或工人不足而不能作业就要扣除。这种规定比较明确合理，目前采用较多。

上述工作日的计算，还要订明星期日和例假日除外（Sundays and holidays excepted）。但如星期日和例假日仍进行作业，则有两种不同规定：一种是"星期日和例假日除外，即使已经使用"（Sundays and holidays excepted even if used），另一种是"星期日和例假日除外，除非已使用（Sundays and holidays excepted unless used）。至于星期六午后或例假日前一天午后至星期一 8 点或假日后工作日 8 点前是否计算，也应明确规定。许可装卸时间的起止点合同中也要规定。一般是自船长递交"装卸准备就绪通知书"（notice of readiness）后下一个工作日上午 8 点起算，也有规定递交后 24 小时起算，直到最后一件货物装上或卸下船舶为止。

9. 滞期费和速遣费（demurrage and dispatch money）

在许可装卸时间内如未能装卸完毕，则自许可装卸时间终止时起，至全部货物装卸完毕止的滞期时间，租船人应按合同规定向船东支付滞期费。如在允许装卸时间届满前提前完成货物装卸工作，则节省的时间，船东要付给租船人速遣费。滞期费和速遣费均按每天若干金额计算，不足一天按比例计算。通常速遣费为滞期费的一半。金康合同（GENCON）规定滞期（detention）最多十天，超过十天租船人要支付高于滞期费的船方实际损失。如无相反规定，习惯上按"一旦滞期则始终滞期"（once on demurrage always on demurrage）原则办理，也就是滞期后该扣除的星期天、例假日和坏天气因素均不再扣除。速遣时间的计算有节省全部装卸时间和节省工作时间两种不同方法。对租船人来说，前者较为有利。计算滞期费和速遣费的依据是"装卸时间事实记录"（statement of facts），该记录经船租双方签字有效。但中国租船公司为维护租船人的利益、鼓励双方积极性，已在不少租船合同中争取到速遣费和滞期费费率相等，打破了"一半"的老传统，这对租船方和船东双方是公平合理的。

除上述主要条款外，程租合同中还会规定有佣金条款（brokerage/address

commission)、留置权条款（lien clause）、共同海损条款（general average）、罢工条款（strike clause）、冰冻条款（ice clause）等。使用时可选用合适的规范合同，根据具体需要增删一些内容。

**二、期租合同的主要条款**

下面以中国租船公司拟定的租船合同范本"中国期租 1980"（SINOTIME 1980）和波罗的海国际海运协会的标准定期租船合同（uniform time charter, BAITIME）的内容为主，介绍期租合同的主要内容。

1. 船舶说明（description of the ship）

期租船租赁时间长，且租期内由租方经营管理，因此要认真地选择和审查期租合同中的船舶说明主要项目。

（1）建造年份。世界上不少港口对船龄超过 15 年的船加以限制，故一般不宜租用超龄船。但选用一些维修保养好的超龄船装运低值货物且往返于不限船龄的港口之间，可以取得较好的营运效益。

（2）船舶结构、吊杆起重能力、船籍。

（3）船级。租船人要了解船舶有无相应的船级证书，注意证书的时效及特殊要求。例如装载超重货物或矿石的船舶，需要有加固的级别（strengthened for heavy cargo）。

（4）载重吨和载货容积。这两者要结合起来考虑，根据航线及货类特点适当选用。

（5）吃水。同样大小的船舶，由于船型不同，吃水有深有浅。租方一般更愿意租用吃水浅的船舶。

（6）航速与油耗。一般航速与油耗成正比，航速高、油耗高但周转快，燃油费是构成船舶营运成本的主要部分。一般远洋船应选择航速较高的，而近洋船宜选用油耗少些的船。

2. 租期（chatter period）

租期的长短主要根据租方的需要而定。在洽租长期租船时要考虑在这段时间内，有无稳定的基本货源；最好不要在高运价时租进；若在租期内情况变化例如货源不足时，可考虑转租等；期租船租期之所以重要是因为租船市场市价波动频繁且幅度较大。在市价上涨时，船方总想早些收回船舶，而租方则会尽可能用足租期。市价下跌时，双方的态度则相反。因此在租期的条文解释上常会发生争执。通常租期订法有三种：

（1）暗含伸缩性。合同规定租期为若干月，例如"六个月"，虽未明确有无伸缩，但按惯例，允许租方有一个合理的伸缩时间，"四～六个月"也属这种方法。

（2）明确规定伸缩时间。合同规定租期为若干月及租期的具体伸缩天数，例如"六个月，20 天伸缩"（six months 20 days more or less）。这种规定通常不再有通融期。

（3）规定没有或暗含没有伸缩。如合同规定租期为最少若干月最多若干月，则租方必须安排船舶在规定时间内还船，不能有伸缩。例如"最少五个月，最多八个月"（five months minimum, eight months maximum）就没有伸缩了。

以上曾提及的航次期租业务，其使用的合同是期租合同格式，但租期大多是以完成一个特定的航次为限。

3. 交船（delivery of vessel）

即船东把船舶和船员交给租船人使用，此时是租期和租金开始计算之时。

交船地点的订法很多，例如在租方指定的港口交船，船到达租方指定的港口引水站交船，或"船过某一位置交船"等。交船地点的选择关键在于船舶空放的经济损失由谁负担。

通常交船时船舶应满足以下条件：

（1）装货已装备就绪。船上所有货舱已为装货准备好，租方对所有货位能够完全控制。

（2）货舱已清扫干净，适于装载预订的货物。

（3）船上存油量和船上设备，如灭火设备、护货板等，符合租约规定，船舶文件齐备且有效。

（4）船舶必须适航。

交船时，如果船舶不符合租约规定，租方有权拒绝接船，若租方没提出异议，即意味着其放弃了拒绝接船的权利。

4. 租金（hire）

租船人为使用船舶而付出的代价称为租金。习惯上租金按每 30 天或每日历月每夏季载重吨计算，也可按整船每天若干金额计算，两者之间可相互换算。例如，一艘夏季载重吨为 25 000 吨的船，每 30 天每吨的租率为 8 美元，则这条船每天租金为 25 000 × 8 ÷ 30 = 6 666 美元。但租金与船舶所载货物无关。

租金通常预付半月或一月，租船人按时按规定的金额支付租金的责任是绝对的。习惯上应付之日指租金付到合同中船东指定的收款银行的账户，船东可立即无条件地动用，否则船东有权撤回船舶。在租船市场价格上涨时，租方特别要注意这一点，否则很可能成为船东撤船的借口。

5. 停租与复租（off hire/suspension of hire or on hire）

停租与复租是指在租期内，因约定的原因例如船方人员或物料不足、机器故障、检验船舶、入坞修理等船方责任事故造成租方租期损失时，租方有中断支付停止使用船舶期间租金的权利。所有的期租合同中都订有这一条款。在引用这一条款时，租方有说明时间损失原因的责任，已付租金可按比例扣除。停租和复租（on hire）双方必须办理记录手续。"SINOTME 1980"中对造成时间损失引用停租条款的情况作了较详细的说明。这对处理停租事件，防止发生纠纷是有利的。

6. 还船（redelivery of vessel）

租期满时，租船人有义务按照租约规定的地点和条件将船还给船东。还船之时就是租金停付之时。

还船地点和时间订法中对租方有利的是"船在何时何处备妥，就在何时何处还船"（when where the vessel ready，W. W. V. R），对船东较有利的是"出港引水员下船时作为还船"（dropping outward pilot，D. O. P）。在这条件下，船东可少付一笔出港使用费。因为牵涉到费用问题，故这条内容应尽可能明确。

还船时，船舶需具备下列条件：

（1）与交船时同样的良好状态和条件，即货舱清洁。船上各部位处于完好状态；

（2）船上存油符合租船合同规定。

7. 转租

明确租船人在租期内有权把所租来的船转租给别人，但租船人仍有义务履行原租船合同。长期租船条件下，租船人有时会因货源或经营决策等原因，将租船转租给第三者，这种情况下，租船人就成了二船东（disponent ship owner）。在洽订转租合同时，要严格把握原租船合同条款，以保证第三者的行为在受转租合同约束的同时不违背原租船合同，以防止二船东与真正的船东之间发生不必要的纠纷。例如转租合同中的航行地区必须和原租船合同中的规定一致。又如共同海损理赔条款、仲裁条款也要一致。

以上介绍的只是期租合同中的部分常用条款，期租合同条文很多，还有一些条款也是常见的，例如对货物种类及航行区域的限制，船东的责任及免责条款、首要条款、战争条款等，还有冰冻条款、征用条款、航速索赔条款等。在具体租船时，要根据货运需要及自身利益，力争制订对我方有利的条款。

**三、案例分析——SEVERN 轮运费、亏舱费、滞期费纠纷案**

1. 案情

原告：F 航运贸易公司

被告：深圳 S 公司。

1994 年 10 月 18 日，原告与被告签订了一份金康格式的航次租船合同，约定：由被告租用原告"SEVERN"轮运输水泥原料，载货量为 13 500 吨至 14 000 吨，或多或少由原告选择。如果被告未能提供约定数量的货物，被告应按运费率支付原告亏舱费。装货港为中国日照一个安全泊位，卸货港为孟加拉国吉大一至二个安全泊位。运费每吨 20 美元，经纪人佣金 5%，扣除佣金后的运费应于收到提单后七个银行工作日内支付。如果装卸准备就绪通知书在上午递交，则装卸时间从下午 1 时开始起算；如果装卸准备就绪通知书在下午办公时间内递交，则装卸时间从下一个工作日上午 6 时开始起算；装货效率为每连续 24 小时晴天工作日 4 000 吨，星期天和政府公布的节假日除外，除非已使用；卸货效率为每连续 24 小时晴天工作日 1 500 吨，星期五和政府公布的节假日除外，即使使用；等候泊位的时间依情况计算为装货和卸货时间；船舶首次开舱和关舱所用的时间不计入装卸时间。如发生滞期，被告须在装港和卸港按每日 3 500 美元或按比例支付支付滞期费。速遣费由原告按滞期费的一半向被告支付。滞期费和速遣费应在真实正确交货和收到船东的装卸时间事实记录后二十天内支付。合同载明，"SEVERN"轮有四个起重吊机。发生与租船合同有关的纠纷，在广州适用英国法律仲裁。

10 月 20 日 20：30 时，"SEVERN"轮抵达中国日照岚山港锚地。21 日 08：00 时装卸准备就绪通知书被收到和接受。12：15 时船舶办妥联检手续。21 日，船长向被告出具载货声明，确认船舶该航次能载货 13 800 吨。同日 15：08 时，"SEVERN"轮开始装货。23 日为星期日，16：45 时至 18：00 时因休息而暂停装货。24 日 02：00 时装货平舱完毕，共载货 13 553.20 吨。11 月 8 日，被告支付原告运费 257 471.07 美元。8 日 15：36 时，"SEVERN"轮抵达孟加拉国吉大港，并递交装卸准备就绪通知书，9 日 20：30 时开始卸货，24 日 06：15 时卸货完毕。其中，9 日 16：06 时至 20：30 时为停靠泊位和首次开舱时间，10 日 01：15 时至 09：00 时因雨而暂停卸货，11 日和 18 日为星期五，21 日 07：30 时至 08：45 时因工人罢工影响卸货。"SEVERN"轮在卸货期间，因船上吊机绞车发生故障，分别在不同时间内造成一个舱或几个舱暂停卸货。按船上四个吊机每影响一个货舱卸货按 1/4 计算影响卸货的时间，吊机绞车故障影响卸货的时间为 36 小时 30.25 分。1995 年 7 月 10 日，原告将本航次运输的装卸时间事实记录及损失清单传真给被告，向被告收取亏舱费、滞期费、吊机维修费及欠付的运费共计 11 538.30 美元。被告没有支付。

原告向海事法院提起诉讼，请求法院判令被告赔偿吊机修理费 1 000 美元，支付运费、亏舱费和滞期费 10 538.30 美元以及自 1995 年 7 月 30 日起至

1996 年 3 月 18 日止按年利率 10% 计算的利息。

起诉状副本和法院的应诉通知书送达后，被告应诉，没有提出管辖权异议。被告辩称：船舶实际载货量在合同约定的范围之内，没有造成亏舱。船舶没有联检，原告递交的装卸准备就绪通知书无效，装卸时间应从实际开始装卸开始起算。扣除合同约定的除外时间，船舶没有滞期。

原告与被告在庭审时均表示同意适用中华人民共和国法律解决本案纠纷。

2. 法院审判结果

海事法院认为，本案属涉外海上货物运输合同纠纷，虽然本案租船合同中有适用英国法律在广州仲裁的条款，但原、被告均同意通过诉讼并适用中华人民共和国法律解决本案纠纷，因此，海事法院对本案具有管辖权，并应适用中华人民共和国法律解决本案纠纷。原、被告签订的航次租船合同，除自由绕航条款因违反中国海商法的强制性规定而无效外，其他条款均合法有效。依据合同约定，本案货物运费应为 257 510.80 美元，扣除已付的运费，被告还欠原告运费 39.73 美元。被告提供的货物数量，没有达到原告在合同约定的范围内所宣载的货物数量，造成船舶亏舱 246.80 吨，被告应依约赔付原告亏舱费 4 689.20 美元。"SEVERN" 轮于 10 月 20 日 20：30 时抵达装货港，递交装卸准备就绪通知书时船舶还没有办妥联检手续，船舶并没有实际准备就绪，故应从船舶实际开始装货作业的 21 日 15：08 时开始起算装卸时间。至 24 日 02：00 时装货完毕，扣除允许装货的时间和 23 日星期日没有装货的时间，船舶速遣 1 天 57.15 分，原告应支付被告速遣费 1 819.48 美元。"SEVERN" 轮于 11 月 8 日 15：36 时抵达卸货港，并递交装卸准备就绪通知书，依约应从 9 日 06：00 时起算装卸时间，至卸货完毕时止，扣除允许卸货的时间和依约应扣除的开舱、罢工、星期五、因雨影响卸货的时间及船舶吊机故障影响卸货的时间等除外时间，"SEVERN" 轮滞期 1 天 21 小时 29.68 分，被告应支付原告滞期费 6 634.64 美元。原告请求吊机损坏的损失，因没有提供证据，不予支持。

根据《中华人民共和国海商法》第九十八条、《中华人民共和国民法通则》第一百一十一条、第一百一十二条的规定，判决：

被告深圳 S 公司赔偿原告 F 航运贸易公司运费、船舶亏舱费、滞期费共计 9 544.09 美元及其自 1995 年 7 月 31 日起至 1996 年 3 月 18 日止中国人民银行同期贷款利率计算的利息。

判决后，双方当事人均没有上诉。

# 本章知识结构图表

**第一节　租船运输的特点**

**第二节　租船方式**

一、程租

二、期租

**第三节　租船业务流程**

一、租船市场

（一）租船市场的形成及定义

（二）租船市场的作用

（三）主要租船市场

二、租船经纪人

三、租船货运的一般程序

四、注意事项

**第四节　期租船的经营管理**

一、灵活调度船舶

二、加强与货运代理的联系

三、合理安排加油、加水计划

四、熟悉租船合同条款

五、选择资信可靠、业务能力强的港口代理

六、加强经济核算

**第五节　租船合同及案例分析**

一、程租合同的主要条款

二、期租合同的主要条款

三、案例分析——SEVERN 轮运费、亏舱费、滞期费纠纷案

# 本章综合测试

**一、单项选择题**

1. 船方提供给承租人一定吨位的运力，在确定港口之间，按照事先约定的时间、航次周期和每航次约定运量完成运输合同规定的全部货运量，这种租船方式是(　　　)。

A. 程租　　　　　　B. 包运租船　　　C. 期租　　　　　D. 光船租船

2. 在下列租船运输方式中，需租船人自行配备船员，提供工资给养的是(　　)。

A. 运输期租　　　　B. 程租运输　　　C. 班轮运输　　　D. 光船租船

3. 船舶应该在预定期限内抵达装货港准备装货，这个期限称之为(　　)。

A. 装卸时间　　　B. 受载期　　　　C. 宣载期　　　　D. 速遣期

4. 下列(　　)项费用不属于定期租船人支付的项目。

A. 港口使用费　　B. 装卸费　　　　C. 船员供养　　　D. 燃料费

5. 有关装卸时间的规定方法中，最合理、目前采用最多的是(　　)。

A. 晴天工作日　　　　　　　　　B. 24 小时晴天工作日

C. 连续 24 小时晴天工作日　　　　D. 累计 24 小时工作日

6. 滞期费是(　　)。

A. 买方向卖方收取的因卖方延期交货而造成损失的补偿费

B. 卖方向买方收取的因买方延期付款而造成损失的补偿费

C. 租船人未按约定日期完成装运，延误了船期而付给船方的罚款

D. 船方装卸太慢而向货方支付的赔偿费

7. 当大宗货物采用(　　)运输方式时，为了加快装卸速度，减少船舶在港口停留时通常规定滞期、速遣条款。

A. 班轮　　　　　　　　　　　　B. 定程租船

C. 定期租船　　　　　　　　　　D. 光船租船

8. 在定程租船方式下，对装卸费的收取采用较为普遍的办法是(　　)。

A. 船方不负担装卸费

B. 船方负担装卸费

C. 船方只负担装货费，而不负担卸货费

D. 船方只负担卸货费，而不负担装货费

9. 下列(　　)不是租船运输的采取方式。

A. 定程租船　　　　　　　　　　B. 定期租船

C. 包船租船　　　　　　　　　　D 光船租船

**二、多项选择题**

1. 下列大宗货物的运输，比较适合采用租船运输方式的是(　　)。

A. 矿石　　　　B. 煤炭　　　　C. 小麦　　　D. 茶叶

2. 租船运输包括(　　)

A. 定期租船　　　　　　　　　　B. 集装箱运输

C. 班轮运输　　　　　　　　　　D. 定程租船

3. 对程租船运输表述正确的有( 　　　　)。
   A. 也称为不定期船　　　　　　　B. 其特点是"四固定"，"一负责"
   C. 船方不负责装卸　　　　　　　D. 目前在海洋运输中占多数
   E. 主要针对大宗商品的运输

4. 程租船合同中，装卸条款的规定方法有( 　　　　)。
   A. FIO　　　　　　　B. FCA　　　　　　C. FI　　　　　　D. FO
   E. FIOST

5. 有一份 CIF 合同，卖方采用定程租船方式装载货物，在租船合同中规定，装货时间是 6 个 24 小时晴天工作日，该批货物于 8 月 19 日开始装船，下列( 　　　　)不应计入装货时间。
   A. 8 月 21 日（周六休息）　　　　B. 8 月 24 日（暴雨无法装船）
   C. 8 月 22 日（周日休息）　　　　D. 8 月 25 日（暴雨无法装船）

6. 航次租船合同装卸费用有( 　　　　)。
   A. FOBST　　　　　　　　　　　B. LINER TERM
   C. FIO　　　　　　　　　　　　D. FIOST

7. 海洋运输中的船舶按其经营方式不同分为( 　　　　)。
   A. 班轮运输　　　　　　　　　　B. 大陆桥运输
   C. 集装箱运　　　　　　　　　　D. 输租船运输

8. 相对于班轮运输，租船运输具有以下特点：( 　　　　)。
   A. 属不定期船，没有固定的航线、装卸港及航期
   B. 没有固定的运价
   C. 租船运输中的提单不是一个独立的文件
   D. 租船运输中的港口使用费、装卸费及船期延误按租船的合同规定划分及计算
   E. 租船主要是用来运输国际贸易中的大宗货

9. 根据船东和租船人约定应该完成的航次数，程租又可分为：( 　　　　)。
   A. 单航次程租　　　　　　　　　B. 来回航次租船
   C. 连续航次租船　　　　　　　　D. 包运合同

10. 程租与期租比较，有以下哪些主要区别？( 　　　　)。
    A. 运费支付不同　　　　　　　　B. 对船舶的调度权不同
    C. 费用划分不同　　　　　　　　D. 船舶的管理要求不同

11. 期租船在租期中，租船人必须做好下列各项工作：( 　　　　)。
    A. 灵活调度船舶　　　　　　　　B. 加强与货运代理的联系
    C. 合理安排加油、加水计划　　　D. 熟悉租船合同条款

12. 期租船的租期订法通常有哪几种？（　　　　　）。
　　A. 无需订明　　　　　　　　　B. 暗含伸缩性
　　C. 明确规定伸缩时间　　　　　D. 规定没有或暗含没有伸缩

## 三、判断题

1. F. I. O 是指在班轮运输的情况下，船方不管装、不管卸。　　（　　）
2. 期租时，在租船期内，租船人自行调度和经营船舶，在租船合同约定支付租金并承担燃料费、港口费、装卸费、船员工资、伙食等费用。　（　　）
3. 船东宣载 9 000 吨，但因船长宣载过失，船舶实际可装载 8 000 吨，而租船人在接受载后仅提供 7 000 吨货，并向船东要求 2 000 吨退关费，理由是船东宣载过失。　（　　）
4. 定期租船运输定线、定港、定时。　　（　　）
5. 采用期租船运送货物时，船租双方不需要规定滞期、速遣费。　（　　）
6. 租船运输较适合大宗货物的运输。　　（　　）
7. 在租船运输时，租船人要负责租船期间船舶的经营管理。　（　　）
8. 租船运输可以用提单作为租船人与船东租船协议，以明确双方的权利与义务。　（　　）
9. 所谓装卸率，是指每日装卸货物的数量。　　（　　）
10. 租船运输中船方出具的提单一般为只有正面内容的简式提单，并注明"All Terms and Conditions as Per Charter Party"，或"Freight Payable as Per Charter Party"。　（　　）
11. 租船运输中的港口使用费、装卸费及船期延误按租船的合同规定划分及计算。　（　　）
12. 期租租船的运费，是按装运货物的吨数计，直接表现货物的运输成本。　（　　）
13. 程租船条件下，租船人掌握船舶的调度权，可以根据货运需要，在租期内根据合同规定可选择航线和选装任何合法货物，靠挂任何港口。　（　　）

## 本章综合测试答案

一、单项选择题
1. B　2. D　3. B　4. C　5. C　6. C　7. B　8. A　9. C
二、多项选择题
1. ABC　2. AD　3. ACE　4. ACDE　5. ABCD　6. BCD　7. AD　8. ABCDE
9. ABCD　10. ABCD　11. ABCD　12. BCD

三、判断题

1. F  2. F  3. F  4. F  5. T  6. T  7. T  8. F  9. T  10. T  11. T  12. F
13. F

# 本章技能训练

1. 某公司出口水泥9 000公吨，租船合同对装卸条件的规定如下：（1）连续
24小时好天气工作日，节假日除外，如果用了则计算（周六、日为公休
日）；（2）每一工作日装货1 500公吨，6天装卸完毕，滞期一天罚款6 000
美元，速遣一天减半；（3）节假日前一天18点后和节假日后8点前不算入
应允许的装卸时间，用了则算。

装　卸　时　间

| | | |
|---|---|---|
| 8月13日 | 星期四 | 8时到24时工作 |
| 8月14日 | 星期五 | 0时到24时工作 |
| 8月15日 | 星期六 | 0时到18时工作 |
| 8月16日 | 星期日 | 8时到24时加班（有4小时下雨） |
| 8月17日 | 星期一 | 0时到8时加班 |
| | | 8时到24时工作（有3小时下雨） |
| 8月18日 | 星期二 | 0时到3时装卸完毕 |

试计算滞期费或速遣费是多少？

2. 某程租船在广州港卸化肥30 000公吨。合同规定允许卸货时间为6个连
续24小时好天气工作日。每日卸5 000公吨，星期六、日、节假日除外，
即使用了也不算。滞期费每天6 000美元，速遣费每天3 000美元。船长
递交备卸通知书租方或其代理接受后24小时开始生效，节假日前13点后
和后一天上午8点前不计入允许卸货时间，用了也不算。按以下卸货时
间表：

**卸货时间表**

| 日期 | 星期 | 记录和说明 |
|---|---|---|
| 9月20日 | 一 | 租方代理9点接受备卸通知书 |
| 20日 | 一 | 0时至24时卸货 |
| 21日 | 二 | 0时至24时卸货 |
| 22日 | 三 | 0时至9时卸货，9时后因雨停工 |
| 23日 | 四 | 0时至10因雨停工，10时至24时卸货 |
| 24日 | 五 | 0时至24时卸货 |

续　表

| 日期 | 星期 | 记录和说明 |
|---|---|---|
| 25 日 | 六 | 0 时至 24 时卸货 |
| 26 日 | 日 | 0 时至 24 时卸货 |
| 27 日 | 一 | 0 时至 24 时卸货 |
| 28 日 | 二 | 上午 12 点全部货物卸完 |

试计算我方应付的滞期费或应得的速遣费是多少?

# 本章技能训练答案

1 某公司应得到的速遣费是:

$$速遣费 = \frac{6 \times 24 - 16 + 24 + 18 + 12 + 8 + 13 + 3}{24} \times 3\,000 = 6\,250\ 美元$$

2 解: 某公司应得到的速遣费是:

$$速遣费 = \frac{6 \times 24 - 15 + 9 + 14 + 13 + 16 + 12}{24} \times 3\,000 = 8\,125\ 美元$$

# 复习思考题

1. 租船运输有什么特点? 租船方式有哪几种?

2. 程租船的装卸条件分几种? 各是什么含义? 许可装卸时间的约定方法通常分哪几种?

3. 程租船与期租船有哪些主要区别?

4. 程租合同中为什么都订有"延滞速遣"条款?

5. 什么是滞期费和速遣费? 一旦滞期则始终滞期是何含义?

6. 程租合同中关于装卸费的划分有哪几种?

7. 期租合同中租期一般有哪三种订法?

8. 期租合同中的"停租条款"(off hire)含义是什么?

# 第六章　国际航空货物运输

【关 键 词】

国际航空运输、集中托运、进出口运输程序、航空运单、航空运价。

【知识目标】

● 了解航空运输基本知识、国际航空组织和航空货运索赔；

● 熟悉航空运输经营方式、国际航空快递业务；

● 掌握国际航空运输的特点和作用、集中托运方式、航空运单的性质和作用、航空运单的填制、进出口运输程序、航空运价的计算。

【技能目标】

◆ 会填制航空运单；

◆ 能计算航空运费；

◆ 做到对国际航空运输的特点和作用、集中托运方式的熟悉和掌握；

◆ 实现对进出口运输程序的熟悉。

## 【导入案例或者任务描述或者背景知识】

航空货物运输是 20 世纪初在法国首次出现的。第二次世界大战后，大批军用机转入民用运输。西方发达资本主义国家开始大力发展航空工业，开辟国际航线，逐步建立了全球性的航空运输网络。随着战后国际贸易的迅速发展，航空运输作为国际贸易运输的一种方式被越来越广泛地采用，在国际贸易运输中占的比重越来越大。

# 第一节　概　　述

### 一、国际航空货运的产生和发展

我国民航事业是在新中国成立后重新创办起来的。1958 年我国参加了《华沙公约》，从而同二十几个国家建立了航空运输关系。但在过去相当长的时期内，我国进出口货物通过空运的数量极少。1974 年以来，随着对外贸易和民航业务的发展,我国国际航空运输范围进一步扩大。

航空货物运输是 20 世纪初在法国首次出现的。第二次世界大战后,大批军用机转入民用运输。西方发达资本主义国家开始大力发展航空工业,开辟国际航线,逐步建立了全球性的航空运输网络。

随着战后国际贸易的迅速发展,航空运输作为国际贸易运输的一种方式被越来越广泛地采用,在国际贸易运输中占的比重越来越大。据国际民航组织统计,从 1962 年至 1973 年,国际航空货运量平均每年增长 17%,几乎每 4 年增长 1 培。20 世纪 70 年代以来,航空运输仍然以相当快的速度发展着。据不完全统计,据预测世界航空货运量在未来 20 年中将以年均 6.4% 的速度增长。货运量增长最快的地区是亚洲到北美、欧洲的出口航线。

我国航空运输业起步较晚,民用航空事业直到新中国成立以后才开始发展起来。20 世纪 80 年代以后我国的航空运输业快速发展,1985 年,有 267 条航线,其中国内航线 233 条、国际和地区航线 34 条。到 1998 年,约有 1122 条航线,其中 983 条为国内航线、131 条国际航线和 8 条地区航线,分别通往亚洲、欧洲、北美洲和大洋洲等几十个国家和地区。2011 年,我国民航总周转量、旅客运输量和货邮运输量分别为 573.2 亿吨公里、2.92 亿人次和 552.75 万吨,同比分别增长 6.5%、9.2% 和 -1.8%。航空运输总周转量是同期国际平均增速的 3.9 倍,是同期国内生产总值的 1.87 倍,也是同期我国几种交通工具中增长最快的运输方式。中国已经成为世界航空运输业极具发展潜力的巨大市场,我国的航空运输网已成为世界航空运输网络的一个重要组成部分。中国加入世界贸易组织后,中国的航空货运业将更加飞速发展。

二、特点

航空运输虽然起步较晚,但发展极为迅速,这与其自身优点密切相关。

1. 运送速度快

高运送速度使得一些对时间要求非常紧的国际贸易有可能成功,如运送鲜活易腐和季节性强的商品;当今国际市场竞争激烈,行情瞬息万变,为了争取最好的利润,时间因素往往至关重要。所以航空运输经常成为贸易竞争的手段而被普遍采用。

2. 安全准确

航空运输有比较完善的管理制度,加之航空集装箱的使用,使货物破损率非常低,安全好。同时,飞机航行有一定的班期,准点率较高。

3. 可节省运杂费

由于运输速度快,空运商品在途时间短,可大大降低存货,迅速收回资金,节省利息费用。加之保管完善,货损货差小,能节省保险、包装等费用。

4 运费高、仓容小、受自然因素影响大

### 三、国际航空运输在国际贸易中的作用

（1）当今国际贸易大多是洲际市场，商品竞争激烈，时间就是金钱，争取时间至关重要。航空运输的出现，满足了国际市场的这种需要，对于国际贸易的发展起到了很大的推动作用。

（2）易腐鲜活商品对时间要求极为敏感，如运输时间过长，则变成废物，无法供应市场。采用航空运输，可保新鲜成活，并有利于开辟运距较远的市场。航空运输还适用季节性商品及其他应急物品的运送。

（3）航空运输虽然运量小、运价高，但由于速度快，商品周转期短，存货可相应降低，资金可迅速回收，这就大大节省储存和利息费用；货损货差少，可简化包装，又可节省包装费用；运送安全准确，保险费也较低。因此，有许多货物是适合于航空运输的。在我国，航空运输对于成套设备中的精密部分、电子计算机、电器产品、贵稀金属、手表、照相器材、技术资料、种畜及其他贵重物品等各种进口物品以及鲜活商品、纺织品、服装、丝绸、皮革制品、中药材、工艺品等出口货物的运送起到了不可忽视的重要作用。

### 四、国际航空运输的当事人

国际航空货运的当事人有：发货人、收货人、航空公司（承运人）和航空货运公司（代理人）。航空公司，又称承运人，拥有飞机办理客货运输业务。多数航空公司有定期航班，如通往我国的法航、日航、德航、瑞航、联合航空等公司，有些则无定期航班，只提供包机服务，如卢森堡货运航空公司、马丁航空公司等，还有的把中国外运空运公司作为其在我国的货运代理，如美国泛美航空公司、美国西北航空公司等，表 6－1 为常见的航空公司代码。

#### 表 6－1　常见的航空公司代码

| 航空公司的英文全称 | 中文全称 | 两字代码 | 所在国家/地区 |
|---|---|---|---|
| Air China International Corp. | 中国国际航空公司 | CA | 中国 |
| China Southern Airlines | 中国南方航空公司 | CZ | 中国 |
| China Eastern Airlines | 中国东方航空公司 | MU | 中国 |
| America Airlines | 美洲航空公司 | AA | 美国 |
| Air Canada | 加拿大航空公司 | AC | 加拿大 |
| China Airlines Ltd. | "中华航空"公司 | CI | 中国台湾 |
| Cathay Pacific Airways Ltd. | 国泰航空公司 | CX | 中国香港 |
| Korean Air | 大韩航空公司 | KE | 韩国 |
| Dragon Air | 港龙航空公司 | KA | 中国香港 |
| Japan Airlines Co. Ltd. | 日本航空公司 | JL | 日本 |
| All Nippon Airlines Co. Ltd. | 全日本航空公司 | NH | 日本 |

| 航空公司的英文全称 | 中文全称 | 两字代码 | 所在国家/地区 |
|---|---|---|---|
| Japan Air System Co . Ltd. | 佳速航空公司 | JD | 日本 |
| Lufthansa Germany Airline | 汉莎航空公司 | LH | 德国 |
| Northwest Airlines Inc. | 美国西北航空公司 | NW | 美国 |
| Asiana Airlines | 韩亚航空公司 | OZ | 韩国 |
| Singapore Airlines Ltd. | 新加坡航空公司 | SQ | 新加坡 |
| Air France | 法国航空公司 | AF | 法国 |
| British Airways | 英国航空公司 | BA | 英国 |
| Royal Dutch Airlines | 荷兰皇家航空公司 | KLM | 荷兰 |
| Air Macau Airlines | 澳门航空公司 | NX | 中国澳门 |

采用航空方式进出口货物需要办理一定的手续，如出口货物在始发机场交给航空公司承运之前的销售、接货、订舱、制单、报关和交运等；进口货物在目的地机场从航空公司接货、接单、报关、送货或转运等。这类业务航空公司一概不负责办理，因而专门承办此类业务的行业——航空货运代理公司应运而生了。航空货运公司，即航空货代，是从事航空货物在始发站交给航空公司之前的揽货、接货、报关、订舱以及在目的地从航空公司手中接货、报关、交付或送货上门业务的公司。航空货运公司可以是货主代理，也可以是航空公司的代理，也可身兼二职。

航空公司主要业务为飞行保障，它们受人力、物力等诸因素影响，难以直接面对众多的客户，处理航运前和航运后繁杂的服务项目。实践中就需要航空货运代理公司为航空公司出口揽货、组织货源、出具运单、收取运费、进口疏港、报关报验、送货、中转，使航空公司可集中精力，做好其自身业务，进一步开拓航空运输。

航空货运代理公司作为货主和航空公司之间的桥梁和纽带，既可以是货主的代理，代替货主向航空公司办理托运或提取货物；也可以是航空公司的代理，代替航空公司接收货物，出具航空公司的总运单和自己的分运单。

航空货运代理公司所以能够产生并迅速发展起来，是因为它的服务能够为货主和航空公司双方带来方便和好处。航空货运代理公司大都对运输环节和有关规章制度十分熟悉，并与民航、海关、商检和交通运输部门有着广泛而密切的联系，具备代办运输手续的有关条件。同时航空货运代理公司在世界各地都设有分支机构或代理人，能够及时联络，控制货物运输的全过程。而航空公司只负责从一个机场至另一个机场的运输。因此，委托航空货运代理进出口货物运输比委托人直接向航空公司办理更为便利。

航空货运代理公司的主要业务就是代理集中托运，即把若干单独发运的货物组成一整批货物，用同一份总运单发运到同一到站，由其在当地的代理人负责接货，报关后分拨给实际收货人。这种集中托运方式可以从航空公司争取到较低的运价，代理公司和货主都可以从这种服务中得到好处。

就航空公司而言，它也可以从代理公司的服务中获利。虽然航空公司要向代理公司支付一定的酬金，但代理公司将千家万户的货物集中起来托运，为其节省了大量的人力、物力和时间，并为其组织了成批货源，承揽了大批客户，从而有助于其进一步开拓空运市场。同时，收货人和发货人可以从货运代理那里得到方便、快捷的全过程的增值服务，可以节约成本，提高效率，增强其在本行业的竞争能力。

空运当事人的责任划分如图 6 - 1 所示：

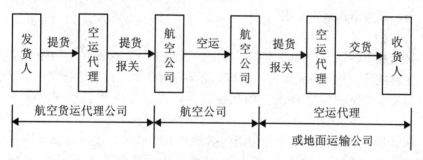

**图 6 - 1　空运当事人的责任划分**

中国的航空货运代理业务是随着我国改革开放和对外贸易的发展逐步起来的。1984 年以前，中国对外贸易运输总公司及其各公司是我国唯一的货运代理，是外经贸部下属的各专业进出口公司的货运总代理，也是航空公司的代理。中国外运下属的北京空运公司是我国最早的航空货运代理公司。20 世纪 80 年代末，随着外贸体制改革的不断深入，外贸运输行业出现了多家经营的局面，各种形式的货运代理公司相继涌现。到 1992 年 7 月底，经营该项业务的公司多达 290 多家，仅北京地区的货运代理公司就有 20 多家。截止到 2001 年年底，全国共有国际货运代理公司 1 700 多家。其中，相当一部分有空运代理权。

从事空代需要丰富的商品知识，要了解有关的法令、法规和制作有关单证，要熟悉货物拼装的尺码、比重、超限的数据和不同飞机型号的舱容。要精通货运管理费用、货报处理、保险及许可证等方面的规章制度。此外还要向货主提供下述各项服务：

（1）提供运输设备，将货物从发货人处按时运往机场，或将若干托运去同一到站的货物集中成一整批运往机场并向航空公司办理订舱。

（2）检查出口单证是否齐全完善并填制航空运单，正确计算运单上列明的各项费用。

（3）向航空公司交货前要制作交接清单，以便接货人员按交接单逐票点收，然后由双方签字，各执一份。

（4）为货主办理保险、报关、报验、交付运费等有关事宜。

根据"国际航空运输协会"的规定，空代可从航空公司收取5%的订舱佣金和一些暗扣，并向货主收取代付的运费及有关的服务费用。

中国对外贸易运输（集团）总公司控股的中外运空运发展股份有限公司是全国第一家公开发行股票上市的空运物流公司，具有遍布全国的业务网络和国内最大的市场份额，同时具有全球性的空运代理资源。

**五、航空运输基本知识**

**（一）航线**

民航从事运输飞行，必须按照规定的线路进行，这种线路叫做航空交通线，简称航线。航线不仅确定了航行的方向、经停地点，还根据空中管理的需要，规定了航路的宽度和飞行的高度层，以维护空中交通秩序，保证飞行安全。

航线按飞机飞行的路线分为国内航线和国际航线。线路起降、经停点均在国内的称为国内航线。跨越本国国境，通达其他国家的航线称为国际航线。

飞机由始发站起飞，按照规定的航线经过经停站至终点站所做运输飞行，称为航班。

**（二）航空港**

航空港为航空运输的经停点，又称航空站或机场，是供飞机起降、停放及组织保障飞行的场所。近年来随着航空港功能的多样化，港内一般还配有商务、娱乐中心、货物集散中心，满足往来旅客的需要，同时吸引周边地区的生产、消费。

航空港按照所处的位置不同，分为干线航空港和支线航空港。按业务范围，分为国际航空港和国内航空港。其中国际航空港需经政府核准，可以用来供国际航线的航空器起降营运。空港内配有海关、移民、检疫和卫生机构。而国内航空港仅供国内航线的航空器使用。除特殊情况外不对外国航空器开放。

世界上主要的货运机场有法国的戴高乐机场、荷兰阿姆斯特丹的希普霍尔机场、英国的希思罗机场、美国的奥黑尔国际机场、日本的成田机场、中国香港的新机场等，都是现代化、专业化程度较高的大型国际货运空中枢纽，每年货运量都在数十万吨以上。表6-2是常见机场的三字代码。

### 表6-2　常见的机场三字代码

| 机场的英文全称 | 中文全称 | 三字代码 | 所在国家 |
|---|---|---|---|
| Capital International Airport | 首都国际机场 | PEK | 中国 |
| Charles de Gaulle | 戴高乐机场 | CDG | 法国 |
| Narita | 成田机场 | NRT | 日本 |
| Kansai International | 大阪关西国际机场 | KIX | 日本 |
| Washington Dulles International Airport | 华盛顿杜勒斯国际机场 | IAD | 美国 |
| Heathrow Airport | 希思罗国际机场 | LHR | 英国 |
| O' Hare International Airport | 奥黑尔国际机场 | ORD | 美国 |

### 表6-3　世界各大洲重要的航空站

| 各大洲 | 重要的航空站 |
|---|---|
| 亚洲 | 北京、上海、东京、香港、马尼拉、曼谷、新加坡、雅加达、仰光、加尔各答、孟买、新德里、卡拉奇、德黑兰、贝鲁特、吉达 |
| 欧洲 | 伦敦、巴黎、法兰克福、苏黎世、罗马、维也纳、柏林、哥本哈根、华沙、莫斯科、布加勒斯特、雅典、里斯本 |
| 北美洲 | 纽约、华盛顿、芝加哥、蒙特利尔、亚特兰大、洛杉矶、旧金山、西雅图、温哥华及位于太平洋上的火奴鲁鲁（檀香山） |
| 非洲 | 开罗、喀土穆、内罗华、约翰内斯堡、布拉柴维尔、拉各斯、阿尔及尔、达喀尔 |
| 拉丁美洲 | 墨西哥城、加拉加斯、里约热内卢、布宜诺斯艾利斯、圣地亚哥、利马 |
| 大洋洲 | 悉尼、奥克兰、楠迪、帕皮堤 |

世界航空运输网的地区分布存在着明显差异。欧洲西部、美国东部、加勒比海和东南亚等地区最为稠密，而非洲、拉丁美洲、亚洲部分地区则相当落后。美国、英国、法国、德国、俄罗斯、日本和巴西等国的航空运输业相对发达。其中，美国是世界上航空运输最先进和最发达的国家。

（三）航空器

航空器主要是指飞机。飞机按发动机不同，分为螺旋桨式、喷气式和活塞式。按速度，分为超音速、亚音速、高速、低速。

按机身的宽窄，可分为宽体飞机和窄体飞机。窄体飞机的机身宽约3米，旅客座位之间有一条走廊，这类飞机一般只能在下货舱装运散货。宽体飞机机身较宽，客舱内有两条走廊，三排座椅。机身宽一般在4.72米以上，这类飞机可以装运集装箱货和散货。

按用途的不同，飞机也可分为客机、全货机和客货混合机。客机主要运送旅客，一般行李装在飞机的深舱。由于目前航空运输仍以客运为主，客运航班密度高、收益大，所以大多数航空公司都采用客机运送货物，所不足的是，由于舱位少，每次运送的货物数量十分有限。全货机运量大，可以弥补客机的不足，但经营成本高，只限于某些货源充足的航线使用。客货混合机可以同时在主甲板运送旅客和货物，并根据需要调整运输安排，是最具灵活性的一种机型。

飞机主要分为两种舱位：主舱和下舱。波音 747 有三种舱位：上舱、下舱、主舱。

（四）集装设备

航空运输中的集装设备主要是指为提高运输效率而采用的托盘和集装箱等成组装载设备。为使用这些设备，飞机的甲板和货船都设置了与之配套的固定设施。

由于航空运输的特殊性，这些集装设备无论是外形构造还是技术性能指标，都具有自身的特点。以集装箱为例，就有主甲板集装箱和底甲板集装箱之分。海运中常见的 40 英尺和 20 英尺的标准箱只能装载在宽体飞机的主甲板上。

1. 集装器按是否注册可划分为

（1）注册的飞机集装器

注册的飞机集装器是国家政府有关部门授权集装器生产厂家生产的，适宜于飞机安全载运的，在其使用过程中不会对飞机的内部结构造成损害的集装器。

（2）非注册的飞机集装器

非注册的集装器是指未经有关部门授权生产的，未取得适航证书的集装器。非注册的集装器不能看作为飞机的一部分。因为它与飞机不匹配，一般不允许装入飞机的主货舱，但这种集装器便于地面操作，仅适合于某些特定机型的特定货舱。

2. 集装器按种类可划分为

（1）集装板和网套

集装板是具有标准尺寸的，四边带有卡锁轨或网带卡锁眼，带有中间夹层的硬铝合金制成的平板，以便货物在其上码放；网套是用来把货物固定在集装板上，网套的固定是靠专门的卡锁装置来限定。

（2）结构与非结构集装棚

为了充分地利用飞机内的空间、保护飞机的内壁，除了板和网之外，还可增加一个非结构的棚罩（可用轻金属制成），罩在货物和网套之间，这就是非结构的集装棚。结构集装棚是指带有固定在底板上的外壳的集装设备，它形成了一个完整的箱，不需要网套固定，分为拱形和长方形两种。

（3）集装箱

集装箱类似于结构集装棚，它又可分为：

① 空陆联运集装箱

空陆联运集装箱分为20ft或40ft，高和宽为8ft。

这种集装箱只能装于全货机或客机的主货舱，主要用于陆空、海空联运。

② 主货舱集装箱

主货舱集装箱只能装于全货机或客机的主货舱，这种集装箱的高度是163cm以上。

③ 下货舱集装箱

下货舱集装箱只能用于飞机的下货舱。

还有一些特殊用途的集装箱，例如保温箱，它是利用绝缘材料制成的箱体，通过封闭等方法控制箱内的温度，以便装载特种货物。它分为密封保温箱和动力控制保温箱两种。

除此之外，还有专门用于运载活体动物和特种货物的集装器。

**六、国际航空组织**

（一）国际民用航空组织（International Civil Aviation Organization，ICAO）

国际民用航空组织是政府间的，负责国际空运技术、航行及法规的机构。它是根据1944年芝加哥《国际民用航空公约》设立的联合国专门机构之一。所通过的文件具有法律效力，必须严格遵守。我国也是该组织成员及理事国。

该组织正式成立于1947年4月4日，总部设在加拿大的蒙特利尔，主要宗旨是发展国际航行的原则和技术，促进国际航空的规划和发展。

其主要任务有：

（1）保证全世界国际民用航空安全、有秩序地发展。

（2）满足世界人民对安全、正常、有效和经济的航空运输的需要。

（3）鼓励发展用于国际民用航空的航路、机场和航行设施。

（4）鼓励用于和平的航空器设计和操作技术。

（5）防止不合理竞争而造成的经济上的浪费。

（6）保证缔约各国的权利充分受到尊重。

（二）国际航空运输协会（International Air Transport Association，IATA）

国际航空运输协会是各国空运企业间的联合组织，包括来自世界一百多个国家，经营国际、国内定期航班业务的航空公司。其会员必须持有 ICAO 颁发的定期航班运输许可证。

"航协"于 1945 年 4 月在古巴的哈瓦那成立，目前下设公共关系、法律、技术、运输、财务及政府和行业事务六个部门。

其主要任务是：

（1）促进安全、正常和经济的航空运输。

（2）为国际空运企业提供协作的途径。

（3）促进本组织与其他国际组织合作。

（4）开展航空技术上的合作，协调运价、法律、调研等工作。

（三）国际电讯协会（SITA）

SITA 是联合国民航机构认可的一个非营利的组织，是航空运输业世界领先的电信和信息技术解决方案的集成供应商。SITA 成立于 1949 年，目前在全世界拥有 650 家会员航空公司，其网络覆盖全球 180 个国家。SITA 的目标是发展全球航空业使用信息技术的能力，以提高全球航空公司的竞争力。

SITA 货运系统已在中国国际航空公司、中国货运航空有限公司使用。系统开通后，与外地营业部、驻外办事处联网，货运工作人员可及时地将航班、运单、入库、装载、货物到达及中转等信息数据输进网络，系统在航班结束后自动给本站拍发仓单报、运单报等货运电报。本站只要打开网络，就能全程追踪货物的情况，从而为货主查询提供极大方便。

# 第二节　经营方式

航空货物运输有多种不同的运输方式，其中主要有：

## 一、班机运输

班机是指定期开航的定航线、定始发站、到达站和途经站的飞机。一般航空公司都使用客货混合型飞机（combination carrier），一方面搭载旅客，一方面运送少量货物。一些航线上辟有全货机（all cargo carrier）运输货物。

班机有固定航线和停靠站，又能定期开航，能安全、迅速并准确地到达世界上各通航地点，使收、发货人能掌握货物启运和到达的时间和地点，有利于投入市场，因此最受贸易商的欢迎（见下图班机运输的航线时刻表）。特别是对季节性商品、市场急需的商品、鲜活易腐商品以及贵重商品的运送是非常有利的。不足之处是班机以运客为主，货舱有限，不能满足数量较大货物的及时出运，而且运价也较包机运输方式为贵。

**表 6－4　Shanghai-Japan ANA CARGO**

| | 航线 | 机种 | 星期 | 出发　　　经由　　　到达 |
|---|---|---|---|---|
| 大阪航线 | NH156 | B777 | 每天 | 上海 12：35→15：25 大阪 |
| | NH156 | B767 | 每天 | 上海 15：15→17：50 福冈<br>福冈 18：40→19：40 大阪 |
| 福冈航线 | NH946 | B767 | 周一至周五 | 上海 15：15→17：50 福冈 |

## 二、包机运输方式

包机运输方式可分为整包机和部分包机两种：

（一）整架包机

这是指航空公司或包机代理公司，按照与租机人双方事先约定的条件和租机费率，将整架飞机租给包机人，从一个或几个航空站装运货物运至指定目的运输方式。它适合于运输大宗货物。运费则随国际航空运输市场的供需情况而变化，一般来说均较班机运费为低。我国民航公司的包机运费是按每一飞行公里固定费率核收，并对空放里程按每一飞行公里运价的 70% 核收空驶费。

（二）部分包机

这是指由几家航空货运代理公司或发货人联合包租整架飞机，或者是由包机公司把整架飞机的舱位分租给几家航空货运代理公司。这种方式适合于不足整架飞机的货物或 1 吨以上的货物运送，运费较班机费率为低，但运送时间则比班机要长些。

包机方式活动的范围比较窄。因为各国政府为了保护本国航空公司的利益，往往对别国航空公司的业务实行各种限制，如申请入境、通过领空和降落地点等，均必须得到有关国家的批准同意。但虽然如此，目前有一些航空公司在得到有关国家同意的前提下，开辟香港与西欧国家之间的部分包机业务。

### 三、包舱包板运输

（一）概念

包舱、包集装箱（板）是航空货物运输的一种形式，它指托运人根据所运输的货物在一定时间内需要独占用飞机部分或全部货舱、集装箱、集装板，而承运人需要采取专门措施予以保证。目前航空公司通常采用固定包舱和非固定包舱。固定包舱：托运人在承运人的航线上通过包板（舱）的方式运输时，托运人无论向承运人是否交付货物，都必须支付协议上规定的运费；非固定包舱：托运人在承运人的航线上通过包板（舱）的方式运输时，托运人在航班起飞前72小时如果没有确定舱位，承运人则可以自由销售舱位。

（二）包舱包板注意事项

（1）除天气或其他不可抗力原因外，合同双方应当履行包舱运输合同规定的各自承担的责任和义务。

（2）包舱（板）人应保证托运的货物没有夹带危险品或政府禁止运输或限制运输物品。

（3）由于不可抗拒原因，导致包舱（板）运输合同不能履行，承运人不承担责任。

（4）无论何种原因，一方不能如期履行合同时，应及时通知对方。

（5）包舱（板）运输合同中的未尽事宜，按照承运人的业务规定办理。

（三）包舱包板的意义

（1）减少承运人的运营风险，有一个稳定的收入。对于某些开发难度较大或新开辟的航线，采用包舱包板的方式，可以减少承运人的初期的市场风险。

（2）能充分调动包舱包板人的积极性和主观能动性，最大限度地挖掘市场潜力。

（3）有利于一些新开辟的航线、冷航线的开发。

（4）对承运人营销力量比较薄弱的回程、中间站航线比较有利。

### 四、集中托运方式

（一）航空集中托运的概念

集中托运方式是指航空货运代理公司把若干批单独发运的货物组成一整批

向航空公司集中托运，填写一份总运单发运到同一目的站，由航空货运代理公司委托目的站当地的代理人负责收货、报关并分拨给各个实际收货人的一种运输方式。航空货运代理公司对每一委托人另发一份代理公司签发的运单，以便委托人转给收货人凭以提取货物或收取货物价款。

由于航空运价随着货物计费的增加而逐级递增减，货物重量越重代理人或集运商就可以从航空公司获取更加优惠的运价，因此集中发运大批量货物的运营模式成为众多代理人追求的目标，因为他能从航空公司获取比其他竞争对手低的运价，航空货运市场目前还是一个价格敏感程度非常强的市场，较低的价格意味着代理人占据了一个很强的竞争优势，市场销售将会非常得力，会吸引更多的托运人发货，这样一来运送货物的总量会进一步增大，再与航空公司能谈到更加优惠的运价，这是一个非常好的良性循环，代理人由此会越做越大，实际上从航空货运代理人本身的发展规律来看，规模越大越容易生存和发展。

（二）航空集中托运的服务过程

航空集中托运商将多个托运人的货物集中起来作为一票货物交付给承运人，用较低的运价运输货物。货物到达目的站，由分拨代理商统一办理海关手续后，在分别将货物交付给不同的收货人。其中集中托运商或简称集运商和分拨代理商这两个名词主要来自欧美，在有些国家专门有这样的企业；但在中国，航空代理人做的工作本身就含有集中托运的分拨代理的项目，因此这两个概念在中国就等同于航空代理人。

（三）航空集中托运的文件

（1）分运单（hawb）和主运单（mawb）。代理人在进行集中托运货物时，首先从各个托运人处收取货物，在收取货物时，需要给托运人一个凭证，这个凭证就是分运单（hawb-house air waybill）（见图 6-2），它表明托运人把货物交给了代理人，代理人收到了托运人的货物，所以分运单就是代理人与发货人交接货物的凭证，代理人可自己颁布分运单，不受到航空公司的限制，但通常的格式还按照航空公司主运单来制作。在分运单中，托运人栏和收货人栏都是真正的托运人和收货人。

代理人在收取货物之后，进行集中托运，需要把来自不同托运人的货物集中到一起，交给航空公司，代理人和航空公司之间就需要一个凭证，这个凭证就是主运单（mawb-master aie waybill）（见图 6-3）。主运单表明代理人是航空公司的销售代理人，表示取得授权的代理人在市场上可以销售航空公司的舱位。主运单是代理人与承运人交接货物的凭证，同时又是承运人运输货物的正式文件。在主运单中，托运人栏和收货人栏都是代理人。在中国只有航空公司才能颁布主运单，任何代理人不得自己印制颁布主运单。

131 | | 1234 5678            131-1234 5678

| Shipper's Name and Address | Shipper's Account Number | Not Negotiable<br>**Air Waybill**    JAPAN AIRLINES LTD<br>TOKYO, JAPAN |
|---|---|---|
| ATU CONSOLIDATOR LANGER KORNMEG<br>D-6092 GERMANY KELSTERBACH | | Issued by<br><br>P.O. BOX 7507, 1118 ZG SCHIPHOL AIRPORT, THE NETHERLANDS<br>Phone 31-20-6011420, Fax 31-20-6011777, Telex 16379<br>Chamber of Commerce Haarlem, reg. nr. 29668, SITA CODE: SPL FH MP<br>Copies 1, 2 and 3 of this Air Waybill are originals and have the same validity |

| Consignee's Name and Address | Consignee's Account Number | It is agreed that the goods described herein are accepted in apparent good order and condition (except as noted) for carriage SUBJECT TO THE CONDITIONS OF CONTRACT ON THE REVERSE HEREOF. ALL GOODS MAY BE CARRIED BY ANY OTHER MEANS INCLUDING ROAD OR ANY OTHER CARREIER UNLESS SPECIFIC CONTRARY INSTRUCTIONS ARE GIVEN HEREON BY THE SHIPPER, AND SHIPPER AGREES THAT THE SHIPMENT MAY BE CARRIED VIA INTERMEDIATE STOPPING PLACES WHICH THE CARRIER DEEMS APPROPRIATE. THE SHIPPER'S ATTENTION IS DRAWN TO THE NOTICE CONCERNING CARRIER'S LIMITATION OF LIABILITY. Shipper may increase such limitation of liability by declaring a higher value for carriage and paying a supplemental charge if required. |
|---|---|---|
| ATU BREAK BULK KK<br>NARITA AIRPORT<br>1060 MINATO-KU, TOKYO, JAPAN | | |

| Issuing Carrier's Agent Name and City | | Accounting information |
|---|---|---|
| | | |

| Agent's IATA Code | Account no. | |
|---|---|---|

| Airport of Departure (Addr. of First Carrier) and Requested Routing<br>FRANKFURT | | | | | | Reference Number | | Optional Shipping Information | |
|---|---|---|---|---|---|---|---|---|---|

| To | By first Carrier Routing and destination | To | By | To | By | Currency | CHGS Code | WT/VAL | OTHER | Declared Value for Carriage | Declared Value for Customs |
|---|---|---|---|---|---|---|---|---|---|---|---|
| TYO | JAPAN AIRLINES | | | | | | Code | PPD COLL | PPD COLL | No Value declared for carriage | |

| Airport of Destination<br>TOKYO NARITA | Requested Flight/Date | Amount of Insurance | INSURANCE - If Carrier offers insurance, and such insurance is requested in accordance with the condition thereof, indicate amount to be insured in figures in box marked "Amount of Insurance" |
|---|---|---|---|

| Handling information | | |
|---|---|---|
| | | SCI |

(For U.S.A. USE only) These commodities, technology or software were exported from the United States in accordance with the Export Administration Regulations. Division contrary to USA law prohibited.

| No. of Pieces RCP | Gross Weight | Kg lb | Rate Class<br>Commodity Item No. | Chargeable Weight | Rate Charge | Total | Nature and Quantity of Goods (incl. Dimensions or Volume) |
|---|---|---|---|---|---|---|---|
| 106 | 1662 | | 9731 | 1662 | 7.95 | 1212.9 | CONSOLIDATION AS PER ATTACHED LIST |

| Prepaid | Weight Charge | Collect | Other Charges |
|---|---|---|---|
| | Valuation Charge | | |
| | Tax | | |
| | Total Other Charge Due Agent | | Shipper certifies that the particulars on the face hereof are correct and that insofar as any part of the consignment contains dangerous goods, such part is properly described by name and is in proper condition for carriage by air according to the applicable Dangerous Goods Regulations. |
| | Total Other Charge Due Carrier | | |
| | | | Signature of Shipper or his Agent |
| Total Prepaid | Total Collect | | |
| Currency Conversion Rates | CC Charges in Dest. Currency | | Executed on (date)     at (place)     Signature of Issuing Carrier or its Agent |
| For Carrier's Use only at Destination | Charges at Destination | Total Collect Charges | |

图 6-2 分运单

HWB　77847126

| Shipper's Name and Address | | Shipper's Account Number | | HWB | ATU CONSOLIDATOR LTD KELSTERBACH GERMANY | HWB　77847126 |
|---|---|---|---|---|---|---|

Shipper's Name and Address

MESSERSCHNITT-BOELKOW-BLIHM GMBH
D-8000 MUENCHEN

HWB　ATU CONSOLIDATOR LTD
KELSTERBACH
GERMANY

Copies 1, 2 and 3 of this Air Waybill are originals and have the same validity

It is agreed that the goods described herein are accepted in apparent good order and condition (except as noted) for carriage SUBJECT TO THE CONDITIONS OF CONTRACT ON THE REVERSE HERHOF. ALL GOODS MAY BE CARRIED BY ANY OTHER MEANS INCLUDING ROAD OR ANY OTHER CARRIER UNLESS SPECIFIC CONTRARY INSTRUCTIONS ARE GIVEN HEREON BY THE SHIPPER, AND SHIPPER AGREES THAT THE SHIPMENT MAY BE CARRIED VIA INTERMEDIATE STOPPING PLACES WHICH THE CARRIER DEEMS APPROPRIATE. THE SHIPPER'S ATTENTION IS DRAWN TO THE NOTICE CONCERNING CARRIER'S LIMITATION OF LIABILITY. Shipper may increase such limitation of liability by declaring a higher value for carriage and paying a supplemental charge if required.

Consignee's Name and Address　　Consignee's Account Number

KAWASAKI HEAVY INDUSTRIES LTD
GIFU 504
JAPAN

Issuing Carrier's Agent Name and City

Accounting information

Agent's IATA Code　　Account no.

Airport of Departure (Addr. of First Carrier) and Requested Routing

Reference Number　　Optional Shipping Information

| To | By first Carrier / Routing and destination / | To | By | To | By | Currency | CHGS Code | WT/VAL PPD COLL | Other PPD COLL | Declared Value for Carriage No Value declared for carriage | Declared Value for Customs |
|---|---|---|---|---|---|---|---|---|---|---|---|
| TYO | JAPAN AIRLINES | | | | | DEM | | | | | |

| Airport of Destination | Requested Flight Date | Amount of Insurance | INSURANCE – If Carrier offers insurance, and such insurance is requested in accordance with the conditions thereof, indicate amount to be insured in figures in box marked "Amount of Insurance" |
|---|---|---|---|
| TOKYO-NARITA | | | |

Handling information

SCI

(For U.S.A. USE only) These commodities, technology or software were exported from the United States in accordance with the Export Administration Regulations. Division contrary to USA law prohibited.

| No. of Pieces RCP | Gross Weight | Kg lb | Rate Class Q Commodity Item No. | Chargeable Weight | Rate / Charge | Total | Nature and Quantity of Goods (incl. Dimensions or Volume) |
|---|---|---|---|---|---|---|---|
| 4 | 11.7 | K | | 28.0 | 8.30 | 232.40 | HELICOPTER PARTS DIMS: $34 \times 28 \times 29 CM \times 1$ $23 \times 18 \times 11 CM \times 2$ $120 \times 33 \times 33 CM \times 1$ VOLUME: 0.167CM3 VOLUME WEIGHT: 28.87K |

| Prepaid | Weight Charge | Collect | Other Charges |
|---|---|---|---|
| | Valuation Charge | | |
| | Tax | | |
| Total Other Charge Due Agent | | | Shipper certifies that the particulars on the face hereof are correct and that insofar as any part of the consignment contains dangerous goods, such part is properly described by name and is in proper condition for carriage by air according to the applicable Dangerous Goods Regulations. |
| Total Other Charge Due Carrier | | | |
| | | | Signature of Shipper or his Agent |
| Total Prepaid | Total Collect | | |
| Currency Conversion Rates | CC Charges in Dest. Currency | | Executed on (date)　　at (place)　　Signature of Issuing Carrier or its Agent |
| For Carrier's Use only at Destination | Charges at Destination | Total Collect Charges | |

图 6-3　主运单

（2）集中托运货物舱单（manifest）。由于在主运单中，货物的品名是通过品名栏中注明的"集中托运货物的相关信息附在随带的舱单中"，并没有列出具体的货物品名，因此需要查询集中托运货物舱单，才能了解在这种主运单中有哪些分运单和货物。

（3）识别标签。对于集中托运货物，要在每一件货物上贴上识别标签，在识别标签上要特别注明主单号和分单号。

（四）航空集中托运的货物

并不是所有的货物都可以采取集中托运的方式，因为在集中托运时，代理人把来自不同托运人的货物并在一个主单上运输，对于航空公司来说，对待主单上所有的货物的方式一定是一样的，不能在一张主单上有两种不同的操作方法，因此对于集中托运的货物的性质是有一定的要求，下列货物不得以集中托运形式运输：贵重物品、活体动物、尸体、骨灰、外交信袋、危险物品。

（五）直接运输与集中托运的区别

在货物运输之中，不能保证货物都用集中托运的方式，除了货物本身的要求，还由于航空运输时间要求比较高，在比较短的时间内，保证多个托运人的货物到同一个目的地，这在实际操作中，往往不能得到保证，因此许多时候还是采取直接运输的方式。

直接运输与集中托运货物的区别如下：

直接运输：货物由货主或航空货运代理人交付给承运人（航空公司）；货运单由航空货运代理人填开，并列明真正的货主（托运人和收货人）；只使用航空公司的货运单。

集中托运货物：集中托运货物由货主交付给集中托运商，然后再由集运商交付给承运人（航空公司）；货运单由集中托运商填开，航空公司货运单（主运单）上记载的货物收货人、发货人分别为集中托运商和分拨代理人，集运商的货运单（分运单）上记载的货物收货人、发货人分别为真正的货主（托运人和收货人）；使用主运单和分运单。

**五、陆空陆联运（TAT combined transport）**

陆空陆联运分三种：一是 TAT 即 Train-Air-Truck 的联运；二是 TA 即 Truck-Air 的联运；三是 TA 即 Train-Air 的联运。因大型的国际空港只有北京、天津、上海、广州、香港等少数几个。

货物先陆运至香港再转空运到最终目的地，联运货的香港收转人为"中旅货运有限公司"。发货人在制作有关单据（如发票等）时，应在上面注明"发货地至香港装火车（或卡车），由香港至中转地（或目的地）装飞机"之类的字样，并要在麦头上列明"转口货"和加盖"陆空联运"戳记，以加速货运和避免香港征税。

### 六、送交业务（delivery business）

通常用于样品、目录、宣传资料、书籍报刊之类的空运业务，由国内空运代理委托国外代理办理报关、提取、转送和送交收货人。其有关费用均先由国内空运代理垫付，然后向委托人收取。

### 七、货到付款（cash on delivery）

由发货人或其代理与承运人达成协议，承运人在货物到达交给收货人的同时，代收航空运单上记载的货款，然后寄给发货人或其代理人的运输方式。承运人接货到付款总额的一定百分比收取劳务费。我国航空公司目前尚未开办此项业务。

## 第三节　国际航空快递业务

航空急件传送是目前国际航空运输中最快捷的运输方式，它既不同于航空邮寄，也不同于航空货运，而是由一个专人用最快的速度在发货人、机场和收发货人之间传送急件。快运公司接受发货人委托后，用最快速度从发货人处提取货物急送机场赶装最快航班飞机出运。急件发出后，快运公司即用电传将航班号、急件名称及收货人等告知目的站空运代理人，以便其做接机准备。航班抵达后，该代理人在办妥进口手续后，专人急送至收货人手里，时间一般仅一至两天，快的则数小时，因此颇受各国贸易界、科技界人士的欢迎。由于有专人至收发货人处接送急件，因此有"桌到桌运输方式"（desk to desk service）之称。

航空快运业务最早是出现于 1969 年，为三个美国大学生所首创。迄今已有 30 余年历史。航空快运业务以其快捷安全的运输特点备受各国工商金融界、贸易界、运输界以及政府部门的青睐，因而在世界范围内迅速发展起来。目前快运业务已普及到世界五大洲的 200 多个国家和地区，在美国、西欧、日本等发达国家其发展更为迅速。仅美国就有约 30 家专门从事国际快件运输业务的公司。

20 世纪 70 年代末以来，航空快运业务在我国也得到了迅速的发展。中国对外贸易运输总公司是我国第一家从事航空快运业务的公司。1979 年以来，该公司与 DHL、OCS、UPS 等航空快运公司建立了快运业务关系并成立了一批中外合资企业。邮局和一些其他航空货运代理公司也开展了快运业务。快运业务在我国对外贸易和科技交流中到很大的作用。

## 一、定义

航空快递（air courier）是指具有独立法人资格的企业将进出境货物或物品从发件人（consignor）所在地通过自身或代理网络运达收件人（consignee）的一种快速运输方式，采用上述运输方式的进出境货物、物品叫快件。

快件业务从所发运快件的内容来看主要分成快件文件和快件包裹两大类，快件文件以商务文件、资料等无商业价值的印刷品为主。但也包括银行单证、合同、照片、机票等。

快件包裹又叫小包裹服务，包裹是指一些贸易成效的小型样品、零配件返修及采用快件运送方式的一些进出口货物和物品。

## 二、航空快运的特点和作用

航空快件运输（尤其是包裹运输）与普通货物运输，其基本程序和需要办理的手续是一样的，所需的运输单据和报关单证也基本相同：都要向航空公司办理托运；都要与收、发货人及承运人办理单货交接手续；都要向海关办理进出口报关手续并提供相应的报关单证。

然而，既然航空快运作为一项专门业务而独立存在，必然具有其他运输形式所不能取代的业务范围和运输特点。下面就航空快运业务与普通航空货运业务及国际邮政业务作一简单的比较，从而看出航空快运业务的特点和作用。

（1）从收运范围看，航空快运以收运文件和小包裹为主。

航空快运文件包括银行票据、贸易合同、商务信函、装船单据、小件资料等。包裹包括机器上的小零件、小件样品、录像带和小件行李等。也就是说，快运公司只收运重量和体积方面都比较小的货物，对大宗货物及私人信函不接收。

快运公司对收运货物的重量和体积的具体要求如下：文件或包裹的单件重量不得超过32公斤（含32公斤）；文件或包裹的外包装三边长相加不得超过175厘米（含175厘米），单位长不得超过102厘米（含102厘米）；普通航空货运则以收运进口的贸易货为主，并规定每件货物的体积和重量不得小于5×10×20厘米。而邮政业务则以运送私人信函为主要业务范围。要求货物的体积和重量比航空快件更小。

由此可见，航空快运和普通航空货及邮政业务三者之间的收运范围已基本划定，它们都有各自经营的领域和范围。

（2）从运输和报关单据来看，航空快运业务中有一种其他运输形式所没有的单据——POD（Proof of Delivery），即交付凭证。

POD是航空快运中最重要的单据。它一共有4联，第一联作为出口报关的单据留存始发地；第二联贴在货物包装上随货同行，作为收件人核收货物的依据并且在随货单据丢失时可作为进口报关单据；第三联留存发货地快件公司作为结算运费和统计的依据；第四联交发件人作为发运凭证。

POD 相当于普通航空货运中的分运单，但比航空分运单的用途更广泛。

（3）从服务层次（程度）来看，航空快运因设有专人负责，减少了内部交接环节，缩短了衔接时间，因而运送速度快于普通航空货运业务和邮递业务。

（4）从办理业务的机构来看，办理航空快运业务的绝大多数都是国际性的跨国公司，只是极少数国家采取代理制，因此它的整个业务过程基本上是在公司内部完成的。

而普通的航空货运基本上都是采取代理制，发货方的航空货运代理公司与收货方的航空货运代理公司通过协议来确立合作关系，进行业务往来。国际邮政业务必须通过两个或两个以上国家（地区）的邮局之间的连续作业才能完成，其效率不能不受到不同国家邮政业务效率的影响。

（5）从服务质量来看，航空快件在整个运输过程中都处于电脑的监控之下，通讯联络十分密切。航空快运业务中设有回执 POD，派送员将货交收货人时让其在 POD 上签上姓名、收货日期。货主签收货物后，派送员即将有收货人签字的 POD 交给电脑操作员，由电脑操作员将送货情况输入电脑。这样信息能很快反馈到发货方，查询时也能收到准确而及时的回复，这种方式使收、发货人都感到安全、可靠。

普通的航空货物虽然在送交收货人时也让其在底单上签字，但这种底单主要是作为货物已交付货主的凭证存入档案，而不是作为回执反馈发货方。虽然有些航空货运代理公司也开始向发货的国外代理反馈货物处理信息，但反馈的速度和准确程度远不如航空快运业务。邮政业务没有运送信息反馈，邮件丢失查找困难，即使挂号信也是被动查询，按顺序一个邮局一个邮局地查找，因此回询十分缓慢。

**三、世界六大快递公司**

到现在为止，在全世界形成规模的即能在 200 个国家和地区以上有网络并能作业的快递公司共有 6 家，即 DHL、FedEx、UPS、TNT、OCS 和依靠万国邮政联盟为基础的各国邮局即 EMS。

（1）FedEx 是典型的美国公司，靠国内快递起家，现是全球规模最大的快递运输公司，服务范围涵盖占全球国内生产总值 90% 的所有区域，能在 24 到 48 个小时之内，提供户到户的清关服务，并承诺"保证准时，否则退钱"。FedEx 有别人无可比拟的航空路线以及良好的基础设备，在每一个工作日为 211 个国家提供便捷快速、可靠准时的运输服务，每日处理的货件量平均多达

330 万份。FedEx 的整合式全球网络，现有超过 14.8 万名员工，43 500 个送件地点，662 架货机以及 45 000 辆货运车。利用全球阵容最庞大的专用货机群，为顾客把几乎所有的大货小包送往世界的每一个角落。全球服务中心大约 1 200 个，授权寄件中心超过 7 800 个，全球运输量每天大约 2 650 万磅，航空货运量每月大约 700 万磅，平均处理通话次数每天超过 50 万次，平均电子传输次数每天大约 6 300 万份。

（2）UPS 联合包裹公司，1907 年 8 月在美国西雅图市成立。在第二次世界大战前后，主要是帮助商店做购物递送，目前已成为美国国内最大的包裹投递商和全球最著名的包裹运送快递公司。

（3）DHL 起源于美国，现在公司被德国邮局收购，成为德国邮局控股的国际快递公司，总部设在布鲁塞尔，目前在国际业务中占有领先地位，重点逐步转向亚洲欧洲之间。早在 1986 年，DHL 就与中外运集团建立了合资公司，成为第一家进入中国的外国快递公司，合资公司中外运敦豪目前在中国的国际快递市场占有近 40% 的市场份额，服务范围覆盖中国的 318 个城市。中国是 DHL 全球网络中发展最快的市场之一，近年来 DHL 中国业务一直以每年 35% 至 45% 的速度递增。

（4）TNT 1946 年由澳大利亚人成立于悉尼，开始只限于国内业务，1997 年被荷兰邮局兼并。TNT 的物流很发达，特别是有关汽车、轮胎、高科技的产品和易消耗品的物流方面，它现在是世界上最大的汽车物流供应商。

（5）OCS，即日本新闻普及株式会社，1957 年由日本东京的几家主要报社出版人组建而成，其业务是为这些报社的国外订户发送报纸，到 20 世纪 70 年代以后才开始做文件、包裹的国际快递业务。总部设在日本东京，业务以亚洲为中心，是和中国在快递方面合作最早的公司。

（6）EMS 依托万国邮政联盟。按照合约，各国邮局互为代理、互相投递来自不同国家和地区的快件，同时将自己收到的快件交到收件人手中，其业务也在不断地发展。

**四、快递运输方式的种类**

快递运输方式从大类上主要分为三种：国际快递、国内快递和同城快递。

（1）国际快递。具有独立法人资格的企业将进出境的文件和包裹（document & parcel）从发件人（consigners）手中通过自身或代理网络运到收件人（consignees）手中的一种快速运送方式叫国际快递。被运送的文件或包裹就叫快件。国际快递主要分为三类：门到门（door to door）、门到机场（door to airport）、专人派送（courier on board）。

（2）国内快递。国内快递指主要在一个国家范围内进行经营快件的行为。

对于我国很多快递公司的快件主要在中国国内进行运输，这就是国内快递。

（3）同城快递。同城快递是指在特定城市内的经营。

# 第四节　航空运单

## 一、性质与作用

航空运单（air waybill）与海运提单有很大不同，却与国际铁路运单相似。它是由承运人或其代理人签发的重要的货物运输单据，是承托双方的运输合同，其内容对双方均具有约束力。航空运单非物权凭证，是不可转让的，持有航空运单并不拥有货物所有权。

（一）航空运单是发货人与承运人之间的运输合同

与海运提单不同，航空运单不仅证明航空运输合同的存在，而且其本身就是发货人与承运人之间缔结的货物运输合同。在双方共同签署后产生效力，并在货物到达目的地交付给运单上记载的收货人后失效。

（二）航空运单是承运人签发的已接收货物的证明

航空运单也是货物收据，在发货人将货物发运后，承运人或其代理人就会将其中一份交给发货人，作为已经接收货物的证明。除非另外注明，它是承运人收到货物并在良好条件下装运的证明。

（三）航空运单是承运人据以核收运费的账单

航空运单分别记载着收货人、承运人应负担的费用和应支付给代理人的费用，并详细列明费用的种类、金额，因此可作为运费账单和发票。承运人往往也将其中的承运人联作为记账凭证。

（四）航空运单是报关单证之一

出口时航空运单是报关单证之一。在货物到达目的地机场进行报关时，航空运单也通常是海关查验放行的基本单证。

（五）航空运单同时可作为保险证书

如果承运人承办保险或发货人要求承运人代办保险，则航空运单也可用来作为保险证书。

（六）航空运单是承运人内部业务的依据

航空运单随货同行，证明了货物的身份。运单上载有有关该票货物发送、转运、交付的事项，承运人会据此对货物的运输做出相应安排。

航空运单正本一式三份，每份都印有背面条款。其中一份交发货人，是承运人或代理人接收货物的依据；第二份由承运人留存，作为记账凭证；最后一份随货同行，在货物到达目的地，交付给收货人时作为核收货物依据。

## 二、航空运单的分类

航空运单主要分为两大类：

### （一）航空主运单（MAWB，master Air waybill）

凡由航空公司签发的航空运单就称为主运单。它是航空公司据以办理货物运输和交付的依据，是航空公司和托运人订立的运输合同。每一批货物都有其相对应的主运单。

### （二）航空分运单（HAWB，house air waybill）

集中托运人在办理集中托运业务时，签发的航空运单称为分运单。即在集中托运情况下，既存在主运单，又有分运单。

分运单作为集中托运人与托运人之间的货物运输合同，而主运单作为航空运输公司与集中托运人之间的运输合同，即货主与航空运输公司没有直接的契约关系。

不仅如此，由于在起运地货物由集中托运人将货物交付航空公司，在目的地由集中托运人或其代理从航空公司处提取货物，再转交给收货人，因此货主与航空公司也没有直接的货物交接关系。

## 三、航空货运单的构成

航空货运单一般一式十二联，其中正本三联，副本六联，还有三份额外副本联。各联用途如表6-5。

**表6-5 航空运单各联用途**

| 顺序 | 名称 | 英文名称 | 颜色 | 用途 |
| --- | --- | --- | --- | --- |
| 1 | 正本3 | Original3 | 蓝 | 交托运人 |
| 2 | 正本1 | Original1 | 绿 | 开单人 |
| 3 | 副本9 | Copy9 | 白 | 交代理人 |
| 4 | 正本2 | Original2 | 粉红 | 交收货人 |
| 5 | 副本4 | Copy4 | 黄 | 提货收据 |
| 6 | 副本5 | Copy5 | 白 | 交目的地机场 |
| 7 | 副本6 | Copy6 | 白 | 交第三承运人 |
| 8 | 副本7 | Copy7 | 白 | 交第二承运人 |
| 9 | 副本8 | Copy8 | 白 | 交第一承运人 |
| 10 | 额外副本 | Extra Copy10 | 白 | 供承运人使用 |
| 11 | 额外副本 | Extra Copy11 | 白 | 供承运人使用 |
| 12 | 额外副本 | Extra Copy12 | 白 | 供承运人使用 |

## 四、航空运单的内容

航空运单与海运提单类似也有正面、背面条款之分。所不同的是航运公司的海运提单可能千差万别，但各航空公司所使用的航空运单则大多借鉴 IATA 推荐的标准格式（也称中性运单），所以差别并不大。航空运单有关需要填写的栏目说明如下：

（1）始发站机场：需填写 IATA 统一制定的始发站机场城市的三字代码，这一栏应该和 11 栏相一致。

IA：IATA 统一编制的航空公司代码，如我国的国际航空公司的代码就是 999；

IB：运单号。

（2）发货人姓名、住址（shipper's name and address）：填写发货人姓名、地址、所在国家及联络方法。

（3）发货人账号：只在必要时填写。

（4）收货人姓名、住址（consignee's name and address）：应填写收货人姓名、地址、所在国家及联络方法。与海运提单不同，因为空运单不可转让，所以"凭指示"之类的字样不得出现。

（5）收货人账号：只在必要时填写。

（6）承运人代理的名称和所在城市（issuing carrier's agent's name and city）。

（7）代理人的 IATA 代号。

（8）代理人账号。

（9）始发站机场及所要求的航线（airport of departure and requested routing）：这里的始发站应与第 1 栏填写的相一致。

（10）支付信息（accounting information）：此栏只有采用特殊付款方式时才填写。

（11）A（C.E）去往（TO）：分别填入第一（二、三）中转站的机场的 IATA 代码。

（12）B（D、F）承运人（By）：分别填入第一（二、三）段运输的承运人。

（13）货币（currency）：填入 ISO 货币代码。

（14）收费代号：表明支付方式。

（15）运费及声明价值费（WT/VAL，weight charge/valuation charge）：

此时可以有两种情况，预付（PPD，prepaid），或到付（COLL，collect）。如预付在 14A 中填入"X"，否则填在 14B 中。需要注意的是，航空货物运输中运费与声明价值费支付的方式必须一致，不能分别支付。

（16）其他费用（other）：也有预付和到付两种支付方式。

（17）运输声明价值（declared value for carriage）：在此栏填入发货人要求的用于运输的声明价值。如果发货人不要求声明价值，则填入"NVD（no value declared）"。

（18）海关声明价值（declared value for customs）：发货人在此填入对海关的声明价值，或者填入"NCV"（no customs valuation），表明没有声明价值。

（19）目的地机场（airport of destination）：填写最终目的地机场的全称。

（20）航班及日期（flight/date）：填入货物所搭乘航班及日期。

（21）保险金额（amount of Insurance）：只有在航空公司提供代保险业务而客户也有此需要时才填写。

（22）操作信息（handling information）；一般填入承运人对货物处理的有关注意事项。如"托运人需提供活动物证明"等。

（23A－23L）货物运价、运费细节。

（23A）货物件数和运价组成点：填入货物包装件数。如10包即填"10"。当需要组成比例运价或分段相加运价时，在此栏填入运价组成点机场的IATA代码。

（23B）毛重（gross weight）：填入货物总毛重。

（23C）重量单位：可选择公斤（kg）或磅（lb）

（23D）运价等级（rate class）：针对不同的航空运价共有6种代码，它们是M（minimum，起码运费）、C（specific commodity rates，特种还价）、s（surcharge，属于普通货物运价的等级货物运价）、R（reduced，低于普通货物运价的等级货物运价）、N（normal，45公斤以下货物适用的普通货物运价）、Q（quantity，45公斤以上货物适用的普通货物运价）。

（23E）商品代码（commodity item No.）：在使用特种运价时需要在此栏填写商品代码。

（23F）计费重量（chargeable weight）：此栏填入航空公司据以计算运费的计费重量，该重量可以与货物毛重相同也可以不同。

（23G）运价（rate/charge）：填入该货物适用的费率。

（23H）运费总额（total）：此栏数值应为起码运费值或者是运价与计费重量两栏数值的乘积。

（23I）货物的品名、数量，含尺码或体积（nature and quantity of goods incl. dimensions or volume）：货物的尺码应以厘米或英寸为单位，尺寸分别以货物最长、最宽、最高的边为基础。体积则是上述三边的乘积，单位为立方厘米或立方英寸。

（23J）该运单项下货物总件数。

（23K）该运单项下货物总毛重。

（23L）该运单项下货物总运费。

（24）其他费用（other charges）：指除运费和声明价值附加费以外的其他费用。根据 IATA 规则各项费用分别用三个英文字母表示。其中前两个字母是某项费用的代码，如运单费就表示为 AW（air waybill fee）。第三个字母是 C 或 A，分别表示费用应支付给承运人（carrier）或货运代理人（agent）。

（25）~（26）分别记录运费、声明价值费和税款金额，有预付与到付两种方式。

（27）~（28）分别记录需要付与货运代理人（due agent）和承运人（due carrier）的其他费用合计金额。

（29）需预付或到付的各种费用。

（30）预付、到付的总金额。

（31）发货人的签字。

（32）签单时间（日期）、地点、承运人或其代理人的签字。

（33）货币换算及目的地机场收费记录。

以上所有内容不一定要全部填入空运单。IATA 也并未反对在运单中写入其他所需的内容。但这种标准化的单证对航空货运经营人提高工作效率，促进航空货运业向电子商务的方向迈进有着积极的意义。

# 第五节　进出口运输程序

## 一、办理进口货物的程序

（1）在国外发货前，进口单位就应将合同副本或订单以及其他有关单证送交进口空港所在地的空代，作为委托报关、接货的依据。

（2）货物到达后，空代接到航空公司到货通知时，应从机场或航空公司营业处取单（指航空运单第三联正本——original for the consignee）。取单时应注意两点：①航空公司免费保管货物的期限为三天，超过此限取单应付保管费；②进口货物应自运输工具进境之日起 14 天内办理报关。如通知取单日期已临近或超过限期，应先征得收货人同意缴纳滞报金后方可取单。

（3）取回运单后应与合同副本或订单校对。如合同号、唛头、品名、数量、收货人或通知人等无误，应立即填制"进口货物报关单"并附必要的单证，向设在空港的海关办理报关。如由于单证不全而无法报关时，应及时通知收货人补齐单据或通知收货人自行处理，以免承担过期报关而需缴滞报金的责任。作为收货人应立即答复或处理。

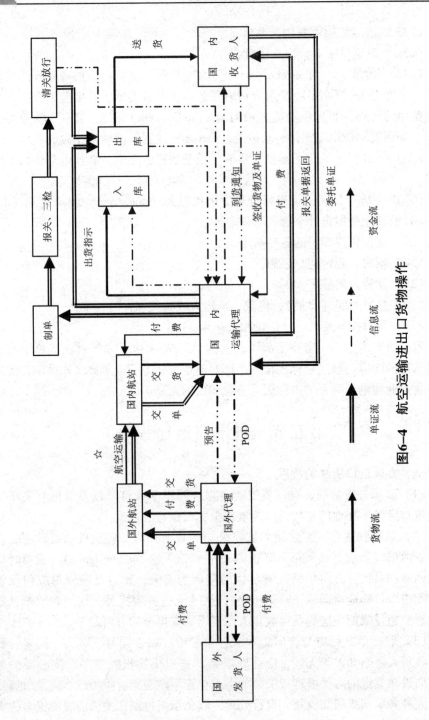

图6-4 航空运输进出口货物操作

（4）海关审单通过后，空代应按海关出具的税单缴纳关税及其他有关费用。然后凭交费收据将所有报关单据送海关，海关对无需验货的货物直接在航空运单上盖章放行；对需要验货的，查验无讹后放行；对单货不符的由海关扣留，另行查处。

（5）海关放行后，属于当地货物立即送交货主；如为外地货物，立即通知货主到口岸提取或按事先的委托送货上门。对须办理转运的货物，如不能就地报关的，应填制"海关转运单"并附有关单据交海关制作"关封"随货转运。

（6）提货时如发现缺少、残损等情况，空代应向航空公司索取商务记录，交货主向航空公司索赔，也可根据货主委托代办索赔；如提货时包装外表完好，但内部货物的质量或数量有问题，则属于"原残"，应由货主向商检部门申请检验出证向国外发货人交涉赔偿；如一张运单上有两个或两个以上的收货人，则空代应按照合同或分拨单上的品名、数量、规格、型号，开箱办理分拨与分交。收货人应向空代出具收货证明并签字，注明日期。

**二、办理出口货物的程序**

（1）出口单位如委托空代办理空运出口货物，应向空代提供"空运出口货物委托书"和出口合同副本各一份。对需要包机运输的大宗货物出口单位应在发运货物前40天填写"包机委托书"送交空代。对需要紧急运送的货物或必须在中途转运的货物，应在"委托书"中说明，以便空代设法安排直达航班或便于衔接转运的航班。

（2）空代根据发货人的委托书向航空公司填写"国际货运托运书"，办理订舱手续。托运书上要写明货物名称、体积、重量、件数、目的港和要求出运的时间等内容。订妥舱位后，交代应及时通知发货人备货、备单。

（3）出口单位备妥货物、备齐所有出口单证后送交空代，以使空代向海关办理出口报关手续。

（4）空运出口货物要妥善包装，每件货物上要有收货人、托运人的姓名、地址、箱号、唛头、拴挂或粘贴有关的标签。对须特殊处理或照管的货物要粘贴指示性标志。空代在接货时要根据发票、装箱单逐一清点和核对货物的名称、数量、合同号、唛头，检查包装是否符合要求，有无残损等。

（5）对于大宗货物和集中托运货物一般由货代在自己的仓库场地、货棚装板、装箱，也可在航空公司指定的场地进行。在装板、装箱时要注意以下问题：

① 不要用错板型、箱型。因不同航空公司的集装板、集装箱的尺寸不同，用错了不能装机。而且每家航空公司的板、箱不允许别家航空公司的航班使用。

② 货物装板、装箱时不得超过规定的重量、高度和尺寸。一定型号的板、箱用于一定的机型。一旦超装，就无法装机。所以既不可超装，又要用足板、箱的负荷和尺寸。

③ 要封盖塑料薄膜以防潮防雨。板、箱要衬垫平稳、整齐，使结构牢靠，系紧网索，以防倒垛。

④ 对于整票货尽可能装一个或几个板、箱，以防散乱、丢失。

（6）空代向航空公司交货时，应预先制作交接清单一式两份。航空公司接货人员根据空代提供的交货清单和航空运单逐一核对点收，如有下述情况之一将予拒收。

① 航空运单上未注明货物的包装方式和尺寸，或包装不符合要求。

② 包装上无收货人、发货人的姓名地址。

③ 货物标签失落或粘贴不牢。

④ 运单上第一航空承运人为外国航空公司。

⑤ 运单上更改处未加盖更改图章。

⑥ 运价和运费有错。

⑦ 随附的文件未用信封装好，或订附不牢。

货物经核对无误后接货人员应在交接单上签字，各执一份。

（7）空代将所有报关单证送海关后，海关审单未发现任何问题（必要时需查验货物）便在航空运单正本、出口收汇核销单和出口报关单上加盖放行章。

（8）出口单位凭空代签发的"分运单"向银行办理结汇。如出口单位直接向航空公司托运，就凭航空公司签发的"主运单"向银行办理结汇。

（9）到目的地后，航空公司立即以书面或电话通知当地空代或收货人提货。空代或收货人接到通知后应先行办理进口报关手续，提货时应当场查看货物，如无问题应在运单的"发货收据"上签收。如发现货物损坏或短缺应要求承运人出具运输事故记录，以便事后进行索赔。

**三、变更运输**

托运人在货物发运后，可以对货运单上除声明价值和保险金额外的其他各项做变动。托运人要求变更时，应出示运单正本并保证支付由此产生的费用。在收货人还未提货或还未要求索取运单和货物，或者拒绝提货的前提下，托运人的要求应予以满足。托运人的要求不应损害承运人及其他托运人的利益，当托运人的要求难以做到时，应及时告知。

（一）变更运输的范围

1. 费用方面

（1）运费预付改为运费到付，或将运费到付改为运费预付；

（2）更改垫付款的数额。

2. 运输方面

（1）在运输的始发站将货物撤回；

（2）在任何经停站停止货物运输；

（3）更改收货人；

（4）要求将货物运回始发站机场；

（5）变更目的站；

（6）从中途或目的站退运。

（二）变更运输的处理方式

货物发运前，托运人要求更改付款方式或代垫付款数额时，应收回原货运单，根据情况补收或返回运费，并按照有关航空公司的收费标准向托运人收取变更运输手续费、货运单费。托运人在始发站要求退货时，应向托运人收回货运单正本，扣除已发生的费用（如地面运输费、托运手续费）后将余款退回托运人。

货物发运后和提取前，托运人要求变更付款方式或代垫付款数额时，应填写货物运费更改通知单，根据不同情况补收或退回运费，并按有关航空公司的收费标准向托运人收取变更运输手续费。

如托运人要求变更运输（如中途停运、改变收货人）除应根据上述有关规定办理外。还应及时与有关承运人联系，请其办理。改变运输意味着运费发生变化，应向托运人多退少补运费。并向托运人收取变更运输手续费。

# 第六节　航空运价

## 一、航空运输区划

与其他运输方式不同的是，国际航空运输中运费的有关各项规章制度、运费水平都是由国际航协统一协调、制定的。在充分考虑了世界上各个不同国家、地区的社会经济、贸易发展水平后，国际航协将全球分成三个区域，简称为航协区（IATA Traffic Conference Areas），每个航协区内又分成几个亚区。由于航协区的划分依据的是不同地区不同的经济、社会以及商业条件，因此和我们熟悉的世界行政区划有所不同。其中：

一区（TC1）：包括北美、中美、南美、格陵兰、百慕大和夏威夷群岛。

二区（TC2）：由整个欧洲大陆（包括俄罗斯的欧洲部分）及毗邻岛屿，冰岛。亚速尔群岛，非洲大陆和毗邻岛屿，亚洲的伊朗及伊朗以西地区组成。本区也是和我们所熟知的政治地理区划差异最多的一个区，它主要有三个亚区：

（1）非洲区：含非洲大多数国家及地区，但北部非洲的摩洛哥、阿尔及利亚、突尼斯、埃及和苏丹不包括在内。

（2）欧洲区：包括欧洲国家和摩洛哥、阿尔及利亚、突尼斯三个非洲国家和土耳其（既包括欧洲部分，也包括亚洲部分）。俄罗斯仅包括其欧洲部分。

（3）中东区：包括巴林、塞浦路斯、埃及、伊朗、伊拉克、以色列、约旦、科威特、黎巴嫩、阿曼、卡塔尔、沙特阿拉伯、苏丹、叙利亚、阿拉伯联合酋长国、也门等。

三区（TC3）：由整个亚洲大陆及毗邻岛屿（已包括在二区的部分除外）、澳大利亚、新西兰及毗邻岛屿、太平洋岛屿（已包括在一区的部分除外）组成。其中：

南亚次大陆区：包括阿富汗、印度、巴基斯坦、斯里兰卡等南亚国家。

东南亚区：包括中国（含港、澳、台）、东南亚诸国、蒙古、俄罗斯亚洲部分及土库曼斯坦等独联体国家、密克罗尼西亚等群岛地区。

西南太平洋洲区：包括澳大利亚、新西兰、所罗门群岛等。

日本、朝鲜区：仅含日本和朝鲜。

三大航空区划范围、特征、主要国家见表6-5。

表6-5　三大航空区划范围、特征、主要国家

| 航区 | 区域范围 | 主要特征 | 主要国家 |
|---|---|---|---|
| TC1 | 该区东临TC2区、西接TC3区，北起格陵兰岛，南至南极洲。主要包括南北美洲、拉丁美洲以及附近岛屿和海洋。TC1区与其他各洲只有通过海洋运输和航空运输 | 美国、加拿大是世界上经济发展水平最高地区，航空运输人员、机群、业务量、营运收入名列世界前茅 | 美国、加拿大、墨西哥、阿根廷、巴西、智利、哥伦比亚、秘鲁、乌拉圭、委内瑞拉、萨尔瓦多、洪都拉斯等 |
| TC2 | 东临TC3区，西接TC1区，北起北冰洋诸岛，南至南极洲，包括欧洲、非洲、中东及附近岛屿 | 欧洲是世界经济发展水平较高的地区。航空运输发达，运输量仅次于北美。中东地区面积狭小，但航线分布密集，空运量较大。非洲是世界经济水平最低的一个洲，也是航空运输落后地区 | 比利时、克罗地亚、荷兰、罗马尼亚、土耳其、挪威、波兰、英国、意大利、葡萄牙、巴林、塞浦路斯、埃及、伊朗、伊拉克、以色列、约旦、科威特、黎巴嫩、阿曼、卡塔尔、沙特阿拉伯、苏丹、叙利亚、阿拉伯联合酋长国、也门等 |

| 航区 | 区域范围 | 主要特征 | 主要国家 |
|---|---|---|---|
| TC3 | 东临 TC1 区，西接 TC2 区，北起北冰洋，南至南极洲，包括亚洲（除中东包括的亚洲部分国家）、大洋洲及太平洋岛屿的广大地区 | 亚洲经济发展迅猛，航空业务量飞快，尤其中国最为突出。大洋洲沟通太平洋、印度洋，联系各洲海空航线，在世界交通上地位重要 | 阿富汗、印度、巴基斯坦、斯里兰卡、中国（含港、澳、台）、东南亚诸国、日本、朝鲜、蒙古、俄罗斯亚洲部分及土库曼斯坦等独联体国家、密克罗尼西亚、澳大利亚、新西兰、所罗门群岛 |

### 二、航空运费计算中的基础知识

#### （一）运价的概念

航空运价，又称航空费率，是指承运人对所运输的每一重量单位货物（公斤或磅）（kg or lb）所收取的自始发地机场至目的地机场的航空费用。货物的航空运价一般以运输始发地的本国货币公布。

#### （二）航空运费的概念

货物的航空运费是指将一票货物自始发地机场运输到目的地机场所应收取的航空运输费用。货物的航空运费主要由两个因素组成，即货物适用的运价与货物的计费重量。

### 三、计费重量（chargeable weight）

计费重量是指用以计算货物航空运费的重量。货物的计费重量或者是货物的实际毛重，或者是货物的体积重量，或者是较高重量分界的重量。

#### （一）实际毛重（actual gross weight）

包括货物包装在内的货物重量，称为货物的实际毛重。由于飞机最大起飞重量及货舱可用业载的限制，一般情况下，对于高密度货物（high density cargo）应考虑其货物实际毛重可能会成为计费重量。

#### （二）体积重量（volume weight）

按照国际航协规则，将货物的体积按一定的比例折合成的重量，称为体积重量。由于货舱空间体积的限制，一般对于低密度的货物（low density cargo）即轻泡货物，考虑其体积重量可能会成为计费重量。

不论货物的形状是否为规则的长方体或正方体，计算货物体积时，均应以最长、最宽、最高的三边厘米长度计算。长、宽、高的小数部分按四舍五入取整，体积重量的折算，换算标准为每 6 000 立方厘米折合 1 公斤。

$$体积重量（公斤，kg）＝货物体积 \div 6\,000 cm^3/kg$$

#### （三）计费重量（chargeable weight）

一般地，采用货物的实际毛重与货物的体积重量两者比较取高者；但当货物按较高重量分界点的较低运价计算的航空运费较低时，则此较高重量分界点的货物起始重量作为货物的计费重量。

国际航协规定，国际货物的计费重量以 0.5 公斤为最小单位，重量尾数不足 0.5 公斤的，按 0.5 公斤计算；0.5 公斤以上不足 1 公斤的，按 1 公斤计算。例如：103.001kg→103.5kg，103.501kg→104.0kg。

当使用同一份运单收运两件或两件以上可以采用同样种类运价计算运费的货物时，其计费重量规定如下：计费重量为货物总的实际毛重与总的体积重量两者较高者。同上所述，较高重量分界点重量也可能成为货物的计费重量。

（四）最低运费（minimum charge）

最低运费是指一票货物自始发地机场至目的地机场航空运费的最低限额。货物按其适用的航空运价与其计费重量计算所得的航空运费，应与货物最低运费相比，取高者。

**四、普通货物运价**

（一）基本知识

普通货物运价是指除了等级货物运价和指定商品运价以外的适合于普通货物运输的运价。该运价公布在 TACT Rates Books Section 4 中。

通常，普通货物运价根据货物重量不同，分为若干个重量等级分界点运价。例如，"N"表示标准普通货物运价（normal general cargo rate），是指 45 公斤以下的普通货物运价（如无 45 公斤以下运价时，N 表示 100 公斤以下普通货物运价）。同时，普通货物运价还公布有"Q45"、"Q100"、"Q300"等不同重量等级分界点的运价。这里"Q45"表示 45 公斤以上（包括 45 公斤）普通货物的运价，依此类推。对于 45 公斤以上的不同重量分界点的普通货物运价均用"Q"表示。

用货物的计费重量和其适用的普通货物运价计算而得的航空运费不得低于运价资料上公布的航空运费的最低收费标准（M）。

这里，代号"N"、"Q"、"M"在 AWB 的销售工作中，主要用于填制货运单运费计算栏中"RATE CLASS"一栏。

（二）运费计算

1. 运费计算步骤的术语解释

volume：体积

volume weight：体积重量

chargeable weight：计费重量

applicable rate：适用运价

weight charge：航空运费

2. 计算

例：Routing：BEIJING，CHINA（BJS）

to TOKYO，JAPAN（TYO）

Commodity：Sample

Gross Weight：37.4kgs

Dimensions：90×60×42cm

计算该票货物的航空运费。

公布运价如下：

| BEIJING Y. RENMINBI | | CN CNY | BJS KGS |
|---|---|---|---|
| TOKYO | JP | M | 230.00 |
| | | N | 37.51 |
| | | 45 | 28.13 |

［解］（1）按实际重量计算

Volume：$90×60×42cm = 226\ 800cm^3$

Volume Weight：$226\ 800cm^3 ÷6000cm^3/kg = 37.8kg = 38.0kg$

Gross Weight：37.4kg

Chargeable Weight：38.0kg

Applicable Rate：GCR N37.51CNY/KG

Weight Charge：$38.0×37.51 = CNY1\ 425.38$

（2）采用较高重量分界点的较低运价计算

Chargeable Weight：45.0kg

Applicable Rate：GCR Q28.13CNY/KG

Weight Charge：$45.0×28.13 = CNY1\ 265.85$

（1）与（2）比较，取运费较低者。

Weight Charge：$45.0×28.13 = CNY1\ 265.85$

**五、指定商品运价**

（一）基本知识

指定商品运价（specific commodity rate，SCR）是指适用于自规定的始发地至规定的目的地特种品名货物的运价。

通常情况下，指定商品运价低于相应的普通货物运价。就其性质而言，该运价是一种优惠性质的运价。

国际航空运输协会公布指定商品运价时，将货物划分为下列各品种：

0001～0999 食用动物和蔬菜产品

1000～1999 活动物和非食用动物及蔬菜产品

2000～2999 纺织品、纤维及其制品

3000～3999 金属及其制品，不包括机械、车辆、电器设备

4000～4999 机械、车辆和电器设备

5000～5999 非金属矿产品及其制品

6000～6999 化工品及其制品

7000～7999 纸、芦苇、橡胶和木材及其制品

8000～8999 科学和贵重的仪器及其零件

9000～9999 其他货物

这些大的品类再细分为100分类，较详细地解释各种货物。如：2 195 天然的和人造的纱、线和/或纤维，未再进行加工或制作的而且只限成包、捆、件的布料，衣服和袜。纺织成品即主要以纺织品制成的物品或材料（丝绸、生丝和刺绣品包括在2195号之内）。0003 食品包括奶制品、海味和肉类（水产物、罐头物品均包括在0003号之内）。

指定商品运价用于在特定的始发站和到达站航线上运输的特种货物。公布指定商品运价时，同时公布起码重量。指定商品运价往往低于普通货物的运价。

（二）运费计算

（1）条件。在使用指定商品运价时，只要所运输的货物满足下述三个条件，则运输始发地和运输目的地就可以直接使用指定商品运价：

① 运输始发地至目的地之间有公布的指定商品运价；

② 托运人所交运的货物，其品名与有关指定商品运价的货物品名相吻合；

③ 货物的计费重量满足指定商品运价使用时的最低重量要求。

（2）计算步骤

① 先查询运价表，如有指定商品代号，则考虑使用指定商品运价。

② 查找 tact rates books 的品名表，找出与运输货物品名相对应的指定商品代号。

③ 如果货物的计费重量超过指定商品运价的最低重量，则优先使用指定商品运价。

如果货物的计费重量没有达到指定商品运价的最低重量，则需要比较计算。

（3）计算

例：Routing：BEIJING，CHINA（BJS）

to OSAKA，JAPAN（OSA）

Commodity：FRESH ORANGES

Gross Weight：EACH71.5kg，TOTAL 6 PIECES

Dimensions：$113 \times 40 \times 24cm \times 6$

计算航空运费并填制航空货运单的运费计算栏。

公布运价如下：

| BEIJING | CN | | BJS |
|---|---|---|---|
| Y. RENMINBI | CNY | | KGS |
| OSAKA | JP | M | 230 |
| | | N | 37.51 |
| | | 45 | 28.13 |
| | 0008 | 300 | 18.80 |
| | 0030 | 500 | 20.61 |
| | 1093 | 100 | 18.43 |
| | 2195 | 500 | 18.80 |

解：运费计算如下：

Volume：$113 \times 40 \times 24cm \times 6 = 650\ 880cm^3$

Volume Weight：$650\ 880cm^3 \div 6\ 000\ cm^3/kgs = 108.48kg = 108.5kg$

Gross Weight：$71.5 \times 6 = 429.0kg$

Chargeable Weight：429.0kg

查找 tact rates books 的品名表，品名编号"0008"所对应的货物名称为"fruit, vegetables-fresh"，现在承运的货物是 FRESH ORANGES，符合指定商品代码"0008"，货主交运的货物重量符合"0008"指定商品运价使用时的最低重量要求。

Applicable Rate：SCR 0008/Q300 18.80CNY/kg

Weight Charge：$429.0 \times 18.80 = CNY8\ 065.20$

## 六、货物的等级运价

货物的等级运价，仅适用于在指定的地区内少数货物的运输，通常是在一般货物运价基础上加或减一定的百分比。当某一种货物没有特种货物运价可适用时，方可使用合适的等级运价。其起码重量规定为 5 公斤。

适用等级运价的主要货物是：

（1）活动物、活动物品集装箱和笼子。

（2）贵重物品。

（3）尸体。

上述物品的运价按 45 公斤以下的一般货物运价的 200% 计收。

（4）纸、杂志、定期刊物、书籍、商品目录、盲人和聋哑人专用设备和书籍等出版物。

（5）作为货物托运的行李。

上述物品的运价按 45 公斤以下的一般货物运价的 50% 计收。

**七、非公布的直达航空运价**

如果甲地至乙地没有可适用的公布的直达运价，则要选择比例运价或分段相加运价，称为非公布的直达航空运价。

（一）比例运价（construction rates）

运价手册上除公布直达运价外，还公布一种不能单独使用的附加数（add-on amounts）。当货物的始发地或目的地无公布的直达运价时，可采用比例运价与已知的公布的直达运价相加，构成非公布的直达运价。

需要注意的是在利用比例运价时，普通货物运价的比例运价只能与普通货物运价相加，特种货物运价、集装设备的比例运价也只能与同类型的直达运价相加，不能混用。此外，还可以在计算中使用两个比例运价，但这两个比例运价不可连续使用。

（二）分段相加运价（combination rates）

所谓分段相加运价是指在两地间既没有直达运价也无法利用比例运价时，可以在始发地与目的地之间选择合适的计算点。分别找到始发地至该点、该点至目的地的运价，两段运价相加组成全程的最低运价。

无论是比例运价还是分段相加运价。中间计算点的选择，也就是不同航线的选择将直接关系到计算出来的两地之间的运价，因此承运人允许发货人在正确使用的前提下，以不同计算结果中最低值作为该货适用的航空运价。

# 第七节　航空货运索赔与案例分析

**一、索赔的基础知识**

（一）货物索赔的含义

货物索赔是托运人、收货人或其代理人对承运人在货物运输组织的全过程中，所造成的货物毁灭、破损、遗失、变质、污染、延误等同承运人提出赔偿的要求。

（二）索赔的有关法律依据

在航空货物运输过程中，主要是两种运输范围的问题：国际运输和国内运输。在航空国际货运中，主要的法律依据是华沙体制中的《华沙公约》和《海牙议定书》；在国内货物运输中，主要是《中华人民共和国民用航空法》、《中国民用航空货物国内运输规则》。

除了这两个法律条文外，以下还有同航空货运有关的国家法律和规定：

《中华人民共和国民事诉讼法》；

《中华人民共和国民法通则》；

《中华人民共和国商品检验法》；

《中华人民共和国动植物检验法》；

《中华人民共和国濒危动物保护法》；

《中华人民共和国消费者权益法》；

《中国民航局政府令》；

《中国民航航空货运管理规则》；

本国适用的有利于消费者的法律和法规。

（三）索赔人

（1）货运单上托运人或收货人。

（2）持有货运单上托运人或收货人签署的权益转让书的人员。

——承保货物的保险公司；

——受索赔人之托的律师；

——有关的其他单位；

——集运货物的主托运人和主收货人

（3）托运人、收货人是指主运单上填写的托运人或收货人。向航空公司提出索赔的应是主运单上填写的托运人或收货人。客户或分运单上的托运人、收货人或其他代理人应向主运单上填写的托运人或收货人提出索赔。

（4）如果收货人在到达站已将货物提取，则托运人将无权索赔。如托运人要求索赔的话，应该有收货人出具的权益转让书。

（四）索赔地点

托运人、收货人或其代理在始发站、目的站或损失事故发生的中间站均可以书面或在运输凭证上注明，向承运人（第一承运人或最后承运人或当事承运人）或其代理提出索赔要求。

（五）索赔时限

对货物损坏或短缺应在收到货物后次日起 14 天内提出；对于运输延误应在货物交由收货人支配之日起 21 天内提出；对货物丢失应在自填开货运单的次日起 120 天内提出。如未能在上述时限内提出异议，即丧失向承运人索赔的权利。

（六）索赔的手续

在上述规定的时限内，托运人、收货人或其代理应书面向承运人或其代理提出赔偿要求；索赔人还应开具"索赔清单"，详细说明货物损坏、短缺、遗失、延误的情况，并随附货运单、商业发票、装箱单的影印件。

（七）理赔与赔偿的最高限额

受理赔偿的部门根据索赔要求首先应备制有关文件，如货运单；货、邮舱单；货物运输事故记录；来往查询电报；货损事故调查报告以及其他有关货损的资料。其次提出合理的赔偿金额，但对普通货物根据最高赔偿金额为毛重每公斤 20 美元。如托运人已办理声明价值并交付声明价值附加费的，则赔偿金额以不超过声明价值为限。对已使用航段的运费不退还，但对未使用航段的运费应退还索赔人。

（八）诉讼地点与时限

如托运人或收货人欲对承运人起诉，起诉地点应为承运人的所在地，或签约地或目的地法院。诉讼应在航空器到达目的地之日起或应该到达之日起或运输停止之日起 2 年内提出，否则便丧失追诉权。

（九）索赔所需的文件

（1）正式索赔函两份；

（2）货运单正本或副本；

（3）货物商业发票、装箱清单和其他必要资料；

（4）货物舱单（航空公司复印）；

（5）货物运输事故签证（货物损失的客观详细情况）；

（6）商检证明（货物损害后由商检等中介机构所做的鉴定报告）；

（7）运输事故记录；

（8）来往电传等文件。

（十）索赔规定

内损货物的责任。货物的内损指货物的外包装完好，但货物本身破损了。对于此类货物的破损，如无确实的证据证明是由于承运人的过错造成的，则承运人不承担责任。但对于外包装破损物件发生遗失、损坏或者延误，用以决定承运人责任限额的重量，仅为该件或者件数的总重量。如货物的一部分或者货物中任何物件发生遗失、损坏或者延误，用以决定承运人责任限额的重量，仅为该件或者件数的总重量。如货物的一部分或者货物中任何物件发生遗失、损坏或者延误以致影响同一份货运单所列的另一包件或者其他包件的价值时，在确定责任限额时另一包装件的总重量也应当考虑在内。

（十一）理赔程序

1. 填写《货物运输事故签证》

当航空地面代理人在卸货时发现货物破损，即由航空公司或航空公司地面代理人填写《货物运输事故签证》，这份签证主要是在目的站出现问题的一个证明。在填写这份签证之前，收货人需要进一步确认内装物的受损程度，可以同航空公司的货运人员共同开箱检查，确认货物的具体受损程度，在开箱检查时会出现两种，一是外包装破损，内装物完好；二是外包装破损，内装物破损。在第二种情况时，又会出现由于货主没有按照航空货物包装的要求来进行包装而导致的货物受损，这种情况就需要货主和承运人共同承担责任。这份证明要客观地描述货物出现问题的状况，尽量不要出现"短少"等模糊性词语。这份签证由航空公司的货运部门签完后，再由收货人签字，其中一份航空公司留存，另一份由收货人留存。

2. 索赔申请书

自发现货物发生问题后，一定要按照公约所规定的赔偿时限提出赔偿要求，需要向航空公司提出书面的索赔申请书。

3. 航空公司审核所有的资料和文件

航空公司审核所有的资料和文件，进一步进行以下调查工作：

——如货物办理保险，保险公司全额赔偿后，保险公司再向承运人提出，承运人视限额赔偿；

——货物遗失，查看来往电传。货物破损、潮湿，查看记录是全部损坏还是部分损坏。

——了解始发站是否收到索赔函，避免双重索赔；

——填写国际货物索赔报告。

4. 填写航空货物索赔单

由航空公司填写航空货物索赔单，索赔人签字盖章，表明航空公司正式认可索赔的有关事项。

5. 货物索赔审批单

航空货物的索赔根据索赔货物的金额不同需要各级领导审批。

6. 责任解除协议书

在索赔人收到索赔款时签署责任解除协议书，即放弃诉讼权及进一步的索赔权。

**二、代理人的防范风险**

进行索赔是代理人遇到货物运输问题后采取的措施，但最好的情况是代理人尽量避免风险，可采取的措施有以下几点：

（一）加强业务培训，提高整体素质

航空货物运输中的问题很多都是由于代理人的业务素质不高所导致的，加强业务培训，提高代理人业务水平将大大减少运输事故的产生。

（二）建立业务规章，严格岗位责任制

航空货物的环节众多，每一个工作人员要严格执行岗位责任制，不要在自己的岗位上出问题。

（三）严格交接程序

要严格按照交接程序进行交接，货物和单证需要仔细交接。

（四）发现潜在事故

代理人要有预见性，要及时发现可能产生事故的先兆，努力在产生事故之前，把各项事情做得很完善。

（五）增强保险意识

代理人只是一个中介机构，没有必要把所有的潜在责任都揽在身上，要有意识地把运输的各个环节的风险降到最低，学会使用保险保护自己。

三、案例分析——空运分运单下的货损索赔案

1. 案情

原告：某保险公司

被告：某空运代理公司

被告：某运输公司

2000 年 8 月 24 日，某丝绸进出口公司（简称丝绸公司）委托空运代理公司从上海空运 10 箱丝绸至意大利，空运代理公司向其签发了号码为 B0052473、B0052474 的两份某运输公司的格式空运单（分运单），并向其提供了号码为 085—74179825 的瑞士航空公司的主运单。主运单载明空运代理公司为瑞士航空公司的代理人，两份分运单均载明了主运单的号码。

同年 8 月 23 日和 25 日，丝绸公司向保险公司投保了货物运输险，保险公司向其出具了保单。保单上记载受益人和被保险人均为丝绸公司。

同年 10 月 12 日，瑞士航空公司证明该货物在运输途中遗失。10 月 19 日，丝绸公司向空运代理公司和瑞士航空公司提出索赔。11 月，保险公司直接向意大利的收货人支付赔款 18 035 美元，并得到收货人提供的权益转让书。12 月 4 日，保险公司向瑞士航空公司提出索赔，因瑞士航空公司破产而未果。2002 年 5 月 15 日，保险公司转而向空运代理公司提出索赔，遭到拒绝。

2002 年 8 月 23 日，保险公司以空运代理公司和某运输公司为共同被告向某法院提起民事诉讼，要求两被告赔偿其损失 16 393 美元及利息、诉讼费用、律师费等。

2. 法院审判结果

法院认为，空运代理公司承接原告的被保险人丝绸公司的运输业务后，向丝绸公司出具载明主运单号码的分运单，并向丝绸公司提供了由瑞士空运公司签发并载明空运代理公司为代理人的主运单。可见，在订约过程中，丝绸公司应该清楚空运代理公司作为瑞士空运公司的代理人的身份，其与空运代理公司及瑞士空运公司之间的运输合同关系依法成立后，该合同直接约束丝绸公司和

瑞士空运公司。原告要求两被告承担责任不符合《合同法》的相关规定，故在货物遗失后，原告以取得代位求偿为由起诉两被告而非瑞士空运公司，属主体不当，其诉讼请求不应支持。法院根据我国《合同法》第四百零二条的规定，判决驳回原告的诉讼请求，诉讼费用由原告承担。

原告不服判决，向二审法院提出上诉。

二审法院认为，根据航空运的有关法规及行业惯例，航空货运的委托人将货物交给货运代理公司后，再由货运代理公司将货物交给航空公司运输，如在运输途中发生货物损坏或遗失，应由承运人承担责任。本案中的空运代理公司在丝绸公司签发的两份运单中均注明了主运单的号码及空运代理公司的代理人身份，与此同时，空运代理公司也将明确承运人为瑞士空运公司、代理人为空运代理公司的主运单交付给了丝绸公司；而在发生货损后，上诉人又收到过瑞士空运公司发给空运代理公司的货物遗失证明，并针对瑞士空运公司发出索赔函，故上诉人已明知货物的承运人是瑞士空运公司，实际确认了主运单的效力及空运代理公司与瑞士空运公司的代理关系。本案的航空货物运输合同关系存在于丝绸公司与瑞士空运公司之间，上诉人向空运代理公司及未签发过任何运单的外运总公司提出赔偿损失的请求，显然缺乏事实及法律依据。

二审法院作出终审判决，驳回上诉，维持原判，上诉费由上诉人承担。

# 本章知识结构图表

**第一节 概述**

一、国际航空货运的产生和发展

二、特点

三、国际航空运输在国际贸易中的作用

四、国际航空运输的当事人

五、航空运输基本知识

（一）航线

（二）航空港

（三）航空器

（四）集装设备

六、国际航空组织

（一）国际民用航空组织（International Civil Aviation Organization，ICAO）

（二）国际航空运输协会（International Air Transport Association，IATA）

（三）国际电讯协会（SITA）

**第二节　经营方式**

一、班机运输

二、包机运输方式

（一）整架包机

（二）部分包机

三、包舱包板运输

（一）概念

（二）包舱包板注意事项

（三）包舱包板的意义

四、集中托运方式

（一）航空集中托运的概念

（二）航空集中托运的服务过程

（三）航空集中托运的文件

（四）航空集中托运的货物

（五）直接运输与集中托运的区别

五、陆空陆联运（TAT combined transport）

六、送交业务（delivery business）

七、货到付款（cash on delivery）

**第三节　国际航空快递业务**

一、定义

二、航空快运的特点和作用

三、世界六大快递公司

四、快递运输方式的种类

**第四节　航空运单**

一、性质与作用

（一）航空运单是发货人与承运人之间的运输合同

（二）航空运单是承运人签发的已接收货物的证明

（三）航空运单是承运人据以核收运费的账单

（四）航空运单是报关单证之一

（五）航空运单同时可作为保险证书

（六）航空运单是承运人内部业务的依据

二、航空运单的分类

（一）航空主运单（MAWB，master air waybill）

（二）航空分运单（HAWB，house air waybill）

（五）索赔时限

（六）索赔的手续

（七）理赔与赔偿的最高限额

（八）诉讼地点与时限

（九）索赔所需的文件

（十）索赔规定

（十一）理赔程序

二、代理人的防范风险

（一）加强业务培训，提高整体素质

（二）建立业务规章，严格岗位责任制

（三）严格交接程序

（四）发现潜在事故

（五）增强保险意识

三、案例分析——空运分运单下的货损索赔案

# 本章综合测试

## 一、单项选择题

1. （    ）是各国航空运输企业之间的联合组织，且会员必须是有国际民用航空组织的成员国颁发的定期航班运输许可证的航空公司。

　　A. IATA　　　　　B. ICAO　　　　　C. SITA　　　　　D. ILTA

2. 集中托运货物的货运单由（    ）填开。

　　A. 货主　　　　　　　　　　　B. 航空货运代理人

　　C. 承运人　　　　　　　　　　D. 集中托运商

3. 由国际航协出版的一本通用的运价手册是（    ）。

　　A. TCA　　　　　B. TC1　　　　　C. TC2　　　　　D. TACT

4. 航空运输中 NVD 是（    ）的缩写代码。

　　A. 货运单　　　　　　　　　　B. 运费到付

　　C. 无声明价值　　　　　　　　D. 托运书

5. 在非固定包舱中，若托运人在航班起飞前（    ）没有确定舱位，承运人则可以自由销售舱位。

　　A. 24 小时　　　B. 36 小时　　　　C. 48 小时　　　　D. 72 小时

6. 包舱的注意事项中不包括（    ）。

　　A. 除天气或其他不可抗力原因外，合同双方应当履行包舱运输合同规定的

　　各自承担的责任和义务

B. 包舱人应保证托运的货物没有夹带危险品或政府禁止运输或限制运输物品

C. 由于不可抗拒原因，导致包舱运输合同不能履行，承运人仍需承担责任

D. 无论何种原因，一方不能如期履行合同时，应及时通知对方

E. 包舱运输合同中的未尽事宜，按照承运人的业务规定办理

7. 不属于航空快件文件的是(　　　)。

  A. 商务文件、资料　　　　　　　B. 银行单证、合同

  C. 样品　　　　　　　　　　　　D. 照片、机票

8. 具有独立法人资格的企业将进出境的文件和包裹从发件人手中通过自身或代理网络运到收件人手中的快速运送方式称为(　　　)。

  A. 专人快送　　B. 国际快递　　　C. 国内快递　　　D. 同城快递

9. 比较起来最普遍、最简单、最方便的国际快递方式是(　　　)。

  A. 门到门　　　B. 门到机场　　　C. 机场到机场　　D. 专人派送

10. 价值较高，或是目的地海关当局对货物或物品有特殊规定的快件一般采用的国际快递方式是(　　　)。

  A. 门到门　　　B. 门到机场　　　C. 机场到机场　　D. 专人派送

11. 从运输和报关单来看，航空快运业务中有一种其他运输形式所没有的单据，即(　　　)。

  A. POD　　　　B. SCR　　　　　C. GCR　　　　　D. DGR

12. 航空货物体积重量的折算标准为每(　　　)折合1公斤。

  A. 3 000 立方厘米　　　　　　　B. 4 000 立方厘米

  C. 5 000 立方厘米　　　　　　　D. 6 000 立方厘米

13. 航空运价代号 M 表示(　　　)。

  A. 最低运费　　　　　　　　　　B. 普通货物运价

  C. 等级货物运价　　　　　　　　D. 指定商品运价

14. 航空运价代号 S 表示(　　　)。

  A. 最低运费　　　　　　　　　　B. 普通货物运价

  C. 等级货物运价　　　　　　　　D. 指定商品运价

15. 航空运价代号 C 表示(　　　)。

  A. 最低运费　　　　　　　　　　B. 普通货物运价

  C. 等级货物运价　　　　　　　　D. 指定商品运价

16. 航空货运中"N"表示标准普通货物运价，是指(　　　)以下的普通货物运价。

A. 45 公斤　　B. 50 公斤　　　　C. 55 公斤　　　D. 60 公斤

17. 航空货运中对于 45 公斤以上的不同重量分界点的普通货物运价均用（　　）表示。

A. S　　　　　B. C　　　　　　C. Q　　　　　　D. M

18. 航空普通货物运价简称（　　）。

A. GCR　　　B. SCR　　　　C. KGS　　　　D. NCR

19. 航空指定商品运价简称（　　）。

A. GCR　　　B. SCR　　　　C. KGS　　　　D. NCR

20. 航空货运中，General Cargo Rate 表示的中文含义是（　　）。

A. 普通货物运价　　　　　　B. 指定商品运价

C. 等级货物运价　　　　　　D. 比例运价

21. （　　）是指航空运输中适用于自规定的始发地至规定的目的地运特写品名货物的运价。

A. 最低运费　　　　　　　　B. 普通货物运价

C. 等级货物运价　　　　　　D. 指定商品运价

22. 根据《中华人民共和国民用航空法》第一百一十三条和一百一十四条规定，托运人应当填写航空货运单正本一式（　　），连同货物交给承运人。

A. 两份　　　　B. 三份　　　　C. 六份　　　　D. 九份

23. 我国国际航空货运单，航空货运代理人持有（　　）。

A. 正本 3　　B. 副本 6　　　C. 副本 9　　　D. 正本 1

24. 货运单 Not Negotiable 的意义是（　　）。

A. 航空业务权不可转让　　　B. AWB 是不可转让的文件

C. AWB 上航程不可改变　　　D. AWB 不可以在运输始发国以外销售

25. 我国国际航空货运单的正本 3 是给（　　）。

A. 托运人　　B. 出票航空公司　C. 收货人　　　D. 目的地机场

26. 由于航空货运单所填内容不准确、不完全，致使承运人或其他人遭受损失，（　　）负有责任。

A. 托运人　　　　　　　　　B. 承运人

C. 代理人　　　　　　　　　D. 机场服务人员

27. 没有航空货运单、或航空货运单不合规定或丢失，运输合同（　　）。

A. 有效　　　　　　　　　　B. 有效无效须视情况而定

C. 须由双方重新确认是否有效　D. 无效

## 二、多项选择题

1. 航空货运的特点有（　　　　）。

A. 运送速度快　　　　　　　B. 破损率较大

C. 空间跨度大，运价比较高　　D. 提高生产企业的相关费用

E. 载量有限　　　　　　　　F. 易受天气影响

2. 航空集中托运的文件包括(　　　　　)。

A. 分运单　　　　　　　　B. 主运单

C. 集中托运货物舱单　　　D. 识别标签

3. 不得以集中托运形式运输的货物有(　　　　　)。

A. 贵重物品　　　　　　　B. 活体动物、尸体、骨灰

C. 外交信袋　　　　　　　D. 危险物品

4. 民用航空飞机按机身的宽窄可以分为(　　　　　)。

A. 全货机　　　　　　　　B. 宽体飞机

C. 窄体飞机　　　　　　　D. 全客机

5. 民用航空运输飞机按使用用途不同可以分为(　　　　　)。

A. 全货机　　　　　　　　B. 全客机

C. 客货混用机　　　　　　D. 宽体飞机

6. 集装运输的特点包括(　　　　　)。

A. 减少货物装运的时间，提高工作效率

B. 以集装运输替代散件装机，可以减少地面等待时间

C. 增加货物周转次数，提高完好率

D. 减少差错事故，提高运输质量

E. 增加货物的包装材料和费用

F. 有利于组织联合运输和门到门服务

7. 在 TC3 的国家有(　　　　　)。

A. 中国　　　　　　　　　B. 日本

C. 美国　　　　　　　　　D. 法国

8. 属于快件包裹的物品是(　　　　　)。

A. 小型样品

B. 零配件返修

C. 采用快件运送方式的一些进出口货物和物品

D. 单证、合同

9. 在全世界形成规模的，能在 200 个国家和地区以上有网络并能作业的快递
公司有(　　　　　)。

A. DHL　　　　　　　　　B. FedEx

C. UPS　　　　　　　　　D. TNT

    E. OCS               F. EMS

10. 快递运输方式从大类上主要分为(        )。
    A. 专人快送              B. 国际快递
    C. 国内快递              D. 同城快递

11. 国际快递主要分为(        )。
    A. 门到门                B. 门到机场
    C. 机场到机场           D. 专人派送

12. 经常用航空快递方式运输的货物有(        )。
    A. 投标书                B. 合同
    C. 海鲜                 D. 提单

13. 货物的航空运费主要由两个因素组成,即(        )。
    A. 货物适用的运价      B. 货物的实际重量
    C. 货物的计费重量      D. 货物的等级运价

14. 航空货物的计费重量可以是(        )。
    A. 货物的实际净重      B. 货物的实际毛重
    C. 货物的体积重量      D. 较高重量分界点的重量

15. 按照 IATA 货物运价公布的形式划分,国际航空货物运价可分
    为(        )。
    A. 公布直达运价      B. 协议运价
    C. 国际航协运价      D. 非公布直达运价

16. 根据国际货物运价 IATA 的运价手册,公布直达运价包括(        )。
    A. 普通货物运价      B. 指定商品运价
    C. 等级货物运价      D. 集装货物运价

17. 运输始发地和运输目的地可以直接使用指定商品运价的航空运输货物必须
    满足的条件有(        )。
    A. 运输始发地至目的地之间有公布的指定商品运价
    B. 托运人所交运的货物,其品名与有关指定商品运价的货物品名相吻合
    C. 货物的计费重量满足指定商品运价使用时的最低重量要求
    D. 货物的计费重量大于 45 公斤

18. 货运单费的代码包括(        )。
    A. AW                B. AWC
    C. AWA              D. RA

19. 等级货物代号 R 表示(        )。
    A. 附加的等级货物      B. 不附加的等级货物

　　C. 附减的等级货物　　　　　　　D. 一般的等级货物

## 三、判断题

1. 国际航空运输协会（简称国际航协），是各国航空运输企业之间的联合组织，会员必须是有国际民用航空组织的成员国颁发的非定期航班运输许可证的航空公司。　　　　　　　　　　　　　　　　　　　（　　）

2. 国际民用航空组织是联合国的一个专门机构。　　　　　　　（　　）

3. 集中托运商和分拨代理商这两个概念在中国就等同于航空代理人。（　　）

4. 主运单是代理人与发货人交接货物的凭证，代理人可自己颁布主运单，不受航空公司的限制。　　　　　　　　　　　　　　　　　（　　）

5. 在分运单中，托运人栏和收货人栏都是代理人。　　　　　　（　　）

6. 为了便于航空公司间的合作和业务联系，国际航协（IATA）将世界划分为三个航空运输业务区，分别是 TC1、TC2 和 TC3。　　　　（　　）

7. 包舱、包集装箱（板）是航空货物运输的一种形式，它指托运人根据所运输的货物在一定时间内需要单独占用全部飞机货舱、集装箱、集装板，而承运人需要采取专门措施予以保证。　　　　　　　　　　（　　）

8. 托运人在承运人的航线上通过包板（舱）的方式运输时，托运人在航班起飞前72小时如果没有确定舱位，承运人则可以自由销售舱位，这种包舱方式称为固定包舱。　　　　　　　　　　　　　　　　　（　　）

9. 由于不可抗拒原因，导致包舱运输合同不能履行，承运人不承担责任。（　　）

10. 各国货物的航空运价一般以美元公布。　　　　　　　　　（　　）

11. 航空国际货物的计费重量以0.5公斤为最小单位，重量尾数不足0.5公斤的，按0.5公斤计算；0.5公斤以上不足1公斤的，按1公斤计算。（　　）

12. 航空货物按其适用的航空运价与其计费重量计算所得的航空运费，应与货物最低运费相比，取低者。　　　　　　　　　　　　　（　　）

13. 通常情况下，指定商品运价高于相应的普通货物运价。　　　（　　）

14. 航空等级货物运价是在普通货物运价的基础上附加一定的百分比的形式构成。　　　　　　　　　　　　　　　　　　　　　　（　　）

15. 货物的航空运费是指将一票货物自始发地机场运输到目的地机场所应收取的航空运输费用，不包括其他费用。　　　　　　　　　（　　）

16. 航空货运单是由托运人或者以托运人的名义填制，是托运人和承运人之间在承运人的航线上运输货物所订立的运输契约。　　　　（　　）

17. 航空货运单一般可分为可转让的航空货运单和不可转让的航空货运单。　　　　　　　　　　　　　　　　　　　　　　　　（　　）

18. 由于货运单所填内容不准确、不完全，致使承运人或其他人遭受损失，托

运人负有责任。 （　）

19. 航空货运单不符合规定或航空货运单遗失，不影响运输合同的存在或者有效。 （　）

20. 一张货运单可以用于一个托运人在不同一时间、不同一地点托运的由承运人承运的，运往同一目的站同一收货人的一件或多件货物。 （　）

21. 任何 IATA 成员都不允许印制可以转让的航空货运单，货运单上的"不可转让"字样不可被删去或篡改。 （　）

22. 在航空运输中，承运人可根据需要改变运输方式或更换飞机，不需要事先通知货主或代理人。 （　）

23. 我国国际航空货运单的正本 2 是给收货人的。 （　）

**本章综合测试答案**

**一、单项选择题**

1. A　2. D　3. D　4. C　5. D　6. C　7. C　8. B　9. A　10. B　11. A　12. D

13. A　14. C　15. D　16. A　17. C　18. A　19. B　20. A　21. D　22. B　23. C

24. B　25. A　26. A　27. D

**二、多项选择题**

1. ACEF　2. ABCD　3. ABCD　4. BC　5. ABC　6. ABDF　7. AB　8. ABC

9. ABCDEF　10. BCD　11. ABD　12. ABD　13. AC　14. BCD　15. AD

16. ABCD　17. ABC　18. ABC　19. AB

**三、判断题**

1. F　2. T　3. T　4. F　5. F　6. T　7. F　8. F　9. T　10. F　11. T　12. F

13. F　14. F　15. T　16. F　17. F　18. T　19. T　20. F　21. T　22. T　23. T

# 本章技能训练

**一、计算题**

1. Routing：BEIJING，CHINA（BJS）

to TOKYO，JAPAN（TYO）

Commodity：Sample

Gross Weight：37.4kg

Dimensions：90×60×42cm

计算该票货物的航空运费并填制航空货运单的运费计算栏。

公布运价如下：

| BEIJING | CN | | BJS |
|---|---|---|---|
| Y. RENMINBI | CNY | | KGS |
| TOKYO | JP | M | 230. 00 |
| | | N | 37. 51 |
| | | 45 | 28. 13 |

2. Routing：SHA—PAR

   Commodity：Tools

   Gross Weight：280kg

   Dimensions：10（boxes）×40×40×40cm

   计算该票货物的航空运费并填制航空货运单的运费计算栏。

   公布运价如下：

| SHANGHAI | CN | | SHA |
|---|---|---|---|
| Y. RENMINBI | CNY | | KGS |
| PARIS | FR | M | 320. 00 |
| | | N | 68. 34 |
| | | 45 | 51. 29 |
| | | 500 | 44. 21 |
| | | 1 000 | 41. 03 |

3. Routing：BEIJING，CHINA（BJS）

   　　　　　to AMSTERDAM，HOLLAND（AMS）

   Commodity：TOY

   Gross Weight：27. 9kg

   Dimensions：80×51×32cm

   计算该票货物的航空运费并填制航空货运单的运费计算栏。

   公布运价如下：

| BEIJING | CN | | BJS |
|---|---|---|---|
| Y. RENMINBI | CNY | | KGS |
| AMSTERDAM | NL | M | 320. 00 |
| | | N | 50. 22 |
| | | 45 | 41. 53 |
| | | 300 | 37. 52 |

4. 从上海运往巴黎一件玩具样品，毛重5. 3公斤，体积尺寸为41×33×20cm，计算其航空运费并填制航空货运单的运费计算栏。

   公布运价如下：

| SHANGHAI | CN | | SHA |
|---|---|---|---|
| Y. RENMINBI | CNY | | KGS |
| PARIS | FR | M | 320. 00 |
| | | N | 52. 81 |
| | | 45 | 44. 46 |
| | | 100 | 40. 93 |

5. Routing：BEIJING，CHINA（BJS）

   to OSAKA，JAPAN（OSA）

Commodity：FRESH ORANGES

Gross Weight：EACH71.5kgs，TOTAL 6 PIECES

Dimensions：$113 \times 40 \times 24$cm $\times 6$

计算航空运费并填制航空货运单的运费计算栏。

公布运价如下：

| BEIJING | CN | | BJS |
|---|---|---|---|
| Y. RENMINBI | CNY | | KGS |
| OSAKA | JP | M | 230 |
| | | N | 37. 51 |
| | | 45 | 28. 13 |
| | 0008 | 300 | 18. 80 |
| | 0030 | 500 | 20. 61 |
| | 1093 | 100 | 18. 43 |
| | 2195 | 500 | 18. 80 |

6. Routing：BEIJING，CHINA（BJS）

   to NAGOVA，JAPAN（NGO）

Commodity：FRESH ORANGES

Gross Weight：EACH65.4kgs，TOTAL 4 PIECES

Dimensions：$128 \times 42 \times 36$cm $\times 4$

计算航空运费并填制航空货运单的运费计算栏。

公布运价如下：

| BEIJING | CN | | BJS |
|---|---|---|---|
| Y. RENMINBI | CNY | | KGS |
| NAGOVA | JP | M | 230 |
| | | N | 37. 51 |
| | | 45 | 28. 13 |
| | 0008 | 300 | 18. 80 |
| | 0030 | 500 | 20. 61 |
| | 1093 | 100 | 18. 43 |
| | 2195 | 500 | 18. 80 |

二、根据国际货物托运书填写航空货运单。

## 国际货物托运书（SHIPPERS LETTER OF INSTRUCTION）

| 托运人姓名及地址<br>SHIPPER NAME AND<br>ADDRESS<br>CHINA INDUSTRY CORP. , BEIJING<br>P. R. CHINA<br>TEL：86（10）64596666 FAX：86（10）64598888 | 托运人账号<br>SHIPPERS ACCOUNT<br>NUMBER | 供承运人用<br>FOR CARRIAGE<br>USE ONLY |
|---|---|---|
| | | 班期／日期<br>航班／日期<br>FLIGHT／DAY<br>FLIGHT／DAY |
| | | CA921/30 JUL, 2002 |
| 收货人姓名及地址<br>CONSIGNEE'S NAME AND<br>ADDRESS<br><br>NEW YORK SPORT IMPORTERS, NEW YORK, U. S. A<br>TEL：78789999 | 收货人账号<br>CONSIGNEE<br>ACCOUNT NUMBER | 已预留吨位<br>BOOKED |
| | | 运费 CHARGES<br>　　　　CHARGES<br>PREPAID |
| 代理人的名称和城市<br>Issuing Carriers Agent and City<br>KUNDA AIR FRIGHT CO. LTD | | ALSO notify |
| 始发站 AIRPORT OF DEPARTURE<br>CAPITAL INTERNATIONAL AIRPORT | | |
| 到达站 AIRPORT OF DESTINATION<br>JOHN KENNEDY AIRPORT（JFK） | | |
| 托运人声明价值<br>SHIPPERS DECLARED<br>VALUE | 保险金额<br>AMOUNT OF INSUR-<br>ANCE<br><br>××× | 所附文件<br>DOCUMENT TO AC-<br>COMPANY<br>AIR WAYBILL |
| 供运输用<br>FOR CARRIAGE NVD | 供海关用<br>FOR CUSTOMS NCV | 1 COMMERCIAL<br>INVOICE |

处理情况（包括包装方式、货物标志及号码）
HANDLING INFORMATION（INGL. METHOD OF PACKING IDENTIFYING AND NUMBERS）
KEEP UPSIDE

| 件数<br>NO. OF<br>PACKAGES | 实际毛重<br>ACTUAL<br>GROSS<br>WEIGHT(KG. ) | 运价种类<br>RATE<br>CLASS | 收费重量<br>CHARGEA-<br>BLE<br>WEIGHT | 费率<br>RATE／<br>CHARGE | 货物品名及数量（包括体积或尺寸）<br>NATUER AND QUANTITY OF<br>GOODS<br>（INCL. DIMENSION OF VOLUME） |
|---|---|---|---|---|---|
| 4 | 53. 8 | | | | MECHINERY<br>DIMS：70×47×35CM×4 |

# 航空货运单

**IATA—FIATA INRODUCTORY COURSE**

| Shipper'saNameandaAddress | Shipper's Account Number | NOT Negotiable<br>Air Waybill<br>ISSUED BY |
|---|---|---|
| | | Copies 1,2and3 of this Air Waybill are originals and have the same validity. |

| Consignee's Name andaAddress | Consignee'saAccount Number | It is agreed that the goods described herein are accepted in apparent good order and condition (except as noted) for carriage SUBJECT TO THE CONDITIONS OF CONTRACT ON THE REVERSE HEREOF.ALL GOODS MAY BE CARRIED BY ANY OTHER MEANS INCLUDING ROAD OR ANY OTHER CARRIER UNLESS SPECIFIC CINTRARY INSTRUCITONS ARE GIVEN HEREON BY THE SHIPPER.AND SHIPPER AGREES THAT THE SHIPMENT BAY BE CARRIED VIA INTERMEDIATE STIPPING PLACES WHICH THE CARRIER DEEMS APPROPRIATE.THE SHIPPER'S ATTENTION IS DRAWN TO THE NOTICE CONCERNINC CARRIER'S LIMITATION OF LIABILITY.Shipper may increase such limitation of liability by declaring a higher value for carriage and paying a supplemental charge if required. |
|---|---|---|

| Issuing Carrier's Agent Name and City | Accounting Infonnation |
|---|---|
| Agent's VACode    Account NO. | |

**Airport of Departure(Add.of First Carrier)and Requested Routing**

| Reference Number | Optional Shipping Information |
|---|---|

| TO By First Carrier | Routing and Destination | to | by | to | by | Currency | CHGS | WT/VAL Other | | | | Declared Value For Carriage NVD | Declared Value for Customs NCV |
|---|---|---|---|---|---|---|---|---|---|---|---|---|---|
| JFK<br>CA | | | | | | | | P P D | COL L | P P D | C O L L | | |

| Airport of Destination | Flight/Date | For Carrier Hac only | Flight/Amount of Insurance Date | INSURANCE-If carrier offers Insurance,and such insurance is requested in accordance with the conditions thereof,indicate amount to be insured in figures in box marked"Amount of insurance". ×××|
|---|---|---|---|---|

Handling Informat ion

SCI

| No.of Pieces RCP | Gross Weigh t | Kg Lb | Rate Class Commodity Item No. | Chargeable Weight | Rate Charge | Total | Natrue and Quantity of Goods (incl.Dimensions or Volume) |
|---|---|---|---|---|---|---|---|
| 4 | 53.8 | K | R | 48.34 | 77.00 | 3722.18 | MECHINERY<br>DIMS:70×47×36CM×4 |

| Prepaid Weight Charge | Collect | Other Charges |
|---|---|---|
| 3722.18 | | |
| Valuation Charge | | AWC:50 |
| Tax | | |
| Total Other Charges Due Agent | | Shipper certified that the particulars on the face hereof are correct and that insofar as any part of the consignment contains dangerous goods,auch part is properly described by name and is in proper condition for carriage by air according to the applicable Dangerous Goods Regulations. |
| 50 Total Other Charges Due Carrier | | Signature of Shipper or his Agent |
| Total Prepaid 37722.18 | Total Collect | |
| Curcency Convers ion Rate | CC Charges in Currency | 30 JUL, 2002 BEIJING（1分）<br>Executed on (date)    at (place)    Signature of Issuing carrier or its Agent |
| For Carrier's use only at Destination | Charges at Destination | Total Collected Charges |

ORIGINAL 3(FOR SHIPPER)

# 本章技能训练答案

## 一、计算题

1. ［解］（1）按实际重量计算

Volume：$90 \times 60 \times 42cm = 226\ 800cm^3$

Volume Weight：$226\ 800cm^3 \div 6\ 000cm^3/kg = 37.8kg = 38.0kg$

Gross Weight：37.4kg

Chargeable Weight：38.0kg

Applicable Rate：GCR N37.51CNY/KG

Weight Charge：$38.0 \times 37.51 = CNY1\ 425.38$

（2）采用较高重量分界点的较低运价计算

Chargeable Weight：45.0kg

Applicable Rate：GCR Q28.13CNY/KG

Weight Charge：$45.0 \times 28.13 = CNY1\ 265.85$

（1）与（2）比较，取运费较低者。

Weight Charge：$45.0 \times 28.13 = CNY1\ 265.85$

航空货运单运费计算栏填制如下：

| No. of Pieces RCP | Gross Weight | Kg Lb | Rate Class | | Chargeable Weight | Rate/ Charge | Total | Nature and Quantity of Goods (incl. dimensions or volume) |
|---|---|---|---|---|---|---|---|---|
| | | | Commodity Item No | | | | | |
| 1 | 37.4 | K | Q | | 45.0 | 28.13 | 1 265.85 | SAMPLE<br>DIMS：$90 \times 60 \times 42cm$ |

2. ［解］

Volume：$10 \times 40 \times 40 \times 40cm = 640\ 000cm^3$

Volume Weight：$640\ 000cm^3 \div 6\ 000cm^3/kg = 106.67kg = 107.0kg$

Gross Weight：280kg

Chargeable Weight：280kg

Applicable Rate：GCR Q51.29CNY/KG

Weight Charge：$280 \times 51.29 = CNY1\ 4361.20$

航空货运单运费计算栏填制如下：

| No. of Pieces RCP | Gross Weight | Kg Lb | Rate Class | | Chargeable Weight | Rate/ Charge | Total | Nature and Quantity of Goods (incl. dimensions or volume) |
|---|---|---|---|---|---|---|---|---|
| | | | | Commodity Item No | | | | |
| 10 | 280 | K | Q | | 45.0 | 51.29 | 14 361.20 | SAMPLE DIMS：40×40×40cm×10 |

3. ［解］（1）按实际重量计算

Volume：$80 \times 51 \times 32cm = 130\ 560cm^3$

Volume Weight：$130\ 560cm^3 \div 6\ 000cm^3/kg = 21.76kg = 22.0kg$

Gross Weight：27.9kg

Chargeable Weight：28.0kg

Applicable Rate：GCR N50.22CNY/KG

Weight Charge：$28.0 \times 50.22 = CNY1\ 406.16$

（2）采用较高重量分界点的较低运价计算

Chargeable Weight：45.0kgs

Applicable Rate：GCR Q41.53CNY/KG

Weight charge：$45.0 \times 41.53 = CNY1\ 868.85$

（1）与（2）比较，取运费较低者。

Weight Charge：$28.0 \times 50.22 = CNY1\ 406.16$

航空货运单运费计算栏填制如下：

| No. of Pieces RCP | Gross Weight | Kg Lb | Rate Class | | Chargeable Weight | Rate/ Charge | Total | Nature and Quantity of Goods (incl. dimensions or volume) |
|---|---|---|---|---|---|---|---|---|
| | | | | Commodity Item No | | | | |
| 1 | 27.9 | K | N | | 28.0 | 50.22 | 1 406.16 | SAMPLE DIMS：80×51×32cm |

4. ［解］

Volume：$41 \times 33 \times 20cm = 27\ 060cm^3$

Volume Weight：$27\ 060cm^3 \div 6\ 000cm^3/kg = 4.51kg = 5.0kg$

Gross Weight：5.3kg

Chargeable Weight：5.5kg

Applicable Rate：GCR N52.81CNY/KG

Weight Charge：$5.5 \times 52.81 = CNY290.46$

Minimum charge：320.00 CNY

此票货物的航空运费应为 320.00 CNY

航空货运单运费计算栏填制如下：

| No. of Pieces RCP | Gross Weight | Kg Lb | Rate Class | | Chargeable Weight | Rate/ Charge | Total | Nature and Quantity of Goods (incl. dimensions or volume) |
| --- | --- | --- | --- | --- | --- | --- | --- | --- |
| | | | Commodity Item No | | | | | |
| 1 | 5.3 | K | M | | 5.5 | 320.00 | 320.00 | SAMPLE DIMS：$41 \times 33 \times 20$cm |

5. 解：运费计算如下：

Volume：$113 \times 40 \times 24$cm $\times 6 = 650\ 880$cm$^3$

Volume Weight：$650\ 880$cm$^3 \div 6\ 000$ cm$^3$/kg $= 108.48$kg $= 108.5$kg

Gross Weight：$71.5 \times 6 = 429.0$kg

Chargeable Weight：$429.0$kg

查找 TACT RKTES BOOKS 的品名表，品名编号 "0008" 所对应的货物名称
为 "FRUIT，VEGETABLES—FRESH"，现在承运的货物是 FRESH ORANG-
ES，符合指定商品代码 "0008"，货主交运的货物重量符合 "0008" 指定
商品运价使用时的最低重量要求。

Applicable Rate：SCR 0008/Q300 18.80CNY/kg

Weight Charge：$429.0 \times 18.80 = CNY8065.20$

航空货运单运费计算栏填制如下：

| No. of Pieces RCP | Gross Weight | Kg Lb | Rate Class | | Chargeable Weight | Rate/ Charge | Total | Nature and Quantity of Goods (incl. dimensions or volume) |
| --- | --- | --- | --- | --- | --- | --- | --- | --- |
| | | | Commodity Item No | | | | | |
| 6 | 426.0 | K | C | 0008 | 429.0 | 18.80 | 8 065.20 | FRESH APPLES DIMS：$113 \times 40 \times 24$cm $\times 6$ |

6. (1) 按普通运价使用规则计算：

Volume：$128 \times 42 \times 36$CM $\times 4 = 774\ 144$cm$^3$

Volume Weight：$774\ 144$ cm$^3 \div 6\ 000$ cm$^3$/kgs $= 129.024$kg $= 129.0$kg

Gross Weight：$65.4 \times 4 = 261.6$kg

Chargeable Weight：$262.0$kg

分析：由于计费重量没有满足指定商品代码 0008 的最低重量要求 300 公

斤，因此只能先用普货来算。

Applicable Rate：GCR/Q45 28. 13CNY/kg

Weight Charge：262. 0kg×28. 13 = CNY7 370. 06

（2）按指定商品运价使用规则计算：

Chargeable Weight：300. 0kg

Applicable Rate：SCR 0008/Q300 18. 80CNY/kg

Weight Charge：300. 0kg×18. 80 = CNY5 640. 00

对比（1）与（2），取运费较低者。

Weight charge：CNY5 640. 00

航空货运单运费计算栏填制如下：

| No. of Pieces RCP | Gross Weight | Kg Lb | Rate Class | | Chargeable Weight | Rate/ Charge | Total | Nature and Quantity of Goods (incl. dimensions or volume) |
|---|---|---|---|---|---|---|---|---|
| | | | Commodity Item No | | | | | |
| 4 | 261. 9 | K | C | 0008 | 300. 0 | 18. 80 | 5 640.00 | FRESH ORANGES 128×42×36cm×4 |

二、根据国际货物托运书填写航空货运单。

---

• BJS 或者 PEK　　　　IATA—FIATA INRODUCTORY COURSE

| Shipper's Name and Address | Shipper's Account Number | NOT Negotiable |
|---|---|---|
| CHINA INDUSTRY CORP.,BEIJING P.R.CHINA TEL:86(10)64596666 FAX:86(10)64598888 | | Air Waybill ISSUED BY Copies 1,2and3 of this Air Waybill are originals and have the same validity. |
| Consignee's Name and Address | Consignee's Account Number | It is agreed that the goods described herein are accepted in apparent good order and condition (except as noted) for carriage SUBJECT TO THE CONDITIONS OF CONTRACT ON THE REVERSE HEREOF.ALL GOODS MAY BE CARRIED BY ANY OTHER MEANS INCLUDING ROAD OR ANY OTHER CARRIER UNLESS SPECIFIC CINTRARY INSTRUCITONS ARE GIVEN HEREON BY THE SHIPPER,AND SHIPPER AGREES THAT THE SHIPMENT BAY BE CARRIED VIA INTERMEDIATE STIPPING PLACES WHICH THE CARRIER DEEMS APPROPRIATE.THE SHIPPER'S ATTENTION IS DRAWN TO THE NOTICE CONCERNINC CARRIER'S LIMITATION OF LIABILITY.Shipper may increase such limitation of liability by declaring a higher value for carriage and paying a supplemental charge if required. |
| NEWYORK SPORT IMPORTERS,NEWYORK,U.S.A TEL:78789999 | | |
| Issuing Carrier's Agent Name and City KUNDA AIR FRIGHT CO.LTD | | Accounting Information |
| Agent's IATA Code | Account NO. | |

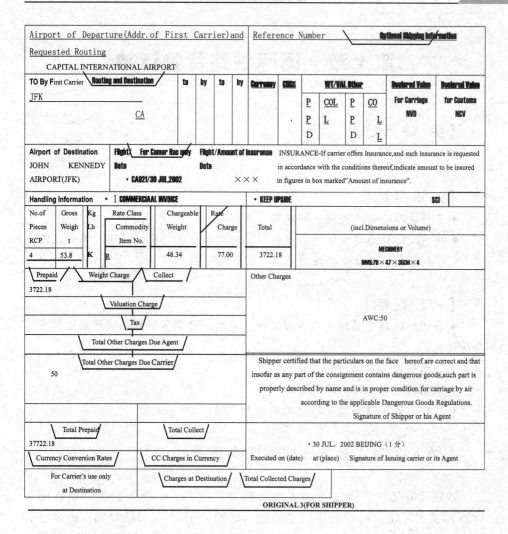

| No.of | Gross | Kg | Rate Class | | Chargeable | Rate | | | |
|-------|-------|-----|------------|--|------------|------|--|--|--|
| Pieces | Weigh | Lb | Commodity | | Weight | Charge | Total | (incl.Dimensions or Volume) | |
| RCP | t | | Item No. | | | | | | |
| 4 | 53.8 | K R | | | 48.34 | 77.00 | 3722.18 | | |

ORIGINAL 3(FOR SHIPPER)

# 复习思考题

1. 航空运输的特点是什么？

2. 何谓集中托运？

3. 航空快递的优点是什么？

4. 航空运单有几种？分别是由谁签发的？

5. 航空运输的进出口程序是什么？

6. 空运公布的直达运价有几种？选择适用的顺序是什么？

# 第七章　国际铁路货物运输

## 【关 键 词】
铁路运输、国际铁路货物联运。

## 【知识目标】
● 了解铁路运输的概况、特点及作用；
● 熟悉国际铁路货物联运运送费用、对香港、澳门地区铁路货物的运输；
● 掌握国际铁路货物联运特点、国际铁路货物单证。

## 【技能目标】
◆ 会国际铁路货物联运国内投运送费用的计算和国际铁路货物联运过境运费的计算；
◆ 能填制国际铁路货物单证；
◆ 做到对世界铁路运输的了解；
◆ 实现对国际铁路货物联运的熟悉和掌握。

## 【导入案例或者任务描述或者背景知识】

铁路运输是现代运输业的主要运输方式之一。世界上的第一条铁路是1825 年美国正式营运的从斯托克顿至达林顿的 43.5 公里的铁路，距今已有170 多年的历史。铁路运输从一开始就显示出了明显的优越性，因此在较短的时期内就得到了迅速的发展。目前，世界铁路总长度约 130 万公里。从地理分布上看，美洲铁路约占世界铁路总长度的 1/3，欧洲约占 1/3，而非洲、澳洲和亚洲的总长度加起来仅约占 1/3。很明显，世界铁路的发展和分布极不平衡。

## 第一节　概　　　述

### 一、世界铁路概况及铁路技术发展趋势
铁路运输是现代运输业的主要运输方式之一。世界上的第一条铁路是

1825 年美国正式营运的从斯托克顿至达林顿的 43.5 公里的铁路，距今已有 170 多年的历史。铁路运输从一开始就显示出了明显的优越性，因此在较短的时期内就得到了迅速的发展。截止到 19 世纪末，全世界铁路总长度达 65 万公里，至第一次世界大战前夕迅速增加到 110 万公里，20 世纪 20 年代末增加到 127 万公里。第二次世界大战以后，由于航空运输和高速公路的迅速发展，铁路运输发展开始减缓，基本处于相对稳定的状态。目前，世界铁路总长度约 130 万公里。从地理分布上看，美洲铁路约占世界铁路总长度的 1/3，欧洲约占 1/3，而非洲、澳洲和亚洲的总长度加起来仅约占 1/3。很明显，世界铁路的发展和分布极不平衡。

交通运输发展的历史是人类文明发展史的重要组成部分，随着世界新技术的发展，交通运输也采用了新技术。目前世界铁路技术发展趋势主要是运输工具和设备不断现代化和运输管理工作逐步实现自动化。其主要表现为：

（1）牵引动力电气化和内燃化。

（2）铁路客运高速化。

（3）大宗散货运输重载化。

（4）信号技术电子化，使铁路运营工作逐步走上自动化的道路。

新中国成立后，我国的铁路事业获得了迅速的发展。在铁路新线建设和旧线技术改造，建立铁路工业体系，改善和加强铁路经营管理等方面都取得了巨大的成就。

新中国首先修复了受多年战争破坏的铁路，同时进行了大规模的新线建设。在新线建设布局方面，纠正了过去重沿海、轻内地的情况。我国新建铁路干线已经从沿海伸入到中部、西南和西北地区，初步改变了路网布局不合理的现象。目前以北京为中心的全国铁路网业已初步形成，至 1997 年年底，全国铁路营业里程已达 65 969.5 公里，居亚洲第一位、世界第四位。在新线建设的同时，国家对原有铁路进行了大规模的技术改造，其中包括修建复线达 19 522 公里，电气化铁路达 1.4 万公里（截至 1996 年年底），大大地提高了线路牌标准和质量，适应了日益增长的客、货运输的需求。我国的铁路工业生产体系现已经形成，铁路机车工业和车辆制造工业得到迅速发展，铁路信号、通信工业的生产能力也已形成。2011 年，全国铁路营业里程达到 9.9 万公里，增长 8.8%，其中快速铁路通车里程为 1.3 万公里，增加 4 700 公里。

我国铁路运输虽然取得了很大成就，但仍然滞后于国民经济的发展，铁路运输仍然成为制约国民经济发展的"瓶颈"。

## 二、铁路运输的特点及作用

铁路作为现代化的主要运输工具，与其他运输方式相比，铁路运输的特点是运输速度快、运载量大、安全可靠、运输成本低、运输的准确性和连续性强，并且受气候因素影响较小等。

铁路运输在我国国民经济中占有重要地位，在我国对外贸易中更是起着非同一般的作用，具体表现在：

（1）通过铁路把欧、亚大陆连成一片，从而为发展我国与亚洲、欧洲各国之间的经济贸易联系提供了十分有利的条件。

早在新中国成立初期，铁路运输就是我国对外贸易的一种主要运输方式。根据1950—1960年期间的统计，铁路运输一直占我国进出口货运总量的50%左右。我国与朝鲜、蒙古、前苏联、越南等国的进出口货物，绝大部分是通过铁路来运输的。在我国与东欧、西欧、北欧和中东地区一些国家之间，也可以通过国际铁路联运或西伯利亚大陆桥等运输方式来运送进出口货物。

（2）铁路也是我国内地与我国港、澳地区进行贸易的重要运输方式。

随着双方贸易的不断扩大，经由铁路运输的货物，其运输量正在逐年增加。香港作为国际贸易自由港，有通往世界各地的海、空定期航线，交通运输非常发达。这一优势有利于在香港地区进行转口贸易，开展陆空联运和陆海联运。

（3）铁路运输在进出口货物的集散和省与省之间外贸物资的调拨方面同样起着重要的作用。

我国海运出口货物向港口集中，进口货物向内地疏运，主要是由铁路承担的。至于国内各地区之间的外贸物资、原材料、半成品、包装物料的分拨调运，大部分也依赖于铁路运输。

总之，在我国对外贸易中，无论是出口或是进口货物，一般都要通过铁路运输这一重要环节。如果仅以进出口货运量计算，铁路运输则仅次于海运而位居第二，在我国对外贸易运输中举足轻重。

**三、基础知识**

**（一）铁路线路**

铁路线路是机车车辆和列车运行的基础。铁路线路是由路基、桥隧建筑物和轨道组成的一个整体的工程结构。铁路线路应当常年保持完好状态，使列车能按规定的最高速度安全、平稳和不间断地运行，以保证铁路运输部门能够质量良好地完成客、货运输任务。

1. 铁路轨距（rail gauge）

铁路轨距指线路上两股钢轨头部的内侧距离。由于轨距不同，列车在不同轨距交接的地方必须进行换装或更换轮对。欧、亚大陆铁路轨距按其大小不同，可分为宽轨、标准轨和窄轨三种。标准轨的轨距为1 435毫米；大于标准轨的为宽轨，其轨距多为1 524毫米和1 520毫米；小于标准轨的为窄轨，其轨距多为 1 067 毫米和 1 000 毫米。我国铁路基本上采用标准轨距，但台湾和海南岛铁路轨距为 1 067 毫米，昆明铁路局的部分轨距为 1 000 毫米。

2. 铁路限界（rail line demarcation）

为了确保机车车辆在铁路线路上运行的安全，防止机车车辆撞击邻近线路的建筑物和设备，而对机车车辆和接近线路的建筑物、设备所规定的不允许超越的轮廓尺寸线，称为限界。

铁路基本限界分为机车车辆限界和建筑接近限界两种。

机车车辆限界是机车车辆横断面的最大极限，它规定了机车车辆不同部位的宽度、高度的最大尺寸和底部零件至轨面的最小距离。机车车辆限界和桥梁、隧道等限界相互制约。当机车车辆在满载状态下运行时，也不会因产生摇晃、偏移等现象而与桥梁、隧道及线路上其他设备相接触，从而保证行车安全。

建筑接近限界是一个和线路中心线垂直的横断面，它规定了保证机车车辆安全通行所必需的横断面的最小尺寸。凡靠近铁路线路的建筑物及设备，其任何部分（和机车车辆有相互作用的设备除外）都不得侵入限界之内。

（二）铁路机车（locomotive）

铁路车辆本身没有动力装置，无论是客车还是货车，都必须把许多车辆连接在一起编成一列，由机车牵引才能运行，所以机车是铁路运输的基本动力。

铁路上使用的机车种类很多，按照机车原动力，可分为蒸汽机车、内燃机车和电力机车三种。

1. 蒸汽机车

蒸汽机车是以蒸汽为原动力的机车。其优点是结构比较简单，制造成本低，使用年限长，驾驶和维修技术较易掌握，对燃料的要求不高。但蒸汽机车的主要缺点是热效率太低，总效率一般只有 5% ~ 9%，使机车的功率和速度进一步提高受到了限制。其次是煤水的消耗量大，沿线需要设置许多供煤和给水设施；在运输中产生的大量煤烟污染环境；机车乘务员的劳动条件差。因此在现代铁路运输中，随着铁路运量的增加和行车速度的提高，蒸汽机车已不适应现代运输的要求。一些发达的资本主义国家如美、英、法、德、日本等，已经在 20 世纪 50 年代和 60 年代就停止生产蒸汽机车，并于 60 年代和 70 年代停止使用这种机车。我国也于 1989 年停止生产蒸汽机车，并采取自然过渡的办法，在牵引动力改革中逐步对蒸汽机车予以淘汰。

2. 内燃机车

内燃机车是以内燃机为原动力的机车。与蒸汽机车相比，它的热效率高，一般可以达到 20% ~ 30%。内燃机车加足一次燃料后，持续工作时间长，机车利用效率高，特别适用于在缺水或水质不良地区运行，便于多机牵引，乘务员的劳动条件较好。但其缺点是机车构造复杂，制造、维修和运营费用都较大，对环境有较大的污染。

3. 电力机车

电力机车是从铁路沿线的接触网获取电能产生牵引动力的机车，所以电力机车是非自带能源的机车。它的热效率比蒸汽机车高一倍以上。它启动快、速度高、善于爬坡；可以制成大功率机车，运输能力大、运营费用低，当利用水力发电时，更为经济；电力机车不用水，不污染空气、劳动条件好，运行中噪音也小，便于多机牵引。但电气化铁路需要建设一套完整的供电系统，在基建投资上要比采用蒸汽机车或内燃机车大得多。

从世界各国铁路牵引动力的发展来看，电力机车被公认为最有发展前途的一种机车，它在运营上有良好的经济效果。

（三）车辆

1. 车辆（freight cars）

铁路车辆是运送旅客和货物的工具，它本身没有动力装置，需要把车辆连挂在一起由机车牵引，才能在线路上运行。铁路车辆可分为客车和货车两大类。铁路货车的种类很多。截至 1997 年年底，我国拥有各类货车 43 万多辆，现从各种不同的角度对其进行介绍：

（1）按照用途/车型划分（grouped by type of cars）

按照用途或车型可分为通用货车和专用货车两大类：

通用货车又可分为棚车、敞车和平车三类。

① 棚车（covered cars）。棚车车体由端墙、侧墙、棚顶、地板、门窗等部分组成，用于运送比较贵重和怕潮湿的货物。

② 敞车（open cars）。敞车仅有端、侧墙和地板，主要装运不怕湿损的散装或包装货物。必要时也可以加盖篷布装运怕潮湿的货物。所以敞车是一种通用性较大的货车，灵活性较大。

③ 平车（flat cars）。大部分平车车体只有一平底板。部分平车装有很低的侧墙和端墙，并且能够翻倒，适合于装载重量、体积或长度较大的货物。也有将车体做成下弯的凹底平车或一部分不装地板的落下孔车，供装运特殊长大重型货物，因而也称作长大货物车。

专用货车是专供装运某些指定种类货物的车辆，它包括：

① 保温车（cold storage cars）。车体与棚车相似，但其墙板由两层壁板构成，壁板间用绝缘材料填充，以减少外界气温的影响。

目前我国以成列或成组使用的机械保温车为多，车内装有制冷设备，可自动控制车内温度。保温车主要用于运送新鲜蔬菜、鱼、肉等易腐货物。

②罐车（tank cars）。车体为圆筒形，罐体上设有装卸口。为保证液体货物运送时的安全，还没有空气包和安全阀等设备。罐车主要用来运送液化石油气、汽油、盐酸、酒精等液态货物及散装水泥等。

③家畜车。主要是运送活家禽、家畜等的专用车。车内有给水、饲料的储存装置，还有押运人乘坐的设施。

专用车还有煤车、矿石车、矿砂车等。

（2）按载重量分

我国的货车可分为 20 吨以下、25～40 吨、50 吨、60 吨、65 吨、75 吨、90 吨等各种不同的车辆。为适应我国货物运量大的客观需要，有利于多装快运和降低货运成本，我国目前以制造 60 吨车辆为主。

**四、我国通往邻国的铁路干线及国境车站**

与我国开办铁路联运的邻国有独联体、蒙古、朝鲜和越南。我国同这些国家的铁路联运是从 20 世纪 50 年代开始的，至今已有 40 多年的历史。铁路联运为各国开辟了一条对外经济贸易联系的重要渠道，为发展国际贸易创造了有利条件。

我国通往邻国的铁路干线、我国与邻国国境站站名、轨距、货物和车辆的交接及货物在不同轨距的换装地点见表 7－1。

表 7－1　我国通往邻国的铁路干线及国境车站

| 我国与邻国 | 我国铁路干线 | 我国国境站站名 | 邻国国境站站名 | 我国轨距（毫米） | 邻国轨距（毫米） | 交接、换装地点 出口 | 进口 | 至国境线距离 我国国境站（公里） | 邻国国境站（公里） |
|---|---|---|---|---|---|---|---|---|---|
| 中俄间 | 滨洲线 | 满洲里 | 后贝加尔 | 1 435 | 1 520 | 后贝加尔 | 满洲里 | 9.8 | 1.3 |
| | 滨绥线 | 绥芬河 | 格罗迭科沃 | 1 435 | 1520 | 格罗迭科沃 | 绥芬河 | 5.9 | 20.6 |
| 中蒙间 | 集二线 | 二连 | 扎门乌德 | 1 435 | 1 524 | 扎门乌德 | 二连 | 4.8 | 4.5 |
| 中朝间 | 沈丹线 | 丹东 | 新义州 | 1 435 | 1 435 | 新义州 | 丹东 | 1.4 | 1.7 |
| | 长图线 | 图们 | 南阳 | 1 435 | 1 435 | 南阳 | 图们 | 7.3 | 3.8 |
| | 梅集线 | 集安 | 满浦 | 1 435 | 1 435 | 满浦 | 集安 | 2.1 | 1.3 |
| 中越间 | 湘桂线 | 凭祥 | 同登 | 1 435 | 1 000/1 435 | 同登 | 凭祥 | 13.2 | 4.6 |
| | 昆河线 | 老街 | 新铺 | 1 000 | 1 000 | 新铺 | 老街 | 6.5 | 4.2 |

注：①越南铁路连接我国铁路凭祥一段线路，为准轨和米轨的混合轨，我国铁路同越南铁路间经由凭祥的联运货车可以相互过轨。

②我国昆明铁路局昆河线为米轨铁路。

③独联体与蒙古铁路轨距相差 4mm，货车可以直接过轨。

# 第二节　国际铁路货物联运

## 一、概述

国际铁路货物联运是指在两个或两个以上国家之间进行铁路货物运输时只使用一份统一的国际联运票据、由一国铁路向另一国铁路移交货物时，无需发、收货人参加，铁路当局对全程运输负连带责任。

参加国际联运的国家分两个集团，一是有 32 个国家参加并签订有《国际铁路货物运送公约》的"货约"集团，另一个是曾有 12 个国家参加并签订有《国际铁路货物联运协定》的"货协"集团。"货协"国家自 20 世纪 80 年代末由于前苏联和东欧各国政体发生变化而解体，但铁路联运业务并未终止，原"货协"的许多运作上的制度，因无新的规章替代故仍被沿用，不过由于各国铁路的收费标准不一，报价困难故目前处在通而不畅的状态。

## 二、国际铁路货物联运特点

凡使用一份统一的国际铁路联运票据、由铁路部门经过两国或两国以上铁路的全程运输并由一国铁路向另一国铁路移交货物时，不需发、收货人参加，这种运输方式称为国际铁路货物联运，简称"国际联运"。

国际铁路联运不同于国内铁路运输，有其自身的特点，其具体表现有以下方面：

### （一）涉及面广

国际铁路联运，涉及的内容从承运时起，须经过发送国铁路的发站、出口国境站，到达国的进口国境站到终点站，有时还要通过第三国境站；此外，每运送一批国际联运货物还要与海关、检验检疫、保险、银行及各种中间代理机构打交通。

### （二）标准较高

国际联运既是一项经济业务，又是一项外交活动。每批国际联运货物的办理质量必须是高标准、严要求，各个方面及环节内容都必须符合国际联运规章的规定和有关国家的某些正当要求。

### （三）时间性强

在国际铁路联运中，必须按期装运进出口货物，并及时运送到目的地，否则有可能造成经济损失和政治方面的不良影响。

### （四）手续复杂

由于国际铁路联运规章制度条文较多，条款复杂，同时联运涉及许多国家的有关法令和规定，因而所需办理的各项手续必须复杂。

国际铁路联运的开办为参加国开辟了一条重要的国际贸易渠道，发挥了其应有的作用：

（1）免除了货物在国境站重新办理托运的手续，火车可以过轨运输；

（2）减少了因换装所需的人力、物力、财力和时间；

（3）减少了货损货差，降低了运费，为开展国际贸易创造了更加便利的条件；

（4）欧亚各国铁路货物联运，有利于各国或地区间的经济交往，加速经济一体化的发展。

### 三、联运的范围

国际铁路联运既适用于原"货协"国家之间的货物运输，也适用于"货协"至"货约"国家之间的顺向或反向的货物运输。在我国国内凡可办理铁路货运的车站都可接受国际铁路货物联运。

### 四、办理种别

国际铁路货物联运办理种别分为整车、零担和大吨位集装箱。

（1）整车。是指按一份运单托运的按其体积或种类需要单独车辆运送的货物。

（2）零担。是指按一份运单托运的一批货物，重量不超过 5 000 公斤，按其体积或种类不需要单独车辆运送的货物。但如有关铁路间另有商定条件，也可不适用国际货协整车和零担货物的规定。

（3）大吨位集装箱。是指按一份运单托运的，用大吨位集装箱运送的货物或空的大吨位集装箱。

### 五、国际铁路货物单证

（一）联运运单

1. 运单的作用

国际铁路货物联运运单是参加国际铁路货物联运的铁路与发货人、收货人之间缔结的运输合同。它体现了参加联运的各国铁路和发货人、收货人之间在货物运送上的权利、义务、责任和豁免，对铁路和发货人、收货人都具有法律效力。

2. 联运运单的组成

发货人（出口单位）或货代向铁路车站填报的铁路运单一式五联。第一联为"运单正本"，它随货走，到达终点站时连同第五联和货物一并交收货人；第二联为"运行报单"，亦随货走，是铁路办理货物交接、清算运送费用、统计运量和收入的原始凭证，由铁路留存；第三联为"运单副本"，由始发站盖章后交发货人凭以办理货款结算和索赔用；第四联为货物交付单，随货走，由终点站铁路留存；第五联为"到达通知单"，由终点站随货物交收货人。

此外，还有为发送路和过境路准备的必要份数的补充运行报单。

（二）添附单证

国际联运进出口货物经由国境站，需要履行海关查验、商品检验、卫生检疫等特定手续，发货人必须将为履行上述手续所需的随附单证附加在运单上。

运单的添附单证主要包括以下几种：出口货物报关单、品质证明书、商品检验证书、动植物检疫证书、兽医证明书等。其他有关该批货物数量、质量、规格等的单证则视合同的规定和货物不同要求而定，一般附有下列几种：磅码单、装箱单、发运清单、零件清单、化验单、清洁容器证明书等。

上述运单的添附单证，应由发货人记入运单的"发货人添附的文件"栏内并牢固地附在运单上，随货物同行。

## 六、进出口程序

（一）出口

1. 出口托运

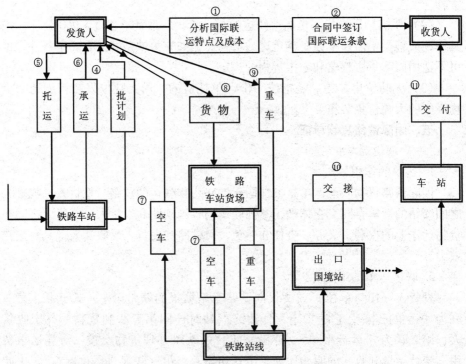

（1）发货人（出口单位）或货代向铁路车站填报联运运单。

（2）始发站审核运单和有无批准的用车计划，如无问题便在运单上签署货物进站日期或装车日期，以表示接受托运。

（3）发货人按照规定的日期将货物运往车站或指定的货位。

（4）车站根据运单查对货物，如无问题，待装车后由始发站在运单上加盖承运日期戳，负责发运。对棚车、保温车、罐车必须施封，由发货人装车的由发货人施封，由铁路装车的由铁路施封。铅封内容有站名、封志号、年、月、日。

（5）对零担货物，发货人无需事先申报要车计划，但必须事先向始发站申请托运。

车站受理后，发货人按指定日期将货物运到车站或指定货位，经查验、过磅后变铁路保管。车站在运单上加盖承运日期戳，负责发运。

2. 出口货物在国境站的交接程序

（1）国境站接到国内前方站的列车到达预报后，立即通知国际联运交接所，该所受站长直接领导，负责下述工作：①办理货物、车辆和运送用具的交接和换装工作；②办理各种交接的手续，检查运送票据和编制商务记录；③处理交接中发生的各种问题；④计算有关费用；⑤联系和组织与邻国货车衔接事宜。

（2）列车进站后由铁路会同海关接车，海关负责对列车监管和检查，未经海关许可列车不准移动、解体或调离，车上人员亦不得离开。铁路负责将随车票据送交接所。

（3）交接所内有铁路、海关、商检、动植检、卫检、边检、外运等单位联合办公，实行流水作业。

铁路负责整理、翻译运送票据，编制货物和车辆交接单；外运负责审核货运单证，纠正错发、错运及单证上的差错并办理报关、报验手续；海关查验货、证是否相符和是否符合有关政策法令，如无问题则负责放行。最后由相邻两国的铁路双方办理具体的货物和车辆的交接手续并签署交接证件。

3. 出口货物的交付

在货物到达终到站后，由该站通知收货人领取货物。在收货人付清一切应付的运送费用后，铁路将第一、五联运单交收货人凭以清点货物，收货人在领取货物时应在运单第二联上填写领取日期并加盖收货戳记。收货人只有在货物损坏或腐烂变质、全部或部分丧失原有用途时才可拒收。

（二）进口

货物国际联运的程序

（1）确定货物到达站。国内订货部门应提出确切的到达站的车站名称和到达路局的名称，除个别单位在国境站设有机构者外，均不得以我国国境站或换装站为到达站，也不得以对方国境站为到达站。

（2）必须注明货物经由的国境站。即注明是经二连还是满洲里抑或阿拉山口进境。

（3）正确编制货物的运输标志。各部门对外订货签约时必须按照外经贸部的统一规定编制运输标志，不得颠倒顺序和增加内容，否则会造成错发、错运事故。

（4）向国境站外运机构寄送合同资料。进口单位对外签订合同应及时将合同的中文副本、附件、补充协议书、变更申请书、确认函电、交货清单等寄送国境站外运机构，在这些资料中要有：合同号、订货号、品名、规格、数量、单价、经由国境站、到达路局、到站、唛头、包装及运输条件等内容。事后如有某种变更事项也应及时将变更资料抄送外运机构。

（5）进口货物在国境的交接。进口货物列车到达国境站后，由铁路会同海关接车，双方铁路根据列车长提供的货物交接单办理交接，海关对货物执行监管。

国境站交接所的内部分工是：①铁路负责签办交接证件，在交接过程中，如发现有残短应进行详细记载，以作为铁路双方签署商务记录的原始依据。翻译货运单据，组织货物换装和继续发运。②外运负责根据进口合同资料对运单及其他所有货运票据进行核对，如无问题便制作进口货物报关单向海关办理进口报关后海关根据报关单查验货物，在单、证、货相符的情况下签字放行。换装后的车辆按流向编组向内地运输。

（6）分拨与分运。对于小额订货，国外发货人集中托运、以我国国境站为到站、外运机构为收货人的，和国外铁路将零担货物合装整车发运至我国国境站的，外运在接货后应负责办理分拨、分运业务。在分拨、分运中发现有货损、货差情况如属于铁路责任应找铁路出具商务记录，如属于发货人责任，应及时通知有关进口单位向发货人索赔。

（7）进口货物的交付。铁路到站向收货人发到货通知；收货人接到通知后向铁路付清运送费用后，铁路将运单和货物交给收货人；收货人在取货时应在"运行报单"上加盖收货戳记。

**七、货损事故的索赔**

铁路对国际联运货物从承运起至到站交付货物时止，对货物全部或部分灭失或损坏或逾期运达所造成的损失应承担责任。

发货人或收货人向铁路索赔时必须提供下列文件：

（1）货物全部灭失时，如由发货人索赔应提供运单副本；如由收货人索赔应提供运单或运单副本。

（2）货物部分灭失、毁损或腐坏时，发货人或收货人都应提供运单和铁路交给收货人的商务记录。

（3）货物逾期到达，收货人索赔时应提供运单。

（4）铁路多收运送费用时，发货人或收货人都应按其已交付的运费提出索赔金额并须提供运单。在我国发货人可不提供运单，但收货人必须提供运单。

索赔时效：关于运送费用和损失的索赔应在 9 个月内提出；关于逾期运达的索赔应在 2 个月内提出。自提出索赔之日起，铁路必须在 180 天内给予审理并答复索赔人。凡超过时效的索赔则无效并不得提出诉讼。

# 第三节　国际铁路货物联运运送费用

国际铁路货物联运运送费用的计算和核收，必须遵循《国际货协》《统一货价》和中华人民共和国铁道部《铁路货物运价规则》（简称《国内价规》）的规定。

联运货物运送费用包括货物运费、押运人乘车费、杂费和其他费用。

## 一、运送费用核收的规定

（一）参加国际货协各铁路间运送费用核收的原则

1. 发送路的运送费用——在发站向发货人或根据发送路国内现行规定核收；

2. 到达路的运送费用——在到站向收货人或根据到达路国现行规定核收。

3. 过境路的运送费用——按《统一货价》在发站向发货人或在到站向收货人核收。

（二）国际货协参加路与非国际货协铁路间运送费用核收的规定

1. 发送路和到达路的运送费用与（一）1 和（一）2 项相同。

2. 过境路的运送费用则按下列规定计收。

参加国际货协并实行《统一货价》各过境路的运送费用，在发站向发货人（相反方向运送则在到站向收货人）核收；但办理转发送国家铁路的运送费用，可以在发站向发货人或在到站向收货人核收。

过境非国际货协铁路的运送费用，在到站向收货人（相反方向运送则在发站向发货人）核收。通过过境铁路港口站货物运送费用核收的规定从参加国际货协并实行《统一货价》的国家，通过另一个实行统一货价的过境铁路港口，向其他国家（不论这些国家是否参加统一货价）和相反方向运送货物时，用国际货协单据办理货物运送，只能办理至过境港口站为止或从这个站起开始办理。而参加国际货协铁路发站至港口站的运送费用，在发站向发货人核收；相反方向运送时，在到站向收货人核收。

在港口站所发生的杂费和其他费用，在任何情况下都在这些港口车站向发货人或收货人的代理人核收。

过境铁路的运送费用，按《统一货价》规定计收。

**二、国际铁路货物联运国内投运送费用的计算**

根据《国际货协》的规定，我国通过国际铁路联运的进出口货物，其国内段运送费用的校收应按照我国《铁路货物运价规则》进行计算。运费计算的程序及公式如下：

1. 根据货物运价里程表确定从发站至到站的运价里程。

2. 根据运单上填写的货物品名查找货物品名检查表，确定适用的运价号。

3. 根据运价里程和运价号在货物运价率表中查出相应的运价率。

4. 按《铁路货物运价规则》确定的计费重量与该批货物适用的运价率相乘，算出该批货物的运费。

**三、国际铁路货物联运过境运费的计算**

国际铁路货物联运过境运费是按照《统一货价》的规定计算的。其运费计算的程序及公式如下：

1. 根据运单记载的应通过的国境站，在《统一货价》过境里程表中分别找出货物所通过的各个国家的过境里程。

2. 根据货物品名，查阅《统一货价》中的通用货物品名表，确定所运货物应适用的运价等级。

3. 根据货物运价等级和各过境路的运送里程，在《统一货价》中符合该批货物的运价率。

4. 《统一货价》对过境货物运费的计算是以慢运整车货物的运费额为基础的（即基本运费额），其他种别的货物运费则在基本运费额的基础上分别乘以不同的加成率。

# 第四节　对香港、澳门地区铁路货物的运输

**一、对香港的铁路运输**

（一）特点

对香港的铁路运输是由内地段和港九段两部分铁路运输组成，其特点为"两票运输，租车过轨"。也就是出口单位在发送地车站将货物托运至深圳

北站，收货人为深圳外运公司。货车到达深圳北站后，由深圳外运公司作为各地出口单位的代理向铁路租车过轨，交付租车费（租金从车到深圳之日起至车从香港返回深圳之日止，按车上标定的吨位，每天每吨若干元人民币）并办理出口报关等手续。经海关放行过轨后，由香港的"中国旅行社有限公司"（以下简称"中旅"）作为深外运在港代理，由其在港段罗湖车站向港九铁路另行起票托运至九龙，货到九龙站后由"中旅"负责卸货并交收货人。

（二）程序

出口：

（1）出口单位或货代（一般都是当地的外运公司）向当地铁路办理托运后，均凭托运地外运公司签发的"承运货物收据"（cargo receipt）向银行办理结汇。

（2）出口单位或货代均应委托深圳外运分公司为收货人办理接货、办理出口报关（如发货地有条件也可在发货地办理出口报关）、租车过轨等中转手续。

（3）出口单位或货代必须事先将有关单证如供港货物委托书、出口许可证、出口报关单、商检证、商业发票、装箱单或重量单等寄给深圳外运，货物装车后应及时拍发起运电报以便深圳外运办理中转。如单证不全或有差错，或拍发起运电报不及时，或发生货物破损、变质、被盗等情况，货车便不能过轨。

（4）凡具备过轨手续的货车，由深圳外运公司向海关办理出口报关，经海关审单无误后即会同联检单位对过轨货车进行联检，联检无问题的由海关、边检站共同在"出口货车组成单"上签字放行。

（5）放行后的货车由铁路运到深圳北站以南1公里与港段罗湖站连接处，然后由罗湖站验收并拖运过境。过境后由"中旅"向港段海关报关，并在罗湖站办理起票，港段承运后，即将过轨货车送到九龙站，由"中旅"负责卸车并将货物分别交付给各个收货人。

进口：

从香港进口货物的运输，自1980年5月1日起，凡属外贸进口物资、来料加工、补偿贸易、装配业务、合作生产、合作办厂以及代理外商加工生产的货物，均可利用回空车辆从深圳陆运进口。但对危险品、超重超限货物、需要保温车装运的鲜冻货物及需要检疫报验的货物，必须事先与深外运、中旅等有关单位商定后才能办理。

（1）办理委托的手续

内地有关部门与客户签约后，凡须通过铁路由深圳进口的货物应先将合同副本寄深圳外运公司，对来料加工、补偿贸易、装配业务、合作生产等除寄合同副本外，还要寄上级主管机关的批准文件。与此同时，订货部门或收货人应通知香港发货人向香港"中旅"办理委托发送手续。

香港委托人须填写委托书一式四份并应随附发票四份、装箱单四份、合同副本两份、有关证明的复印件四份以及其他必要的单证送交"中旅"。"中旅"应于货物进口前三天将上述有关单证送交深圳外运公司，以便深圳外运公司办理进口报关手续。货物办妥进境手续后再由深圳外运公司代办国内段的铁路运输。

（2）货物进口的方式

① 在九龙装整车的货物或拼装同一到站的零担货物，均经深圳原车过轨并由深圳外运公司托运至内地目的站。

② 在九龙站以铁路包裹（快件）托运的，在罗湖桥由"中旅"与深圳外运公司办理交接，并由深圳外运公司就地分拨并以包裹、零担、邮件等方式运往内地各目的地。

（三）对香港地区铁路运输的主要单证电报

单证、电报是深圳外运和香港中旅货运有限公司接受委托组织运输的依据。

（1）"供港货物委托书"是发货人向深圳外运和香港中旅社委托办理货物转运、报关、接货等工作的依据，也是向发货人核算运输费用的凭证，一式五份，要求在发运前预寄。

（2）"出口货物报关单"是向海关申报的依据，一式两份。来料加工、进料加工及补偿贸易方式的单据一式三份，并随报关单附上该来料加工的合同副本、登记手册、寄发时间、方式及委托书。与此同时，根据信用证或有关规定寄发商检证、文物出口说明书、许可证等。

（3）起运电报，这是货物发往深圳的确报，它使深圳口岸和驻港机构作好接运准备，必要时，还可以作为补做单证的依据。起运电报不是可有可无的资料，没有电报，深圳外运就无法抽单配证、申请报验，香港中旅货运公司也不能提前通知香港收货人到银行办理赎单手续。因此，即使预报的单证份数齐全，准确无误，货车到达深圳后也无法过轨。

必须在供港货物装车后24小时内向深圳外运公司拍发起运电报。如在广州附近或以南装车的，应以电话告深圳外运，以便深圳口岸和驻港机构作好接运准备。

货物发运后，如对原委托书、报关单及起运电报的内容有所更改时，发货单位应立即以急电或电话（后补书面通知）及时通知深圳外运公司。

（4）"承运货物收据"是各地外运公司以货物代理的身份向外贸公司签发"承运货物收据"，负责发站至香港的全程运输。"承运货物收据"是向银行结汇的凭证，相当于海运提单或国际联运单副本。它代表货物的所有权，是香港收货人的提货凭证。

（5）铁路运单是发货人与铁路部门办理由发货点至深圳北站间的国内段运输契约，因仅限国内段，故对外不起提单的作用。

（四）运行组织

（1）快运货物列车是以外贸供港物资为基本车组，沿途不解体，根据鲜货商品的需要，进行各项定型作业，直达深圳的列车。它的特点是定线运行、定点挂车、定型作业。运行速度快，有利均衡供应，保证了商品质量，改善了押运条件，及时提供了对港鲜活商品的供应。目前我国有自江岸、长沙发运的 8 751、上海新龙华发运的 8 753 以及由郑州发运的 8755 三趟快运列车。

（2）直达列车和成组运输。直达列车是一个或几个装车站运往深圳的货车挂在一起，沿途不解体，直达深圳的货物列车。它和快运货物列车的区别是：快运列车沿途有挂车上水，加冰等作业，而直达列车没有这些作业；快运列车以外贸物资为基本车组，也可以挂其他物资在编组站甩挂，而直达列车是统一到站的。

**二、对澳门的铁路运输**

出口单位或货代在发送地车站将货物托运至广州，整车到广州南站新风码头 42 道专用线。零担到广州南站，危险品零担到广州吉山站，集装箱和快件到广州车站，收货人均为广东省外运公司，货到广州后由省外运公司办理水路中转将货物运往澳门，货到澳门由南光集团运输部负责接货并交付收货人。

# 本章知识结构图表

## 第一节 概述

一、世界铁路概况及铁路技术发展趋势

二、铁路运输的特点及作用

三、基础知识

（一）铁路线路

（二）铁路机车

# 本章综合测试

**一、单项选择题**

1. 零担是指按一份运单托运的一批货物，重量不超过（　　）千克，按其体积或种类不需要单独车辆运送的货物。
A. 5 000　　　　B. 4 000　　　　C. 3 000　　　　D. 2 000
E. 1000

2. (　　)车站是滨绥线的终点站，距国境线5.9公里，是我国对俄罗斯远东
地区和库页岛进出口货物的国境交换站和换装站。
A. 格罗迭科沃　B. 绥芬河　　　　C. 二连　　　　D. 扎门乌德

3. 我国铁路滨绥线的终点站是(　　　)车站。
A. 满洲里　　　　　　　　　　B. 二连站
C. 阿拉山口站　　　　　　　　D. 绥芬河车站

4. 我国铁路集二线的终点站是(　　　)车站。
A. 满洲里　　　　　　　　　　B. 二连站
C. 阿拉山口站　　　　　　　　D. 丹东站

5. 我国铁路北疆线的终点站是(　　　)车站。
A. 满洲里　　　　　　　　　　B. 二连站
C. 阿拉山口站　　　　　　　　D. 丹东站

6. 除(　　)外各国的所有车站，都办理国际铁路货物联运。
A. 朝鲜　　　　B. 越南　　　　C. 俄罗斯　　　　D. 蒙古

7. 由始发站盖章后交发货人凭以办理货款结算和索赔用的运单是(　　　)。
A. 第一联"运单正本"　　　　B. 第二联"运行报单"
C. 第四联货物交付单　　　　D. 第三联"运单副本"

8. 国际铁路货物联运中当货物部分灭失、毁损或腐坏时，发货人或收货人都
应提供运单和(　　　)。
A. 铁路交给收货人的商务记录　　B. 运单副本
C. 运输记录　　　　　　　　　　D. 索赔单

9. 国际铁路货物联运自提出索赔之日起，铁路必须在(　　　)天内给予审理并
答复索赔人。凡超过时效的索赔则无效并不得提出诉讼。
A. 60 天　　　　B. 80 天　　　　C. 120 天　　　　D. 180 天

10. 参加国际货协各铁路间发送路的运送费用(　　　)。
A. 在发站向发货人或根据发送路国内现行规定核收
B. 在到站向收货人或根据到达路国现行规定核收
C. 按《统一货价》在发站向发货人或在到站向收货人核收
D. 在发站向收货人或根据发送路国内现行规定核收

11. 对香港的铁路运输中由出口单位或货代（一般都是当地的外运公司）向当
地铁路办理托运后，并凭托运地外运公司签发的(　　　)向银行办理结汇。

  A. 铁路运单正本　　　　　　　B. "承运货物收据"（Cargo Receipt）

  C. 铁路运单副本　　　　　　　D. 铁路运单

12. (　　　)是发货人向深圳外运和香港中旅社委托办理货物转运、报关、接货等工作的依据，也是向发货人核算运输费用的凭证。

  A. 供港货物委托书　　　　　　B. 承运货物收据

  C. 铁路运单副本　　　　　　　D. 铁路运单正本

**二、多项选择题**

1. 铁路运输在我国对外贸易中更是起着非同一般的作用，具体表现在(　　　)：

  A. 通过铁路把欧、亚大陆连成一片

  B. 铁路是我国大陆与港、澳地区进行贸易的重要运输方式

  C. 铁路运输在进出口货物的集散方面起着重要的作用

  D. 铁路运输在省与省之间外贸物资的调拨方面也起着重要的作用

2. 我国与朝鲜相连的铁路干线有(　　　)。

  A. 沈丹线　　　　　　　　　　B. 长图线

  C. 梅集线　　　　　　　　　　D. 湘桂线

3. 国际铁路联运概念的要点有(　　　)。

  A. 票据统一

  B. 由铁路部门负责从接货到交货的全过程运输

  C. 需发货人和收货人参加

  D. 两个或两个以上国家的铁路运输

4. 在国际铁路货物运输中只限按整车办理，不得按零担运送的货物有(　　　)。

  A. 冷藏货　　　　　　　　　　B. 蜂蜜

  C. 装于容器的活动物　　　　　D. 不易计算件数的货物

5. 适用国际铁路联运的交货条款主要有(　　　)。

  A. CPT　　　　　　　　　　　B. CIP

  C. FCA　　　　　　　　　　　D. FOB

6. 国际铁路联运出口货物运输流程包括(　　　)。

  A. 出口货物的托运　　　　　　B. 发货人在装车发运中的工作

  C. 出口货物在国境站的交接　　D. 到达取货

7. 我国通往邻国的铁路干线的货物需要在国境站换装后，才能运送到国外的铁路线是(　　　)。

  A. 滨洲线　　　　　　　　　　B. 梅集线

C. 集二线 　　　　　　　　　 D. 北疆线

8. 我国通往邻国的铁路干线的货物无须换装就能运送到国外的铁路线是(　　　　)。

　A. 沈丹线 　　　　　　　　　 B. 长图线

　C. 湘桂线 　　　　　　　　　 D. 梅集线

9. 国际铁路联运相对于国内铁路运输的特点主要表现在(　　　　):

　A. 涉及面广 　　　　　　　　 B. 标准较高

　C. 时间性强 　　　　　　　　 D. 手续复杂

## 三、判断题

1. 零担是指按一份运单托运的按其体积或种类需要单独车辆运送的货物。
(　　)

2. 一件重量不足 10 千克，体积不超过 0.1 立方米的零担货物，在国际铁路直通货物联运中可以运送。(　　)

3. 一件重量超过 60 吨的；而在换装运送中，对越南重量超过 20 吨的货物只有在参加运送的各铁路间预先商定后才准运送。(　　)

4. 昆河线是自湖南衡阳起，经广西柳洲、南宁到达终点站凭祥，全长 1 013 公里。(　　)

5. 铁路运输的出口货物的报关，一般由发货人委托铁路在国境站办理。
(　　)

6. 国际铁路零担货物运输是指按一份托运的一批货物，重量不超过 5 000 公斤，按其体积或种类不需要单独车辆运送的货物。(　　)

7. 国际铁路联运中承运人是以各国铁路整体的名义与发收货人订立合同的。
(　　)

8. 国际铁路进口货物核放的依据：口岸代理人依据合同及合同资料核对运单，运单上的到站、收货人、合同号、货物、标记等项目与合同资料相符时就可以核放货物。(　　)

9. 国际铁路货物联运运单是参加国际铁路货物联运的铁路与发货人、收货人之间缔结的运输合同。(　　)

10. 铁路运单第三联为货物交付单，随货走，由终点站铁路留存。(　　)

11. 出口货物在国境站的交接所内有铁路、海关、商检、动植检、卫检、边检、外运等单位联合办公，实行流水作业。(　　)

12. 进口货物列车到达国境站后，由铁路会同海关接车，双方铁路根据列车长提供的货物交接单办理交接，海关对货物执行监管。(　　)

13. 国际铁路货物联运运送费用的计算和核收，必须遵循《国际货协》《统一货价》和中华人民共和国铁道部《铁路货物运价规则》（简称《国内价规》）的规定。　　　　　　　　　　　　　　　　　　（　　）

14. 对香港的铁路运输是由大陆段和港九段两部分铁路运输组成，其特点为"一票运输，租车过轨"。　　　　　　　　　　　　　（　　）

**本章综合测试答案**

一、单项选择题

1. A　2. B　3. D　4. B　5. C　6. A　7. D　8. A　9. D　10. A　11. B　12. A

二、多项选择题

1. ABCD　2. ABC　3. ABD　4. ABD　5. ABC　6. ABCD　7. ABC　8. ABD

9. ABCD

三、判断题

1. F　2. F　3. T　4. F　5. T　6. T　7. T　8. T　9. T　10. F　11. T　12. T

13. T　14. F

# 复习思考题

1. 简述铁路运输的特点及其在我国对外贸易货物运输中的作用。

2. 什么是铁路的轨距？两国之间轨距不同会在铁路运输中带来什么问题？应如何解决？

3. 什么是国际铁路货物联运？

4. 简述国际铁路联运出口货物交接的一般程序。

5. 国际铁路货物联运运单的性质、作用？联运运单副本有何重要作用？

6. 对香港地区的铁路运输有什么特点？有哪些主要单证？

# 第八章　国际现代运输方式

## 【关 键 词】
成组运输、托盘运输、集装箱运输、大陆桥运输。

## 【知识目标】
- 了解成组运输的发展和适用的领域;
- 熟悉托盘运输和大陆桥运输;
- 掌握集装箱的定义、种类和特点、集装箱实务和集装箱运费的计收。

## 【技能目标】
- 会进行海运运价与运费的计收;
- 能了解集装箱运输实务;
- 做到对这种集合运输方式的了解;
- 实现对海运集装箱的熟悉和掌握。

## 【导入案例或者任务描述或者背景知识】

没有现代化的交通运输，经济活动就要停顿，社会再生产也无法进行。国际现代运输的发展大大促进了世界经济的发展。特别是到了 20 世纪 70 年代末期，随着国际海上集装箱运输的发展，世界各主要航线上已基本实现了件杂货集装箱运输化。海上集装箱运输的发展将集装箱运输推向了高潮。从此国际航运业也进入了一个新的阶段。目前世界上大多数国家在航运中都日益广泛地开展集装箱运输，并已初步形成一个世界性的集装箱运输体系，进入 90 年代后，集装箱运输已普及世界所有海运网系，在世界范围内，件杂货运输的集装箱化已成为不可逆转的方向，集装箱运输进入了成熟阶段。

## 第一节　成 组 运 输

成组运输（unitized transport）是运输领域内的一种运输自动化大生产方式。它是采用一定的办法，把分散的单件货物组合在一起，成为一个规格化、标准化的大的运输单位进行运输。成组运输，适于机械化、自动化操作，便于大量编组运输。由于成组运输是通过各种方式，把多件相同或不同种类的货物集成为外部尺度和重量较标准的组，来改变货物的运输形态，在运输全过程（包括堆存、装卸、运输等环节）中，把各组货物当作基本的运输单元的运输技术，从而加速货物周转，提高运输效率，减少货损货差，节省人力物力，降低费用成本。

## 一、成组运输的发展

成组运输的发展经过了一条漫长的道路。在货品包装形式多样，单件货物的尺度和重量差别大的情况下，要实现件杂货运输和装卸的机械化大规模生产，只能遵循工作合理化的原则。首先要使货物的运输形态在外形尺寸和重量上实现标准化，这是实现机械化生产的前提。根据这种思想，出现了成组运输。

最初的成组方式是使用网络和绳索铁皮把几件货物捆扎在一起成为一个运输单位，这是成组运输的雏形。后来，把若干件货物堆装在一块垫板上作为一个运输单位。随后，在垫板运输的基础上进而发展到托盘运输。托盘运输比垫板运输前进了一大步，不仅运输单位增大，而且更便利和适合机械操作。直至20世纪50年代，被称为运输革命的集装箱运输的产生，为标准化的成组运输方式提供了极为有利的条件，使自动化大生产开始适用于运输领域，集装箱运输是成组运输的最高形态。

## 二、成组运输适用的领域

成组运输的适用领域既包括铁路运输、公路运输、内河运输、海上运输以及港口车站装卸等多种形式，更重要的是，成组运输还包括在各种运输方式之间组织的连贯的成组运输。

## 三、成组运输的经济效益

经过标准化和规格化的成组货物，适合机械化和自动化的运输社会化大生产。成组运输能大大提高运输效率、降低运输成本，具有安全、迅速、节省等优点。特别是集装箱运输的开展，货物无须倒载，可在各种运输方式之间进行自动顺利的转换，因而有利于大陆桥运输和多式联合运输的开展。

# 第二节　托　盘　运　输

托盘运输（pallet transport）是货物按一定要求成组，装在一个标准托盘上组合成为一个运输单位，并便于利用铲车或托盘升降机进行装卸，搬运和堆存的一种运输方式，它是成组运输的初级形态。

托盘（pallet）是按一定规格形成的单层或双层平板载货工具。在平板上集装一定数量的单件货物，并按要求捆扎加固，组成一个运输单位，便于运输过程中使用机械进行装卸、搬运和堆存。

件杂货采用托盘运输，由于费用相对低，货损、货差相对减少的原因，且有 ISO 推荐的标准，因而在某些国家和地区使用较为普遍。

**一、托盘种类**

托盘通常以木制，但也有用塑料、玻璃纤维或金属制成。托盘也可以另加上层装置，按结构不同，常见的有下列三种：

（1）平板托盘。由双层板或单层面板另加底脚支撑构成，无上层装置。

（2）箱形托盘。以平板托盘为底，上面有箱形装置，四壁围有网眼板或普通板，顶部可以有盖或无盖。

（3）柱型托盘。以平板托盘为底，四脚有支柱，横边有可以移动的边轨，托盘装货便于按照需要调整长度或高度。

**二、托盘运输的特点**

托盘运输是一个以托盘为一个运输单位，运输单位增大，便于机械操作，因而可以成倍地提高运输效率。

托盘运输的特点，可以归纳为以下几点：

（1）搬运和出入库、场都可以用机械操作，有利于提高运输效益，缩短货运时间，减小劳动强度。

（2）以托盘的运输单位，货物件数变小，体积重量变大，而且每个托盘所装数量相等。既便于点数，理货交接，又可以减少货损货差事故。

（3）投资比较小，收效比较快。与集装箱制造成本相比较，托盘的投资相对较小，时间也较短，因而收效也较快。

**三、托盘运输的局限性**

（1）托盘承运的货物范围有限，比较适合托盘运输的货物是箱装罐头食品、硬纸盒装的消费品等比较小的包装商品。体积较大且形状不一的商品以及散装冷冻等物品，不适于采用托盘进行运输。

（2）托盘运输虽然设备费用减少，但要增加托盘费用。同时，由于增加了托盘的重量和体积，相应也减少了运输工具的载量。

（3）托盘运输是向成组运输前进了一步，但它的效果还不足根本改变传统的流通方式。特别是不能满足国际多式联运的要求，例如它不能像集装箱那样可以密封（seal）越过国境和快速转换各种运输方式。

**四、采用托盘运输应注意的事项**

（1）装载托盘货物的范围有一定限制，不是所有货物都可以用托盘运输。

适宜于托盘运输的货物以包装件杂货物为限，散装、裸装、超重超长或冷藏货物均不能以托盘运输。危险物品以托盘运输时，切勿将性质不同的危险物品装在同一托盘上。

（2）必须符合托盘积载的规定，比如，同一批货运分载每个托盘的数量和重量必须一致，不能有多有少。不同收货人的货不能装在同一托盘，托盘平面应全部装载货物，码齐放平。

（3）每一托盘货载，必须捆扎牢固，具有足够的强度和稳定平衡，既能承受一般海上风险，经受装卸操作和移动，也能在其上面承受一定的压力。

（4）货物以托盘运输时，必须在所有运输单证上注明"托盘运输"字样。在提单上除列明一般必要的项目外，尚须列明托盘数量和托盘上装载的货物件数。因为这关系到一旦货物发生灭失或损坏按什么标准计算赔偿的问题。

# 第三节　集装箱运输

集装箱运输（container transport）是以集装箱为集合包装和运输单位，适合门到门交货的成组运输方式，是成组运输的高级形态，也是国际贸易运输高度发展的必然产物。目前已成为国际上普遍采用的一种重要的运输方式。

## 一、集装箱运输的产生及发展

集装箱运输大规模地运用虽然是现代运输的产物，但它却有较长的发展历史。早在19世纪后叶，英国兰开夏出现了一种为运输棉纱和棉布而设有活动框架的载货工具，被称为"兰开夏框架"，这是早期的雏形集装箱。正式使用集装箱，还是在20世纪初期。某些发达国家由于货物运量的迅速增加，铁路运输得到了较快的发展，真正的集装箱运输这时才逐渐开展起来。1890年在英国铁路上，首先出现了简单的集装箱运输。1917年美国铁路也开始试行集装箱运输。1926年传到德国。1928年又传入法国，1930年相继在日本和意大利出现了陆上集装箱的运输。

但是在1930—1939年间，由于公路运输的迅速发展，铁路运输的地位就相对下降了。因此在这两种运输方式之间，展开了激烈的竞争，以致在进行铁路和公路的集装箱联运时，两者不能相互配合，所以当时的集装箱运输的经济效果并不明显。直到1949年前，世界的集装箱运输进展不大。

海上集装箱运输开始于1656年4月，美国海陆运输公司（Sealand Shipping Co.，其前身为大西洋轮船公司），将一艘油轮改装后进行集装箱试营运，在纽约至休斯敦航线上作首次航行，试航三个月，获得了巨大的经济效益，为海上集装箱运输拉开了序幕。随后各国群起效仿，集装箱运输迅速发展，特别是 20 世纪 70 年代末期，国际海上集装箱运输发展速度更是惊人，世界各主要航线上已基本实现了件杂货集装箱运输化。海上集装箱运输的发展将集装箱运输推向了高潮。从此国际航运业也进入了一个新的阶段。目前世界上大多数国家在航运中都日益广泛地开展集装箱运输，并已初步形成一个世界性的集装箱运输体系，进入 90 年代后，集装箱运输已普及世界所有海运网系，在世界范围内，件杂货运输的集装箱化已成为不可逆转的方向，集装箱运输进入了成熟阶段。

**二、集装箱的定义、种类和特点**

（一）集装箱的定义

集装箱（container）又称"货柜"、"货箱"，原义是指一种容器，即具有一定的强度和刚度，专供周转使用并便于机械操作和运输的大型货物容器。但这种容器与货物的外包装和其他容器不同，是一种专门用来在不同方式运输中搬运货物而特别设计。因其外形像一个箱子，又可以集装成组货物，故称"集装箱"。国际标准化组织根据集装箱在装卸、堆放和运输过程中的安全需要，规定了作为一种运输工具的货物集装箱的基本条件，即：

（1）能长期反复使用，具有足够的强度。

（2）途中转运不用移动箱内货物，可以直接换装。

（3）可以进行快速装卸，并可以从一种运输工具直接方便地换装到另一种运输工具。

（4）便于货物的装满与卸空。

（5）具有一立方米（即 3 532 立方英尺或以上的内容积）。

一般对"集装箱"的理解是：能防风雨、能装载件、捆、包和散货，能充分保证内部货物不受损并能与运输工具分开作为一个单元进行装卸，不需要重复搬运内部货物就能运输的长方形箱体。

在集装箱运输的全过程中，集装箱连同其内部装载的货物是作为一个运输单元的。

（二）集装箱的种类

集装箱按其用途不同，可分为以下几种：

1. 杂货集装箱（dry container）

又称通用集装箱适于装载各种干杂货，包括日用百货、食品、机械、仪器、医药及各种贵重物品等，为最常用标准集装箱。国际标准化组织建议使用的 13 种集装箱均为此类集装箱。

## 2. 冷藏集装箱（refrigerated container）

这种集装箱附有冷冻机，用以装载冷冻货物或冷藏货物。其温度可以在26℃至零下28℃之间调节，在整个运输过程中，启动冷冻机可以保持指定的温度。

## 3. 散货集装箱（bulk container）

是用以装载大豆、大米、麦芽、面粉、饲料以及水泥、化学制品等各种散装的粉粒状货物的集装箱。使用这种集装箱可以节约包装费用，提高装卸效率。

## 4. 开顶集装箱（open top container）

这种集装箱适于装载玻璃板，钢制品，机械等重货，可以使用起重机从顶部装卸。为了使货物在运输中不发生移动，一般在箱内底板两侧各埋入几个索环，用以穿过绳索捆绑箱内货物。

## 5. 框架集装箱（flat rack container）

用以装载不适于装在干货集装箱或开顶集装箱里的长大件、重件、轻泡货、重型机械、钢管、裸装机床和设备的集装箱。这种集装箱没有箱顶和箱壁，箱端壁也可以卸下，只留箱底和四角柱来承受货载。这种集装箱既可以从上面也可以从侧面用铲车进行装卸。

## 6. 罐装集装箱（tank container）

适用于酒、油类、化学等液体货物并为装载这类货物具有特殊结构和设备的集装箱。该集装箱内部是密封罐型，上下有进出口管。

除了上述各种集装箱外，还有一些物种专用集装箱。如专供运输汽车，并可分为多层装货的汽车集装箱；可通风并带有喂料、除粪装置，以铁丝网为侧壁的，用于运输活牲畜的牲畜集装箱；备有二层底，供贮有渗漏液体，专运生皮等的兽皮集装箱以及专供挂运成衣的挂衣集装箱等。另外，还有以运输超重、超长货物为目的，并且在超过一个集装箱能装货物的最大重量和尺寸时，可以把两个集装箱连接起来使用，甚至可加倍装载一个集装箱所能装载的重量或长度的平台集装箱。

此外，还由于为适应货流在某些运输线上的不平衡而产生的折叠集装箱。由于海陆运输条件的差异，目前世界许多地方仍使用子母箱。

各类集装箱见图8-1至图8-6。

- 普通箱：

20英尺标准箱：最大载重容积为33CBM，最大载重重量为21M/T

40英尺：最大载重容积为66～67CBM，最大载重重量为26M/T

图 8 - 1　普通箱

● 高箱

图 8 - 2　高箱

● 冷冻箱

图 8 - 3　冷冻箱

● 开顶箱

图 8 – 4　开顶箱

● 框架箱

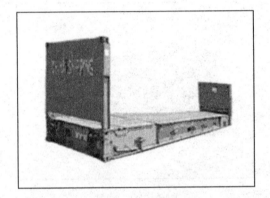

图 8 – 5　框架箱

● 挂衣箱

图 8 – 6　挂衣箱

（三）集装箱运输的特点

集装箱运输与传统的货物运输相比较，具有以下特点：

（1）在全程运输中，以集装箱为媒介，使用机械装卸、搬运，可以从一种运输工具直接方便地换装到另一种运输工具而无须接触或移动箱内的货物。

（2）货物从内陆发货人的工厂或仓库装箱后，经由陆海空不同运输方式，可一直运至内陆收货人的工厂或仓库。达到"门到门"运输，中途无需倒载，也无需开箱检验。

（3）集装箱运输，以集装箱为运输单位，并由专门设备的运输工具装运，不仅装卸快，效率高，而且货运质量有保证。

由于上述特点，大大有利于解决传统运输中久已存在而又不能解决的问题，如货物装卸操作重复劳动多、劳动强度大、装卸效率低、货损货差多、包装要求高、运输手续繁琐、运输工具周转迟缓、货运时间长等。

**三、集装箱实务**

（一）集装箱运输的关系人

随着集装箱运输的逐步发展和趋于成熟，与之相适应的，有别于传统运输方式的管理方法和工作机构也相应地发展起来，形成一套适应集装箱运输特点的运输体系。主要包括：

（1）经营集装箱货物运输的实际承运人。包括经营集装箱运输的船公司、联营公司、公路集装箱运输公司、航空集装箱运输公司等。

（2）无船承运人。在集装箱运输中，经营集装箱货运的揽货、装箱、拆箱、内陆运输及经营中转站或内陆站业务，但不掌握运载工具的专业机构，称为无船承运人。它在承运人与托运人之间起着中间桥梁作用。

（3）集装箱租赁公司。这是随集装箱运输发展而兴起的一种新兴行业，专门经营集装箱的出租业务。

（4）联运保赔协会。一种由船公司互保的保险组织，对集装箱运输中可能遭受的一切损害进行全面统一的保险。这是集装箱运输发展后所产生的新的保险组织。

（5）集装箱码头（堆场）经营人。是具体办理集装箱在码头的装卸、交接、保管的部门，它受托运人或其代理人以及承运人或其代理人的委托提供各种集装箱运输服务。

（6）集装箱货运站（container freight station，CFS）。在内陆交通比较便利的大中城市设立的提供集装箱交接、中转或其他运输服务的专门场所。

（二）集装箱运输方式

由于集装箱是一种新的现代化运输方式，它与传统的货物运输有很多不同，做法也不一样，目前国际上对集装箱运输尚没有一个行之有效并被普遍接受的统一做法。但在处理集装箱具体业务中，各国大体上做法近似，现根据当前国际上对集装箱业务的通常做法，简介如下：

1. 集装箱货物装箱方式

根据集装箱货物装箱数量和方式可分为整箱和拼箱两种。

（1）整箱（full container load，FCI）。是指货方自行将货物装满整箱以后，以箱为单位托运的集装箱。这种情况在货主有足够货源装载一个或数个整箱时通常采用，除有些大的货主自己置备有集装箱外，一般都是向承运人或集装箱租赁公司租用一定的集装箱。空箱运到工厂或仓库后，在海关人员的监管下，货主把货装入箱内、加锁、铅封后交承运人并取得场站收据，最后凭收据换取提单或运单。

（2）拼箱（less than container load，LCL）。是指承运人（或代理人）接受货主托运的数量不足整箱的小票货运后，根据货类性质和目的地进行分类整理。把去同一目的地的货，集中到一定数量拼装入箱。由于一个箱内有不同货主的货拼装在一起，所以叫拼箱。

这种情况在货主托运数量不足装满整箱时采用。拼箱货的分类、整理、集中、装箱（拆箱）、交货等工作均在承运人码头集装箱货运站或内陆集装箱转运站进行。

2. 集装箱货物交接方式

如上所述，集装箱货运分为整箱和拼箱两种，因此在交接方式上也有所不同，纵观当前国际上的做法，大致有以下四类：

（1）整箱交，整箱接（FCL/FCL）

货主在工厂或仓库把装满货后的整箱交给承运人，收货人在目的地以同样整箱接货，换言之，承运人以整箱为单位负责交接。货物的装箱和拆箱均由货方负责。

（2）拼箱交，拆箱接（LCL/LCL）

货主将不足整箱的小票托运货物在集装箱货运站或内陆转运站交给承运人，由承运人负责拼箱和装箱（stuffing，vanning）运到目的地货站或内陆转运站，由承运人负责拆箱（unstuffing，devanning），拆箱后，收货人凭单接货。货物的装箱和拆箱均由承运人负责。

（3）整箱交，拆箱接（FCL/LCL）

货主在工厂或仓库把装满货后的整箱交给承运人，在目的地的集装箱货运站或内陆转运站由承运人负责拆箱后，各收货人凭单接货。

（4）拼箱交，整箱接（LCL/FCL）

货主将不足整箱的小票托运货物在集装箱货运站或内陆转运站交给承运人。由承运人分类调整，把同一收货人的货集中拼装成整箱，运到目的地后，承运人以整箱交，收货人以整箱接。

上述各种交接方式中，以整箱交、整箱接效果最好，也最能发挥集装箱的优越性。

3. 集装箱货物交接地点

集装箱货物的交接，根据贸易条件所规定的交接地点不同一般分为：

（1）门到门（door to door）：从发货人工厂或仓库至收货人工厂或仓库；

（2）门到场（door to CY）：从发货人工厂或仓库至目的地或卸箱港的集装箱堆场；

（3）门到站（door to CFS）：从发货人工厂或仓库至目的地或卸箱港的集装箱货运站；

（4）场到门（CY to door）：从起运地或装箱港的集装箱堆场至收货人工厂或仓库；

（5）场到场（CY to CY）：从起运地或装箱港的堆场至目的地或卸箱港的集装箱堆场；

（6）场到站（CY to CFS）：从起运地或装箱港的集装箱堆场至目的地或卸箱港的集装箱货运站；

（7）站到门（CFS to door）：从起运地或装箱港的集装箱货运站至收货人工厂或仓库；

（8）站到场（CFS to CY）：从起运地或装箱港的集装箱货运站至目的地或卸箱港的集装箱堆场；

（9）站到站（CFS to CFS）：从起运地或装箱港的集装箱货运站至目的地或卸箱港的集装箱货运站。

以上九种交接方式，进一步可归纳为以下四种方式：

（1）门到门：这种运输方式的特征是：在整个运输过程中，完全是集装箱运输，并无货物运输，故最适宜于整箱交，整箱接。

（2）门到场站：这种运输方式的特征是：由门到场站为集装箱运输，由场站到门是货物运输，故适宜于整箱拆、整箱接。

（3）场站到门：这种运输方式的特征是：由门至场站是货物运输，由场站至门是集装箱运输，故适宜于拼箱交、整箱接。

（4）场站到场站：这种运输方式的特征是：除中间一段为集装箱运输外，

两端的内陆运输均为货物运输，故适宜于拼箱交、拆箱接。

（三）集装箱运输实务

1. 进口业务流程

（1）集装箱进口货物的运输流转程序和有关单证

① 整箱货物流程图，如图 8-7 所示：

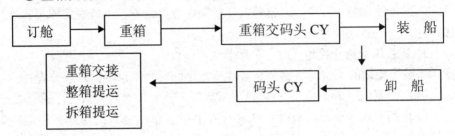

**图 8-7　整箱货物流程图**

② 拼箱货物流程图，如图 8-8 所示：

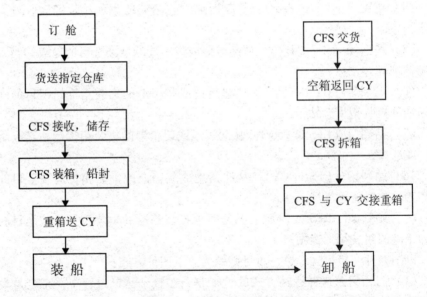

**图 8-8　拼箱货物流程图**

③ 有关单证

集装箱进口货运相关单证：进口载货清单、进口载货运费清单、货物舱单、积载图、装箱单、提单、提货单、卸货报告、交货记录、疏港清单、特殊货物清单、装船货物残损单等。

2. 船公司在进口货运中的有关业务

（1）做好卸船的准备工作

在船舶驶离装货港前，船公司及其代理人就已经在装货港为在卸货港所需进行的业务开始准备工作。对船公司来说，应尽快制订出船舶预计到港的计划，并从装货港代理处得到提单或场站收据、积载计划、装箱单、集装箱清单等。

（2）向集装箱码头堆场提交单证

卸货港的船公司代理人在收到装货港寄来的单证后，在船舶到港前，将这些单证及自行缮制的相关单证送交集装箱码头堆场。

（3）卸货与货物的交付

卸货与货物的交付工作主要由集装箱码头安排完成。

（4）签发提货单

卸货港的船公司或其代理人在收到正本提单后，向提单持有人签发提货单，提货单不具备提单的流动性，持单人根据提货单到堆场提货。

3. 集装箱货运站在进口货运中的有关业务

（1）有关单证的交接

集装箱货运站在船舶到港前的一定期限内，从船公司或其代理处得到如下单证：提单或场站收据副本、装箱单、货物舱单、残损报告、特殊货物清单、危险货物清单、冷藏箱清单。

（2）发出交货通知

集装箱货运站必须和码头堆场联系，商定拼装集装箱的提箱时间。货运站据此制定出拆箱作业计划，并向收货人发出交货通知。

（3）接受堆场重箱

集装箱货运站与码头堆场取得联系后，从码头提取门到站、场到站和站到站的集装箱。货运站与码头堆场进行交接时，双方必须在装箱单和设备交接单上签字。

（4）拆箱

集装箱进入货运站后，货运站经营人按制订的拆箱计划及有关单证从箱中取出货物，并进行分类整理，等待货主前来提取货物。在货物提空后，集装箱货运站应将空箱及时归还码头堆场。

（5）交货

货主到集装箱货运站提货时，必须出示船公司或其代理人处由提单换取的提货单，凭提货单提取货物，并由双方负责人员在交货记录上签字。若货物外表状况有异常情况，货运站有关人员必须在交货记录上作出批注，然后由双方负责人员在交货记录上签字。

(6) 缮制有关报告

集装箱货运站在将货物提交收货人之后，必须将交货报告送船公司或船公司的代理人，交货报告将成为船公司处理货物赔偿责任的依据。对于积压未提的货物，货运站应制作未提货报告送交船公司，以便船公司采用相应的措施。

4. 集装箱码头进口业务流程及具体操作

(1) 进口集装箱卸船前准备工作

① 进口资料预报，对于远洋航线定期班轮，一般要求船公司或其代理在船舶到港前 96 小时，向集装箱码头提供如下进口集装箱货运单证：进口舱单（cargo manifest）、进口船图（bay plan）、集装箱清单（container list）、危险货物清单（dangerous cargo list）和集装箱残损单（exception list）。

② 制订船泊靠泊计划，主要有两种：船舶近期计划和船舶昼夜计划

③ 进口集装箱货运资料的签收

④ 编制卸船计划。编制的原则是由后往前、由上到下、由里向外，逐层编制。

⑤ 安排堆存计划。原则：不同尺寸的集装箱分开堆放；空箱与重箱分开堆放；整箱和拼箱分开堆放；同一提单号的大票货集中堆放；中转箱单独堆放；特种箱放在特种堆场；危险品放在危险品堆场；冷藏箱堆放在冷藏箱堆场。

(2) 卸船作业流程

① 核对计划

② 开工准备

③ 卸船作业

④ 移入指定箱位

⑤ 复核、验箱、交接

⑥ 卸船作业

卸船作业开始，船边验箱员按卸船顺序单上列明的卸船顺序，核对桥吊下的集装箱箱号，检查外表及铅封的完好。如果箱号正确，外表及铅封完好，则在卸船顺序单上填上该箱的实卸时间；如果箱号有误或外表及铅封有损，则应该在该集装箱号后注明异常情况，并立即会同理货员向船方提出，请船方确认。然后，由外轮理货员加封、做好记录，并缮制设备交接单。

(3) 进口集装箱整箱提运作业

① 申请

收货人要求进口箱整箱提运，应在提运作业前一天持提货单、费用账单和

交货记录三联到集装箱码头受理台办理整箱提运作业申请手续。

码头受理台业务员检查申请人的提货单，并按箱号查询，核对无误后，即由申请人填写整箱提运作业申请，一式六联。

② 移箱

控制室场地员根据整箱提运作业申请单上标明的堆场箱位，编制"集装箱移动指令"，根据需要一式数联，部分交堆场员，部分交检查口业务员使用。堆场员根据集装箱移动指令指挥轮胎吊和集卡将集装箱移至发箱区。

③ 提箱

集卡司机进入指定堆场后，将"提箱小票"交堆场员，核对无误后，堆场员指挥轮胎吊司机按"提箱小票"所指定的箱号发货，在"提箱小票"上签字后交还集卡司机，并在自己的一份申请单上销账。

在集装箱装集卡后，集卡司机将集卡驶出场检查口，将堆场员签字过的"提箱小票"交出场检查口业务员，业务员核对箱号"提箱小票"车号后，将提箱出场小票留下，打印出场"门票"，同意集卡出码头。

④ 拆箱作业

进口集装箱作业可分为：拆箱车提、拆箱落驳、拆箱装火车和拆箱进库作业。

5. 出口业务流程

（1）集装箱货运出口流转程序和有关单证

集装箱的出口货运程序主要有：订舱、接受订舱、发放空箱、装箱、集装箱交接、换取提单、集装箱装船等。

集装箱出口运输业务的主要单证：订舱单、装箱单、装货清单、危险品清单、装货单、场站收据、提单、设备交接单、空箱交接单以及有关报关单证和出口许可证等。

（2）船公司在出口货运中的有关业务

① 配备集装箱

货主自行配备集装箱的情况很少，大多数情况是由船公司提供集装箱。因此，船公司一般要配备一定数量的集装箱以备出借。

② 掌握货源情况

及时掌握货源情况，以便合理部署空箱计划。船公司一般通过货运代理人或揽货人掌握货源情况。

船公司通常采用暂定订舱（provisional booking）和确定订舱（confirmed booking）来安排空箱用箱计划。暂定订舱一般在到港前 30 天左右，确定订舱一般在到港前 7 至 10 天左右。

③ 集装箱的调配

船公司应根据承揽载货的具体情况，合理利用集装箱，将所有的集装箱调配至各码头堆场或相关内陆地。尽量提高集装箱的利用率，满足各地客户的需要。为此，船公司或其代理人必须经常能够与堆场或内陆地联系，掌握各地客户的实际情况。

④ 掌握装运货物要求

除了掌握货源情况，船公司还必须要求托运人提供有关货物和运输的资料。

⑤ 接受托运

托运人根据合同规定，在一定期限内向船公司订舱。承运人根据运输要求以及托运箱的具体情况，决定是否接受申请。如接受申请，就在订舱上签字。

⑥ 接受货载

承运人与托运人之间的订舱手续办完后，货主从码头堆场得到空箱，在货运站完成装箱作业，并完成装船前的一切准备工作。船公司必须将订舱单上所记载的信息及时通知堆场或货运站，以便能及时安排堆场计划和装箱计划。

⑦ 缮制装船单证

为了使卸货港码头和相关的内陆运输点能及时安排各类作业计划，并能使收货人及时得到信息，船公司或其代理人应在集装箱离港后，及时缮制装船单证速送至卸货港。

6. 集装箱货运站在出口货运中的有关业务

① 准备空箱；

② 办理货物交接；

③ 货物装箱；

④ 缮制单证；

7. 集装箱码头出口业务流程及具体操作

（1）船舶到港前的业务

① 拼箱货作业装船准备工作，货运站向码头堆场交箱时，应提供以下单证：装箱单、场站收据、出口许可证和特种货物清单。

② 整箱货作业装船前准备工作。

（2）装船作业流程

① 出口重箱的进场期限，码头一般规定出口箱的进场的截止期限为装船作业开始前的24小时。

② 编制配载图。

③ 堆场发箱。

④ 船边验箱及装船。

（3）装船结束工作

① 交接工作。

② 单证处理。

**四、集装箱装箱技术**

1. 装箱前的准备工作

（1）明确货物的特性

为了保证集装箱运输中货物的完整无损，应了解货物的种类、货名性质和货物的具体尺寸，以保证货物顺利装箱；应了解货物的重量，以保证货物重量不超过集装箱的载重，保证集装箱的局部强度不受损；还应了解货物的包装种类，以保证货物包装的强度和材料符合航线上运输条件和装卸条件。

（2）了解集装箱运输过程

应了解集装箱的运输航线、运输过程中的外界条件、集装箱货物的交接方式、拆装箱地点的设备和条件以及与各国相关的法令和法规。

① 选择集装箱

掌握了货物特性和运输过程以后，就应该根据具体的货物种类的要求选择最合适的集装箱。

杂货箱适宜装载的货物种类众多，除冷冻箱或低温箱的货物、需要特别通风的货物、活的动植物、散货或液体货等，其他大多可用杂货箱装载。

敞顶箱适于装载的货物有：难于从箱门进行装卸而需要由箱顶上进行装卸作业的货物，超高货物；只要利用侧壁就可以进行固定货物，如玻璃板、胶合板、一般机械和长尺度货物等。

板架集装箱适宜装载的货物有：会产生集中负荷的重货、需要从箱顶或侧箱装载的货物、在集装箱内需要严格固定的货物、不怕风雨侵袭的货物、超尺度货物等。

冷冻集装箱适宜装载的货物有：冷冻货，如冷冻鱼、冷冻肉等，低温货，如低温肉、柑橘、干酪、禽蛋等；需要保持一定低温条件的货物、超尺度货物等。

散货集装箱适宜装载的货物有：麦芽、大豆、大米等谷物类货物，干草块、原麦片等饲料，树脂、硼砂等化工原料。

罐状集装箱适宜装载的货物有：液体货、酒类、化学液体货及其他危险液体货。

此外，在选用集装箱时还应考虑其他一些因素：运输线路上的外界条件和特殊要求；装卸作业上的要求；装卸机械上的要求；单向货流问题，即在货物不平衡的航线上，应尽可能选用回程时也能装载另一种货的集装箱，避免空箱回运。

② 注意装载和固定方法

在装箱前应根据具体条件来考虑其装载方法和固定方法。对于运输时间长，外界运输条件差的货物，要考虑箱内会不会发生水滴而产生水湿事故，货物的固定强度是否能能满足运输形式技术状态的要求。在装载方法上，有时在装箱地点由于有较高的技术和良好的机械设备，货物能顺利地装入箱内。而在偏远地区卸货时，因无装卸设备又没有装卸经验，使箱内货物难于卸出，如强行取出，则可能损坏集装箱或损坏货物。在固定方法上，有时在装箱时可以较容易地固定货物，而在卸货地却无法拆卸固定工具。

③ 计算集装箱数量和装载量

在装箱前，首先应掌握集装箱的最大载货重量。集装箱的最大载货量等于总重减去箱子自重。集装箱的自重根据不同的集装箱种类和不同的制造厂是有一定的差别的，而集装箱的总重是一个定值，按国际标准化组织的规定，除动物集装箱外，20 英尺集装箱的总重量为 24 000kg，40 英尺集装箱的总重量为 30 480kg，故每个集装箱的最大载货量不是一个定值。应根据货物重量以及包装形状和尺寸进行精确计算。

2. 对集装箱的检查

（1）外部的检查

检查集装箱的外表面有无损伤。当发现外表面有弯曲、凹痕、褶痕、擦伤等痕迹时，应在损伤处的附近仔细察看，检查是否存在破口，如发现有破口时，应在破口处的内侧仔细加以检查。外板连接处的铆钉若有松动或断裂，就会发生漏水现象。箱顶若有破孔，就容易产生货物湿损事故。

（2）内部的检查

内部检查最简单的办法是人进入箱内，把箱门关闭起来，检查箱子是否有漏光处，此时很容易发现箱顶和箱壁四周有无气孔、箱门能否严密关闭。

另外，检查时要注意箱壁内衬板上有无水湿痕迹，在箱壁或箱底板上是否有钉或铆钉头突出，内衬板的压条是否有曲损等。

（3）箱门的检查

检查的项目包括能否顺利关闭，关闭后是否密封，门周围的密封垫是否紧密，能否保证水密，箱门把手动作是否灵便，箱门能否完全锁上。

（4）附件的检查

主要检查固定货物时用的系环、孔眼等附件安装状况是否良好。板架集装箱上的立柱是否备齐，立柱插座有无变形；开顶集装箱上的定扩伸弓梁是否缺少，有无弯曲变形。

（5）清洁状态的检查

检查集装箱内有无垃圾、恶臭、生锈，是否被污染弄脏，是否湿潮。

3. 装箱作业的一般准则

装箱作业一般有三种方法，即全部用人力装箱；用叉式卸车搬进箱内再用人力堆装；全部用机械装箱。

（1）在任何情况下所装载的货物重量不能超过集装箱的最大载货重量；

（2）每个集装箱的单位容量是一定的，因此，如装载单一货种时，只要知道货物密度，就能断定是重货还是轻货。及时明确区分这两种不同情况对提高装箱效率是很重要的；

（3）装载时要使箱底的负荷均衡，不要使负荷偏在一端或一侧，特别是严格禁止负荷重心偏在一端的情况；

（4）要避免造成集中负荷，如装载机械设备等重货时，箱底应加木板等衬垫材料，尽量使负荷分散；

（5）装载货板货时要确切掌握集装箱的内部尺寸和货物的外部尺寸，用科学的方法计算出装载件数，尽量减少弃位，多装货物；

（6）用人力装货时要注意包装上的装卸指示标志。

（7）冷藏货或危险货物等特殊货物的装载，要严格按照有关特殊货物的装载要求进行。

**五、集装箱运输的经济效果**

集装箱运输可产生以下几方面的经济效果：

1. 提高装卸效率

加速车船周转，降低货运成本。集装箱运输是将单件货物集合成组；装入箱内，使运输单位增大，便于机械操作，从而大大提高装卸效率。例如，一个20英尺的国际标准集装箱每一循环的装卸时间仅需三分钟，每小时装货或卸货可达400吨，而传统货船每小时装卸35吨，提高装卸效率达11倍。

2. 简化货运手续

由于集装箱运输有利于采取多式联运，特别是门到门运输，货物在发货地装箱，经验关铅封后，一票到底，途中无需拆箱而又便于直接换装，大大减少了中间环节，简化了货运手续，加快了货运速度，缩短了货运时间。

3. 提高货运质量

集装箱结构坚固，强度很大，对货物具有很高的保护作用，即使经过长途运输或多次换装，也不易损坏箱内货物，而且一般杂货集装箱均为水密型，既不怕风吹雨淋日晒，也不怕中途偷窃，减少了货损货差。

4. 节省货物包装用料

货物装在集装箱内，集装箱本身实际上起到一个强度很大的外包装作用，货物在箱内由于集装箱的保护，不受外界的挤压碰撞，故货物本身的外包装就可大大简化。如原来需要木箱包装的，就可以改为硬纸箱，原来需要厚纸箱的，就可改为厚纸包装。这样就可以节约木料和其他材料，节省包装费用，有些商品甚至无需包装。

5. 减少营运费用

由于集装箱运输提高了装卸效率，加速了车船周转，减少了营运费用，降低了运输成本。以英国大西洋航线班轮公司为例，集装箱化后，其运输成本仅为传统货船运输成本的1/9。

**六、集装箱海运运价与运费计收**

海上运输在国际贸易中占有重要的地位。集装箱货物海运运价是集装箱运价中的主要组成部分。

（一）集装箱海运中货物的交接方式及运价构成

集装箱海运目前主要采用的货物交接方式有3种，即CY—CY、CY—CFS和CFS—CFS。

1. CY—CY

在CY—CY交接方式下，承运人是以整箱形态接受与交付货物的。发货人负责装箱并将重箱运至起运港码头堆场，承运人在堆场接受货物（重箱）。货物运抵目的港并卸至堆场后，承运人在堆场交付货物给收货人，由收货人提走重箱并负责拆箱。在这种交接方式下，船公司承担的责任范围是从进入起运港码头堆场开始至离开目的港码头堆场为止。根据成本定价原则，船公司的成本与运价构成为：起运港堆场（码头）服务费（包括接受货物、堆场存放、搬运至装卸桥下及有关单证费用）。装船费用，卸船费用，目的港堆场服务费（包括从装卸桥下运至堆场、堆存与交付费用及单证费用）。如使用的集装箱是船公司提供的，还应包括从发货人提取空箱至拆箱后返回空箱这一规定期间（免费使用期）的集装箱及设备使用与保险费（下简称为集装箱使用费）。

在大部分港口堆场服务费与装卸船费以港口装卸包干费形式收取。在我国港口包干费中还包括装港堆场卸车费与卸港堆场装车费。

2. CY—CFS

在CY—CFS交接方式下，承运人是以整箱形态交接货物，运抵目的港并在CFS交付货物。在这种交接方式下船公司成本与运价构成为：起运港、目的地堆场服务费及装\卸船费用、海上运输费用、集装箱使用费和目的港CFS

拆箱服务费（包括堆场至 CFS 重箱搬运费拆箱费用、货物在 CFS 库中存放及保管费、交付费用和有关单证费用和空箱回运至堆场的搬运费）。

3. CFS—CFS

在 CFS—CFS 交接方式下，承运人接受与交付的货物均为拼箱形态。船公司成本和运价构成为：起运港 CFS 装箱服务费（包括接受与存放、保管货物费用、堆场至装箱场地的空箱搬运费装箱费用、重箱至堆场搬运费和有关单证制作管理费、堆场服务费）装船费、海上运输费、目的港卸船费、目的港堆场服务费、拆箱服务费和集装箱使用费。

各船公司一般用运价本来说明各航线的运价。有的运价本，海上运费中包括装箱费，如不是承运人装箱，船方应将这部分费用退给实际装箱人。有的运价本中还规定装拆箱费用包括从承运人指定地点领取或送回箱子的费用，因此发货人应事先熟悉运价本中收费的含义，以免多付或少付费用。

集装箱运输属于班轮运价范畴。班轮运价考虑的主要因素除运输成本外，还应考虑国际航运市场的竞争情况，由于竞争的需要，各公司的运价并不总保持在运价本说明的水平上。在近些年集装箱运输市场供大于求的情况下，许多船公司采用降价（明降或暗降）手段来争取货源，集装箱运价波动很大。对这一点承托双方都应给予充分重视。同时还应当注意到，对各种集装箱经营人来讲，低运价并不是争取货源的唯一手段。由于适箱货物对运价承受能力相对较高，相当多的货主在选择承运人时不仅关心运价的高低，而且要将运输质量、服务水平（特别是安全、可靠、快速、方便等）综合考虑后进行选择。国际上许多大公司在较高的运价水平上仍然具有大量稳定货源的事实已充分证明了这一点。在激烈竞争的形势下，各公司对运价的制定和调整应慎重，这对于集装箱运输市场的健康发展及本公司的生存和发展都有重大影响。

（二）集装箱海运运费计收

目前集装箱货物运价基本上分为两大类：一类是沿用件杂货运费计算方法，以每运费吨（W/M）为计算单位，加上相应的附加费；另一类是以箱为计算单位，按航线包箱费率计算。前一类计算方法对拼箱货运输较为合适，大多数船公司在拼箱货运输中采用这种方法，后一类对整箱货运输较为合适。尽管还有一些船公司在整箱货运输中仍采用前一类方法，但大多数船公司已相继制定了各航线的包箱费率。在国际集装箱运输中，包箱费率计算方法正在取代传统的件杂货费率计算方法。

目前各船公司拼箱货运费基本上依据件杂货运费计算标准计算，即按公司运价本规定的（或双方议定的）W/M 费率计算基本运费，再加收集装箱运输所产生的有关费用，如拼箱服务费、支线附加费、超重或超长度附加费等。

拼箱货运费计收应注意以下几个要点：

（1）拼箱货运费计算是与船公司或其他类型的承运人承担的责任和成本费用一致的，由于拼箱货是由 CFS 负责装、拆箱，承运人的责任从装箱的 CFS 开始到拆箱的 CFS 为止。接受货物前和交付货物后的责任不应包括在运费之内。装拆箱的 CFS 应为承运人拥有或接受承运人委托办理有关业务。

（2）承运人在运费中加收拼箱服务费等常规附加费后，不再加收件杂货码头收货费用。承运人运价本中规定 W/M 费率后，基本运费与拼箱服务费均按货物的重量和尺码计算，并按其中高者收费。

（3）拼箱货起码运费按每份提单收取。计费时不足 1 吨部分按 1 吨收费。

（4）在拼箱运输中，承运人一般不接受货主提出的选港和变更目的港的要求，因此没有变更目的港的附加费。

（5）各公司的 W/M 费率多数采用等级费率。货物大多分为一般货物、半危险货物、危险货物、冷藏货物等 4 类，并分别定出 W/M 费率。

（6）尽管各公司运价本中都说明了各航线等级费率，在激烈竞争形势下，一些公司经常采用议价形式，其基本费率和附加费用可能与运价本不一致。有的公司甚至只报一个 W/M 费率而不加收附加费。

（7）对符合运价本中有关成组货物的规定和要求并按拼箱货托运的成组货物，一般给予运价优惠，计费时应扣除托盘本身的重量或尺码。

2. 整箱货运费计收

在整箱货运输中，除少数船公司仍沿用上述方法计算运费外，目前大多数公司已采用以箱为单位的计费方式，实行包箱费率。

（1）包箱费率（box rates）

包箱费率是各公司根据自身情况，按箱子的类型制定的不同航线的包干运价，既包括集装箱海上运输费用，也包括在装、卸船港码头的费用。

包箱费率可分为两类：货物（或商品）包箱费率和均一包箱费率。前者是按货物的类别、级别和不同箱型规定的包箱费率；后者则不论货物的类别（危险品、冷藏货除外），只按箱型规定的包箱费率。这种费率定得较低，体现了船公司对货主托运整箱货的优惠，是各公司吸引集装箱货源的重要手段之一。

目前包箱费率主要有 3 种形式：

①FAK 包箱费率（freight for all kinds）

这种包箱费率是对每一集装箱不细分箱内货物的货类级别，不计货量（在重量限额以内），只按箱型统一规定的费率计费，也称为均一包箱费率。

采用这种费率时货物仅分普通货物、半危险货物、危险货物和冷藏货物4类。不同类的货物，不同尺度（20英尺/40英尺）的集装箱费率不同。

这种费率在激烈竞争形势下，受运输市场供求关系变化影响较大，变动也较为频繁。一般适用于短程特定航线的运输和以 CY—CY、CFS—CY 方式交接的货物运输。

②FCS 包箱费率（freight for class）

这种费率是按不同货物种类和等级制定的包箱费率。在这种费率下，一般（如中远运价本）将货物分为普通货物、非危险化学品、半危险货物、危险货物和冷藏货物等几大类。其中普通货物与件杂货一样为 1～20 级，各公司运价本中按货物种类、级别和箱型规定包箱费率。但集装箱货的费率级差要大大小于件杂货费率级差。一般来讲，等级低的低价货费率要高于传统件杂货费率，等级高的高价货费率要低于传统费率；同等级的货物按重量吨计费的运价高于按体积吨计费的运价。这也反映了船公司鼓励货主托运高价货和体积货。

使用这种费率计算运费时，先要根据货名查到等级，然后按货物大类等级、交接方式和集装箱尺度查表，即可得到每只箱子相应的费用。

这种费率属于货物（或商品）包箱费率。中远运价本中，在中国至澳大利亚和中国至新西兰航线上采用这种费率形式。

③ FCB 包箱费率（freight for class and basis）

FCB 包箱费率是指按不向货物的类别、等级（class）及计算标准（basis）制定的包箱费率。在这种费率下，即使是装有同种货物的整箱货，当用重量吨或体积吨为计算单位（或标准）时，其包箱费率也是不同的。这是与 FCS 费率的主要区别之处。

使用这种费率计算运费时，首先不仅要查清货物的类别等级，还要查明货物应按体积还是重量作为计算单位，然后按等级、计算标准及交接方式、集装箱类别查到每只箱子的运费。

这种费率也属于货物（或商品）的包箱费率。中远运价本中在中国至卡拉奇等航线上采用这种费率形式。

应当说明集装箱货物的海运运费除按集装箱运价本中费率表计算外，使用前一定要仔细了解，以免引起纠纷。

（2）最低运费

为了保证营运收入不低于营运成本，各船公司都制定了起码的收费标准（即最低运率）。在传统运输中一般是以每张提单应收取的最低运费金额为起码运费。在集装箱运输中，各船公司最低运费的规定不尽相同，基本上可归纳为下面几种形式：

① 规定最低货物等级。这种计算方法适用于按货物等级计收运费（for basis）的情况，可使船公司在承运低级货物时不致亏损。如中远公司运价本中规定以 7 级为最低收费等级。低于 7 级的货物以 7 级计算。

② 在整箱运输下，根据箱子的种类和规格规定最低运费吨；在拼箱运输下，规定每票货物的最低运费吨。

在整箱运输下，规定最低运费吨是为了在发货人自装箱并且箱内货物没有达到规定运费吨时确保承运人的运费收入和经济利益。如远东航运公会规定的最低运费吨可见表 8 - 1。

**表 8 - 1　远东航运公会最低计费吨**

| 箱子种类、规格 | 最低运费吨 | | |
| --- | --- | --- | --- |
| | 重量吨（t） | 尺码吨（t） | 运费吨（t） |
| 20 英尺干货箱 | 17.5 | 21.5 | 21.5 |
| 20 英尺开顶箱 | 17.5 | 21.5 | 21.5 |
| 20 英尺散装箱 | 17.5 | 90% 内容积 | — |
| 20 英尺板架箱 | 16.5 | 21.5 | 21.5 |

表 8 - 1 中分别说明了箱内货物分别以重量吨（t）和尺码吨（W）计费时的最低运费吨。最后一栏是指当箱中装有分别按重量和尺码计费的不同的货物时，总运费吨的最低限额。在这种情况下各种货物计费吨按重量吨或尺码吨中大者计算。

许多船公司为争取更多的货源，对较大数量的货物给予优惠。如远东航运公会规定同时托运 3 个集装箱时，第 3 只箱的最低运费吨可小一些（如括号中数字）。在货主自装箱且箱中货物数量小于最低运费吨时，货物的运费一般通过最低运费吨乘上费率得出。显然总运费中已包括了亏箱运费。

在拼箱运输下，一个集装箱中一般装有多票货物。为保证承运人的利益，各船公司对每票货物规定最低运费吨。如中远规定每票（提单）最低运费吨为 1 运费吨，不足 1 吨的按 1 吨收费。

③ 规定最低箱载利用率

这种最低运费规定与②本质上是一样的，是通过规定集装箱载重量及容积最低利用率间接地规定最低运费吨，例如对可载货 18 吨，32 立方米的 20 英尺箱，对计算标准为 W/M 的货物分别为 95%/85%，即意味着规定了最低载货吨为 17.1 吨/27.2 吨。

（3）最高运费（maximum freight）

在传统货物运输中，货主托运多少货物，承运人按托运货种规定的费率和数量收取运费，没有最高运费的概念。最高运费仅适用于集装箱整箱运输。其含义是即使货主自装的实际装箱的货物尺码吨越过规定的最高计费吨，承运人仍按箱子的计费吨收取运费，超出部分免收运费。但有些公司有进一步的规定：按等级包箱费率（FCB，FCS）计费且箱货物等级又不同时，免收运费的货物，以箱内货物级别低（低费率）者计算。

各船公司规定的最高计费吨一般习惯按箱子内容积的85%计算。因此当装运轻泡货物时，可能发生实际装载内货物的尺码超出箱子规定的最高计费吨的情况。但国际标准对集装箱总重量有严格规定，超重是绝对不允许的。

**例8-1** 20英尺干货箱最高计费吨为21.5立方米，而箱内实装9级货27立方米，运费仍按21.5立方米计收，超出的5.5立方米免收运费。

**例8-2** 40英尺干货箱最高计费吨为43立方米，箱内实装货物总计为50立方米。其中15级货20立方米、12级货12立方米、9级货8立方米、7级及以下货10立方米，运费计算为：

$$20m^3 \times 15级货费率 = 15级货运费$$
$$12m^3 \times 12级货费率 = 12货运费$$
$$9m^3 \times 9级货费率 = 9级货运费$$
$$3m^3 \times 7级货费率级货运费$$

合计　$43m^3$　　总运费

运费免收部分为　$10 - 3 = 7m^3$（7级以下货）

与最低运费一样，集装箱运输中的最高运费也有其他形式的规定。有的公司规定了最高计费等级（如中远公司规定16级为最高计费等级）在等级包箱费率情况下，凡高于最高计费等级的货物（不论整箱货还是拼箱货），均按该等级收费。

实行最高运费规定时应注意：整箱货运费应按发货人填制的装箱单列明的不同货种及适用费率分别计算后加总收取。如箱内货物每包（捆、箱）中装有不同等级的货物时，该包货物运费按包内货物最高等级适用的费率计收；如发货人没有按规定详细申报箱内货物情况时运费按箱子的内容积计收，而且按箱内货物最高等级的费率计算；如箱内货物有一部分没有申报衡量，则没有申报和衡量的货物数量以箱子内容积与已申报货物运费吨之间的差额确定。

实行最高运费规定对于货主和船方都有好处。集装箱的内容积是一定的，但如果货物的外包装（形状和长、宽、高尺度）设计合理、积载合理，则可以有效地提高集装箱的装载量。货主可以根据自己商品的特点，通过改进外包装和合理积载以充分利用箱容。在不超重原则下尽可能多装载货物以减少运费。而船方一方面可以吸引更多的整箱托运的货物，另一方面在部分货物没有正确衡量、申报情况下仍不少收运费。

表 8 – 2　三种箱型的最高计费吨

| 箱　　　型 | 最高计费吨 |
| --- | --- |
| 8′×8′×40′ | 43 |
| 8′×8.5′×40′ | 43 |
| 8′×8′×20′ | 21.5 |

从以上分析可以看出，最低运费和最高运费一般是在货主使用的集装箱是由船公司（或其他类型的运输经营人）提供的、由货主自行装箱且计费方法是按货物等级（for class）或不同计费标准（for class）条件下采用的。在货主使用自有箱（包括货主自己租的箱子）或由承运人货运站装箱或计算方式采用均一包箱费率（FAK）情况下，一般不实行这种规定。

3. 集装箱运输中的附加费

集装箱附加费是海运运费的组成部分，不论按哪一种费率和计算标准收费，集装箱运输有时都要加收各种附加费，例如变更目的港附加费、变更交接方式附加费、重件（由 CFS 装箱）附加费、港口附加费、选卸费、燃油附加费等。这些附加费有的按箱计收，有的按箱内货物量（W/M）计收。

4. 节省集装箱货物运费的途径

在集装箱货物运输中，节省运费对于货方的好处是不言而喻的。对于承运方来讲，在保证运输与相关服务质量的前提下少收费可以吸引更多的货源，提高自己在货主心目中的信誉。从长远讲也是有利的。了解集装箱运费体系，可找到一些节省运费，提高集装箱运输经济效益的途径。

（1）合理利用箱容和载重量

集装箱运价实行包箱费且有最高收费限制，这意味着箱内货物装得越多，免费部分就越多，运费节省也越多。

一般来讲，20 英尺箱适于装运装载系数为 1 ∶ 1.8 或更轻的货物。货方在装箱时，可以通过每箱中不同种类货物的合理搭配来充分利用箱容和载重量，达到节省费用的目的。

（2）改进货物包装

有些货物因外包装形状、尺码与箱子内容积（形状、尺码）不相适应而造成箱容的浪费。而船公司为保证自己的利益，有最低运费规定，不会因箱子未装满而少收运费。箱容的浪费只会使单位运量货物运价提高。如能按集装箱内部尺码改进货物的外包装，则可使箱容利用系数提高，甚至可利用最高运费规定多装货物而又不增加运费。

（3）运费承受能力差的低价货物尽量不装箱运输，高价货物使用集装箱运输

在各船公司运价表中，集装箱货等级费率与传统件杂货等级费率比较，差别主要在如下几个方面：首先是计费级别较少。如中远 6 号本只划分 4 个计费等级。与传统运输费率对应关系分别为 1～7 级、8～10 级、11～15 级和 16～20 级。其次是各级费率差较小，分别为 57 美元、61 美元、65 美元和 74 美元。三是等级低的货物费率高于传统运输，而等级高的货物费率大大低于传统货运。

在这种情况下，矿石、铸铁件、粮食、饲料等等级低于最低运费等级（7级）的货物宜用普通件杂货船运输，而不用集装箱运输，可节省费用。反之，高于 10 级甚至高于最高运费等级（16 级，有的航线是 14 级）的货物使用集装箱运输要便宜得多。等级越高使用集装箱运输越能节省运费。

**七、中国集装箱运输的发展**

20 世纪 60 年代末 70 年代初，国际海上集装箱运输的发展突飞猛进。为适应形势和满足外贸运输的需要，中国对外贸易运输总公司于 1973 年首先成立研究集装箱运输的专门小组。同年 9 月，外运公司又同中国远洋运输公司与日本新和海运公司、日新仓库公司沿长江、珠江和东南沿海进行集装箱内河运输和河海联运；1978 年，我国开辟了上海至澳大利亚的第一条国际集装箱海运班轮航线；1979 年，广东至香港的第一条公路集装箱运输线通车，开展了陆海联运；1981 年，我国开始兴办经西伯利亚大陆桥的国际铁路集装箱运输；同年由中国自己设计的第一个集装箱专用码头——新港集装箱码头建成并投入使用。1982 年年底，使用朝鲜清津港中转吉林和黑龙江两省进出口货物，由日方派船接送的小陆桥运输试运成功。1986 年 10 月，中远公司与铁道部签订了《国际集装箱海铁联运协议》，1988 年 3 月，外运公司与铁道部运输局签订了《联办进出口集装箱运输协议书》。两项协议的签订使该项事业的发展迈出了可喜的一步。经过 20 多年的努力，目前中国有 40 多个港口从事集装箱运输，拥有泊位 57 个，集装箱卸桥 124 台，各主要集装箱港口都与高等级公路和干线铁路连接。我国已有 40 条集装箱班轮运输航线，每日有近 50 个定期国际航班从我国口岸出发，沟通了 100 多个国家和地区的 400 多个港口。上海港日前传来消息：2011 年上海港集装箱吞吐量一举突破 3 000 万标准箱（TEU）大关，创下全球港口集装箱运输史上的最高纪录。同时，统计数据显示，2011年我国规模以上港口货物吞吐量将达 91 亿吨，同比增长 12.3%，其中集装箱吞吐量为 1.63 亿 TEU，增长 11.8%。

### 八、集装箱运输的有关法规

有关集装箱运输的法规目前已有很多。如欧洲 21 个国家和欧洲以外的 7 个国家参加并于 1959 年生效的《日内瓦集装箱海关公约》就是一个比较早的，在参加国之间相互允许集装箱免税进口的国际公约。联合国政府间海事协商组织曾于 1972 年在日内瓦召开国际集装箱运输会议，通过了《1972 年集装箱海关公约》和《国际集装箱安全公约》对集装箱箱子本身的问题如集装箱的结构、种类、标志等作了详细规定。1981 年 9 月，《国际集装箱安全公约》对我国生效。此外，有关海运提单问题的《汉堡规则》以及 1980 年联合国通过的《国际货物多式联运公约》都对集装箱运输的有关问题做了专门规定。

随着国际集装箱运输的发展，我国对集装箱运输的管理法规体系也逐步建立和形成起来。先后颁布了 20 多个有关的法规和条例。涉及集装箱的检验、管理与操作、海关监管、商品检验、卫生与动植物检疫、船舶和货运代理。在集装箱运输管理方面，主要有《集装箱码头管理细则》（交通部 1985 年）、《集装箱装运包装危险货物的监督管理规定》（中国港务局 1986 年）、1987 年颁布的《国际集装箱场站管理办法》；《国际集装箱运输暂行办法》（铁道部 1990 年）；《中华人民共和国海上国际集装箱运输管理规定》（国务院 1990 年）、1998 年 4 月 18 日国务院关于修改《中华人民共和国海上国际集装箱运输管理规定》的决定、《中华人民共和国海上国际集装箱运输管理规定实施细则》（交通部 1992 年）、《中华人民共和国海商法》（全国人大常委会 1992 年）；1997 年交通部颁发的《海上国际集装箱运输电子数据交换管理办法》、《海上集装箱运输电子数据交换电子报文替代纸面单证管理规则》、《海上集装箱运输电子数据交换协议规则》、《海上国际集装箱运输电子数据交换报文传递和进出口业务流程规定》、《关于加强国内支线集装箱班轮运输和国际班轮运输管理的通知》、《关于加强台湾海峡两岸间接集装箱班轮运输管理的通知》。在集装箱检验方面，主要有《集装箱检验规范》（船舶检验局 1991 年）、《集装箱检验办法》（国务院进出口商品检验局 1984 年）。在海关监管方面，主要有《中华人民共和国海关对进出国境国际集装箱和所装货物的监管办法》（海关总署 1983 年）、《中华人民共和国海关对集装箱用于运输海关加封的国际集装箱核发批准牌照的管理办法》（海关总署 1989 年）。在集装箱商品检验方面，主要有《进出国境装载容器、包装物动植物检疫管理试行办法》（农业部 1992 年）。

# 第四节　大陆桥运输

### 一、大陆桥运输的定义

所谓大陆桥运输（land bridge transport），是指使用横贯大陆的铁路、公路运输系统为中间桥梁，把大陆两端的海洋连接起来的连贯运输方式。从形式上看，是海陆海的连贯运输，但实际在做法上已在世界集装箱运输和多式联运的实践中发展成多种多样。

大陆桥运输一般都是以集装箱为媒介，因为采用大陆桥运输，中途要经过多次装卸，如果采用传统的海陆联运，不仅增加运输时间，而且大大增加装卸费用和货损货差，以集装箱为运输单位，则可大大简化理货、搬运、储存、保管和装卸等操作环节，同时集装箱是经海关铅封，中途不用开箱检验，而且可以迅速直接转换运输工具，故采用集装箱是开展大陆桥运输的最佳方式。

**二、大陆桥运输产生的历史背景**

大陆桥运输是集装箱运输开展以后的产物。出现于 1967 年，当时苏伊士运河封闭，航运中断，而巴拿马运河又堵塞，远东与欧洲之间的海上货运船舶，不得不改道绕航非洲好望角或南美，致使航程距离和运输时间倍增，加上油价上涨，航运成本猛增，而当时正值集装箱运输兴起。在这种历史背景下，大陆桥运输应运而生。从远东港口至欧洲的货运，于 1967 年年底首次开辟了使用美国大陆桥运输路线，把原来全程海运改为海/陆/海运输方式，试办结果取得了较好的经济效果，达到了缩短运输里程、降低运输成本、加速货物运输的目的。（该大陆桥现在已经萎缩了）。

**三、西伯利亚大陆桥**

1. 西伯利亚大陆桥概念

西伯利亚大陆桥是利用俄罗斯西伯利亚铁路作为陆地桥，把太平洋远东地区与波罗的海和黑海沿岸以及西欧大西洋口岸连起来。此条大陆桥运输线东自海参崴的纳霍特卡港口起，横贯欧亚大陆，至莫斯科，然后分三路：一路自莫斯科至波罗的海沿岸的圣彼得堡港，转船往西欧、北欧港口；一路从莫斯科至俄罗斯西部国境站，转欧洲其他国家铁路（公路）直运欧洲各国；另一路从莫斯科至黑海沿岸，转船往中东、地中海沿岸。所以从远东地区至欧洲，通过西伯利亚大陆桥有海/铁/海，海/铁/公路和海/铁/铁三种运送方式。由于这条路线横跨欧洲和亚洲，故称欧亚大陆桥，又称第一条欧亚大陆桥。

2. 西伯利亚大陆桥的营运情况及主要问题

从 20 世纪 70 年代初以来，西伯利亚大陆桥运输发展很快。目前已成为远东地区往返西欧的一条重要运输路线。日本是利用此条大陆桥的最大顾主。整个 80 年代，其利用此大陆桥运输的货物数量每年都在 10 万个集装箱以上。为了缓解运力紧张情况，前苏联又建成了第二条西伯利亚铁路。但是西伯利亚大陆桥也存在三个主要问题：（1）运输能力易受冬季严寒影响，港口有数月冰封期；（2）货运量西向大于东向约两倍，来回运量不平衡，集装箱回空成本较高，影响了运输效益；（3）运力仍很紧张，铁路设备陈旧。随着新亚欧大陆桥的正式营运，这条大陆桥的地位正在下降。

**四、北美大陆桥**

1. 北美大陆桥概念

北美的加拿大和美国都有一条横贯东西的铁路公路大陆桥，它们的线路基本相似，其中美国大陆桥的作用更为突出。

2. 美国的两条大陆桥运输线

美国有两条大陆桥运输线，一条是从西部太平洋口岸至东部大西洋口岸的铁路（公路）运输系统，全长约 3 200 公里，另一条是西部太平洋口岸至南部墨西哥湾口岸的铁路（公路）运输系统，长 500 ~ 1 000 公里左右。

3. 美国的小陆桥（mini land bridge）与微型陆桥（micro land bridge）

美国的大陆桥运输由于东部港口拥挤等原因处于停顿状态，但在大陆桥运输的运用过程中，派生并形成小陆桥和微型桥运输方式。

所谓小陆桥运输，也就是比大陆桥的海/陆/海形式缩短一段海上运输，成为海/陆/或陆/海形式。例如，远东至美国东部大西洋口岸或美国南部墨西哥湾口岸的货运由原来全程海运改为由远东装船运至美国西部太平洋口岸，转装铁路（公路）专用车运至东部大西洋口岸或南部墨西哥湾口岸，以陆上铁路（公路）作为桥梁把美国西海岸同东海岸和墨西哥湾连起来。

所谓微型陆桥运输，也就是比小陆桥更短一段。由于没有通过整条陆桥而只利用了部分陆桥，故又称半陆桥运输，是指海运加一段从海港到内陆城乡的陆上运输或相反方向的运输形式。微型桥运输近年来发展非常迅速。

4. 美国 OCP 运输条款

"OCP" is overland common points 的简写，意即"内陆公共点地区"，简称"内陆地区"。其含义是：根据美国费率规定，以美国西部九个州为界，也就是以落基山脉为界，其以东地区均为内陆地区范围，这个范围很广，约占美国全国 2/3 的地区。按 OCP 运输条款规定，凡是经过美国西海岸港口转往上述内陆地区的货物，如按 OCP 条款运输就可享受比一般直达西海岸港口较低的优惠内陆运输费率，一般约低 3% ~ 5% 左右。相反方向，凡从美国内陆地区启运经西海岸港口装船出口的货物同样可按 OCP 运输条款办理。同时，按OCP 运输条款尚可享受比一般正常运输为低的优惠海运运费，每吨约低 3 ~ 5美元。

采用 OCP 运输条款时必须满足以下条件：

（1）货物最终目的地必须属于 OCP 地区范围内，这是签订运输条款的前提。

（2）货物必须经由美国西海岸港口中转。因此在签订贸易合同时，有关货物的目的港应规定为美国西海岸港口，即为 CFR 或 CIF 美国西海岸港口条件。

（3）在提单备注栏内及货物唛头上应注明最终目的地 OCP××城市。

例如，我国出口至美国一批货物，卸货港为美国西雅图，最终目的地是芝加哥。西雅图是美国西海岸港口之一，芝加哥属于美国内陆地区城市，此笔交易就符合 OCP 规定。经双方同意，就可采用 OCP 运输条款。在贸易合同和信用证内的目的港可填写"西雅图"括号内陆地区，即"CIF Seattle（OCP）"。除在提单上填写目的港西雅图外，还必须在备注栏内注明"内陆地区芝加哥"字样，即"OCP Chicago"。

### 五、新亚欧大陆桥

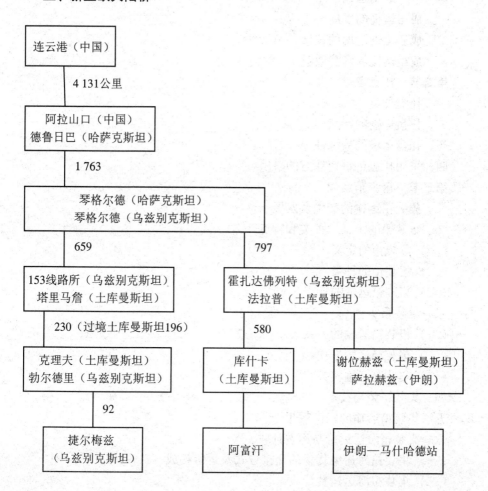

1990 年 9 月 11 日，我国陇海至兰新铁路的最西段乌鲁木齐至阿拉山口的北疆铁路与前苏联土西铁路接轨，第二条亚欧大陆桥运输线全线贯通，并于 1992 年 9 月正式通车。此条运输线东起我国连云港，西至荷兰鹿特丹，跨亚欧两大洲，连接太平洋和大西洋，穿越中国、哈萨克、俄罗斯与第一条运输线重合。经白俄罗斯、波兰、德国到荷兰，辐射 20 多个国家和地区，全长 1.08 万公里，在我国境内全长 4 134 公里。这条运输线与第一条运输线相比，总运距缩短 2 000 ~ 2 500 公里，可缩短运输时间 5 天、减少运费 10% 以上。

# 本章知识结构图表

**第一节  成组运输**

一、成组运输的发展

二、成组运输适用的领域

三、成组运输的经济效益

**第二节  托盘运输**

一、托盘种类

二、托盘运输的特点

三、托盘运输的局限性

四、采用托盘运输应注意的事项

**第三节  集装箱运输**

一、集装箱运输的产生及发展

二、集装箱的定义、种类和特点

（一）集装箱的定义

（二）集装箱的种类

（三）集装箱运输的特点

三、集装箱实务

（一）集装箱运输的关系人

（二）集装箱运输方式

（三）集装箱运输实务

四、集装箱装箱技术

五、集装箱运输的经济效果

六、集装箱海运运价与运费计收

（一）集装箱海运中货物的交接方式及运价构成

（二）集装箱海运运费计收

# 本章综合测试

**一、单项选择题**

1. 适宜于托盘运输的货物有(　　)。

   A. 散装货　　　　　　　　　B. 裸装货

   C. 起重超长或冷藏货物　　　D. 包装件杂货物

2. 20 英尺标准箱：最大载重容积和最大载重重量为(　　)。

   A. 33CBM，21M/T　　　　　B. 67CBM，21M/T

   C. 33CBM，26M/T　　　　　D. 67CBM，26M/T

3. 集装箱堆场作业是指集装箱在集装箱(　　)上进行的装卸、储存、保管和交接时进行的作业。

   A. 货场　　　　B. 堆场　　　　C. 场区　　　　D. 箱区

4. 亚欧大陆桥东起(　　)，西至荷兰鹿特丹港，是连接太平洋西岸与大西洋东岸，跨越欧亚大陆的又一欧亚大陆桥。

   A. 中国连云港　B. 印度加尔各答　C. 美国纽约港　D. 加拿大温哥华

5. (　　)是承运人委托集装箱装卸货运站或内陆中转站在收到集装箱货物后签发的收据，是集装箱运输专用出口单据。

   A. 货票收据　　B. 货场收据　　C. 场站收据　　D. 货运收据

6. 使用两种运输方式将卸至美国西海岸港口的货物通过铁路转运抵美国的内陆公共点地区并享有优惠运价的美国路桥运输业务称为(　　)。

   A. OCP 运输　　B. MLB 运输　　C. IPI 运输　　D. SLB 运输

7. OCP 运输的收货人在收到货运单证(　　)内，必须申请进口保税运输，以保证将货物最终运抵交货地。

   A. 5 天　　　　B. 10 天　　　　C. 15 天　　　　D. 20 天

8. 内陆点多式联运又称为(　　)。

A. OCP 运输　　B. MLB 运输　　C. IPI 运输　　D. SLB 运输

9. SLB 是(　　)。

A. 小陆桥运输　　　　　　　B. 内陆点多式联运

C. 西伯利亚大陆桥　　　　　D. 内陆公共点

## 二、多项选择题

1. 常见的托盘有(　　　)。

A. 圆形托盘　　　　　　　　B. 平板托盘

C. 柱型托盘　　　　　　　　D. 箱形托盘

2. 托盘运输的特点，可以归纳为以下几点(　　　)：

A. 搬运和出入库、场都可以用机械操作

B. 以托盘的运输单位，货物件数变小，体积重量变大，便于点数，减少货损货差事故

C. 投资比较小，收效比较快

D. 虽然投资比较大，但收效比较快

3. 货物以托盘运输时，在提单上除列明一般必要的项目外，尚须列明(　　　)。

A. 重量　　　　　　　　　　B. "托盘运输"字样

C. 托盘数量　　　　　　　　D. 托盘上装载的货物件数

4. 按货运特征分类，货物可以分为(　　　)。

A. 普通货　　　　　　　　　B. 特殊货

C. 整箱货　　　　　　　　　D. 拆箱货

E. 拼箱货

5. 下面的集装箱货物交接方式中，属于整箱货—整箱货的是(　　　)。

A. 门到门的交接　　　　　　B. 站到场的交接

C. 站到站的交接　　　　　　D. 场到场的交接

E. 场到门的交接

6. 下面的集装箱货物交接方式中，属于整箱货—拼箱货的是(　　　)。

A. 门到门的交接　　　　　　B. 站到场的交接

C. 门到站的交接　　　　　　D. 场到场的交接

E. 场到站的交接

7. 下面的集装箱货物交接方式中，属于拼箱货—整箱货的是(　　　)。

A. 门到门的交接　　　　　　B. 站到场的交接

C. 站到门的交接　　　　　　D. 场到场的交接

E. 场到站的交接

8. 下列英语缩写文字与集装箱运输有关的是(　　　　)。
   A. FCL　　　　　　　　　　　B. LCL
   C. CY　　　　　　　　　　　　D. CFS

9. 集装箱运输航线的特点有(　　　　)。
   A. 航行速度快　　　　　　　　B. 班期固定
   C. 挂港多　　　　　　　　　　D. 挂港少
   E. 装载量大

10. 目前世界主要的大陆桥运输线有(　　　　)。
    A. OCP 运输线
    B. 美国大陆桥运输线和加拿大大陆桥运输线
    C. 西伯利亚大陆桥运输路线
    D. 新欧亚大陆桥运输线

11. 西伯利亚大陆桥（SLB）的优点有(　　　　)。
    A. 运输距离缩短　　　　　　　B. 运量平衡
    C. 途中时间减少　　　　　　　D. 运输成本降低

12. 属于多式联运方式的运输组织方式有(　　　　)。
    A. OCP 运输　　　　　　　　　B. MLB 运输
    C. IPI 运输　　　　　　　　　D. SLB 运输

13. 在集装箱整箱货运输中的包箱费率主要有以下哪几种形式：(　　　　)。
    A. FAK 包箱费率　　　　　　　B. FCS 包箱费率
    C. FCB 包箱费率　　　　　　　D. FCA 包箱费率

14. 集装箱运输可产生以下几方面的经济效果：(　　　　)。
    A. 提高装卸效率　　　　　　　B. 简化货运手续
    C. 提高货运质量　　　　　　　D. 节省货物包装用料
    E. 减少营运费用

15. 采用 OCP 运输条款时必须满足以下条件：(　　　　)。
    A. 货物最终目的地必须属于 OCP 地区范围内
    B. 货物必须经由美国西海岸港口中转
    C. 在提单备注栏内及货物唛头上应注明最终目的地 OCP ××× 城市
    D. 货物必须经由美国东海岸港口中转

三、判断题

1. 成组运输是运输领域内的一种运输自动化大生产方式。　　　　　　　(　　)
2. 托盘运输是成组运输的高级形态。　　　　　　　　　　　　　　　　(　　)
3. 托盘运输是向成组运输前进了一步，但它的效果还不足根本改变传统的流

通方式。特别是不能满足国际多式联运的要求。 （　　）

4. 货物以托盘运输时，必须在所有运输单证上注明"托盘运输"字样。

（　　）

5. 集装箱运输（container transport）是以集装箱为集合包装和运输单位，适合门到门交货的成组运输方式。 （　　）

6. OCP运输条件对于发货人而言，其风险与责任终止于西海岸港口，而不承担西海岸港口至内陆公共点间的运输责任或风险。对于收货人而言，则可享受内陆转运的优惠费率。 （　　）

7. OCP运输中如卸货港为西雅图，目的地区为芝加哥，则应在卸货港栏内填写"SEATTLE"，目的地栏或备注栏内填写"CHICAGO"。 （　　）

8. OCP、MLB、IPI、SLB四种运输方式都是多式联运方式。 （　　）

9. MLB、IPI属于完全的多式联运，须将货物运往交货地或内陆点，并采取全程收费方式。 （　　）

10. 在拼箱运输中，承运人一般不接受货主提出的选港和变更目的港的要求，因此没有变更目的港的附加费。 （　　）

**本章综合测试答案**

一、单项选择题

1. D　2. A　3. B　4. A　5. C　6. A　7. B　8. C　9. C

二、多项选择题

1. BCD　2. ABC　3. BCD　4. CE　5. ADE　6. CE　7. BC　8. ABCD　9. ABDE

10. BCD　11. ACD　12. BCD　13. ABC　14. ABCDE　15 ABC

三、判断题

1. T　2. F　3. T　4. T　5. T　6. T　7. F　8. F　9. T　10. T

# 复习思考题

1. 按用途分，常用的集装箱有哪些类型？何谓TEU？

2. 常见的集装箱运输工具及设备有哪些？

3. 何谓"无船承运人"？它主要经营哪些业务？

4. 简述CFS、CY的作用。

5. 集装箱运输交接方式有哪几种？分别怎么表示？

6. 谈谈出口商在做托盘运输时应注意的事项。

7. 简述集装箱货物的进出口程序。

8. 什么是"场站收据"？它与传统运输中的大副收据有什么不同？

9. 集装箱运输中，跟单上货物数量的填写应注意什么？为什么？

10. 简述集装箱货物箱内积载一般原则。

11. 集装箱内陆运输运费目前主要有哪几种？其中火车运费目前是怎样计算的？

12. 集装箱海运运费目前主要有哪两大类？各自有什么特点？

13. 集装箱包箱费率有哪几种规定方法？

14. 对进口拆箱转运的货物实行商检的意义何在？

15. 当今世界上有哪几条大陆桥运输线路？

16. 大陆桥、小路桥、微型路桥有何不同？

17. 什么是 OCP 运输方式？运用 OCP 运输方式应注意哪些问题？

18. 今后如何进一步开展国际多式联运业务？

# 第九章　国际多式联运

## 【关　键　词】

国际多式联运、国际多式联运经营人、国际多式联运单据。

## 【知识目标】

● 了解国际多式联运的发展过程、国际多式联运的运营；

● 熟悉国际多式联运的优越性、国际多式联运及其经营人的基本条件、我国开办的国际多式联运路线及国际多式联运货损事故处理；

● 掌握国际多式联运的概念、特征、基本条件、国际多式联运单据和国际多式联运的货运方法及交接地点。

## 【技能目标】

◆ 会签发国际多式联运单据；

◆ 能进行国际多式联运的运营和国际多式联运货损事故处理；

◆ 做到对国际多式联运经营人的熟悉；

◆ 实现对国际多式联运的概念、特征、基本条件的熟悉和掌握。

## 【导入案例或者任务描述或者背景知识】

国际多式联运（international multimodal transportation）是伴随着世界集装箱运输而发展起来的一种高效、现代化的联合运输方式。它是指一个经营人组织至少两种不同的运输方式完成一票货物或单元货物在两国（或地区）间的全程运输，实行一次收费，一票到底，全程负责。即一个多式联运经营人（multimodal transport operater，M. T. O）负责履行多式联运合同，管理和控制整个运输过程，一次性向托运人（Shipper）收取全程运费，使用一种多式联运单据。

## 第一节　概　　述

### 一、国际多式联运的概念和特征

国际多式联运是伴随着世界集装箱运输而发展起来的一种高效、现代化的联合运输方式。它是指一个经营人组织至少两种不同的运输方式完成一票货物或单元货物在两国（或地区）间的全程运输，实行一次收费，一票到底，全程负责。即一个多式联运经营人负责履行多式联运合同，管理和控制整个运输过程，一次性向托运人（shipper）收取全程运费，使用一种多式联运单据。

至于国际多式联运的文字定义，在1980年5月联合国国际多式联运公约第二次会议上一致通过的《联合国国际多式联运公约》（以下简称《公约》）中，对国际多式联运曾做出如下定义："国际多式联运是指按照国际多式联运合同，以至少两种不同的运输方式，由多式联运经营人将货物从一国境内接管货物的地点运至另一国境内指定交货的地点。为履行单一方式货物合同所规定的货物接送业务，则不应视为国际多式联运。"

在联合国贸发会议秘书处提交的"多种方式联运使用的现代运输技术"报告中指出，多式联运的主要特征是"多式联运经营人和发货人之间的合同关系性质，构成多式联运的特征。联运经营人以独立的法律实体，向发货人提供用一种以上的运输方式运输货物的单一合同"。多式联运经营人分为有船经营人和无船经营人两类，其中无船经营人（non-vessel operating common carrier，NVOCC）还分为有运输工具经营人和无运输工具经营人两种。

**二、国际多式联运的基本条件**

根据多式联运公约的规定和现行的多式联运业务特点，开展国际多式联运应具备下列基本条件：

（1）必须具有一个多式联运合同及一份全程的多式联运单据。多式联运合同由发货人及多式联运经营人协商订立，以书面形式明确双方的权利、义务的证明。

货物在全程运输过程中，无论使用多少种运输方式，作为负责全程运输的多式联运经营人必须与发货人订立多式联运合同。多式联运经营人根据合同规定，负责完成或组织完成货物的全程运输并一次收取全程运费。因此，多式联运合同是确定多式联运性质和区别于一般传统联运的依据。

（2）发货人必须提供货物、交付运费。发货人向联运人提供货物，并准确无误地告之货物的品类、标志、件数、重量和数量。如果是危险货物，发货人在交付给多式联运经营人或其代表时应告诉货物的危险特性，必要时告知应采取的预防措施。

（3）多式联运经营人必须对多式联运负责。国际多式联运的经营人是国际多式联运的组织者和主要承担者，以事主身份从事这一经营，经营人依靠自己的经营网络和信息网络，依靠本身的资信从事这一业务，也可以是货主、各运输方式以外的第三者，或者是铁路、公路等运输公司充当经营人。

联运经营人不是发货人的代理人或代表，也不是参与多式联运的承运人的代理人或代表，他对整个联运期间负责。在联运人接管货物后，不论货物在哪一个运输阶段发生灭失或损坏，联运人都要直接承担赔偿责任，而不能借口已把全程的某一个运输阶段委托给其他运输分包人而不负责任。

（4）多式联运经营人接管的货物必须是国际间运输的货物，即在国际多式联运方式下，货物运输必须是跨越国境的一种国际间运输方式。

（5）多式联运不仅仅是使用两种不同的运输方式，而且必须是不同运输方式下的连续运输。

（6）多式联运的费率为全程单一运费率。多式联运经营人在对发货人负责全程运输的基础上，制定一个货物从发运地至目的地全程单一的费率，并一次向货主收取。

### 三、国际多式联运的发展过程

任何一种新运输方式的出现，总离不开科学技术的发展、贸易结构的变化、经济的发展、经营管理的变革以及为社会服务。归纳起来，国际多式联运发展的主要因素有：

（一）货物流通过程的变化

在经济高速发展的时代里，任何一个国家所面临和关心的主要问题是如何降低单位生产成本，提高经济效能，扩大销售市场，使商品生产多样化，满足市场的需要。经过相当一段时间的努力，许多工业发达国家首先实现了这一目标，但随之又出现了另一个问题，就是在生产过程的合理措施已达到一定程度时，货物流通过程怎么办？社会产品从生产领域到消费领域必须经过流通领域，没有流通过程，便不会实现社会产品的使用价值。流通过程不创造新产品但创造新价值，而且最终又增加了产品的价值。因为无论是产品的包装、储存、运输和装卸都要消费劳动，要有人来完成这一工作。

此外，还要有资金建造仓库，购置包装材料和运输工具，加装卸机械设备。增加了的价值就是流通成本，是构成价格条件的主要部分。而经济却要求产品在流通过程中增加的价值越小越好。因此，要求尽量节省流通过程中的劳动消耗，最大限度地降低流通费用。流通过程的主要环节是包装、储存、运输、装卸，虽然同一环节都在进行不断改革，但只有在出现集装箱的多式联运之后，才使流通过程发生了巨大的变化。

（二）货物运输方式的变化

集装箱运输的产生不仅对运输业本身，而且对于与运输业有关的其他工业部门均带来了很大的变化。它不仅能给货主节省包装费用、运费、保险费，还能大大缩短货物装卸时间，提高运输工具的周转率。追溯集装箱运输的发展历史可以发现，世界各国对集装箱的使用，首先都是从铁路、公路运输开始的。

在集装箱运输发展同时，科学技术突飞猛进，电子计算机技术被广泛应用于运输的各个领域。目前，世界上许多船公司积极开展计算机管理，建立计算机国际联机网络。通过这种国际联机化，可随时掌握集装箱的动态和盘存管理，从而大幅度提高管理的效率。同时，通过由计算机处理订舱业务和编制各种货运单证，从而实现对海上运输、集装箱维修保养和内陆运输控制的一体化管理。无疑，科学技术的这一发展，又使传统的交通运输方式得以改变，经济效益得到提高，从而进一步促进了国际多式联运的发展。

（三）货物贸易结构的变化

第二次石油危机后，世界经济贸易结构发生了很大的变化。发达国家的工业品出口结构更趋高级化，且经济重心由重、化工业转向电子技术为代表的高、精、尖产品，所谓进入了产品"轻、薄、短、小、精加软件的时代"。在这种情况下，为避免贸易摩擦，实现进出口贸易的平衡，巩固自己的竞争地位，发达国家的生产商先后在销售地发展自己的生产、加工、销售等基地。与此同时，发展中国家为了摆脱发达国家的控制，避免失去国际市场，努力发展本国经济，向工业化目标发展，从单纯的出口原材料变为在本国加工，制成半成品或成品。

这样做，一方面满足本国的需求，以取代从发达国家的日用品进口；另一方面则用于出口，获得外汇。制成品贸易的发展、适箱货源的不断增加为集装箱的多式联运创造了条件。

由于这种经济贸易结构的变化，原材料的海运量下降，加之部分具有较高价值的产品改由航空运输，给海运业带来很大影响。船舶吨位过剩，船、货比例失调，航运市场竞争日趋激烈。为了在竞争中求生存、谋发展，航运业面临着对传统运输方式的改革，开始进入铁路、公路、航空非海运领域，即所谓"登陆上天"。在科学技术和世界经济贸易结构发展的同时，社会产业结构中第三产业的比重不断增加，运输业的各种经纪人业务迅速发展，也就是出现了服务社会化的趋势。在信息社会高度发展的情况下，信息不受任何行业、区域、国界的限制，只要掌握信息，能提供货主所需要的优质服务，即使不拥有硬件（运输工具），也可以通过软件（信息、市场经营）控制硬件。

因此，在国际多式联运方式下，无船承运人，国际货运代理人等不断涌现。

（四）经营方式的变化

国际多式联运业务开展之前，各种运输方式经营者各自为政，自成体系，因而其经营的范围十分有限，但一旦进入国际多式联运业务，其经营范围可大大扩展，并可最大限度利用自己所拥有的设备、设施。对其他行业者来说，则可避免不必要的重复投资。由于发展了国际多式联运，打破了行业界限，各承运人可选择最佳运输方式、路线，组织合理运输，提高运输组织水平，协调各种运输方式的衔接。这样做的目的是在提高运输效率的情况下，降低运输成本。

通过国际多式联运，提供优质服务，方便了货主。货主只要指定交货地点，运输经营人在条件许可下将各种运输方式组合起来。设定最佳运输路线，提供统一货运单证、统一责任限制、统一费率。因此，货主对多式联运的要求日益高涨，并与国际运输业者一起致力促进国际多式联运的发展。

货入工厂或仓库装箱后，可直接运送至收货人的工厂或仓库。运输途中换装时无须掏箱、装箱，从而减少了中间环节。尽管货物经多次换装，但由于使用专业机构装卸，且又不涉及箱内的货物，因而，货损货差事故、货物被窃大为减少，从而在一定程度上提高了货运质量。此外，由于各个运输环节的各种运输工具之间配合密切，衔接紧凑，货物所到之处中转迅速及时，大大减少货物停留时间。因此，从根本上保证了货物安全、迅速、准确、及时地运抵目的地。

**四、国际多式联运的优越性**

由于多式联运可实行门到门运输，因此对货主来说，在将货交由第一承运人后即可取得货运单证，并据以结汇。结汇时间提前，不仅有利于加速货物资金的周转，而且减少了成本的支出。又由于货物装载集装箱运输，从某种意义上说可节省货物的包装费用和保险费用。此外，多式联运可采用一张货运单证，统一费率，因而也就简化了制单和结算手续，节省了人力、物力。

多式联运可提高运输组织水平，实现合理化运输，改善不同运输方式间的衔接工作。在国际多式联运开展之前，各种运输方式的经营人各自为政，自成体系。因而，其经营的业务范围受到限制。货运量相应是有限的，但一旦由不同的运输业者共同参与多式联运，经营的业务范围可大大扩展，并且可以最大限度地发挥其现有设备的作用，选择最佳运输路线，组织合理化运输。

这种运输方式除具有实现门对门运输的优越性外还具有以下优越性：

（一）手续简便

不论运输多远，运输环节多少，货主只需办理一次委托，支付一笔运输费，取得一份联运提单即可把货物从起点运到终点，一旦发生运输问题，也只需找一个总承运人便可处理问题，对货主非常方便。

（二）安全可靠

国际多式联运以集装箱运输为主体，货物需经长途运输，多次装卸，但不需要将货物逐件翻动搬移，可以减少货损货差。同时，货物密封在集装箱内，可以防止污染，也不易被盗，能比较安全可靠地完成全程运输。

（三）提早结汇

货物在起运地装上第一程运输工具后就可取得多式联运提单进行结汇。例如内地省市的一些出口商品采用多式联运方式，货物在起运地装车后，即由外运公司签发联运提单。

（四）简化包装

国际多式联运使用集装箱运输，集装箱犹如外包装。只需简易包装，可节省包装费用。此外，由于货物简化了包装，又可缩小货物的重量与体积，还可减少运费支出。

（五）加快运送

使用国际多式联运，由于集装箱的处理机械化程度高，运送装卸较快。同时货物从起运地至终点的各段运输，都由联运经营人同各段分承运人事先做好联系安排，加之经营人与分承运人之间一般采取包干费率，各分承运人都以最快速度处理以降低成本增加利润，所以货物可以迅速地从一个运输环节转换到另一个运输环节，运输速度要比货主一段段分别办理快得多。

在当前国际贸易竞争激烈的情况下，运输商品要求速度快、破损少、费用低，而国际多式联运正以安全可靠、迅速及时以及手续简便等优点，在国际上越来越被广泛地采用，有着良好的发展前途。

# 第二节　国际多式联运及其经营人的基本条件

多式联运是将不同的运输方式组合成综合性的一体化运输，通过一次托运、一次计费、一张单证、一次保险，由各运输区段的承运人共同完成货物的全程运输，即将全程运输作为一个完整的单一运输过程来安排。尽管已通过的多式联运公约至今没有生效，但多式联运应具备的基本条件是不变的。

**一、国际多式联运基本条件**

根据多式联运公约的规定和现行的多式联运业务特点，多式联运应具备的条件必须是：

（1）货物在全程运输过程中无论使用多少种运输方式，作为负责全程运输的多式联运经营人必须与发货人订立多式联运合同。因为，该运输合同是多式联运经营人与发货人之间权利、义务、责任、豁免的合同关系和运输性质来确定，也是区别多式联运与一般货物运输方式的主要依据。

（2）多式联运经营人必须对全程运输负责。因为多式联运经营人不仅仅是订立多式联运合同的当事人，也是多式联运单证的签发人。自然在多式联运经营人履行多式联运合同所规定的运输责任的同时，可将全部或部分运输委托他人（分运承运人）完成，并订立分运合同，但分运合同的承运人与发货人之间不存在任何合同关系。

（3）多式联运经营人接管的货物必须是国际间的货物运输，这不仅有别于国内货物运输，主要还涉及国际运输法规的适用问题。

（4）多式联运不仅仅是使用两种不同的运输方式，且必须是该不同运输方式下的连续运输。

（5）货物全程运输由多式联运经营人签发一张多式联运单证，且应满足不同运输方式的需要，并计收全程运费。

从上述多式联运应具备的基本条件看，凡根据多式联运合同所进行的多式联运必须具备上述条件。多式联运经营人作为订立多式联运合同的一方，以至少两种运输方式组织运输并履行合同责任。但在事实上，多式联运下的多式联运合同并非是独一无二的。因为，除了多式联运经营人承担或不承担部分运输外，更多的运输由他人来完成并与多式联运经营人订立分运合同。此外，现行的国际货运公约对联运的条件作了不同的规定，如：

凡符合下列条件属汉堡规则下的货物联运：

（1）两种运输方式之间，其中之一必须是海运；

（2）所订立的合同是国际间的货物运输。

凡符合下列条件属公路货运公约下的货物联运：

（1）运输合同中规定的接管、交付货物的地点位于两个不同的国家；

（2）货物系由载荷车辆运输。

凡符合下列条件属铁路货运公约下的货物联运：

（1）运输方式之一在公约所规定的铁路线上运输；

（2）另一运输方式为公约所规定的公路或海上运输。

凡符合下列条件属华沙公约下的货物联运：

根据有关方订立的运输合同，不论运输过程中有无中断或转运，其出发地和目的地是在两个缔约国或非缔约国的主权、宗主权、委托统治权，或权力管辖下的领土内在一个约定的经停地点的任何运输。

事实上，任何现行国际货运公约缔约国的法律都强制规定，凡签订该公约范围内的运输合同应遵守公约所规定的义务。即该运输合同既要满足单一货运公约下的货物联运条件，又要符合多式联运公约范围内的要求，除非这两个公约所规定的责任、义务相同，否则公约之间的抵触难以避免，因为作为订立多式联运合同的多式联运经营人，同时又作为某一运输区段的实际承运人时，首先应确定的是所订立的运输合同是否属于现行货运公约所适用的范围。

## 二、国际多式联运经营人应具备的条件

国际货运公约或货物运输合同一般都规定，承运人应是与发货人订有运输合同的人，或完成货物运输的人。然而现行的国际货运公约对承运人的概念理解不一，在认识上没有统一。如海牙规则中的承运人是指参加运输的人，还是与发货人订立合同的人，或两者兼而有之。同样，因对《华沙公约》中所规定的承运人认识不一，由此制定了《瓜达拉哈拉公约》。多式联运作为不同运输方式间的组合，系由众多关系人组成，其法律关系十分复杂，其中主要关系有多式联运经营人与发货人之间的关系以及与其受雇人、代理人之间的代理关系、承揽关系、侵权行为关系等。多式联运首先应调整上述关系人的法律关系，确定多式联运经营人的法律地位，从而平衡相互间的权利、义务和赔偿责任。已通过的多式联运公约和现行的多式联运业务对多式联运经营人概念理解为："多式联运经营人是指本人或通过其代表与发货人订立多式联运合同的任何人，他是事主，而不是发货人的代理人或代表或参加多式联运的承运人的代理人或代表，并且有承担合同的责任。"

可见，当多式联运经营人从发货人那里接管货物时起即表明责任业已开始，货物在运输过程中的任何区段发生灭失或损害，多式联运经营人均以本人的身份直接承担赔偿责任，即使该货物的灭失或损害并非由多式联运经营人本人的过失所致。因此，作为多式联运经营人的基本条件是：

（1）多式联运经营人本人或其代表就多式联运的货物必须与发货人本人或其代表订立多式联运合同，而且该合同至少使用两种运输方式完成货物全程运输，合同中的货物系国际间的货物。

（2）从发货人或其代表那里接管货物时起即签发多式联运单证，并对接管的货物开始承担责任。

（3）承担多式联运合同规定的运输和其他服务有关的责任，并保证将货物交给多式联运单证的持有人或单证中指定的收货人。

（4）对运输全过程中所发生的货物灭失或损害，多式联运经营人首先对货物受损人负责，并应具有足够的赔偿能力，当然这种规定或做法不会影响多式联运经营人向造成实际货损的承运人行使的追偿权利。

（5）多式联运经营人应具备与多式联运所需要的、相适应的技术能力，对自己签发的多式联运单证确保其流通性，并作为有价证券在经济上有令人信赖的担保程度。

## 三、国际多式联运经营人的赔偿责任范围

根据目前国际上的做法，国际多式联运经营人的赔偿责任范围可分为以下

三种类型：

（1）统一责任。在统一责任制下多式联运经营人对货主负不分区段的统一责任。即货物的灭失或损失，包括隐蔽损失（即损失发生的区段不明），不论发生在哪个区段，多式联运经营人按一个统一原则负责，并一律按一个约定的限额赔偿。

（2）分段责任。按分段责任制（有称网状责任制），多式联运经营人的责任范围以各区段运输原有责任办理，如海上区段按《海牙规则》，航空区段按《华沙公约》办理。在某些区段上不适用上述公约时，则按有关国家的国内法处理。这种责任制的特点是各种法规的责任大小和赔偿限额不统一，对发展多式联运不利。

（3）修正（双重）统一责任。修正（双重）统一责任制是介于上述两种责任制之间的责任制，故又称混合责任制，也就是在责任范围方面与统一责任制相同，在赔偿限额方面与部分责任制相同。

**四、国际多式联运经营人的类型**

根据是否拥有运输船舶，国际多式联运经营人可以分成以船舶运输为主的国际多式联运经营人和无船国际多式联运经营人两大类。

（1）以船舶运输为主的国际多式联运经营人。这类国际多式联运经营人在利用自己拥有的船舶提供港至港服务的同时，将他们的服务扩展到包括陆上运输甚至空运在内的门到门服务。在一般情况下，他们可能不拥有也不从事公路、铁路、航空货物运输，而是通过与相关承运人订立分合同来安排相关的运输。此外，他们也可能不拥有也不从事场站设施，而是与相关场站经营人订立装卸与仓储服务。

（2）无船国际多式联运经营人。根据是否拥有运输工具和场站设施，无船国际多式联运经营人可分成如下三类：

第一，承运人型。这类国际多式联运经营人不拥有运输船舶，但却拥有汽车、火车或/和飞机等运输工具。他与货主订立国际多式联运合同后，除了利用自己拥有的运输工具完成某些区段的实际运输外，对于自己不拥有或经营的运输区段则需要通过与相关的承运人订立分包合同来实现该区段的运输。与船舶运输为主的国际多式联运经营人一样，这类国际多式联运经营人既是契约承运人又是某个或几个区段的实际承运人。

第二，场站经营人型。这类国际多式联运经营人拥有货运站、堆场、仓库等场站设施。他与货主订立国际多式联运合同后，除了利用自己拥有的场站设施完成装卸、仓储服务外，还需要与相关的各种运输方式的承运人订立分合同，由这些承运人来完成货物运输。

第三，代理人型。这类国际多式联运经营人不拥有任何运输工具和场站设施，需要通过与相关的承运人、场站经营人订立分合同来履行他与货主订立的国际多式联运合同。

# 第三节　国际多式联运单据

## 一、国际多式联运单据的定义

在国际多式联运全过程中，其运输合同即多式联运合同应是由多式联运经营人与发货人订立的，因此有必要对运输合同作进一步说明。虽然多式联运公约第一条第（二）款对多式联运合同做了规定，但该合同的成立必须具备下列条件：

（1）使用两种或两种以上运输方式完成货物运输；

（2）必须是对货物的运输，而且是国际间的；

（3）接受货物运输，因有合同而对货物负有运输和保管责任；

（4）该合同必须是一种承揽、有偿、不定式的合同。本公约对运输合同的规定，与《华沙公约》、《铁路货运公约》、《公路货运公约》中对运输合同的规定有根本的区别。

根据《华沙公约》的规定，合同的形式表现为书面的运输单证，即空运货运单，《海牙议定书》又将其称为空运单或空运路单。

而在铁路、公路货运公约中，合同的形式也是以所使用的运单来体现，发货人与承运人在运单上一经签字，即认为双方缔结了运输合同。

可以这样说，多式联运公约对单据所下的定义与汉堡规则中对提单所下的定义是一致的，即"提单是指用以证明海上运输合同和承运人接受或装载货物，以及承运人保证据以交付货物的凭证，单据中关于货物应按记名人的指示或不记名人的指示交付，或者交付给提单持有人的规定，便是这一保证"。可见，即使是多式联运单据，其作用也是：

（1）多式联运合同的证明；

（2）多式联运经营人收到货物的收据和凭其交货的凭证。

## 二、国际多式联运单据的签发

国际多式联运经营人凭收到货物的收据，在签发多式联运单据时，可根据发货人的要求签发可转让，或不可转让多式联运单据中的一种。

如签发可转让的多式联运单据：

（1）应列明按指示交付或向持票人交付；

（2）如列明按指示交付，须经背书后才能转让；

（3）如列明向持票人交付，无须背书即可转让；

（4）如签发一套以上的正本，应注明正本份数；

（5）如签发任何副本，每份副本应注明"不可转让副本"字样。

在实践业务中，对多式联运单据正本和副本的份数规定不一，主要视货主的要求而定。正本单据签发一份以上的目的，在于保护收货人的合法权益。如在单据的转送过程中有时会发生空难、海难、盗窃、遗失等，如有几份正本单据便可通过多种方式向收货人递送。同时，为防止一票货物多提的可能性，只要多式联运经营人按正本单据中的一份完成交货后，便作为已履行了其交货责任，其余各份正本单据即失去任何效力，而且凭其中一份正本交货仅在单证中指定的交货地点有效。单据副本在法律上是没有效力的，主要是为了满足业务上的需要。

多式联运单据的背书转让有两种，一种是记名背书，另一种是空白背书。按指示交付的单据在转让时要经过背书手续，向持票人交付的单据无需背书即可转让。

货物的托运人如要求多式联运经营人签发不可转让的多式联运单据时，多式联运经营人或经他授权的人在单据的收货人一栏内，应注明具体的收货人姓名，货物在运抵目的地后，多式联运经营人向该单据中记明的人交货后，便作为履行了其交货责任。

### 三、国际多式联运单证手续

由于国际多式联运与单一运输方式不同，办理货物运输的单证和手续也有所区别。除按一般的集装箱货物运输的做法办理外，在制单和单证流转等方面，应从信用证开始，注意是否与多式联运条件相符，及时、正确地缮制和递送单据，避免某一环节脱节而造成失误。

（一）关于信用证条款

根据多式联运的需要，信用证条款与一般常见条款比较，主要有以下三条变动：

（1）通过银行议付不再使用船公司签发的清洁已装船提单，而是凭多式联运经营人或经他授权的人签发的联运提单（combined transport B/L）。

（2）由于多式联运一般都采用集装箱运输，除特殊情况外，信用证上应有只装集装箱的条款。

（3）由银行转单改为联运经营人直寄收货人。目的是使收货人及其代理人及早取得装船单证和报关时必备的商务单证，从而加快在目的港的提箱速度和交货速度。信用证字句大体为："装船单据（一般是指联运提单、发票、装箱单、产地证、出口国海关发票等）应交由多式联运经营人送给收货人或其代理。"在发货人递交上述单证后，有时出于结汇需要，联运经营人可给出收到上述单证并已寄出的证明。

（二）缮制海运提单及联运提单

由于国际多式联运多为门到门运输，故货物在港口装船后，均应同时签发海运提单与联运提单。这是多式联运与单一海运根本不同之处。现将这两种提单的缮制分述如下：

1. 海运提单的缮制

发货人为多式联运经营人（例如外运公司），收货人及通知方一般为多式联运经营人的国外代理，海运提单由船公司代理签发。

2. 联运提单的缮制

联运单上的收货人和发货人是实际的收、发货人。通知方则是目的港或最终交货地点收货人指定的代理人。提单上除列明装货港、卸货港外，还要列明收货地（place of receipt）、交货地（place of delivery）或最终目的地（final destination）、第一程运输工具（per-carriage by）以及海运船名及航次等。缮制联运提单均按信用证规定缮制，联运提单由多式联运经营人签发。

（三）其他单据

有关其他单据一般都是信用证规定的船务单据和商务单据两种。这些单据的份数也按信用证中所规定的并由发货人提供。除将上述海运提单正本和多式联运提单正本分别递交多式联运经营运人的国外代理买方（收货人）外，还应将联运提单副本和海运提单副本连同装箱单、发票、产地证明等单据分别递交联运经营人国外代理及买方。这些单证要在船抵卸货港前寄到代理和买方手中，以便国外代理办理货物转运并将信息通知最终目的地收货人。同时，也有利于收货人与代理取得联系。

**四、多式联运单据与联运提单的区别**

（1）两种运输单据的名字不同。根据《国际多式联运公约》的规定，在多式联运方式下所使用的运输单据称为"多式联运单据"；在联运方式下所使用的运输单据称为"联运提单"。联运一般是指包括海运或水运在内的两种以上运输方式的联合运输，因此，联运提单也称海运联运提单。

（2）两种运输单据的签发人不同。多式联运单据的签发可以是不拥有运输工具，但有权控制运输并对全程运输负责的人签发，如无船公共承运人或国际货运代理人等经营人。而联运提单习惯上由拥有运输工具的海上承运人或其代理人签发。

（3）两种运输单据签发时间和地点不同。在多式联运方式下，多式联运经营人或其代理人在内陆货运站、码头堆场、发货人的工厂或仓库接收货物后即可签发多式联运单据。而联运提单习惯上在装货港货物装上船舶后签发。

（4）两种运输单据下的责任不同。由于两种运输单据签发人的地位不同，因此其签发人的责任也存在着差异。多式联运单据的签发人，即多式联运经营人，对货物负有全程运输的责任。为履行合同他可以自己办理全部或一部分实际运输，也可以自己完全不办理实际运输，而把全部各段运输以他自己的名义分别委托相应的区段承运人办理。换言之，在整个运输过程中，他始终要对货物的灭失或损坏（不论它们发生在任何区段）承担责任。而联运提单签发人的责任为单一责任制或网状责任制。前者是指各承运人对自己运输区段内的货物灭失与损害负责，对货物从他的运输工具卸离后的货损不负责任。这种责任制实际业务中极易产生纠纷，如发货人（货主）与第二承运人发生有关货损的争议时，则产生了该承运人与发货人是否为合同当事人的问题，因此在目前集装箱联运提单中已很少采用这种责任制。后者虽有签发联运提单的人对全程运输负责，但损害赔偿却仍按发生货损区段的法规处理。

在实际做法上，有时会发生一些变化。如目前有些航运公司认同一格式提单，既供多式联运方式使用，也供海运联运使用。

**五、多式联运提单的流转程序**

以下以一程是公路运输、二程是海上运输的多式联运为例说明多式联运经营人签发的多式联运提单及各区段单证的流转程序。

在实际业务中，多式联运提单和各区段实际承运人的货运单证的缮制大多交由多式联运经营人的各区段代理负责，多式联运经营人主要充当全面控制和发布必要指示的角色。以下为多式联运经营人签发的多式联运提单及各区段实际承运人签发的运输单证的流转程序。

（1）多式联运经营人起运地分支机构或代理缮制并签发全程多式联运提单，其中的正本交给发货人，用于结汇；副本若干份交付多式联运经营人，用于多式联运经营人留底和送交目的地分支机构或代理。

（2）多式联运经营人起运地分支机构或代理货交一程承运人后，一程承运人签发以多式联运经营人或其起运地分支机构或代理为托运人、以多式联运经营人或其二程分支机构或代理为收货人的公路运单，运单上应注有全程多式联运提单的号码。多式联运经营人起运地分支机构或代理在货物出运并取得运单后，应立即以最快的通信方式将运单、舱单等寄交多式联运经营人二程分支机构或代理，以便二程分支机构或代理能用此提货；与此同时，还应向多式联运人提供运单副本以及载运汽车离站时间及预计抵达时间等信息，以便多式联运经营人能全面了解货运进展和向二程分支机构或代理发出必要的指示。

（3）多式联运经营人二程分支机构或代理收到运单后，凭此从一程承运人或其代理处提取货物，并交付二程承运人或其代理。二程承运人或其代理收到货物后，签发以多式联运经营人或其二程分支机构或代理为托运人，以多式联运经营人或其目的地分支机构或代理为收货人的提单，提单上应注明全程多式联运提单号码。多式联运经营人二程分支机构或代理在货物出运并取得提单后，应立即以最快的通信方式将正本提单、舱单等寄交多式联运经营人目的地分支机构或代理，以便目的地分支机构或代理能用此提货；与此同时，还应向多式联运经营人提供提单副本以及船舶离港报告等，以便多式联运经营人能全面了解货运进展向三程分支机构或代理发出必要的指示。

（4）多式联运经营人目的分支机构收到提单后，凭此从承运人或代理处提取货物，并向收货人发出提货通知。收货人付款赎单后取得多式联运经营人签发的全套正本多式联运提单，凭此全套正本提单可向多式联运经营人目的地分支机构或代理办理提货手续。多式联运经营人目的地分支机构或代理经与多式联运经营人寄交的副本提单核对，并在收取应收取的杂费后，将货物交付收货人。

## 第四节 国际多式联运的货运方法及交接地点

### 一、国际多式联运主要是采用成组运输，特别是集装箱运输方法

但也不仅限于此，也适用于非成组的件杂货（break-bulk cargo）及工程项目、二手设备的运输。当然，由于件杂货在运输环节的每个交接点都有货物装卸活动，所以一个单独的经营人很难负责处理全部业务活动和签发全球运输单证。因此，货物成组运输在国际多式联运中效用最好，而在多种成组运输方式中集装箱运输的方法最适合国际多式联运，因为它在运输过程中无需对货物进行倒载、理货，便于从一种运输工具转移到另一种运输工具，从而最能防止货损和偷窃。

### 二、国际多式联运提供了实现"门到门"运输的可能

国际多式联运把海运、铁路、航空、汽车、江河运输连贯起来，提供了实现"门到门"运输的可能。但多式联运并不限于"门到门"也可以是"港到门"或"门到港"的运输，这里讲它的"门"和"港"都是一个广义的概念，"门"，可以是指发货人工厂、仓库，也可以是指内地的集装箱货运站CFS（container freight station）；"港"可以是指海港，也可以是指河港、空港。

### 三、集装箱运输货物交接地点与方式

国际多式联运的交接地点与交接方式完全按照贸易合同或货主的要求而定，可以说是五花八门、多种多样，但若以集装箱方法运输，它的货物交接地

点，在国际上是有一般规则的。下面以陆海陆的"门到门"运输为例说明：

（一）整箱/整箱（FCL/FCL）（full container load）

发货人的"门"→装港 CY→卸港 CY→收货人的"门"，即门到门（door to door）。接交货物地点均在发、收货人各自的仓库、工厂装卸箱由发收货人自理。

（二）整箱/拼箱（FCL/LCL）（less than container load）

发货人的"门"→装港 CY→卸港 CY→联运人的 CFS→收货人 AB。接交货物地点在发货人的仓库、工厂。交接地点在联运人的 CFS。联运过程结束，即门到集装箱站（door to CFS）。一般拆箱后以散件方式由收货人自提，拆箱后将货物分别交出的工作称为拆箱分拨业务（distribution service）。

（三）拼箱/整箱（LCL/FCL）

发货人→联运人 CPS→装港 CY→卸港 CY→收货人的"门"接货地点在联运 CPS，交货地点在收货人的仓库、工厂。

货物向 CPS 集中一般由发货人自行安排，货交到 CFS 后，由联运人接货并装箱，联运过程开始，即集装箱站到门（CFS to door）。

这种在 CPS 拼箱的业务，称为拼箱集运业务（consolidation service）。

（四）拼箱/拼箱（LCL/LCL）

发货人→AB 联运经营人 CPS→装港 CY→卸港 CY→联运人 CPS→收货人→AB。接交货物均在联运人 CFS 中，即站到站（CFS to CPS）。这种方式既包括拼箱集运业务，又包括拆箱分拨业务。

综上所述，按《2000 年国际贸易条件解释通则》（INCOTERMS）中的 FCA（free carrier）条款解释，整箱货物通常是指在发、收货人工厂、仓库接交货物，即发货人把货物装上铁路车皮或公路卡车，其责任即告终了。多式联运经营人则负责把货运到收货人工厂或仓库在车上交货，不负责集装箱的装卸车。拼箱货物是在多式联运经营人的 CFS 接交货物。接交货物的条件一般为仓库交货，即多式联运经营人不管卸、装车。国际上集装箱运输货物接交方式关系到联运的起止地点、责任的划分和费用构成。

上述方式是国际习惯做法，但在实际业务中却往往常有例外，如虽系整箱运输业务，而发货人不具有处理集装箱的设备和能力，把装拆箱工作委托联运经营人在 CFS 办理；又如一般搬迁物品的拼箱货物，货主多要求送货上门、直至室内等。作为多式联运经营人应努力按照货主要求提供各种服务，而不能要求货主必须服从联运经营人的一定之规，只是当货主的要求有别于国际一般规则时，应按双方约定的条件，严格划分责任和费用负担，明确各有关方应承担的费用和责任。

**四、目前我国开办的国际多式联运路线**

（一）我国开办的国际多式联运路线

（1）中国—日本

（2）中国—美国、加拿大

（3）中国—西欧

（4）中国—澳大利亚

（5）中国—肯尼亚的蒙巴萨港至乌干达及卢旺达

（6）中国—坦桑尼亚的达累斯萨拉姆港至赞比亚及布隆迪

（7）中国—南非的德班（DURBAN）港至津巴布韦

（8）中国—喀麦隆的杜阿拉港（DOUALA）至中非共和国

（9）中国—贝宁的科托努港（COTONOU）至尼日尔

（10）中国—多哥的洛美（LOME）至布基纳法索（BLIRKINAFA—SO）

（11）中国—科特迪瓦阿比让港（ABIDJAN）至布基纳法索（BURKINA FASO）

（12）中国—塞内加尔的达喀尔港（DAKAR）至马里

（13）中国—摩洛哥

（14）中国—俄罗斯西伯利亚到中东、欧洲

（15）中国—朝鲜清津港到日本

（16）中国—约旦的亚喀巴至伊拉克

（17）中国—印度的加尔各答至尼泊尔

（二）接受办理集装箱多式联运的城市

北京（东郊、三间房、小亮马桥）

上海（张华浜、江湾）

天津（新河、于家堡）

广东（黄埔、湛江、广州）

山东（青岛、烟台）

辽宁（大连南关岭、沈阳）

福建（福州、厦门）

湖北（武汉）

湖南（醴陵）

河南（郑州海棠寺）

河北（石家庄、唐山、秦皇岛）

浙江（杭州、南星桥）

江苏（南京、张家港、南通）

四川（成都、重庆）

吉宁（长春、孟家屯）

黑龙江（哈尔滨、香坊）

内蒙古（满洲里、二连、呼和浩特、集宁）

山西（太原）

陕西（西安）

上述地点均可办理集装箱的装箱、拆箱和分拨工作，并可根据需要转运到其他地点。此外，还有一些地区如甘肃、新疆、云南、贵州等某些地点，可以通过铁路或公路办理多式联运散件货物的接运工作。随着我国交通运输的发展以及联运业务的开展，可以接受办理集装箱联运的地区还将会日益增多。

# 第五节　国际多式联运的运营

国际多式联运是一种先进的运输方式，要有现代化的管理手段与管理技术，才能适应工作需要，发挥其优越性。根据目前情况，需要在以下几方面加强经营管理和建设。

## 一、建立与加强集装箱货运站（CFS）的组织管理

国际多式联运的优点之一，是改变传统运输的交接概念，不再仅仅把港口或车站作为货物的交接地点，而是延伸到港口或车站以外地点进行交接。货主不需要到港口或车站去交货或提货，集装箱货运站即是接受货物装箱、拼箱或拆箱分拨的地方，具有货物交接、存储、中转的职能，在多式联运业务中有着重要作用。因此，多式联运经营人必须建立与加强集装箱货运站，以便办理货物的交接和保管工作。同时要加强集装箱货运站的组织管理，降低费用，提高运输效率，保证货物的迅速流转。

集装箱货运站应当建在靠近公路线、铁路线或工业中心地区，这个地区还应能和海关、保险、商品检验等机构联结在一起，以便办理货物的报关、查验、装箱、拆箱以及分拨交接工作。

集装箱货运站还应根据业务开展情况，配备必要的机械设备，包括搬运和装卸集装箱的吊机、车辆以及办理装箱、拆箱的各种机具，以适应工作需要。

## 二、建立国内外联运网点

国际多式联运是跨国运输，不可能仅由一国、一家单干，需要国内外有关单位的共同合作才能进行有效的联合运输，因此，经营国际多式联运必须根据开展业务需要，建立国内外业务合作网。

（一）建立国外业务合作网

建立国外业务合作网主要有以下三种方式：

（1）订立协议建立业务代理关系。这种方式要注意选择资信可靠、有业务经营能力的货运公司签订协议，建立双方业务代理关系，接受或委托对方作分承运人，承担分段运输工作并根据委托编制和寄送有关运输单证，签发或回收联运提单，提供货主信息，以及代办货物交接等工作。这种合作关系双方各负盈亏，但也可根据协议，双方对合作的业务按比例分享盈利或分摊亏损。

（2）在国外货运公司内入股，或同国外货运公司联营或合营，遇有业务时双方仍可采取委托与被委托的形式，承担业务工作。这种方式实际上是入股一方参与了对方的经营，参与程度根据入股多少决定。由于对方经营能力的好坏直接影响到入股方的利益，故采用这种方式时必须选择好对象。

（3）在国外设立自己的分支机构或子公司，独立承办自己的运输业务。

以上三种方式采用较多的是第一种方式，而第二及第三种方式大都是一些较大的货运公司采用。

（二）建立国内业务合作网

国际多式联运线长面广，在建立国外网点的同时，国内各省市间的运输网点也需建立，要开通运输渠道，否则外部搞起来，内部就会卡住，因此建立国内跨地区的横向合作体制极为重要。

国内合作方式可以根据情况因地制宜，采取联营或委托等方式，通过双方签订协议，商订工作联系办法，明确双方职责分工、收费标准以及利益分配等问题，以便加强协作配合。

中国外运系统办理海、陆、空各种运输业务已有30多年的工作基础，除台湾省外在全国各省市自治区和主要港口、国境站、航空港均有外运机构，拥有船舶、车辆、仓库等储运手段，这是开展多式联运业务的一个十分有利条件。今后应进一步加强口岸与内地外系统的合作，形成一个强有力的运输网，同时要统一步调、一致对外，这样才能增强竞争能力，提供有效的运输服务。

**三、制定多式联运单一费率**

经营多式联运要制订一个单一的联运包干费率。由于多式联运环节多，同时费率又是一个揽取业务的关键，所以制订费率是一个较为复杂的问题，需要考虑各种因素，使制订的费率具有竞争性，有利于开展业务，联运费率因货物的交接地点和业务项目的不同而异。费用的构成主要是：

$$运输成本 + 经营管理费用 + 利润 = 联运费率$$

（一）运输成本

运输成本因按不同的交货条件和运输路线而有不同的计算，归纳起来可分为：

1. 国内段费用

这段费用主要是内陆运输费、集装箱货运站（CFS）和港口集装箱堆场（CY）费用等，包括空、重箱的拖运费、装卸车费、铁路或内河运输费、装、挂箱费、堆存保管费、港务费以及报关手续费等等。

2. 海上段运输费用或国际铁路、空运费用

3. 国外段费用

这段费用的项目与国内段费用项目大体相同，有的还要计算过境费用（如经第三国转运）。此外各国的国内运输规定也不尽相同，有的国家如德国对内陆运输强制保险，必须支付保险费用，目的是保障货运公司免受损失。在我国，中国人民保险公司也已开办运输责任险。目前，外运公司承办的多式联运业务尚未投保运输责任险，今后随着业务的发展，需要研究保险问题，以便一旦发生运输责任事故可以补偿损失。

以上费用项目均按国际习惯一般做法说明的。在实际业务中，根据揽货需要或贸易要求又往往有所变动。例如租用集装箱运输货物时，还需计算有关集装箱租赁费用，因此在具体计算费用时也要根据情况增减费用项目。

（二）经营管理费用

这部分费用主要包括电讯、电报、水电、职工薪金以及生产设备折旧等营业开支费用，可分别摊入有关的业务项目中作为运输成本。

（三）利润

利润是受多种因素制约的。从外部因素来看，利润受竞争和运量多少等因素影响，从内部因素看，利润受本身经营方针、工作难易以及同行业收费标准等因素制约，因此在制定费率和对外报价中要注意以下几点：

1. 要坚持"合理收费、薄利多运"方针

开展多式联运业务的目的，是为了搞活运输，促进对外经济贸易的发展，在考虑所有运输问题时，都不能离开这个根本目的，因此制定费率时就应从降低运输成本出发，特别是目前我国内陆的集装箱运输费用较高，在计算费用对外报价时更要贯彻"合理收费、薄利多运"方针，否则很难开展门到门的多式联运，此外在制订单一的包干费率时要注意避免同一项目重复计费，也不要对每一业务环节都打利润，有的业务环节应打入利润，有的则可按成本而不计算利润，以免层层加入利润，费率过高。

2. 采取单一费率方式

对外报价时按照运输成本、经营管理费和利润逐项计算后制定一个单一的包干费率报价，必要时可以列明包括的主要工作项目，但不宜分列细目对外

报价。

3. 注意灵活运用

由于在国际贸易中价格的竞争很激烈，因此在揽货和同国外分承运磋商运价时应注意灵活运用，国际上一般有以下几种灵活做法：

（1）根据数量多寡给予优惠或回扣。例如一年运量达到若干箱时，凳子优惠或回扣若干。

（2）根据不同地区给予回扣。例如苏联为了同海运竞争，对经西伯利亚大陆桥去挪威、罗马尼亚、希腊、保加利亚等地给予回扣，但相反对某些特定地区则不给回扣。

（3）根据不同的商品给予回扣。仍以苏联大陆桥运输为例，苏联为了争取货源，对日本经西伯利亚大陆桥运输的电器制品、化学纤维、拖拉机、轮胎等货物均给予特殊回扣。

（4）根据双方合作关系给予优惠或回扣。回扣给多少由双方商定，并不固定，有时为了有利于揽货，往往把一部分回扣给货主。

目前外运公司的多式联运费率，也实行根据数量多寡给予一定幅度的优惠。今后，为了争取货源，开拓业务，需要研究采用弹性运价。

**四、加强宣传、揽货、开拓业务**

在国外，多式联运经营人都极为重视宣传揽货活动，设有专门从事揽货的部门、人员。除利用报刊广告作一般宣传外，更主要的是注意搜集贸易动态、四处活动、登门揽货而不是坐等。

中国外运公司作为我国最大的货运代理，与货主及国外货运代理有着广泛的联系，可以通过多种渠道开展多式联运业务，为货主提供良好服务。根据近几年实际业务开展的情况外运总、分公司主要承办各种工程项目建设物资的多式联运和买方集运及出口拼箱分拨业务。通过买方集运，出口拼箱分拨业务，将许多客户的小票货物集中在一起，以整箱运到目的地，按客户要求代办交货或拆箱分拨。这项业务不仅经济效益高、前景广阔，而且方便客户，有利于贸易的发展。目前，在欧美地区集运与拼箱正越来越广泛地得到采用。外运公司在我国开展这方面的业务中也取得了较好的经济效益并受到货主的欢迎。

**五、要有科学的组织管理制度**

国际多式联运要求做到快速、安全运输货物，因此必须要有科学的组织管理制度，使各部门、各环节紧密衔接，从组织上保证货物迅速安全运输。根据实践经验，要着重组织好以下几方面工作：

（一）科室与现场工作要紧密衔接

国际多式联运工作的效率高低与科室和现场工作是否密切衔接关系极大。

科室与现场工作不紧密衔接是造成工作脱节、运输效率低下的一个重要原因。因此搞好多式联运工作的关键在于组织好科室与现场工作的衔接，从业务受理开始直到货物交接完毕，从科室到现场都要职责明确、环环扣紧。在国外，有的货运公司采用"作业安排书"的办法，作为衔接科室与现场工作的纽带，业务部门受理业务后，填制"作业安排书"，列明委托单位名称、托运的货名、重量、体积、数量、收货及装运日期及地点、运输方式及路线、中转地点、订舱时间、船名（确定船名后填）、国外代理名称、交货地点、交货条件、运费金额、集装箱取送时间及地点，以及委托人的特殊要求和运输应注意事项。"作业安排书"制妥后分送有关部门，它既是安排和检查全程运输工作的依据，也是业务进程的记录。我国有些港口分公司在办理海运进口货物接运工作时，过去也有使用类似国外这种作业安排书的现场作业单。这是一种衔接科室和现场工作的较好的办法，国内公司可根据当前业务发展情况再加以充实和完善。

（二）建立掌握货运信息的工作制度

货运信息在多式联运工作中具有重要作用，整个运输活动中都离不开信息。特别是货物在中转地的到达、装卸、发运、交接动态更须随时掌握了解，以便一旦发现问题，可以迅速研究，采取措施，保证运输顺利进行。当前存在的问题是信息不畅通、情况不明、心中无数，对于有些货物长时间的滞留在港口或其他中转环节，不能及时察觉采取行动，故要建立与健全掌握货运信息的工作制度，随时了解货运动态，以最快速度把货物送交收货人。

（三）要有一个统一的协调管理机构

多式联运工作环节多，涉及面广，必须有一个统一的协调管理机构，负责对外受理业务，对内统筹安排全盘运输工作，包括不同运输方式和运输环节的衔接，各部门之间的协调和合理的利润分配以及对运力、机力、报关、装卸、取送集装箱和交接货物等工作的组织安排，只有这样才能提高运输效率和服务质量，使多式联运得更快以发展。

**六、要方便客户，提高服务质量**

在当前国际贸易竞争日趋激烈、运输技术不断进步的形势下，对运输货物的速度、质量以及有关的运输服务提出了更高的要求。多式联运正是为了适应这个要求而出现的一种新的运输方式。适应客户要求，提供优质服务，提高服务质量的内容体现在以下几项工作：

（1）正确履行委托事项。

（2）运输迅速、交货及时。

（3）随时了解货运动态，及时提供船货装运信息。

（4）对发生的事故处理迅速。

**七、配备与培养多式联运业务干部**

经营多式联运业务要靠干练的业务人员，特别是这项业务涉及面广，需要多方面的外贸运输知识和实践经验。随着多式联运业务的不断发展，加强有关人员的培养仍是一项重要工作。

# 第六节　国际多式联运货损事故处理及案例分析

货差货损等事故在货物运输中是经常发生的。在国际多式联运全程运输过程中，不仅要使用两种或两种以上的运输工具来完成各区段的运输，而且要完成各区段不同运输方式之间的衔接、换装工作。多式联运经营人要对全程的运输、衔接、服务等工作负责。尽管多式联运多属于集装箱货物运输，由于全程运输中使用了集装箱，使得某些货损事故的发生得到有效的预防，但也带来一些新的问题。随着货损事故的发生，不可避免地会产生受损方向责任方要求损害赔偿和责任方根据受损方提出的赔偿要求和事故发生的具体情况进行处理的工作。

**一、集装箱运输下货损事故的主要种类与发生原因**

集装箱运输过程中发生货损的主要种类有破损、擦损、水渍损、汗渍损、海难或共同海损及解冻、冻结损等，以上损失无论从损失数量还是从损失金额来看均占货损的绝大部分。

（一）货物破、擦损及产生的原因

集装箱在运输过程中经常受到各种的撞击，撞击是破、擦损的主要原因。集装箱在运输、装卸和搬运过程中，发生撞击和摇动是不可避免的，集装箱本身对于外表撞击力没有缓冲能力。因此箱内货物自身的捆包、包装必须有足够的强度，配、积载必须得当。多式联运经营人和发货人在装箱时，应当特别注意这一点。

（二）水渍损及发生的主要原因

集装箱货物水渍损是指由于外部的水进入集装箱内造成货物浸泡、水湿、受潮引起的损害。

造成水渍损的基本原因是集装箱门密封不好。虽然要求集装箱具有水密性，但在长期反复使用过程中，由于安装在箱上的各种开关器具如门把手、锁杆、锁、门钩等突出箱体，与其他物品撞击、碰撞时容易产生破损，此时箱门部分很难保持完全的水密性；加之箱体在运输和装卸过程中经常遭受到较为严重的撞击，可能在箱子顶和侧壁造成小孔或裂缝，从而造成进水。

### （三）汗渍损及发生原因

集装箱的汗渍损是指箱内含有较大数量的湿气时，由于运输过程中温度变化，湿气会使货物表面发生物理、化学变化，也会在箱顶、侧壁凝成水滴，滴落在货物上或沿侧壁流到箱底造成货损。尤其在使用密封箱运输含水量较大的货物时，较常发生这种货损。

与传统件杂货运输相比较，在集装箱运输下发生汗渍损的可能性要大一些。

### （四）污损及发生原因

把性质不同的货物装在一个集装箱内，或集装箱内污物尚未清除就又装入其他货，造成货物在运输过程中受到污染损失。造成污损的原因一是由于箱内货物在物理、化学性质上不相容，如有特殊气味的货物时其他货物染上异味；另外是由于装箱时清扫工作不彻底，留有前次运输的残留物引起新装入货物的污损。

在发货人自装箱情况下，承运人对箱内货物的污损一般是不负责任的，但在拼箱运输情况下，和其他有承运人负责装箱时，应对污损负责。

### （五）气温变化引起的腐烂变质冻结或解冻损

对于需要在通风、温湿度调节下运输的货物，在运输途中气温变化较大的情况下，可能由于腐烂变化、冻结或解冻发生货损，如使用密闭式集装箱容易发热的货物或者在高温下容易腐烂、变质；在寒冷冬季在北大西洋航线上，装在甲板上运输的集装箱容易遭受冻伤；在使用冷藏（冻）箱运输货物时，由于较长时间的停电或箱内制冷设备损坏等原因造成箱内温度升高、冷冻货物解冻造成货损等。

### （六）盗损

在集装箱运输过程中，有时会发生把集装箱砸开或集装箱门被打开，或伪造铅封盗走箱内货物等事件。有时甚至也会发生承运人整箱交付货物，收货人提走箱并且掏出货物后却伪称货物短少的货主自盗事件，在这些情况下集装箱货物会发生盗窃损。

### （七）其他原因引起的货物全损和灭失

集装箱运输下货物灭失的原因还有以下几种：

（1）共同海损造成的货物全损和灭失；

（2）运输途中发生灾难性事故造成货物全损灭失；

（3）货物的推定灭失。

对于上述原因产生的集装箱货物的损坏、灭失，各种运输方式的承运人及集装箱运输经营人是否应承担责任和如何承担责任，在各种方式的运输公约及有关集装箱运输的国际公约中都有相应的规定。在集装箱运输下进行货损事故处理过程中，确定应承担的责任是基础性的工作，必须对这些规定有清楚的了解。

**二、多式联运中的索赔**

在国际贸易运输中，对货损提出索赔主要有以下几种情况：货物数量、件数短少或货物残损；货物已发生质变，全部或部分失去使用价值；货物实际情况与贸易合同规定的要求不一致；经营人与实际承运人在运输期间没有适当地保管和照料货物，引起货损；货物已投保且灭失、损害属保险责任范围内；或由于各种原因造成的延误运输等。由于货物灭失、损害发生原因及实际责任人不同，受损人提出的对象也是不同的。

（一）根据货损原因确定索赔对象

如果货物在目的地交付后，收货人发现箱内所装货物与贸易合同规定有差距，数量不足；货物的品种、质量、规格与合同规定不符；由于货物外包装不牢或装箱不当使货物受损；或未在合同规定的装运期内交货等情况下，则收货人可凭有关部门、机构出具的鉴定证书向发货人提出索赔。如果在目的地交付货物时，货物数量少于提单或装箱单上记载的数量；或货物的灭失或损害是由于多式联运经营人免责范围以外的责任所造成等情况下，收货人或其他人有权提出索赔的人可凭有关部门、机构出具的证明向多式联运经营人或向实际承运人索赔。对于投保的货物在保险人责任期间发生的属于承保责任范围内，保险人应予赔偿货物的一切灭失、损害，受损方均可凭有关证明、文件和保险合同向保险公司提出索赔。

（二）索赔应具备的条件

不论由于什么原因发生的索赔，也不论索赔人或责任人是谁，一般索赔必须符合一定的条件才是合理的，才能被责任方或有关仲裁、诉讼机构接受。索赔应具备的条件是：

（1）提赔人要有正当的提赔权；

（2）责任方必须负有实际赔偿责任；

（3）索赔时应具备的单证。

索赔时索赔方必须具备以下单证和文件：索赔申请书、运输合同及合同证明（运单或提单）、货物残损提单及货物溢短单（理货单、重理单等）、货物残损检验证书、索赔清单、其他单证。

（三）索赔的金额必须合理

受损方在提赔时，合理地确定索赔金额是十分重要的。在各类货损事故处理中经常会发生索赔金额过高使责任方不能接受，以致双方不能协商，必须通过旷日持久的仲裁或诉讼来解决，从而造成双方更多的麻烦，消耗大量人力和时间。

合理确定赔偿金额必须考虑以下几个方面：（1）索赔金额应以货损的实际程度、数量及货物价格等因素为基础计算；（2）必须考虑责任方在合同及相关法规中规定的责任限额；（3）必须考虑责任方在双方合同及有关法规中的免责规定，符合免责规定的损害一般不能得到赔偿。

（四）索赔与诉讼必须在规定的时限内提出

一项有效的索赔及索赔引起的诉讼均应在合同规定的时限内提出。这两种时限被说成为索赔时效与诉讼时效，索赔时效是指提出索赔申请的时间限制。关于诉讼时效在各种方式运输公约、各类运输经营人签发的运输单证（提单等）和相关合同中都有明确规定。这里仅对国际多式联运公约对于诉讼时效的规定说明如下：

根据公约，有关国际多式联运的任何诉讼如果在两年期间没有提起诉讼即失去时效。失效时间自多式联运经营人交付货物之日起的下一日开始计算。如果在货物交付之日后 6 个月内或货物应交付日之后 6 个月内仍未交付时没有提出书面索赔通知，则诉讼在此期限（6 个月）届满后即失去时效。接到索赔要求的人可于以上时效期内随时向索赔人提出书面声明以延长时效期间。这种期间可用一次声明或多次声明再度延长。

（五）诉讼与仲裁应在规定的地点提出

各方式运输公约对提出诉讼和仲裁的货方地点都有明确规定（一般称为管辖）。如果某法院根据所在国法律规定有权处理多式联运诉讼，且下列地点之一是在其管辖范围，则原告可在这些地点选择的任一法院提起诉讼。这些地点分别可以是：被告的重要营业所或经常居所所在地、或订立多式联运合同的地点、或按合同规定接管多式联运货物的地点或交付货物的地点、或多式联运合同中为此目的所指定并在多式联运单据中载明的任何其他地点。

**三、案例分析**

（一）集装箱货损纠纷案

1. 案情

原告：D 货柜航运有限公司

被告：Z 外运公司

2001 年 11 月 18 日，H 公司与 T 台湾公司签订了进口 3 套冷水机组的贸易合同，交货方式为 FOB 美国西海岸，目的地为吴江。2001 年 12 月 24 日，买方 H 公司就运输的冷水机组向保险公司投保一切险，保险责任期间为"仓至仓条款"。同年 12 月 27 日，原告 D 货柜航运有限公司从美国西雅图港以国际多式联运方式运输了装载于三个集装箱的冷水机组经上海到吴江。原告签发了空白指示提单，发货人为T台湾公司，收货人为H公司。

货物到达上海港后，2002年1月11日，原告与被告以传真形式约定，原告支付被告陆路直通运费、短驳运费和开道车费用等共计9 415元，将提单下的货物交由被告陆路运输至目的地吴江。事实上，被告并没有亲自运输，而由上海某汽车运输服务公司（以下简称"W公司"）实际运输，被告向W公司汇付了8 900元运费。同年1月21日货到目的地后，收货人发现两个集装箱破损，货物严重损坏。收货人依据货物保险合同向保险公司索赔，保险公司赔付后取得代位求偿权，向原告进行追偿。原告与保险公司达成了和解协议，已向保险公司作出11万美元的赔偿。之后，原告根据货物在上海港卸船时的理货单记载"集装箱和货物完好"，以及集装箱发放/设备交接单（出场联和进场联）对比显示的"集装箱出堆场完好，运达目的地破损"，认为被告在陆路运输中存在过错，要求被告支付其偿付给保险公司的11万美元及利息损失。

2. 审判结果

上海海事法院经审理认为，涉案货物从美国运至中国吴江，经过了海运和陆路运输，运输方式属于国际多式联运。原告是多式联运的全程承运人，也即多式联运经营人，其与被告之间的传真事涉运费等运输合同的主要内容，双方订立的合同应属国际多式联运的陆路运输合同，合同有效成立，被告应按约全面适当地履行运输义务。涉案两个集装箱货物的损坏发生在上海至吴江的陆路运输区段，故被告应对货物在其责任期间内的损失承担赔偿责任。买方也即收货人H公司与保险公司之间的保险合同依法成立有效，货损属于货物运输保险单下的保险事故范畴，保险公司对涉案货损进行赔付符合情理和法律规定。原告作为多式联运全程承运人对保险公司承担赔偿责任后有权就其所受的损失向作为陆路运输承运人的被告进行追偿。据此，判决被告向原告赔偿11万美元及其利息损失。被告提起上诉。双方当事人于二审审理过程中达成调解协议，由被告向原告支付11万美元结案。

（二）多式联运合同纠纷案

1. 案情

原告：Q经贸有限责任公司。

被告：T外运集团有限公司。

原告诉称：2000年6月8日，原告与被告签订了多式联运合同，约定由被告对全程运输负责。原告将货物交付给被告，被告于2000年6月26日签发了联运提单，装货港为天津，交货地点为朝鲜新义州，货物运至朝鲜新义州后，被告在买方CH公司无货运提单的情况下，任由该公司将货物提走，使原告不能收回货款。因此请求判令被告赔偿原告货款损失 180 480 美元及利息。

被告辩称：双方签订了多式联运合同后，被告签发了联运提单，但原告于 2000 年 6 月 20 日向被告签署声明，称：本运输合同唯一收货人是 CH 公司，并宣布提单仅作为议付单据。因此提单在本案中仅仅是结汇单据，丧失了物权凭证的效力，原告不享有依据该提单向承运人提取货物的权利。

2. 审判结果

一审查明的事实：1999 年 10 月 30 日，原告与 CH 公司签订出口 9.6 万米，货值为 180 480 美元的印染布销售合同。2000 年 6 月 8 日原告向被告出具了货物进出口委托书，内容为：发货单位 Q 经贸有限公司，收货人 CH 公司，装货港天津，卸货港朝鲜新义州，货名印染布。同日，原、被告双方签订了多式联运合同。2000 年 6 月 20 日，应被告要求，原告向被告出具了声明，声明内容为：指定 CH 公司为唯一收货人，提单只作为议付单据。2000 年 6 月 26 日，被告签发了联运提单，该提单托运人提供细目一栏中注有"仅作议付用"字样。被告将本案货物从天津港经海运至大连后转公路运至丹东，在丹东转铁路运至朝鲜新义州。2000 年 6 月 28 日，将货物交付 CH 公司。原告持提单结汇时因单据不符被银行退回，未能得到货款。

一审判决理由及结果：

一审合议庭认为，构成承运人因无单放货而承担责任的基础，在于提单具有承运人保证据以交付货物的物权凭证这一功能，而本案所涉提单，因双方在运输合同中的约定即提单"仅作议付用"，已丧失了作为交付凭证和物权凭证的这一功能，因此被告按照联运合同的约定，将货物交付合同指定的收货人后，原告以被告无单放货为由，要求被告对其不能收回货款承担责任，其理由显属不当，不应支持。为此一审判决驳回原告诉讼请求。

原告不服，提起上诉。

原告上诉理由：（1）被上诉人只是声称已正确履行了交付义务，却从未提供足以证明其主张的相关证据；（2）本案所涉货物运输完全符合《海商法》，而一审法院因为货物的最终运输段是铁路运输就适用了《铁路运输规程》，属于适用法律错误。

二审判决理由及结果：

二审认定的事实与一审基本相同。不同的是二审未确认被告已将货物交付 CH 公司，只是查明被告将本案货物从天津港经海运至大连后转公路运至丹东，同年 6 月 27 日在丹东将货物交付中国外运丹东公司进行铁路运输，铁路运单载明从丹东运至朝鲜新义州，收货人为 CH 公司。

二审认为：上诉人与被上诉人之间存在着多式运输合同关系，被上诉人作为承运人的责任期间应是自接收货物时起至交付货物时止的全程运输。货物装船后，承运人签发了联运提单，但提单正面注明：仅作议付用。因此该提单不再具有物权凭证的效力，承运人交付货物应凭托运人的指令。本案中，涉案提单最终未能流转，而为托运人所持有，故提单项下货物的所有权仍为托运人所享有，承运人应按照与托运人的约定交付货物。由于在提单签发前上诉人出具了声明，宣布提单只作为议付单据，涉案货物的唯一收货人为 CH 公司，因而被上诉人应将货物交付给指定收货人。

对于涉案货物是否已交付指定收货人，被上诉人主张，上诉人在原审起诉状中已作过"被告在收货人 CH 公司无货运提单情况下，无单放货，任由该公司将货提走"的陈述，因此货物已交付指定收货人的事实无需举证。但法律所规定无需举证的案件事实应是公理或者当事人明确表示承认的事实，对于本案所涉货物是否已交付指定收货人的事实，上诉人在原审庭审中并未明确表示承认，二审中又提出起诉状中所称"货物被 CH 公司提走"是据被上诉人与中国外运丹东公司告知，并不了解货物的真正去向，要求被上诉人提供货物已由收货人收受的证明，故不构成无需举证的事实。被上诉人提供的铁路运单，目前只能证明其将货物交付铁路运输，却不能证明将货物交付给了指定收货人，因此被上诉人要承担此项举证不充分的法律后果。为此二审判决：撤销一审判决，改判被上诉人赔偿上诉人的货物损失 180 480 美元。

被告（被上诉人）向最高人民法院申请再审。理由是：（1）原告在一审中已承认货物交付给了实际收货人 CH 公司。（2）二审中被告已提交中国和朝鲜铁道部门的证据证明货物已交实际收货人，但二审以被告举证超过举证时限及证据未经公证、认证为由，对被告所提证据不予认定。

再审判决理由及结果：

再审认定的事实与一审基本相同。

再审认为，根据本案中多式联运单证—提单的记载，本案的装港为天津港，交货地点为朝鲜的新义州，本案应为国际多式联运合同纠纷。本案多式联运合同和提单背面均约定适用中华人民共和国的法律。故本案应当以中华人民共和国的法律作为调整当事人之间法律关系的准据法。

《中华人民共和国海商法》是调整海上运输关系和船舶关系的法律。但我国《海商法》第二条第二款规定"本法第四章海上货物运输合同的规定，不适用于中华人民共和国港口之间的海上货物运输"，《海商法》规定的多式联运要求其中一种运输方式必须是国际海上运输。因此，本案不适用《海商法》的规定。应适用《中华人民共和国合同法》。

我国《合同法》第三百一十七条规定，多式联运经营人负责履行或者组织履行多式联运合同，对全程运输享有承运人的权利，承担承运人的义务。因此，T外运公司作为本案多式联运合同的承运人应当对本次全程运输承担承运人的责任，将货物安全运输到约定的地点。我国《合同法》第三百二十一条规定，货物的毁损、灭失发生于多式联运的某一运输区段的，多式联运经营人的赔偿责任和责任限额，使用调整该区段运输方式的有关法律规定。货物毁损、灭失发生的运输区段不能确定的，依照本章规定承担损害赔偿责任。本案纠纷发生在货物交付阶段，最后的运输方式是丹东至新义州的铁路运输，故应适用有关铁路运输的有关法律规定。中朝两国虽然均为《国际铁路货物联运协定》的参加国，但是该协定第二条第三项第三目规定：两邻国车站间全程都用一国铁路的列车并按照该路现行的国内规章办理货物运送的不适用该协定。故该协定不适用于本案。现有铁路运输法律法规中亦无承运人有收回正本单据义务的规定。

本案双方当事人签订的多式联运合同、提单等均合法有效，货物出口委托书和Q公司签署的声明均可以作为合同的组成部分，其中的提单题为不可转让的单据。依据合同中关于朝鲜真诚合作公司为收货人、"唯一收货人为CH公司"的约定，T外运公司仅负有将货物交付CH公司的合同义务。故QT公司主张T外运公司负有收回正本提单的义务依据不足。

关于T外运公司是否按照约定已将货物交给CH公司的事实，一审中双方当事人未就此事实发生争议。二审中，Q公司改变其在一审中诉承运人无单放货的主张，提出T外运公司只是声称已正确交付货物，但从未提供证据加以证明，二审认为T外运举证不充分，不能证明货物交给了CH公司。最高院认为，根据我国《民事诉讼法》第六十四条第一款的规定，当事人对自己的主张，有责任提供证据。因此此事实的举证责任在Q公司。二审对此举证责任分配不当。另外给予当事人的举证时间不合理。T外运公司提供的经铁道部有关部门出具的加盖发电专用章的电报，证明货物已经由铁路运输交付给收货人。该证据支持了T外运公司的主张。因此，T外运公司已经履行了运输合同约定的义务，对于Q公司的货款损失不应承担责任。依据我国《民事诉讼法》第一百八十四条、第六十四条，《合同法》第三百一十七条、第三百二十一条的规定做出判决，撤销二审判决，维持一审判决。

# 本章知识结构图表

### 第一节　概述

一、国际多式联运的概念和特征

二、国际多式联运的基本条件

三、国际多式联运的发展过程

（一）货物流通过程的变化

（二）货物运输方式的变化

（三）货物贸易结构的变化

（四）经营方式的变化

四、国际多式联运的优越性

（一）手续简便

（二）安全可靠

（三）提早结汇

（四）简化包装

（五）加快运送

**第二节　国际多式联运及其经营人的基本条件**

一、国际多式联运基本条件

二、国际多式联运经营人应具备的条件

三、国际多式联运经营人的赔偿责任范围

四、国际多式联运经营人的类型

**第三节　国际多式联运单据**

一、国际多式联运单据的定义

二、国际多式联运单据的签发

三、国际多式联运单证手续

（一）关于信用证条款

（二）缮制海运提单及联运提单

（三）其他单据

四、多式联运单据与联运提单的区别

五、多式联运提单的流转程序

**第四节　国际多式联运的货运方法及交接地点**

一、国际多式联运主要是采用成组运输，特别是集装箱运输方法

二、国际多式联运提供了实现"门到门"运输的可能

三、集装箱运输货物交接地点与方式

（一）整箱/整箱（FCL/FCL）

（二）整箱/拼箱（FCL/LCL）

（三）拼箱/整箱（LCL/FCL）

（四）拼箱/拼箱（LCL/LCL）

三、案例分析

（一）集装箱货损纠纷案

（二）多式联运合同纠纷案

# 本章综合测试

## 一、单项选择题

1. 国际多式联运所应具有的特点不包括(  )。

    A. 签订一个运输合同              B. 采用一种运输方式

    C. 采用一次托运                 D. 一次付费

2. 多式联运经营人只要在交给发货人或其代理人的(  )上签章（必须是海关能接受的），证明接受委托申请，多式联运合同就已经订立并开始执行。

    A. 场站收据（空白）副本       B. 场站收据（空白）正本

    C. 多式联运提单                 D. 运输委托书

3. 在国际多式联运中，如果货物在全程运输中发生了货物灭失．损害和运输延误，如不能确定事故发生的区段时，一般按在(  )发生处理。

    A. 公路段         B. 海运段         C. 铁路段         D. 空运段

4. 国际多式联运经营人将集装箱交付船公司或其代理，船公司应向其签发(  )。

    A. 公路运单               B. 联运提单

    C. 海运提单               D. 运输委托书

5. 在多式联运中，如果货物在目的地交付后，收货人发现箱内所装货物与贸易合同规定有差距，数量不足，则收货人可凭有关部门、机构出具的鉴定证书向(  )提出索赔。

    A. 保险公司               B. 承运人

    C. 多式联运经营人       D. 发货人

6. 国际多式联运经营人是(  )。

    A. 发货人的代理人          B. 承运人的代理人

    C. 具有独立法人资格的经济实体    D. 实际运输人

7. 国际多式联运下的网状责任制是指(  )。

    A. 对全程运输负责，且对各运输区段承担的责任相同

    B. 对全程运输负责，且对各运输区段承担的责任不同

    C. 对全程不负责任，由实际承运人负责

    D. 仅对自己履行的运输区段负责

**二、多项选择题**

1. 国际多式联运的特点是（　　　　）。
    A. 由不同运输企业按照统一的公约共同完成全程运输工作
    B. 签订一个运输合同，对货物运输的全程负责
    C. 采用两种或两种以上不同运输方式来完成运输工作
    D. 采用一次托运、一次付费、一票到底、统一理赔、全程负责的运输业务
    E. 可实现"门到门"运输

2. 多式联运单一费率由（　　　　）共同组成。
    A. 货物成本　　　　　　　　　　B. 运输成本
    C. 经营管理费用　　　　　　　　D. 利润

3. 根据是否拥有运输船舶，国际多式联运经营人可以分成（　　　　）。
    A. 以船舶运输为主的国际多式联运经营人
    B. 无船国际多式联运经营人
    C. 汽车运输国际多式联运经营人
    D. 场站国际多式联运经营人

4. 无船国际多式联运经营人可分成（　　　　）。
    A. 承运人型　　　　　　　　　　B. 汽车运输型
    C. 场站经营人型　　　　　　　　D. 代理人型

5. 目前，多式联运经营人的责任形式可以分为（　　　　）。
    A. 责任分担制　　　　　　　　　B. 统一责任制
    C. 网状责任制　　　　　　　　　D. 统一修正责任制

6. 可转让的多式联运提单包括（　　　　）。
    A. 指示提单　　　　　　　　　　B. 非指示提单
    C. 不记名提单　　　　　　　　　D. 记名提单

7. 不是多式联运单据签发人的是（　　　　）。
    A. 船公司　　　　　　　　　　　B. 货主
    C. 多式联运经营人　　　　　　　D. 收货人

**三、判断题**

1. 国际多式联运是采用一次托运、一次付费、一票到底、统一理赔、全程负责的运输业务。　　　　　　　　　　　　　　　　　　　　　　（　　　）

2. 国际多式联运就是"门到门"运输。　　　　　　　　　　　　　（　　　）

3. 国际多式联运就是指海陆空三种形式的联合运输。　　　　　　　（　　　）

4. 如果全程运输中发生了货物灭失、损害和运输延误，如不能确定损害发生的区段，则发（收）货人不可向多式联运经营人提出索赔。　　　　（　　　）

5. 采用单一费率，即单位运量（或基本运输单位）的全程费率，是国际多式联运的主要特点之一。　　　　　　　　　　　　　　　　（　　）

6. 有关国际多式联运的任何诉讼，如果在 1 年期间没有提起诉讼，即失去时效。　　　　　　　　　　　　　　　　　　　　　　　　　　（　　）

7. 多式联运的诉讼与仲裁可在任何地点提出。　　　　　　　　　　（　　）

8. 国际多式联运经营人只能以"本人"身份开展业务，不能同时以"代理人"身份兼营有关货运代理服务。　　　　　　　　　　　　　　　（　　）

9. 国际多式联运经营人具有双重身份。　　　　　　　　　　　　　（　　）

10. 国际多式联运经营人一定要拥有运输工具。　　　　　　　　　　（　　）

11. 国际多式联运经营人是代理人。　　　　　　　　　　　　　　　（　　）

12. 根据《国际多式联运公约》的规定，多式联运经营人的责任期间为从接收货物时起至交付货物时止，承运人掌管货物的全部期间。　　　　（　　）

13. 统一责任制下，多式联运经营人按损失发生区段适用法律确定责任及赔偿数额。　　　　　　　　　　　　　　　　　　　　　　　　　　（　　）

14. 国际多式联运公约规定毛重每公斤的赔偿限额与华沙公约规定的数额是相同的。　　　　　　　　　　　　　　　　　　　　　　　　　　（　　）

15. 多式联运在全程运输中要使用两种或两种以上运输方式，但不一定要连续运输。　　　　　　　　　　　　　　　　　　　　　　　　　　（　　）

16. 多式联运提单是多式联运经营人接管货物的证明和收据。　　　　（　　）

17. 国际多式联运经营人只能签发不可转让的多式联运单据。　　　　（　　）

18. 国际多式联运提单就是通常所说的联运提单。　　　　　　　　　（　　）

19. 多式联运单证是多式联运经营人接管货物的初步证据，多式联运经营人不得以相反的证据对抗善意的单据持有人。　　　　　　　　　　　（　　）

20. 多式联运经营人责任期间自接管货物时起到交付货物时止。多式联运经营人为其受雇人、代理人和其他人的为或不为承担一切责任。　　　（　　）

21. 多式联运经营人的责任限制为每件或每单位 1 000 特别提款权，或者毛重每公斤 2 特别提款权。　　　　　　　　　　　　　　　　　　（　　）

22. 如果货物损坏明显，则收货人立即向多式联运经营人索赔，如不明显，则在 6 日内索赔。　　　　　　　　　　　　　　　　　　　　　　（　　）

23. 多式联运的诉讼时效为 1 年。　　　　　　　　　　　　　　　　（　　）

24. 《国际多式联运公约》中有关诉讼时效的规定为两年，时效时间自多式联运经营人交付货物之日起的次日起算。　　　　　　　　　　　　（　　）

25. 国际多式联运公约是调整国际多式联运方面的国际公约，它强制适用多式联运经营人。　　　　　　　　　　　　　　　　　　　　　　　（　　）

**本章综合测试答案**

一、单项选择题

1. B　2. A　3. B　4. C　5. D　6. C　7. B

二、多项选择题

1. BCDE　2. BCD　3. AB　4. ACD　5. ABCD　6. AC　7. ABD

三、判断题

1. T　2. F　3. F　4. F　5. T　6. F　7. F　8. F　9. T　10. F　11. F　12. T

13. F　14. F　15. F　16. T　17. F　18. F　19. T　20. T　21. F　22. T　23. F

24. T　25. F

# 复习思考题

1. 何谓国际多式联运？多式联运经营人应具备哪些条件？

2. 国际多式联运与一般联运的区别？

3. 国际多式联运经营人的性质和责任范围是什么？

4. 国际多式联运公约的主要内容是什么？

5. 国际多式联运的货运方法及交接地点有哪几种？为何必须加以重视？

6. 国际多式联运的优越性有哪些？

7. 我国开办国际联运的现状如何？

# 第十章  国际贸易的其他运输方式

## 【关 键 词】

公路运输、内河运输、邮政运输、管道运输。

## 【知识目标】

● 熟悉公路运输、内河运输、邮政运输、管道运输。

## 第一节  公 路 运 输

公路运输（road transportation）也是现代运输的主要方式之一，它与铁路运输同为陆上运输的基本运输方式。公路运输的工具是汽车，通道是公路。公路是城乡之间以通行汽车为主的公用大道。公路运输在整个运输领域中占有重要的地位，并发挥着愈来愈重要的作用。公路运输既是一个独立的运输体系，也是车站、港口和机场集散物资的重要手段。

### 一、公路运输的特点和作用

（1）公路运输在进出口货物的集散上起着重要的作用。由于公路运输机动灵活、简捷方便，可以深入到可通公路的各个角落。目前出口货物的结构中，农副土特产品仍占相当比重，产地分散、数量零星，将货源从广大农村集中到铁路沿线或江河港埠，都必须依靠公路运输来完成。进口货物，大部分运往内地投入生产，也离不开公路运输。因此，公路运输在我进出口货物集散运转上，起着重要的作用。

（2）公路运输有助于实现"门到门"的运输。目前世界上盛行的集装箱运输方式，其最大的优点是做到"门到门"，使收发货人感到极大的方便。但要做到这一点，无论集装箱使用什么运输工具来运送，进出航空机场，水运港区或铁路车站，都需要公路运输的工具——汽车来配合完成两端的运输任务。

（3）公路运输也是我国边疆地区与邻国物资交流的重要工具。我国幅员辽阔，在陆地上与朝鲜、蒙古、越南、俄罗斯、哈萨克、吉尔吉斯、塔吉克、老挝、缅甸、印度、不丹、尼泊尔、巴基斯坦与阿富汗等国相邻。在我边疆地区，如新疆与俄罗斯远东地区、西藏与印度、不丹、尼泊尔、云南与越南和缅甸之间的物资交流常利用公路运输来完成。不但运输距离短、费用省，而且对加强与邻国的经济合作、促进两国之间的经济和文化往来均具有重要意义。

对香港特别行政区的部分进出口货物，也是用汽车运输来完成的。

**二、公路运输的要素**

公路运输又称公路汽车运输。公路运输的要素是公路和汽车。

**（一）公路**

公路是各种运输线中线路最长的，世界现有交通网在 3 000 万公里以上，其中公路网就占 2 000 多万公里。新中国成立初期，能通车的公路仅 16 000 多公里，目前通车线路已在 100 万公里以上，并扭转了公路密集在我国东部地区的现象，特别是修建了四川至西藏、青海至西藏、新疆至西藏等高原公路，工程艰巨，川藏路平均海拔高达 3 000 米以上。

现代公路按管理系统可分国家公路，省级公路、县级公路、乡级公路和专用公路；按建筑质量标准我国现分为七级；按运行速度又分普通公路和高速公路（express way）。高速公路又称超级公路（super highway）。世界上有数十个国家都建有高速公路，我国近十年来也在重要地区兴建。高速公路车速快、容量大、道路平坦、弯道少，车辆分向行驶，互不干扰，可收到缩短行车时间、加速车辆周转、提高线路利用率、节省能源消耗、减少行车事故等效果，在经济上特别是对国防建设具有重要作用。

**（二）汽车**

当前汽车发展的总趋势是向大型化、专用化和列车化方向发展。汽车列车由牵引车、挂车和半挂车组合而成，使汽车运量成倍增长。专用的重型拖车可牵引 266 吨以上，又出现许多液罐车、自卸车、平板车等专用车辆。我国外贸系统进出口货物的省间调拨和货物集散，除利用交通运输部门的运力外，本系统也掌握一定的运输力量。这是由于外贸出口物资点多、面广、零星、分散、运距短而装卸时间长、有些鲜活易腐商品要随产随运所决定的。根据"大集中、小分散"的管理原则，除外运集团公司系统拥有 200 多个汽车队外，各外贸专业进出口公司也有部分车辆可供应急之用。外贸自营载货汽车的经营方针是：加强企业管理，做好车辆的管、用、养、修工作，狠抓安全、优质、高产、低耗，更好地为外贸运输服务。

**三、货物的托运、承运和责任范围**

**（一）托运**

托运人在托运时应填写公路货物运输托运单，按所列项目逐项填写清楚，提供准确的货物详细说明，特别是危险物品和超高，超长的大件。货物要求包装完整并适合汽车运输；包装外要刷制正确、清晰的唛头标志。按公路货运新价规定：运价可按不同的运输要求和条件制定，并可按基础运价实行加成或减成。一次托运不足3吨时为零担，3吨以上为整车。普通货物分3等，特种货物分长大笨重、危险、贵重、鲜活4类，长大笨重又分3级，危险货物按危险程度分2级。凡25公里以下为短途运输。如因托运部门的责任造成车辆空驶、等装待卸，都要计收装货落空损失费和延滞费。

（二）承运责任范围

托运单经承运部门审核无误并接受货物后即为承运开始。承运人的责任期限是从接受货物时起，直到把货物交给收货人为止。在此期限内，承运人对货物的灭失损坏负赔偿责任。如由于承运人责任造成不能按规定时间完成承运任务，也要根据合同规定支付违约金。但不是由于承运人的责任，因下列原因造成的货物的灭失或损坏，承运人可以免责：

（1）非人力所能预防或抵抗的事故；

（2）包装完整无异状，而内容短损或变质者；

（3）在运输期内由于货物本身自然腐烂、挥发或减量（指超过双方议定途耗率者）；

（4）有关当局对货物的处置法令；

（5）收货人逾期提取或拒收货物而造成霉烂变质者；

（6）有随车押运人员负责途中保管照料者。

**四、公路运杂费**

（一）货物重量

按毛重计算。整批货以吨公里为计费单位，零担货物以每公斤1公里为计费单位。凡货物重1公斤，体积未超过4立方分米的为实重货物，体积超过4立方分米的为轻泡货物。零担轻泡货物按其长、宽、高计算体积，每4立方分米折合1公斤。

（二）计费里程

按货物装运地点至卸货地点的实际运输里程计算。新价规把车辆重装卸点的装卸里程也计入计费里程内。

（三）运费计算公式

（1）以吨公里或每公斤公里计费者：

　　（货物计费重量×计费里程×每公斤公里运价）×（1＋加成率）

（2）以吨计费者：

　　　　　　（货物计费重量×运价）×（1＋加成率）

每件货物重量满250公斤及以上为超重货物，长达7米及以上为超长货物。

除运费外，凡与汽车货运有关的杂费如装卸费、装卸落空损失费、延滞费等则按有关规定收取。

# 第二节 内 河 运 输

内河运输（inland water transportation）是水上运输的一个组成部分。它是内陆腹地和沿海地区的纽带，也是边疆地区与邻国边境河流的连接线，在现代化的运输中起着重要的辅助作用。

**一、内河运输的特点**

内河运输具有投资少、运量大、成本低和能耗少的优点，对一个国家的国民经济和工业布局起着重要作用。

**（一）投资少**

内河航道天然自成，只需投资一些航道整治费用，较其他运输方式投资少。内河港口的设备也比较简单。

**（二）运量大**

每一条内河船舶受内河条件制约，载重量有一定限制，但现在普遍采用拖带方法，一个现代化顶推船队的运量可相当于十几个铁路列车和数千辆卡车的运量。以号称上海的"莱茵河"的上海苏州外港线为例，每天通过的内河船舶达 4 000 余艘，每年通过货运量高达 4 600 万吨，超过上海铁路一年内的货物到发量。

**（三）成本低**

内河航道不需占用土地，与铁路运输相比，每公里铁路要占地 30～35 亩左右，征地费就很可观，而内河运输不必支出征地费用。加上内河船舶能耗仅为公路的 12%，或铁路的 40%，所以总成本仅为铁路成本的 20%～40%。

**二、世界主要内河运输概况**

**（一）多瑙河**

是欧洲第二大河，发源于德国南部黑林山，流经奥地利、捷克斯洛伐克、匈牙利、南斯拉夫、罗马尼亚、保加利亚和乌克兰等八个国家，于罗马尼亚的苏利纳（Sulina）港流入黑海。多瑙河全长 2 850 公里，是世界上流经国家最多的一条重要的国际河流，又是东南欧国家的一条生命线。它对流经国家之间的航运和物资交流有重要意义，也是中欧一些国家出海的要道。

**（二）莱茵河**

是欧洲另一条重要的国际河流。它源出瑞士中南部阿尔卑斯山，西北流经列支敦士登、奥地利、法国、德国和荷兰，于鹿特丹附近流入北海。全长 1 320公里，流经西欧经济发达地区，货运量大，是世界最繁忙的国际河流之一。海轮可通科隆，3 000 吨驳船可直达巴塞尔，航程 886 公里。莱茵河有运河可通多瑙河和易北河等河流，连成一个庞大的水运网。

（三）易北河

发源于捷克斯洛伐克西部，全长 1 150 公里，流经德国汉堡附近入北海，对德国的航运有重大意义。

在欧洲的重要内河还有伏尔加河、顿河、泰晤士河等以及沟通河流之间的法国南方大运河、德国基尔运河等。欧洲内河通航里程达 20 万公里左右。

（四）尼罗河

是世界第二大河，流经埃及和苏丹两国境内大部分重要城镇。在苏丹境内第三瀑布以北和埃及境内全部河流均可通航。

（五）亚马逊河

为世界第一大河，全长 6 751 公里，支流众多，可通航里程高达 25 000 公里，7 000 吨级海轮可达巴西的马瑙斯港，3 000 吨级。驳船可直通巴西西部巴塞罗斯和圣安东尼奥港。

（六）拉普拉塔河

拉丁美洲第二大河，万吨级轮船可直达阿根廷的罗萨里奥。

（七）密西西比河和五大湖区

密西西比河流域几乎占美国本土面积一半，其通航里程达 3 万公里，年货运量在 2 亿吨以上，五大湖区与加拿大相连，有天然水道和运河相沟通，在美、加两国内河运输中占重要地位。

**三、我国内河运输概况**

我国有许多大小河流，纵横密布，构成广大的内河运输网。全国通航里程在 1986 年年底有 10.94 万公里，为美国的 2.4 倍，西欧各国的 4 倍，接近前苏联全国通航里程。里程不可谓不长，但通行 1 000 吨级（水深 2.5 米）船舶以上的里程不足 4 500 公里，只占全部通航里程的 4.1%。以航运量最大的长江为例，货运量占全国内河运量的 80%，但 1 000 吨级船舶可行航道仅 2 640 公里。长江下游四省一市内河航道里程占全国的 43%，货运量占全国的 60% 以上，但 85% 的航道常年只能通行 50 吨级以下船舶。与其他国家相比，我国内河航道的利用率是不高的。

我国大小河流 5 000 多条中，东部、南部不少河流江宽河深、流量充沛，具有发展内河运输的天然条件。如果适当投资、加强经营管理、充分发挥运能潜力，对国民经济的发展将起重要作用。现在为配合我国外贸的迅速发展、开拓国内外向型企业经营，国家已批准公布长江一些内河港正式对外开放，这为外贸进出口货物的运输创造有利条件。

　　我国与邻国内河的通航也是比较经济的运输渠道，应适当加以利用。如我国东北的黑龙江、乌苏里江，松花江和新疆的伊犁河，通航期间可通俄罗斯和哈萨克的内河，如东北富锦的大豆可通过松花江直达俄罗斯海兰泡，航程795公里，而经铁路运输，则要 2 521 公里，其经济效益由此可见，伊犁河每年 4～11 月可通航至哈萨克境内巴尔喀什湖，航程仅 764 公里。我国青海唐古拉山发源的澜沧江，流经云南省西部，经西双版纳南出口湄公河，流经缅甸、老挝、泰国、柬埔寨和越南，在越南南部流入南海，全长 4 500 公里，我境内为 1 612 公里。这是一条国际河流，也是与邻国物资交流的一条通道。

# 第三节　邮 政 运 输

　　邮政事业一般均由国家开办，我国邮政业务由邮电部负责办理。国际邮件按性质分为函件和包裹两大类。函件包括信函，明信片，印刷品，盲人读物，小包和保价信函；包裹则分为普通包裹、脆弱包裹和保价包裹。国际上在各国邮政部门之间签订有协定和公约，通过这些协定和公约，邮件的递送可互相以最快速的方式传递，从而形成一个全球性的邮政运输网。

　　国际邮政运输（international parcel post transport）是国际贸易运输不可缺少的渠道。

**一、国际邮政运输的特点和作用**

　　（1）它是国际间最广泛的运输方式。国际邮政运输网遍及全世界，凡通邮之处无论崇山峻岭、高山大河、穷乡僻壤均可通行无阻，具有广泛的国际性。我国发往和来自世界各国的邮件，都需要经过许多国家转送。遵照国际邮政公约和协定的规定，各国之间有义务互相提供有效服务，使邮件安全、准确、迅速地运转。

　　（2）它是一种国际多式联运性质的运输方式。一件国际邮件一般需要经过两个或两个以上国家的邮政机构和两种或两种以上不同运输方式的联合作业方可完成。以国际贸易中的包裹运送为例，托运人只要按邮局章程办理一次托运，一次付清足额邮费，取得一张邮政包裹收据（parcel post receipt），交货手续即告完成。至于邮件经过几个国家的运送、交接、保管等一系列手续，均无需托运人参与，由各国的邮政机构负责办理。邮件到达目的地后，收件人可凭邮局到件通知和收据向邮局提取，手续非常简便。因此，可以认为国际邮政运输是一种国际多式联合运输性质的运输方式。

　　（3）具有"门到门"（door to door）运输的性质，是一种手续简便、费用不高的运输方式。邮政机构遍及世界各地，为大众创造便利的条件。发出邮件和提取邮件，均可在附近邮局办理，手续简便，收费也不高，所以邮政运输基本上可以说是"门到门"运输，它为邮件托运人和收件人提供了极大的方便。因此在国际贸易运输中被广为采用。

国际邮政运输具备上述特点，通过邮件的递送，沟通和加强了各国人民大众之间的通讯联系，促进相互间的政治、经济、文化和思想交流。但是，它不可能运送国际贸易中的大量货物，只能运送包裹之类的小件货物，而且对包裹的重量和体积均有严格的限制。每件包裹重量不得超过20公斤，各类包裹尺寸长度不得超过1公尺。所以通常只适宜运送精密仪器、机器零件、金银首饰、贸易样品、工程图纸、合同契约等量轻体小的零星贵重物品。

## 二、万国邮政联盟简介

万国邮政联盟（Universal Postal Union），简称邮联。它是联合国的一个专门机构，成立于1874年，是根据当年22个国家在瑞士伯尔尼会议所签署的国际邮政公约而成立的。其前身称"邮政总联盟"。1878年第二次代表大会在巴黎召开时，修订原公约，定名为《万国邮政公约》（Universal Convention of Post），并改为现在的名称。现有会员169个，总部设于伯尔尼。该组织最高权力机构为大会，大会每五年召开一次，休会期间由执行理事会处理日常工作。

邮联组织法规定邮联的宗旨是：组成一个国际间邮政领域，相互交换邮件；组织和改善国际邮政业务，有利国际合作的发展，推广先进经验，给予会员国邮政技术援助。

## 三、邮件、邮资和单证

根据我国邮电部规定；邮件按运输方式分为水陆路邮件和航空邮件，利用火车、汽车、轮船等交通工具运输的邮件为水陆路邮件，全程或者一段用飞机优先运递的邮件为航空邮件。国际邮件按性质分为函件和包裹两类。包裹又分为：

（一）普通包裹

凡适于邮递的物品，除违反禁寄和限寄规定的物品外，都可以作包裹寄递。包裹内不准夹寄信函，但可以附寄包裹内件清单、发票、货单以及收寄件人姓名地址签条。

（二）脆弱包裹

装有易碎物品的包裹，可以按脆弱包裹寄递，如玻璃器皿、古玩等。脆弱包裹只限寄往同意接受的国家或地区。邮局对脆弱包裹只在处理上加以特别注意，所负责任与普通包裹相同。

（三）保价包裹

凡适于邮递的贵重物品如金银首饰、珠宝、工艺品等，可以作保价包裹寄递。寄件人可申报价值，邮局按申报价值承担补偿责任。

邮局收寄各类邮件，要向寄件人收取规定的邮资。邮资是邮政局为提供邮递服务而收取的报酬。

按《万国邮政公约》规定，国际邮资应按与金法郎接近的等价折成本国货币制定。金法郎是邮联规定在邮联范围内应用的标准货币，每一法郎等于100金生丁，重 10/31 克，含金率为 90‰。在邮联规定的邮资基础上允许各国按本国情况增减，幅度最高可增 70%，最低可减 50%。

国际邮资均按重量分级为计算标准。邮资包括基本邮资和特别邮资两部分。基本邮资是按不同邮件种类和不同国家或地区制订；特别邮资是为某项附加手续或责任而另收取的邮资，包括挂号费、回执费、保价费等。保价费按申报价值计收。

邮政运输的主要单证是邮政收据（post receipt）。邮政收据是邮局收到寄件人的邮件后所给予的凭证。它是收件人凭以提取邮件的凭证，也是当邮件灭失或损坏时，向邮局索赔的凭证。

### 四、邮政运输禁止和限制寄递范围

投递国际邮件，除应遵照国际间一般禁止或限制寄递的规定外，还必须遵照本国禁止和限制出口的规定以及寄达国禁止和限制进口和经转国禁止和限制过境的有关规定。

我国邮政法已于 1986 年 12 月 2 日第六届全国人大第 18 次常委会通过，并于 1987 年 1 月 1 日起施行。

根据海关对进出口邮递物品监管办法和邮电部的有关规定，各类邮件禁止寄递有爆炸性、易燃性、腐蚀性、毒性、酸性和放射性的各种危险物品；麻醉品、军火武器、本国与外国货币、票据证券、黄金、白银飞白金；珍贵文物古玩，内容涉及国家机密和不准出口的印刷品手稿，受管制的无线电器材以及性质对于邮局工作人员可能发生危害或封装不妥可能污损或损毁其他邮件的物品。限制出口的物品是指有规定数量或经准许才可往外寄递的物品。对商业行为的邮件，则按进出口贸易管理条例办理。对动、植物及其制品须按规定在寄递前领取卫生检疫证书，文物出口须附文物管理委员会的准运证件。

### 五、邮件封装要求

对邮件的重量和尺寸，我国邮政及各国均有一定的规定，投寄邮件，除按本国邮政规定外，还应参照寄达国包裹重量和尺寸的规定。其目的是为了国际邮件交换的需要和遵照邮政业务和交通运输业的分工要求。

邮政局对投递邮件的封装视邮件内容而有不同的规定。总的要求是妥为包装，适于递送，能安全保护邮件不致丢失或损坏为原则。如保价包裹，除按普通包裹封装外，还应在封口上加盖火漆或铅质封志，火漆封志上要盖有寄件人的印章或专用标记，易碎物品应用木料、坚韧的塑料或纸板制成的箱匣封装，同时内件与箱板之间用柔软物料充分填塞。

### 六、邮政运输的责任范围

邮政单位与寄件人之间是委托关系，自寄件人委托被邮政单位接受后直到邮政单位将邮件交付收件人后委托关系才终止。在此期间，双方的权利义务和责任、豁免等由国家法律和国家授权制订的邮政法规加以明确规定的，双方均受其保护和约束。国际邮件由于在国际间递送，除遵守本国法令外还应受国际邮政协定和公约的制约。

寄件人应遵守邮政规定，办理邮件委托递送手续并交付邮资。邮政单位则接受寄件人委托，负责安全，准确，迅速地完成递送、交付责任。在委托有效期内，遇有邮件灭失、短少或损坏，应对寄件人承担补偿责任。根据我国邮政法规定，由于下列原因所造成的可免予负责：

（1）不可抗力；

（2）寄达国按其国内法令予以扣留或没收；

（3）违反禁、限寄规定而被主管当局没收或销毁；

（4）寄达国声明对普通包裹不负补偿责任；

（5）寄件人的过失或所寄物品性质不符以及邮件封装不妥，

（6）虚报保价金额；

（7）属于海关监管查验所作的决定；

（8）寄件人未在规定期限一年内办理查询。

# 第四节　管 道 运 输

管道运输（pipeline transportation）是一种特殊的运输方式，与普通货物运输方式有很大的不同。它是货物在管道内借助高压气泵的压力输往目的地的一种运输方式。

### 一、管道运输的特点

管道运输与其他货物运输方式相比，具有下列的特点：

（一）运输通道与运输工具合二为一

管道本身是运输通道，但又是运输工具。这种运输工具又与其他普通运输工具不同，是固定不动的，只是所载货物本身在管道内的移动而达到位移的运输目的。

（二）高度专业化

适于运输液体和气体货物。现代管道可运送矿砂、煤粉、水泥、面粉等固体货物，还有利用压缩空气输送邮件或单证的管道。

（三）单方向的运输

它没有回空运输的问题，但机动灵活性很小。

（四）固定投资大、建成后运输成本较低

由于要在地面下铺设长距离的管道，初期投资较大。建成后因不受地面气候影响，可连续运输，而且经营管理比较简单，所以费用省、运输成本较低。加之货物是在管道内移动，货损货差相应降低，包装费用也可节省。

**二、管道运输的种类**

管道运输就其运输对象可分为气体管道、液体管道、水浆管道（输送矿砂、煤粉的）和压缩空气管道（输送邮件、单证的）等。

管道运输就其铺设位置可分为架空管道、地面管道和地下管道，但最普通的还是地下管道。20 世纪中期，石油矿源大量发现和开采、运输业广泛使用石油能源为动力，石油的需要量和运输量大量增加、单靠传统的油罐车和油轮来运输，已不能满足迅速发展的运输要求，于是促使运量大、输送快、费用又省的管道运输迅速发展。为了加速运送、增加运量，管道内径不断加大，并利用气压泵推动，以应付长达数千公里距离的运送。目前世界上各种管道长达 200 余万公里，管道运输已成为一种独立的、重要的运输方式。

石油管道从油矿一直可铺设至海上浮筒装上油轮。从油矿至聚油塔或炼油厂一段称为原油管道。从炼油厂至海港或集散中心因其运送成品油而称为成品油管道，从海港至海上浮筒一段则称为系泊管道。

**三、管道运输的经营管理**

世界上大的石油公司为了垄断石油的产、供、销，获取高额利润，往往自己投资建设本公司专用的石油管道，以运输自己的产品。这种管道运输实际上已成为石油公司内部的运输部门，为石油垄断组织的一个有机组成部分。例如美国是管道最多的国家，它的十大石油公司几乎占美国全国石油管道的 70%。再如欧洲最大的亚尔培石油管道（the Transalpine Pipeline），由英、法、德、意、荷和美国等十三家石油公司共同投资建设。中东及北非输往欧洲的石油有很大部分是通过这条管道。俄罗斯向东欧、匈、捷、波等国输出原油的管道，年输油能力可达 1 亿吨以上。从伊拉克的基尔库克到土耳其的杜尔托尔港，全长 1 005 公里的管道，年输油能力可达 3 500 万吨。其他还有横越阿拉伯半岛和纵贯阿拉斯加的输油管道等。

随着管道运输的迅速发展，铁路油罐车运输业务极不景气。铁路为扭转这一局面，寻找出路以提高竞争能力，于是有些铁路就投资在铁路沿线原有土地上铺设管道，利用铁路原有人员和设备，兼营管道运输业务以增加收入，同时也解决铁路本身所需燃料的供应，可谓一举两得。

　　管道运输费用按油类品种和规格的不同规定不同费率，其计算标准多数沿用传统的以桶为计算单位，但也有用公吨为单位来计算的。

　　**四、我国的管道运输**

　　我国第一条管道是抗日战争期间从印度边境通至我国云南省昆明的石油管道，油管直径仅为 4 英寸，主要是为了军事上的需要，但由于质量、效率均不佳而废置，使用时期很短。

　　新中国成立后，我国石油工业蓬勃发展。通过科学家从理论上的论证和实地的勘测开采，我国石油蕴藏量名列世界前茅，不仅在内陆，而且在沿海地区均有石油资源。现在，年产石油已在亿吨以上，除自给外还有余可供出口。

　　石油工业的发展，促使为石油运输服务的石油管道也相应地发展起来。虽然起步较晚，但 1986 年时已有 13 000 公里左右。不少油田均有管道直通海港，如大庆油田至秦皇岛港、大港油田至海湾、胜利油田至青岛的黄岛石油码头等管道。我国至朝鲜也铺设有管道，输朝石油主要通过这一管道运输。从长远来看，现有的管道远远不能满足我石油工业发展的需要，但为了配合这一需要，新的石油管道将不断兴建，一个纵横贯通全国的石油管道网不久将会实现。

# 本章知识结构图表

**第一节　公路运输**
一、公路运输的特点和作用
二、公路运输的要素
（一）公路
（二）汽车
三、货物的托运、承运和责任范围
（一）托运
（二）承运责任范围
四、公路运杂费
（一）货物重量
（二）计费里程
（三）运费计算公式
**第二节　内河运输**
一、内河运输的特点
（一）投资少
（二）运量大

# 本章综合测试

**一、单项选择题**

1. 公路运输一次托运不足(　　)时为零担。

A. 3 吨　　　　B. 5 吨　　　　C. 2 吨　　　　D. 6 吨

2. 公路运输中因下列哪个原因造成的货物的灭失或损坏，承运人不可以免责：（　　）。

　　A. 人力所能预防或抵抗的事故

　　B. 包装完整无异状而内容短损或变质者

　　C. 在运输期内由于货物本身自然腐烂、挥发或减量

　　D. 收货人逾期提取或拒收货物而造成霉烂变质者

3. 根据我国邮政法规定，邮政单位由于下列哪个原因所造成的灭失、短少或损失不可免予负责：（　　）。

　　A. 寄达国按其国内法令予以扣留或没收

　　B. 违反禁、限寄规定而被主管当局没收或销毁

　　C. 收件人的过失或所寄物品性质不符以及邮件封装不妥

　　D. 寄件人未在规定期限一年内办理查询

## 二、多项选择题

1. 公路运输的特点和作用包括（　　　　）。

　　A. 公路运输在进出口货物的集散上起着重要的作用

　　B. 公路运输有助于实现"门到门"的运输

　　C. 公路运输是我国边疆地区与邻国物资交流的重要工具

　　D. 对香港特别行政区的部分进出口货物是用汽车运输来完成的

2. 公路运输中的特种货物有：（　　　　）。

　　A. 长大笨重货物　　　　　　　　B. 危险货物

　　C. 贵重货物　　　　　　　　　　D. 鲜活货物

3. 内河运输的特点包括（　　　　）。

　　A. 投资少　　　B. 成本高　　　C. 运量大　　　D. 成本低

4. 国际邮政运输的特点和作用包括（　　　　）。

　　A. 在进出口货物的集散上起着重要的作用

　　B. 它是国际间最广泛的运输方式

　　C. 它是一种国际多式联运性质的运输方式

　　D. 具有"门到门"运输的性质

5. 国际邮件按性质分为（　　　　）。

　　A. 水陆路邮件　　B. 航空邮件　　　C. 函件　　　　　D. 包裹

6. 管道运输与其他货物运输方式相比，具有下列的特点：（　　　　）。

　　A. 运输通道与运输工具合二为一

　　B. 高度专业化

C. 单方向的运输

D. 固定投资大、建成后运输成本较低

### 三、判断题

1. 邮政运输的主要单证是邮政收据（post receipt）。 （ ）

2. 对动、植物及其制品须按规定在寄递前领取卫生检疫证书，文物出口须附文物管理委员会的准运证件。 （ ）

3. 管道运输费用按油类品种和规格的不同规定不同费率，其计算标准多数沿用传统的公吨为单位。 （ ）

4. 公路运输托运人在托运时应填写公路运单，按所列项目逐项填写清楚，提供准确的货物详细说明，特别是危险物品和超高、超长的大件。 （ ）

5. 内河运输具有投资大、运量大、成本低和能耗少的优点，对一个国家的国民经济和工业布局起着重要作用。 （ ）

### 本章综合测试答案

一、单项选择题

1. A  2. A  3. C

二、多项选择题

1. ABCD  2. ABCD  3. ACD  4. BCD  5. CD  6. ABCD

三、判断题

1. T  2. T  3. F  4. F  5. F

## 复习思考题

1. 简述公路运输的特点和作用。

2. 在我国发展内河运输有何重要性？

3. 试述邮政运输在对外贸易中的作用。

4. 管道运输有何特点？

# 第十一章  国际贸易运输保险

## 【关 键 词】

国际贸易运输保险、货物运输险投保实务、国际保险惯例和法规。

## 【知识目标】

● 了解国际保险惯例和法规；

● 熟悉伦敦保险协会货物保险条款；

● 掌握保险承保的损失和保险条款和货物运输险投保实务。

## 【技能目标】

◆ 会判断哪种情况属于共同海损；

◆ 能计算保险金额、保险费及保险单据的填制；

◆ 做到对海上货物运输的承保范围的熟悉和掌握；

◆ 实现对各种运输方式下国际货物运输保险条款的了解。

## 【导入案例或者任务描述或者背景知识】

保险是国际贸易和国际经济交往中不可缺少的环节。国际贸易中的买卖双方远隔重洋，把货物从一方送到另一方必须经过运输，而货物在运输途中常有遭到损失的可能。特别是在海洋运输过程中，往往因遇到暴风、巨浪等自然灾害或发生触礁、失火、搁浅、机件损坏、战争等意外事故而受到损失。此外，货物在长途运输中通常要经过多次装卸搬运、堆放、存储，也会发生各种损失。为了保证经济核算及时取得损失补偿，就有必要投保货物运输险。

## 第一节  概  述

保险是国际贸易和国际经济交往中不可缺少的环节。国际贸易中的买卖双方远隔重洋，把货物从一方送到另一方必须经过运输，而货物在运输途中常有遭到损失的可能。特别是在海洋运输过程中，往往因遇到暴风、巨浪等自然灾害或发生触礁、失火、搁浅、机件损坏、战争等意外事故而受到损失。此外，货物在长途运输中通常要经过多次装卸搬运、堆放、存储，也会发生各种损失。为了保证经济核算及时取得损失补偿，就有必要投保货物运输险。在国际贸易交易磋商中，保险费同货物成本和运费一样，成为国际贸易商品价格中的一个组成部分，而保险条件又是交易条件之一，是买卖双方缔结合同中必不可少的部分。有了保险的配合，使国际贸易货物在运输途中遭到损失时可获得经济补偿，国际贸易业务方能顺利开展。就进口贸易而言，为保障进口和用货部门的经济利益，有利于国内生产和国防建设，节约国家外汇支出，原则上应安排在国内保险。至于出口贸易的保险，应贯彻平等互利、方便贸易、由买方自愿选择的原则。凡经买卖双方同意按成本加运费、保险费价格条件成交的，应认为已由买方选择。至于出口货物对外报什么价格条件，则可根据不同商品、不同国家地区和不同对象，从方便贸易原则出发灵活掌握。对某些国家有法令、条例或协议规定进口货物必须由其本国保险的应予尊重。通过国际贸易货物的国际保险活动，可以与世界上与我友好的国家和地区的保险、贸易、银行和运输界等有关方面开展友好往来。

# 第二节　保险承保的损失和保险条款

保险是一门科学。它是利用概率论的大数法则，研究自然灾害与意外事故对国民经济破坏力的大小，从而设法控制、减少和消除其危险后果的科学。保险以组织补偿为手段，以最合理、最完善的方法筹集保险基金，把灾害损失在全体被保险人之间进行平均分摊，实现资金再分配，使被保险人以最小的保险费支出即可获得最大的安全保障。

## 一、海上货物运输保险承保的损失

保险承保的损失来源于自然灾害、意外事故和各种外来的风险（extraneous risks）。在保险业务中，损失包括损害（damage）和灭失（loss）。损失按其程度可分全损（total loss）与部分损失（partial loss）两种，而全损又可分为实际全损（actual total loss）和推定全损（constructive total loss）。实际全损是指货物完全灭失或者已完全失去原有的用途。推定全损是指被保险货物的实际全损已经不可避免，或其恢复、修复受损货物以及运送货物到原订目的地的费用超过在该目的地的货物价值。当被保险货物的损失是实际全损时，被保险人可要求保险人按照保险单载明的保险金额赔付。在发生推定全损时，被保险人可以向保险人办理委付手续，要求按照全损处理，也可不办理委付而保留对残余货物的所有权，由保险人按照部分损失处理赔款。

部分损失又有共同海损（general average）和单独海损（particular average）

之分。共同海损是指船舶在航程中遇到危难时，船方为了维护船舶、货物的共同安全或使航程继续完成，有意识地并且合理地做出特殊牺牲或支付特殊费用，这些特殊牺牲和费用就叫做共同海损。凡属共同海损一般必须具备下列各项特点：即危险必须是危及船舶和货物的共同安全的，导致共同海损的危险首先必须是真实存在或不可避免出现的；所用措施必须是为了解除船舶和货物的共同危险，有意而合理的；而损失又必须是共同海损措施的直接或合理的后果，是特殊性质的，费用又是额外支付的。所以共同海损的牺牲和费用应由各利益关系人负担。单独海损是相对于共同海损而言，虽也是一种部分损失，却纯粹是偶然的意外事故所造成，并无人为的因素在内；遭受的损失也仅涉及船舶或货物所有人的自身利益，并不关系到船、货甚至运费等各方的利益。

可见，若船方宣布共同海损，情况较复杂。通常要牵涉以下几方面的问题：

（一）共同海损案件能否成立

构成共同海损应具备以下条件：

（1）危险必须同时危及船舶和货物的共同安全，且导致共同海损的危险必须真实存在或不可避免出现；

（2）措施必须是人为的，为解除船、货的共同危险而合理采取的和有效的；

（3）损失必须是共同海损的直接的后果；

（4）费用或牺牲的支出必须是特殊的。

例如，船舶搁浅后，船长命令抛货，使船浮起，这种情况就构成了共同海损。又例如，载货船舶在航行中发生火灾，为了共同安全引海水入舱灭火，致使全部货物遭受水浸。无火烧或烟熏痕迹的货物，但其损失仍应列为共同海损。凡有烧、熏痕迹的货物损失不是共同海损行为的直接后果，不能算作共同海损。

（二）共同海损理算规则

目前，国际航运界和保险商比较广泛地采用《1974 年约克—安特卫普规则》。在我国进行共同海损理算的依据是 1975 年公布的《中国国际贸易促进委员会共同海损理算暂行规则》（简称《北京理算规则》）。现在，中租公司的绝大部分租船合同和中国远洋运输公司的提单的规定，共同海损在中华人民共和国按北京理算规则理算和解决，而其他班轮和对方派船的提单中绝大部分仍规定共同海损按《1974 年约克—安特卫普规则》办理理算。

（三）共同海损牺牲和费用的分摊

共同海损牺牲和费用。主要应由船舶、货物和运费三个受益方按受益大小比例分摊。分摊的共同海损应该是实际遭到的合理损失，而且未损方和受损方均须按比例分摊，否则有失公平分摊原则。确定共同海损的损失额后，应先计算各方的分摊价值（contributory value），然后再据以计算各项的分摊额。

$$分摊比例 = \frac{共同海损损失额}{各方分摊价值总和} \times 100\%$$

共同海损理算是航运中一种特殊的损失补偿办法，它与保险中的损失赔偿不同，但进出口货物运输保险对于共同海损都是承保的，被保险人在共同海损中的牺牲和承担的分摊额，均可向保险人要求赔偿。

（四）共同海损处理程序

我国租轮承运进口货物时发生共同海损，船方一般通知中国外运公司，要求在卸货前办理担保提货手续，中国外运公司则要及时通知保险公司，让其及时办理这一手续，同时还要通知租船公司在卸港的办事处，以使他们协助保险公司办理担保提货手续，如按《北京理算规则》理算，还要通知中国国际贸易促进委员会。

我国租轮承运出口货物发生共同海损时，船方一般直接通知卸货港代理。若船方通知中国租船公司，则中租公司应及时转告有关保险公司、贸促会（如租船合同规定共同海损按北京理算规则理算）和卸货港代理等。

宣布共同海损的外轮到港卸货时，中租公司港口机构应协助保险公司和其他有关单位对共同海损进行初步审核。如条件不具备而不能构成共同海损，保险公司在中租公司协助下，当场取得确凿证据后，向船方交涉，拒绝出具担保，否则保险公司应及时提供共同海损担保书，货主或其代理则填具货物价值单（包括货价、运费和保险费）签章后交保险公司转达船东，使之能顺利进行卸货和收货人提货。

**二、海上货物运输保险承保的责任范围**

（一）基本险

由于投保的险别不同，现中国人民保险公司制订的海洋运输货物保险条款把海洋运输货物保险分为平安险（free from particular average，F. P. A.）、水渍险（with particular average，W. A.）和一切险（all risks）三种。责任范围如下：

1. 平安险

（1）负责被保险货物在运输途中由于自然灾害造成的全部损失；

（2）负责由于运输工具遭受条款中列举的意外事故而造成货物的全部或部分损失；

（3）负责运输工具已发生搁浅、触礁、沉没、焚毁意外事故，货物在此前后又在海上遭受自然灾害所造成的部分损失；

（4）在装卸或转运时由于一件或数件整件货物落海造成的全部或部分损失；

（5）被保险人对遭受承保责任内危险的货物采取抢救、防止或减少货损的措施而支付的合理费用；

（6）运输工具遭遇海难后在避难港由于卸货所引起的损失以及在中途港、避难港由于卸货、存仓以及运送货物所产生的特别费用；

（7）共同海损的牺牲、分摊和救助费用；

（8）运输契约订有"船舶互撞责任"条款，条款中规定应由货方偿还船方的损失等。

2. 水渍险

它的责任范围是除包括上述所列平安险的各项责任外，还负责被保险货物由于恶劣气候、雷电、海啸、地震、洪水自然灾害所造成的部分损失。

3. 一切险

它的责任范围是除包括上列平安险和水渍险的各项责任外，还负责被保险货物在运输途中由于一般外来风险所致的全部或部分损失。

投保人可根据货物的特点、运输路线等情况选择投保平安险、水渍险和一切险三种险别中的的任意一种。

以上三种险别，保险人的保险责任起讫期限均采用"仓至仓"条款（warehouse to warehouse，W/W）。即保险责任自被保险货物运离保险单所载明的起运地仓库或储存处所开始运输时即生效，直到该项货物到达保险单所载明目的地收货人的最后仓库或储存处所或被保险人用作分配、分派或非正常运输的其他储存处所为止，但最长不得超过被保险货物在最后卸载港全部卸离海轮后满 60 天。在上述 60 天内如再需转运，则开始转运时保险责任即已终止。

对海运货物保险的三种基本险别，保险公司规定有下列除外责任（exclusions）：（1）被保险人的故意行为或过失所造成的损失；（2）属于发货人责任所引起的损失；（3）在保险责任开始前，被保险货物已存在的品质不良或数量短差所造成的损失；（4）被保险货物的自然损耗、本质缺陷、特性以及市价跌落、运输延迟所引起的损失或费用；（5）属于海洋运输货物战争险和货物运输罢工险条款规定的责任范围和除外责任。

（二）附加险

附加险是对基本险的补充和扩大。

在投保平安险或水渍险后，根据该保险货物的情况和需要，尚可加保下列

11 种附加险。

（1）偷窃、提货不着险（theft，pilferage and non – delivery，T. P. N. D.）。

（2）淡水雨淋险（rain and freshwater damage）。

（3）短量险（risk of shortage）。

（4）混杂、玷污险（risk of intermixture and contamination）。

（5）渗漏险（risk of leakage）。

（6）碰损破碎险（risk of clashing and breakage）。

（7）串味险（risk of odour）。

（8）受潮、受热险（damage caused by sweating and heating）。

（9）钩损险（hook damage）。

（10）包装破裂险（loss and/or damage caused by breakage of packing）。

（11）锈损险（risk of rusting）。

必须注意，如已投保一切险，因其责任范围内已包括上述 11 种附加险在内，无需再行加保。此外，还有一些特别附加险（special additional risk）。

特殊附加险是承保由于特殊外来风险所造成的全部或全部损失。

（1）交货不到险（failure to delivery）；

（2）进口关税险（import duty）；

（3）舱面险（on deck）；

（4）拒收险（rejection）；

（5）黄曲霉素险（aflatoxin）；

（6）战争险（war risk）；

（7）罢工险（strikes）。

（8）出口货物到香港（包括九龙在内）或澳门存仓火险责任扩展条款（fire risk extension clause for storage of cargo at destination HongKong，including Kowloon，or Macao）。

上述特别附加险可根据不同需要而加保，即使已投保一切险者也不例外。因为一切险的责任范围内并不包括上述各种特别附加险。如投保人已加保了战争险、另需加保罢工险者，可不另行加收费用。

### 三、陆上货物运输保险

货物如采用陆上运输工具运输则另有陆上运输货物保险条款（overland transportation cargo insurance clauses），险别有下列两种：

（一）陆运险（overland transportation risks）

对被保险货物在运输途中遭受暴风、雷电、地震、洪水等自然灾害；或由于陆上运输工具遭受碰撞、倾覆或出轨，如有驳运过程，包括驳运工具搁浅、触礁、沉没、碰撞或由于遭受隧道坍塌、崖崩或火灾、爆炸等意外事故所造成的全部或部分损失，保险人均负责赔偿。

（二）陆运一切险（overland transportation all risks）

除包括上述陆运险责任外，还对由于外来原因造成的货物短少、短量、偷窃、渗漏等全部或部分损失也负责赔偿；

**四、航空货物运输保险**

货物如采用航空运输则有航空运输货物保险条款（air transportation cargo insurance clauses），险别有下列两种：

（一）航空运输险（air transportation risks）

对被保险货物在运输途中遭受雷电、火灾、爆炸或由于飞机遭受碰撞、倾覆、坠落或失踪等意外事故所造成的全部或部分损失负责赔偿。

（二）航空运输一切险（air transportation all risks）

除包括航空运输险责任外，还对被保险货物在运输途中由于外来原因造成的包括被偷窃、短少等全部或部分损失也负责赔偿。

**五、邮包保险**

货物如用邮包寄递，则有邮包保险条款（parcel post insurance clauses），其险别有下列两种；

（一）邮包险（parcel post risks）

对被保险货物在运输途中由于遭受暴风雨、雷电、流冰、海啸、地震、洪水等自然灾害或由于运输工具搁浅、触礁、沉没、碰撞、出轨、倾覆、坠落或失踪；或由于失火和爆炸等意外事故所造成的全部或部分损失负责赔偿。此外还包括共同海损的牺牲、分摊和救助费用。

（二）邮包一切险（parcel post all risks）

除包括上述邮包险的责任外，还对被保险货物在运输途中由于外来原因造成的包括被偷窃及短少在内的全部或部分损失也负责赔偿。

有关陆、空运货物保险责任起讫的规定仍适用"仓至仓"条款，但最长责任期间陆运是到达最后卸载车站 60 天为止；空运是到达卸载地卸离飞机后满 30 天终止。邮包险责任自被保险邮包离开保险单所载起运地点、寄件人的处所运往邮局时开始生效，直至该项邮包运达本保险单所载目的地邮局，自邮局签发到货通知书当日午夜起算满 15 天终止，但在此期限内邮包一经递交至收件人的处所时，保险责任即行终止。

除上述各种险别外，还有航空运输货物战争险和邮包战争险。为适应特种货物的需要，又有冷藏货物、散装桐油、活牲畜、家禽等运输保险条款，这里就不一一列举了。

### 六、案例分析

（一）海上保险代位求偿权纠纷案

1. 案情

原告：ZH 保险有限公司（以下简称 ZH 公司）

被告：A 运输总公司（以下简称 A 公司）

被告：B 海运有限公司（以下简称 B 公司）

1999 年 10 月 16 日，ZH 公司承保自荷兰鹿特丹运往中国上海的 29 卷装饰纸。投保人为香港 T 木业有限公司（以下简称 T 公司），收货人是江苏 Y 装饰耐火板有限公司（以下简称 Y 公司），保险条款为一切险加战争险（协会 A 条款 01/01/82）。该批货物于 1999 年 10 月 6 日装船，A 公司的代理人某德国公司签发了以 A 公司作为承运人的已装船清洁提单，承运船舶为 "HANJIN SAVANNAH" 论。该批货物于 1999 年 11 月 6 日到达上海港，1999 年 11 月 16 日收货人 Y 公司从码头提货，开箱后发现货物有水湿现象。1999 年 11 月 17 日中国外轮理货公司出具了发现货物水湿的报告，1999 年 11 月 23 日，ZH 公司在目的港的检验代理人中国人民保险公司上海分公司委托上海某公估行对受损货物进行了检验并出具了检验报告，认定货损原因系承运船舶在运输过程中淡水进入集装箱所致，认定货物实际损失为 23 521.96 美元。ZH 公司依保险条款向收货人 Y 公司进行了赔偿，收货人 Y 公司授权香港 Y 有限公司（以下简称 Y 新公司）接受赔款。ZH 公司按 Y 公司的指示进行了付款，并从 Y 公司处得到代位求偿权益转让书。所以，ZH 公司据此向两被告主张权利，请求两被告赔偿其损失。

2. 审判结果

法院认为，此案是一起海上保险代位求偿权纠纷。

（1）ZH 公司与 T 公司的海上货物运输保险公司符合法律的规定，依法成立并有效；

（2）ZH 公司依照保险条款向收货人 Y 公司进行了赔偿并得到了其的权益转让书，取得了涉案货物的代位求偿权；

（3）被告 A 公司在此案中应是涉案货物的承运人；

（4）货损的价值应以 ZH 公司在上海的检验代理人中国人民保险公司上海分公司申请的上海某公估行出具的检验报告为标准；

（5）被告 B 公司不承担责任。原告 ZH 公司仅凭承运船舶名称猜测但没有证据证明 B 公司是实际承运人。

依据《中华人民共和国海商法》第四十二条第（一）项、第二百五十二条第一款、第二百五十七条第一款的规定，判决：被告 A 公司赔偿原告货物损失金额 23 521. 96 美元；驳回对被告 B 公司的诉讼请求。

被告中外运公司不服此判决，向天津市高级人民法院提起上诉，高院经审理，依法驳回其上诉，维持了一审判决。

（二）共同海损分摊纠纷案

1. 案情

原告：Y 船务公司（以下简称 Y 公司）。

被告：R 公司

被告：G 公司

被告：SH 公司

R 公司、G 公司、SH 公司

1995 年 3 月 5 日，Y 公司与秦皇岛市某物资公司签订了一份沿海运输合同，约定由 Y 公司所属的"大桥"轮将秦皇岛市物资公司的玉米、水泥等货物从秦皇岛港运至蛇口港。同年 2 月 28 日、3 月 7 日和 10 日，秦皇岛市物资公司以其分支机构燕海物资经营部的名义分别与 R 公司、G 公司、SH 公司各签订了一份租船协议，约定承运 R 公司、G 公司、SH 公司的水泥、玉米、豆粕、黄豆等货物，从秦皇岛港运至蛇口港。20 日，"大桥"轮在秦皇岛港装载黄豆、玉米、水泥、豆粕、玻璃等共计 8 995. 80 吨后，驶往蛇口港。其中，R 公司的 3 900 吨袋装水泥载于第四舱，G 公司的 670. 16 吨玉米载于第五舱底舱上部，585. 38 吨豆粕载于第二舱，SH 公司的 989. 74 吨黄豆载于第五舱舱底。24 日 23：25 时，当"大桥"轮航行至香港以东海面时，与一名为"NORTH FUTURE"的航行船舶相撞，"大桥"轮左舷在肋骨位 51～74 处舷墙及支撑因之严重扭曲，局部破裂，其中一些甲板旁板和横梁亦被撕裂和严重扭曲；左舷第五舱舷侧板位于 58～66 处被撞弯曲，裂开一约 6 200mm～6 300mm 的洞，海水大量涌入。25 日，"大桥"轮驶抵香港下尾湾锚地。根据香港海事处和中国船级社香港分社的要求，"大桥"轮在香港水域进行了临时修理，并于 29 日开始将第五舱的货物过驳至"新港 1 号"驳船，由"新港 1 号"船于 4 月 5 日运抵蛇口港。8 日，"大桥"轮由拖轮拖至蛇口港。16 日，"大桥"轮靠泊卸货，并于 5 月 18 日卸毕。R 公司、G 公司、SH 公司载于"大桥"轮的货物因船舶进水或运输周期延长，均遭受不同程度的损坏。"大桥"轮在蛇口港卸货期间，进行了补洞堵漏修理。Y 公司请求 R 公司、G 公司、SH 公司分摊的共同海损损失，均为"大桥"轮发生碰撞后的救助、减载、修理等费用及由此产生的其他费用和损失。

1996 年 7 月 16 日，Y 公司与"NORTH FUTURE"轮船东就碰撞责任达成协议，由 Y 公司承担 40% 的碰撞责任，"NORTH FUTURE"轮船东承担 60%

的碰撞责任。

Y 公司于 1995 年 10 月 17 日向海事法院提起诉讼，称：Y 公司在"大桥"轮发生碰撞后为了船、货的共同安全，采取了一系列措施，发生了共同海损，请求判令人防办分摊共同海损份额人民币 140 000 元，供销公司分摊共同海损份额人民币 217 000 元，生产资料公司分摊共同海损份额人民币 52 000 元。

R 公司、G 公司、SH 公司均答辩认为：依照调整国内沿海货物运输的有关法律规定，沿海货物运输承运人的责任制度是严格的过失责任制，即只要承运人有过失，就要承担货损责任。本案事故是两条互动中的船舶发生碰撞，Y 公司在碰撞中有过失，故本案共同海损分摊的基础不存在。请求驳回银发公司诉讼请求，并承担相关的一切费用。

2. 审判结果

海事法院认为：本案海损事故是因 Y 公司所属的"大桥"轮在航行中与另一航行船舶发生碰撞所致，因船舶碰撞造成的全部损失应由对碰撞负有过失责任的当事人赔偿，不构成共同海损。Y 公司主张共同海损，并请求 R 公司、G 公司、SH 公司分摊海损费用，缺乏法律依据，不予支持。依照《中华人民共和国海商法》第一百九十三条、第一百九十七条的规定，海事法院判决：

驳回 Y 公司对 R 公司、G 公司、SH 公司的诉讼请求。

判决后，双方当事人均没有上诉。

# 第三节　货物运输险投保实务

被保险人对于保险标的物享有保险利益，方能订立保险合同。保险标的物（subject matter insured）可以是任何财产或与财产相连的利益，或者是因事故的发生而丧失的权利或产生的法律赔偿责任。被保险人投保的就是对保险标的物的利益。这种可进行保险的利益叫做可保利益或保险利益（insurable interest）。如无保险利益则不应订立保险合同，如果订立没有保险利益的合同，在法律上是无效的。现将一般国际贸易货物投保实务，逐项分述如下：

## 一、确定保险金额（amount insured）

保险金额是计算保险费的依据，也是发生损失后计算赔款的依据，因此这是投保前必须首先要考虑确定的。按照国际保险市场的习惯，一般是按照货物发票的 CIF 价另加 10% 的预期利润作为保险金额。但各国市场情况不同，对进口贸易的管制办法也不一样，加上在不同国家地区、不同货物和不同时期的货物利润也是不同的，为满足被保险人的实际需要，可适当提高加成率，但要防止高额投保从中取巧，在货物受损索赔时，取得不合理的高额利润。在实际工作中，如已有成本价，要计算出 CIF 价格，可先计算出运费额，与成本价相加，得出成本加运费价 CFR，然后再按下列公式计算出 CIF 价。

$$CIF = \frac{CFR}{1 - 保险费率 \times (1 + 投保加成率)}$$

例如 CFR 价为 989 元，保险费率为 1%，投保加成率为 10% 则

$$CIF = \frac{989\ 元}{1 - 1\%\ (1 + 10\%)} = 1000\ 元$$

如已有 CIF 价要改为 CFR 价，则可按下列公式计算：

CIF × 保险费率 × (1 + 投保加成率) = 保险费

CIF − 保险费 = CFR

仍用上例，则计算式为 1 000 元 × 1% × (1 + 10%) = 11 元

1 000 元 − 11 元 = 989 元，即为 CFR 价。

如为进口货物保险，保险金额以进口货物的 CIF 价格为准，一般不再加成。如按 CFR 或 FOB 条件成交，则按平均保险费率和平均运费率直接计算出保险金额。

CFR 进口　　　保险金额 = CFR × (1 + 平均保险费率)

FOB 进口　　　保险金额 = FOB × (1 + 平均运费率 + 平均保险费率)

**二、选择投保险别**

保险金额确定后，在具体填写投保单前，要选择投保险别。投保险别选择不当，就会造成货物受损时得不到应有的赔偿，或因投保了不必要的险别而多支出了保险费用。一般来说，选择投保险别要考虑货物的性质、包装、用途、运输工具、运输路线和货物的残损规律等。如冷藏货物要保冷藏货物险；散装桐油要保散装桐油险，玻璃器皿要加保破碎险；陆、空、邮运货物要分别投保陆、空、邮包运输险。由于运输路线的不同，要根据起运地、中转地和目的地的具体情况考虑是否要加保受潮、受热险、偷窃险。至于货物的残损规律是根据大量的以往货物受损情况的积累统计，经过分析而得出的规律，这可作为选择险别的参考。如散装货物要加保短量险；钢轨表面生锈不影响其使用，可不加保锈损险；笨重不易丢失或损坏的钢铁制品就不必投保一切险等。

总之，保险险别必须明确、合理，在成交时双方即需商定。如只订明"由卖方投保"或"由卖方办理"这样的条款，那么究竟由卖方投保什么险别或办理什么呢？有的条款仅订明投保"水险"（marine insurance）、"惯常险"（usual risk）或"水/火/损失"（marine/fire/loss）等，则范围太广，无法具体肯定，容易发生不必要的纠纷，应予以避免。此外，还要避免发生保险条款与价格条件相矛盾或投保险别与货物残损无关的条款，前者如价格条件是 CIF，

又规定保险由买方投保；后者如皮革制品要求加保破碎险。

### 三、填写投保单

确定保险金额和投保险别后，即可填写投保单（application for transportation insurance）。单上填明货物名称、保险金额、运输路线、运输工具、起运日期和投保险别等项。由于外贸出口业务量较大，为了节省手续，在征得保险公司同意后，有时可利用现成单据的副本如出口货物明细单、货物出运分析单或发票副本等来代替，仅在这些单据上加列一些必要的项目即可。

### 四、交付保险费

保险费是根据保险金额和保险费率算出。保险费率是在货物损失率，赔付率的基础上，参照国际保险市场保险费水平并适当照顾贸易需要而确定的。现在中国人民保险公司的保险费率是按照不同商品、不同目的地、不同运输工具和不同险别分别制订的。"一般商品费率"按不同运输方式分"海运""陆运""空运"和"邮包"四类，再按不同洲别、国家、地区和港口分别订定费率。另有"指明货物加费费率表"，这是按外贸公司分类列出需要加费的商品名称和注意事项；凡表内列明的商品，除应按一般商品费率计算外，再加上加费费率。除上述两表外，还有"战争险费率表"和"其他规定'。"其他规定"是解决上述三项费率表仍不能解决的问题，如舱面险、存仓险的计费、扩展责任的加费等。现举例如下：从上海海运一批景泰蓝到热那亚转运到米兰保一切险加战争险，先查一般商品费率海运到欧洲意大利为0.65%，第二步从指明货物加费费率表中工艺品进出口公司项下景泰蓝需加费1%，第三步在战争险费率表中查出海运战争险费率为0.04%，第四步从其他规定中查明转运另加0.15%的费率，最后得出这批商品总的保险费率为

$$0.65\% + 1\% + 0.04\% + 0.15\% = 1.84\%$$

### 五、领取保险单

保险单（insurance policy）是保险人与被保险人之间的一种合同，它规定了双方之间的权利和义务，是赔偿责任的依据。在有信用证的交易中，保险单必须符合信用证中有关规定。最低保险金额必须是有关货物的CIF（或CIP）价格。保险单日期按一般惯例不得迟于货运单据所表示的装运日、发货日或联合运输的收妥待运日。另有一种预约保险单（open policy），它是保险人承保被保险人在一定时期内分批发运的货物所出立的保险单。保险单出立后，如果内容有补充或变更，则另出批单（endorsement）粘附在原保险单上，成为一个不可分割的部分，保险人需按补充、更改后的内容承担责任。但批改内容如涉及增加保险金额或扩大保险责任的，必须在双方都不知有任何损失事故发生的情况下，在货物到达目的地或在货物发生损失以前申请批改。

### 六、索赔

按 CIF 价格条件成交的货物，卖方虽应负责办理投保手续并支付保险费，但对于货物在装船后发生的损失，卖方不负责代买方向保险公司索赔，一切索赔手续均应由买方自理。被保险货物运抵目的地后，收货人在提货前如发现整件短少或有明显残损痕迹，应立即向承运人或有关当局（如海关、港务局等）索取货损、货差证明，并以书面向承运人或有关单位索赔。如提货时发现属于保险责任范围内的损失，应立即通知保险公司或其检验理赔代理人申请检验，并出具检验报告，确定损失程度。收货人向保险公司索赔时，应备妥索赔清单，列明索赔金额，并附送有关证件，如保险单正本、副本提单、发票、检验报告、承运人拒赔信件等等。

## 第四节　国际保险惯例和法规介绍

为了处理有关国际保险上的纠纷和问题，许多国家都颁布有保险法，如英国 1906 年海上保险法（Marine Insurance Act 1906）；有的国家在海商法或商法中列有保险内容，如日本商法第 10 章第 629～683 节。但是这些国家的法律，仅适用于同本国有关的海上运输，对牵涉到外国人权益或外国发生的案件就难于适用。而国际贸易货物的海洋运输、航行范围遍及世界各地，一条船上所装的货物分属各个不同国家的货主，停靠不同国家的港口，这就给处理有关海事、保险纠纷带来很大的困难，因此国际上有关运输及保险的规则和惯例就应运而生。现将其中主要的简介如下：

**一、《约克—安特卫普规则》（The York Antwerp Rules 1974）**

这是处理有关共同海损的规则，是由英、美和一些欧洲大陆海运国家的理算、海运、贸易和保险界等的代表于 1860 年在格拉斯哥共同制订的，之后又于 1864 年和 1877 年分别在约克和安特卫普召开两次会议修改而定名。该规则又于 1890 年、1924 年、1950 年和 1974 年进行修改，成为目前使用的 1974 年本。该规则不是强制性的国际公约，但已为国际上海运、贸易和保险界人士所接受，形成一种国际惯例。目前国际上大部分租船合同、海运提单，海洋船舶和货物保险单上都规定按此规则进行共同海损的理算。

**二、《中国国际贸易促进委员会共同海损理算暂行规则》**

该规则是中国国际贸易促进委员会所制订，简称《北京共同海损理算规则》（Beijing General Average Adjustment Rules 1975）。规则有 8 条，另加一序言，概括了共同海损理算的主要内容，并增列了《约克—安特卫普规则》所没有、但在实际理算工作中需要明确规定的一些问题。其特点是：

（1）目的是在平等互利基础上正确进行理算，以增强各国人民的友好关系，促进国际贸易与海洋运输的发展。

（2）为简化手续，对案情简单的案件，可以作简易理算。

（3）对于共同海损金额较小的案件，经征得主要有关方的同意，可不进行理算。

（4）规定提出共同海损理算要求的一方和其他有关各方有举证的责任。

（5）如构成案件的事故确系运输契约一方不能免责的过失所引起者则不进行理算，可根据具体情况，通过协商另作适当处理。

**三、《跟单信用证统一惯例》（Uniform Customs and Practice for Documentary Credits 1993 revision, I. C. C. Publication No. 600）**

这是国际商会印发的，自 1994 年 1 月 1 日施行的惯例。该惯例包括总则和定义外，有 49 个条款，其中第三十四条至第三十六条是有关保险单证的规定。分别说明：保险单证必须符合信用证规定；用信用证同一货币表示；最低保险金额必须是有关货物的 CIF 金额加 10%；投保的基本险和附加险类别要详细列明；保险最迟自装运日或发货日或联合运输的收受待运日起生效等。

**四、《英国 1906 年海上保险法》**

这是英国本国的法律，但由于该国是保险业发展较早的国家之一，所以该法经常为有关各方所引用。如泰国、匈牙利、瑞典等国出口货物保险单上常有适用英国法律的规定；印度、澳大利亚的海运保险法基本上也脱胎于英国保险法。该法共 94 条，分别规定了有关海上保险的定义、保险利益、保险金额、告知与隐瞒、保险单、保险费、损失、委付和赔偿数额等项；最后还附有保险单构成规则 17 条，对一些保险专用名词加以解释和说明。

除上述以外，与保险有关的还有海牙规则、救助契约和船舶碰撞规则等这里就不一一列举了。

# 第五节　伦敦保险协会货物保险条款

英国伦敦保险业协会的《协会货物条款》（Institute Cargo Clauses 简称 I. C. C.）沿用 200 余年，在国际保险界处于垄断地位。但它不论在内容上或文字上都暴露出不少的缺点和问题，受到一些国家贸易、航运和保险界的批评和指责。在客观形势的促使下，英国的伦敦保险业协会和劳埃德保险业协会联合组成工作组，授权伦敦保险业协会所属的"技术与条款委员会"（Technical and Clauses Committee）对原 S. G. 保险单和协会条款进行修改，制订了新的保险单和新的货物保险条款。修订工作于 1982 年 1 月 1 日完成，并于 1983 年 4 月 1 日起正式实行。同时新的保险单格式代替原来的 S.G 保险单格式，也自同日起使用。新条款计有下列六种：

（1）协会货物险 A 条款（institute cargo clauses A）

（2）协会货物险 B 条款（institute cargo clauses B）

（3）协会货物险 C 条款（institute cargo clauses C）

（4）协会战争险条款——货物（institute war clauses—cargo）

（5）协会罢工险条款——货物（institute strikes clauses—cargo）

以上 5 个条款取代原协会一切险、水渍险、平安险、战争险和罢工险条款。

（6）恶意损害险条款（malicious damage clauses）这是新增加的附加险别。

新货物险条款虽不尽完美，但已有了一定的改进，至少在对被保险人选择投保险别时提供了方便，也有利于保险人处理索赔案件。新条款的特点是：

1. 结构明晰

新条款除恶意损害险外，其余 5 个条款均按其性质归纳为 8 章。它们是责任范围（risks covered）、除外责任（exclusions）、保险期限（duration）、索赔（claims）、保险利益（benefit of insurance）、减少损失（minimising losses）、防止延迟（avoidance of delay）和法律惯例（1aw and practice）。章内再细分为条，如保险期限章中又分为运输条款（transit clause）、运输契约终止条款（termination of contract of carriage clause）和变更航程（change of voyage clause）三条。章条独立成文，结构明晰，使用方便。

2. 险别分明

原条款水渍险与平安险的承保责任范围差距很小，仅是平安险对自然灾害造成保险标的物的部分损失，只有在船舶发生触礁、搁浅、沉没、火灾等意外事故的情况下方予负责，这就造成两种险别的责任混淆不清。新条款 B、C 则克服了这一缺点。在条款 B 中明确规定：凡条款中列举的自然灾害所造成的任何程度的损失，和货物在装船时落海或跌落所造成的任何整件的损失均予负责；但条款 C 则对上述两种情况均不予负责。两种险别界限分明，投保人选择险别和保险人处理索赔案件均较便利。

新条款对 A、B、C 三种主要险别条款使用英文字母表示，不再使用原条款中曾使用的一切险、水渍险、平安险的名称，可防止顾名思义造成误解。如投保人常会误解一切险对任何风险造成的损失均可负责；误解水渍险对淡水雨淋造成水渍的损失也可负责；误解平安险对任何情况下所发生的单独海损都不负责赔偿。

3. 责任肯定

新条款分条列明一般除外责任，除 A 条款采用"概括风险法"外，其余险别条款均采用"列明风险法"，把保险人所承保的风险逐条列出，出险时可逐项加以对照。凡符合承保风险的给予赔偿，否则就不负责。承保责任肯定、明确，防止了投保人与保险人对条款解释分歧而造成的纠纷。条款 A 虽未逐条列举所承保的风险，但它对"除外责任"项下所列风险所致损失不负责外，其他风险所致损失均予负责，责任也是肯定明确的。

4. 取消了免赔率，全部损失与部分损失的区分

原水渍险条款规定：保险标的物的损害在一定百分比以内的，保险人可免予赔偿。新条款则取消了免赔率的规定。

原条款对标的物损害程度有全部损失和部分损失之分。如平安险对单纯由于恶劣气候、雷电、海啸等等自然灾害造成的部分损失不予赔偿。新条款取消了这种区分。出险时不论损失程度如何，只要是属于承保责任范围内的损失就赔；反之不属于承保责任范围的就不赔，这就给处理索赔案件提供了方便。

# 本章知识结构图表

（一）邮包险（parcel post risks）

（二）邮包一切险（parcel post all risks

六、案例分析

（一）海上保险代位求偿权纠纷案

（二）共同海损分摊纠纷案

**第三节　货物运输险投保实务**

一、确定保险金额

二、选择投保险别

三、填写投保单

四、交付保险费

五、领取保险单

六、索赔

**第四节　国际保险惯例和法规介绍**

一、《约克—安特卫普规则》（The York Antwerp Rules 1974）

二、《中国国际贸易促进委员会共同海损理算暂行规则》

三、《跟单信用证统一惯例》（Uniform Customs and Practice for Documentary Credits 1993 revision，I. C. C. Publication No. 600）

四、《英国1906年海上保险法》

**第五节　伦敦保险协会货物保险条款**

# 本章综合测试

**一、单项选择题**

1. 我出口稻谷一批，因保险事故被水浸泡多时而丧失原有用途，货到目的港后只能低价出售，这种损失属于（　　　）。

　　A. 单独损失　　　　　B. 共同损失　　　　C. 实际全损

2. CIC"特殊附加险"是指在特殊情况下，要求保险公司承保的险别，该险别（　　　）。

　　A. 一般可以单独投保

　　B. 不能单独投保

　　C. 在被保险人同意的情况下，可以单独投保

3. 某批出口货物投保了水渍险，在运输过程中由于雨淋使货物遭受全部损失，这样的损失保险公司将（　　　）。

　　A. 负责赔偿整批货物

B. 负责赔偿被雨淋湿的部分

C. 不给予赔偿

4. 有一批服装，在海上运输途中，因船体触礁导致服装严重受浸，如果将这批服装漂洗后再运至原定目的港所花费的费用已超过服装本身的价值，这批服装的损失应属于(　　)。

A. 共同海损　　　　B. 实际全损　　　C. 推定全损

5. 保险公司的赔偿地点一般在(　　)。

A. 本国　　　　　　B. 目的港（地）　C. 第三国

6. 我方按 CIF 条件成交出口一批罐头食品，下列险别中(　　)是正确的。

A. 平安险 + 水渍险

B. 一切险 + 偷窃、提货不着险

C. 水渍险 + 偷窃、提货不着险

7. 在海洋运输货物保险业务中，共同海损(　　)。

A. 是部分损失的一种

B. 是全部损失的一种

C. 有时为部分损失，有时为全部损失

8. 某货主的一批货物在海上运输途中，由于意外事故造成货物全部灭失，保险公司将按(　　)。

A. 全部损失给予赔偿

B. 单独海损给予赔偿

C. 共同海损给予赔偿

9. 某货轮在航行途中发生触礁事故，导致 A 舱舱底出现裂口，船长误以为 B 舱舱底也有裂口，即下令将 A、B 两舱的部分货物抛入海中，以便修补裂口，在此情况下(　　)。

A. A 舱货物为共同海损，B 舱货物为单独海损

B. A、B 两舱的货物都属于共同海损

C. A 舱的货物为单独海损，B 舱货物为共同海损

10. 预约保险是(　　)代替投保单，说明投保的一方已办理了投保手续。

A. 提单　　　　　　　　　　　　B. 国外的装运通知

C. 大副收据

11. 我国货运保险业务中，保险公司承担责任最大的基本险别是(　　)。

A. 平安险　　　　　B. 水渍险　　　　C. 一切险

12. 按国际保险市场惯例，投保金额通常在 CIF 的基础上(　　)。

A. 加一成　　　　　B. 加二成　　　　C. 加三成

13. 保险人按推定全损赔偿后，投保人应将相对残损货物的处理权转移给保险人。这叫做(    )。

    A. 代位　　　　　　　B. 委付　　　　　　　C. 转让

14. "仓至仓"条款是(    )。

    A. 承运人负责运输起讫的条款

    B. 保险人负责保险责任起讫的条款

    C. 出口人负责交货责任起讫的条款

15. 出口家用电器或类似商品时，应投保(    )。

    A. 平安险 + 战争险

    B. 平安险（或水渍险）+ 碰损破碎险 + 偷窃、提货不着险

    C. 一切险 + 偷窃、提货不着险

## 二、多项选择题

1. 我国海运货物保险条款将海运货物保险险别分为(        )两类。

    A. 平安险　　　　B. 水渍险　　　　C. 基本险　　　　D. 附加险

2. 在海洋运输货物保险业务中，海上损失按程度可分为(        )两种。

    A. 实际损失　　　B. 共同损失　　　C. 全部损失　　　D. 部分损失

3. 国际货物买卖合同中的保险条款内容是(        )。

    A. 保险金额　　　　　　　　　　B. 投保险别

    C. 保险费　　　　　　　　　　　D. 保险单证和保险适用条款

4. 我国对外贸易货运保险分为(        )。

    A. 海上运输保险　　　　　　　　B. 路上运输保险

    C. 航空运输保险　　　　　　　　D. 邮包运输保险

5. 构成实际全损的情况有(        )。

    A. 保险标的物全部灭失

    B 保险标的物已全部丧失无法复得

    C. 保险标的物已丧失商业价值或原有用途

    D. 船舶失踪达到一定时期

6. 构成推定全损的情况有(        )。

    A. 保险货物受损后其修理费已超过货物修复后的价值

    B. 保险货物受损后整理和继续运到目的地的费用超过货物到达目的地的价值

    C. 保险标的实际全损已无法避免，或为了避免需要花的施救费用将超过获救后的标的价值

    D. 保险标的遭受保险责任范围内的事故使被保险人失去标的所有权

7. 属于海上风险的有（          ）。

   A. 雨淋          B. 地震          C. 失火          D. 锈损

8. 构成共同海损的条件是（          ）。

   A. 共同海损的危险必须是实际存在的，而不是主观臆测的

   B. 消除船、货共同危险而采取的措施必须是合理的

   C. 必须是属于非正常性质的牺牲

   D. 采取措施后，船方和货方都做出了一定的牺牲

9. 在我国海运保险业务中，部分损失按其损失的性质可分为（     ）。

   A. 部分损失                    B. 全部损失

   C. 共同海损                    D. 单独海损

10. 我国进出口货运保险有两种做法（          ）。

    A. 单项投保                   B. 逐笔投保

    C. 简化投保                   D. 预约投保

### 三、判断题

1. 某笔按 CFR 术语进口的合同，投保人在国内投保了一切险，保险公司的责任起讫应为仓至仓。                                              （     ）

2. 在国际贸易中，向保险公司投保了一切险后，货物运输途中由于任何外来原因造成的一切货损，均可向保险公司索赔。                    （     ）

3. 托运出口玻璃制品时，被保险人在投保了一切险后，还应加保破碎险。

                                                                  （     ）

4. 按照中国人民保险公司现行的保险条款规定，凡已投保了战争险，若再加保罢工险，则不另行收费。                                      （     ）

5. 根据 CIC 条款，海运平安险是指保险公司对单独海损不负责赔偿。（     ）

6. 水渍险的承保范围是平安险的承保范围，加上由于暴风、巨浪等自然灾害引起的部分损失。                                              （     ）

7. 陆运货物保险包括陆运基本险和陆运附加险。                      （     ）

8. 伦敦保险协会制定的"协会货物条款"中的 A 险、B 险和 C 险，其保险公司承保的范围与我国海运货物保险的 FPA、WA 和 ALL RISKS 三种险别的承保范围大致相当。                                              （     ）

9. ICC 保险条款中的战争险或罢工险可单独投保。                    （     ）

10. 就一般货物而言，海运、陆运、空运的货物保险，保险公司的承保责任起讫都是"仓至仓"。                                              （     ）

11. 按国际保险市场惯例，大保单与小保单具有同等的法律效力。      （     ）

12. 如果被保险货物运达保险单所载明的目的地，收货人提货后即将货物转

运，则保险公司的保险责任于转运到的目的地仓库终止。　　　　　（　　）

13. 我以 CFR 条件出口大米 5 000 包，合同规定投保水渍险，货物在运输途中因货舱食用水管道滴漏，致使该批大米中的 200 包遭水渍，保险公司对此损失应负责赔偿。　　　　　（　　）

14. 海运提单的签发日期应早于保险单的签发日期。　　　　　（　　）

15. 一批出口家禽在运往日本途中，发现有部分家禽发生瘟疫，船长下令将这部分家禽抛入海中，以免全部家禽被染上瘟疫，这部分家禽的损失属于共同海损。　　　　　（　　）

**本章综合测试答案**

一、单项选择题

1. C　2. B　3. C　4. C　5. B　6. C　7. A　8. A　9. A　10. B　11. C　12. A
13. A　14. B　15. B

二、多项选择题

1. CD　2. CD　3. ABCD　4. ABCD　5. ABCD　6. ABCD　7. BC　8. ABC　9. CD
10. BD

三、判断题

1. F　2. F　3. F　4. T　5. F　6. T　7. T　8. F　9. T　10. T　11. T　12. F
13. F　14. F　15. F

# 复习思考题

1. 共同海损与单独海损有何区别，试说明之。

2. 目前中国人民保险公司海运货物保险的三种基本险别的责任范围各如何？主要差别何在？

3. 什么是"仓至仓"条款？它的基本内容如何？

4. 在海洋运输货物保险中，哪些附加险包含在"一切险"的责任范围内？哪些附加险又不包括在内？投保人可否向保险公司单独投保附加险？

5. 在国际商品买卖中，一般怎样确定投保金额？如成交条件是 CFR，请说出如何计算 CIF 价格？

# 第十二章　国际贸易运输法规

## 【关　键　词】
国际贸易运输法规。

## 【知识目标】
● 了解《联合国国际货物多式联运公约》、国际公路货物运输公约和协定；
● 熟悉《国际铁路货物联运协定》、《统一国际航空运输某些规则的公约》；
● 掌握海牙规则、海牙—维斯比规则、汉堡规则。

## 第一节　《海牙规则》

《海牙规则》是一个在海洋运输方面十分重要的公约。目前已有 80 多个国家和地区已通过法令采用和使之实际生效。许多国家的航运公司在其制定的海洋运输提单中均列明采用《海牙规则》，以确定承运人在货物装船、收受、配载、承运、保管、照料及卸载过程中所应承担的责任和义务以及应事的权利和豁免。我国虽未在该公约上签字，但目前中国远洋运输公司和中国对外贸易运输总公司制定的提单中，有关承运人义务、赔偿责任、权利及豁免均适用《海牙规则》。以下简介公约制定的历史背景和主要的过程。

19 世纪末叶，英国已拥有强大的海上商船队，航运资本在议会里也拥有很大的势力。根据英国所主张的"契约自由"原则，船舶所有人为维护其本身的权益在提单中规定了许多免责条款，有的多达六七十项，以致货主承担货物在海上运输过程中的一切风险。船方除了向货主收取运费，几乎无其他责任可言。影响所及，提单的自由转让也遭受阻碍，使提单不能充分发挥"物权凭证"的作用。于是，引起了货主的强烈不满。

当时在美国进出口商人的势力较大，但本国的航运资本势力较小，因此美国的出口货物运输大部分为英国轮船公司所控制和垄断。英国轮船公司提单中的许多免责条款，都侵犯了美国进出口商人的利益。美国联邦法院和部分州法院便以"违反公众行为准则"为理由否认上述提单中有关船舶所有人或其受雇人过失责任可以豁免的条款，而只承认"合理的"免责条款。至于哪些条款是合理的，则取决于法院的判断，普通商人很难根据提单条款确定提单持有人的实际权利。这种情况是不利于贸易发展的。为打开这一僵局，国际法协会草拟了一些标准提单，但结果并未得到广泛应用。

为了打击英国船舶所有人任意规定免责条款的行为，维护美国进出口商人的利益，美国政府在 1893 年通过了"哈特法"（The Harter Act 1893）。其主要内容是：如果船舶所有人已经恪尽职责使船舶适航，则他对其在船舶航行或管理方面的过失所造成的损害或灭失都不负责，但对货物的装载、照料和交付等方面的过失则不能免除责任。上述划分过失责任的原则，基本上为日后的《海牙规则》所接受。

在英国方面，由于不愿对其"契约自由"原则加以限制，在第一次世界大战前后，提单条款更趋复杂化，贸易界迫切要求提单能规范化。为此，国际法协会所属的"海上法委员会"于 1921 年 5 月 17 日至 20 日召开会议，制定了海牙规则，建议普遍采用。后在 1922 年和 1923 年又经修订，最终于 1924 年 8 月 25 日在布鲁塞尔正式签订，称为《统一提单的若干法律规则的国际公约》（International Convention for the Unification of Certain Rules of Law Relating to Bills of Lading），简称《海牙规则》（The Hague Rules 1924）。

《海牙规则》共 16 条。其中第一条至第八条是有关提单部分，第九条是确定条文中涉及的货币单位，第十条是赋予签字国在提单上引用公约条款的权利，第十一条至第十六条订明各国批准、承认、加入、退出或修改等程序的规定。这一规则的主要内容可归纳为：

**一、承运人的责任与义务**

1. 承运人须在航次开始前和开始时恪尽职责，使船舶处于适航（seaworthiness）状态；适当地配备船员，装备船舶和配备供应品；使货舱、冷藏舱、冷气舱和船上装载货物的其他部分均适于并能安全地收受、承运和保管货物。

2. 承运人应适当而谨慎地装载、搬运，积载、运输、保管、照料和卸载所运货物。

（1）装载（load）

承运人的责任由装货时开始，一经吊杆把货物钩起，货物的损失即由船方负担。如货物是由工人搬运入舱，则船方责任由工人开始搬运货物时起负责。此外，船方要负责装卸设备因发生故障而造成的货物损坏，并应提供适于工人和其他工作人员安全操作的作业场所。

（2）搬运（handle）

货物运入船舱，承运人收受货物应按货物的品质和性质，给予适当的处理，以防止货物在运输途中发生损坏。

（3）积载（stow）

承运人收妥货物后，应按照货物种类不同的特性，使用不同的积载方法，将货物按其状态、轻重、价格和禁忌等，安放在舱内的适当部位。如轻货应放在重货上，易碎品应放于不致受压的部位，有异味品要分隔堆放，以履行承运人要把货物安全运达目的地交与收货人的责任。

（4）运输（carry）

承运人承运货物，一般应尽快地、直接地和安全地把船舶开往目的港交货以完成承运任务。在正常情况下，不得脱离习惯上或地理上的航线而绕道航行，也不得无故延迟开航，延长运送时间，使货物受到因时间延长而产生的损失。

（5）保管、照料（keep，care for）

承运人应恪尽职责，注意保管和照料货物。对由于注意不够，保管不善或采取的措施不当造成的货物损失，要负担赔偿责任，但由于货物本身的特性或潜在缺陷而造成的则例外。

（6）卸载（discharge）

承运人应负责在目的港将货物交与收货人，承运人的责任由卸载时起终止。如货物短缺或残损，应签发证明，作为日后收货人索赔的依据。

**二、托运人的责任与义务**

（一）提供运输的货物

货物要按照其性质包装完好，能经受长途运输。在包装外，要以不小于5厘米长的字体刷好有关货物品种、编号、重量、数量、体积和装卸港口等的明显标记，使在航次终了时仍能辨认。由于包装和标记的不足或不适当所产生的一切费用和罚款，应由托运人负担。对危险货物，托运人应向承运人声明性质，必要时需提供防灾措施。

（二）支付运费

承运人提供运输服务，托运人有支付运费的责任。运费可在装运港预付，也可在承运人同意下在目的港支付。如果装运的货物是易腐货物、低值货物、动物、舱面货等，则运费必须在起运时全部付清。承运人可因托运人未付运或其他费用而对货物行使留置权。

（三）在目的港接受货物

托运人（或收货人）应在提单规定的目的港，按照承运人发出的卸货通知接受货物，但承运人也可以不事先通知而开始卸货。如无人接货或拒绝接货，承运人有权先卸岸入库保管，一定时期后仍未提货则可将货物拍卖以抵偿一切费用。

### 三、诉讼时效

公约规定收货人提出货损赔偿的起诉权，从货物交付之日或应交付之日起一年以内提出。收货人在卸货时对货物的灭失或损害的情况，应在货物接受前或当时用书面通知承运人或其代理人。灭失和损害不显著，当时未能发现，则应于卸货后三天内提出，如果货物状态在收受时已经双方联合检验或检查，则无须书面通知。如果发生任何实际的或预料的灭失或损害，则双方应相互提供一切便利。

### 四、承运人应享受的豁免

不论承运人或船舶，对由于下列原因所引起的灭失或损害，都不负责任。

（1）船长、船员、引水员或承运人的受雇人，在航行或管理船舶上的行为疏忽或违约活动；

（2）火灾，但由于承运人的实际过失或私谋所引起的除外；

（3）海上或其他通航水域的灾难、危险和意外事故；

（4）天灾；

（5）战争行为；

（6）公敌行为；

（7）君主、当权者或人民的扣留或管制，或依法扣押；

（8）检疫限制；

（9）托运人或货主、其代理人或代表的行为或不行为；

（10）不论由于任何原因所引起的局部或全面罢工、关厂、停工或限制工作；

（11）暴动和骚乱；

（12）救助或企图救助海上人命或财产；

（13）由于货物的固有缺点、性质或缺陷引起的体积或重量亏损，或任何其他灭失或损害；

（14）包装不良；

（15）标志不清或不当；

（16）虽恪尽职责亦不能发现的潜在缺点；

（17）非由于承运人的实际过失或私谋，或者承运人的代理人或受雇人的过失或疏忽所引起的其他任何原因；但是要求用这条免责利益的人应负责举证，证明有关的灭失或损害既非由于承运人的实际过失或私谋，亦非承运人的代理人或受雇人的过失或疏忽所造成。

### 五、承运人对货物灭失或损害的赔偿限额

根据公约规定，承运人或船舶对货物或与货物有关的灭失或损害于每包或每计费单位超过 100 英镑或与其等值的其他货币时，在任何情况下都不负责。但托运人于装货前已就该项货物的性质和价值提出声明并已在提单中注明的不在此限。

在上述限额以外，可由承运人、船长或承运人的代理人与托运人议定另一最高限额，但该最高限额不得低于上述数额。这就是一般班轮计收运费方法中的从价运费，托运人申报货物价值，并支付规定的从价运费。但如托运人有故意谎报货物性质或价值时，则对货物或与货物有关的灭失或损害，承运人或船舶都不负赔偿。

## 第二节　《海牙—维斯比规则》

随着国际政治、经济形势的变化和海运技术的迅速发展，1924 年制定的《海牙规则》已不能适应形势发展的需要，于是有关各方都强烈要求修改这一规则。从 20 世纪 60 年代初开始，国际海事委员会就进行了修改原《海牙规则》的准备工作，并成立了小组委员会。1963 年 6 月小组委员会在瑞典的斯德哥尔摩会议上草拟了一个修改《海牙规则》的议定书草案，提交给 1967 年 5 月在布鲁塞尔召开的海法外交会议上审议，但当时未能取得一致意见。直到 1968 年 2 月在布鲁塞尔再次召开会议，才以 24 票赞成、无反对、18 票弃权而通过，称为《1968 年布鲁塞尔议定书》（The 1968 Brussels Protocol）。由于会议期间代表们曾参观瑞典哥德兰（Gotland）岛的维斯比城，所以该议定书又简称《海牙—维斯比规则》（The Hague-Visby Rules）。

本规则于 1977 年 6 月 23 日分别经法国、丹麦、瑞典、挪威、瑞士等国批准，厄瓜多尔、黎巴嫩、新加坡、叙利亚四国加入后生效，后来又有比利时和汤加两国参加，一共是 12 个国家。目前在国际航运界中，本规则和《海牙规则》分别被有关国家运用。

《海牙—维斯比规则》修改了《海牙规则》中一些不合理规定，但其实质仍未根本改变原规则本身偏重于维护承运人利益的倾向。现将其修改的要点介绍如下：

### 一、提高了最高赔偿限额

《海牙规则》规定承运人的责任限额是每包或每单位 100 英镑，但由于半个世纪以来，货币已经数度贬值，已丧失其补偿损失的实际意义。因此《海牙—维斯比规则》作了下列规定：

"除非托运人于装货前已就该项货物的性质和价值提出声明，并已载入提单外，不论是承运人或船舶在任何情况下，对该项货物所遭受的或与之有关的灭失或损坏，于每包或每单位赔偿超过相当于1万法郎或按灭失或损坏的货物每公斤30法郎（按两者之中较高者计算）的，均不负赔偿责任。"并规定"一个法郎指一个含纯度为900‰的黄金65.5毫克的单位"。

**二、增加"集装箱条款"**

由于集装箱运输的发展，一个集装箱内可装有许多不同种类的货物，如仅作为一件或一单位来计算，在发生灭失或损害时，按上述限额来赔偿根本起不到补偿作用，为照顾到这种实际情况，乃规定下述集装箱条款：

"如果货物是用集装箱、托盘或类似运输工具集装时，提单中所载明的装在这种运输工具中包数或单位数即应作为本款中提到的包数或单位时的包数或单位数，除上述情况外，此种运输工具应视为包或单位。"

**三、扩大了规则的适用范围**

《海牙规则》仅适用于在任何缔约国内所签发的《海牙—维斯比规则》规定：

"适用于两个不同国家港口之间有关货物运输的每一提单，如果

（A）提单在一个缔约国签发，或

（B）从一个缔约国港口起运，或

（C）提单载有的或由提单证明的合同规定该合同应受本公约的各项规则或使公约生效的任何国家立法所约束，不论船舶、承运人、托运人、收货人或任何其他有关人的国籍如何。"又规定"本条不应妨碍缔约国将本公约的各项规则适用于未包括在前款中的提单"。

因此，任何一个缔约国都能将公约适用于一切进出口货运的提单，适用范围大大扩大了。

此外，本规则还规定了在交货时货物价格确定的方法，以处理灭失损害事件。

# 第三节　《汉堡规则》

《海牙—维斯比规则》虽对《海牙规则》作了一些修改，但缺乏实质性的内容，对货主的权益仍少保障，这引起许多国家不满，强烈要求建立航运新秩序，对国际上现行的与航运有关的法律进行研究，以促进发展中国家的经济发展。联合国贸易和发展会议有鉴于此，乃设立由33个国家组成的"国际航运立法工作组"，着手进行调查研究，并在1971年2月作出制定新公约的两点意

见：即首先要明确现行《海牙规则》中许多不明确之点，其次是应在承运人和货主之间公平地分配海上货物运输的风险。自 1971 年起，修改工作改由联合国国际贸易法委员会下设的航运立法工作组继续负责。该工作组先后召开了六次会议，于 1976 年 5 月制订了《联合国海上货物运输公约草案》，提交给1978 年 3 月 6 日至 31 日由联合国主持召开的海上货物运输会议讨论。这是一次全权代表大会，在汉堡举行。会上以联合国国际贸易法委员会制订的草案为基础进行讨论，稍经修改后通过，称为《1978 年联合国海上货物运输公约》（United Nations Convention of the Carriage of Goods by Sea 1978），简称《汉堡规则》（The Hamburg Rules）。本公约计 34 条，需经 20 个国家批准、接受、认可、加入后于一年后生效。公约签字国当时是巴西、智利、厄瓜多尔、联邦德国、加纳、墨西哥、马达加斯加、巴拿马、菲律宾等 16 个国家。到目前为止接受国家仅有埃及、乌干达、坦桑尼亚、巴巴多斯和摩洛哥、智利、黎巴嫩、罗马尼亚、突尼斯等国，尚不足生效国家数目，因此这一公约目前仍是尚未生效的公约。

《汉堡规则》对《海牙规则》做了较多的实质性修改，其主要点如下：

**一、扩大了适用范围**

《汉堡规则》规定：

"本公约的各项规定适用于两个不同国家间的所有海上运输合同，如果：

（1）海上运输合同所规定的装货港位于一个缔约国内，或

（2）海上运输合同所规定的卸货港位于一个缔约国内，或

（3）海上运输合同所规定的备选卸货港之一为实际卸货港，并且该港位于一个缔约国内，或

（4）提单或证明海上运输合同的其他单证是在一个缔约国内签发的，或

（5）提单或证明海上运输合同的其他单证规定，本公约各项规定或实行本公约的任何国家立法，应约束该合同。"

根据上述规则，《汉堡规则》的适用范围较《海牙规则》广泛多了。

**二、延长了承运人承运货物的负责期间**

《海牙规则》规定："货物运输包括自货物装上船时起，至卸下船止的一段时间。"这一期限习惯上称为"海牙时间"（Hague Period）。在实际工作中的理解是"钩至钩"原则（tackle to tackle），也就是承运人的责任期限应是货物开始装船，吊钩一受力的时间开始，直到货物在目的港卸下船舶脱离吊钩为止。为了适应集装箱运输的发展，《汉堡规则》规定："承运人对货物的责任期间，包括货物在装货港、运输途中和卸货港在承运人掌管下的期间。"这条规定延长了承运人承运货物的负责期间，即从承运人接受货物时起直到交付货

物为止的整个一段时间。实质上是增加了承运人的责任，对维护货主利益是有利的。

### 三、扩大了承运人应负的赔偿责任

《海牙规则》规定承运人应享受的豁免范围，规定了 17 项承运人均可免责的条文，实质上是把许多货主不应负担的责任都推到货主头上。《汉堡规则》废除了这 17 条豁免，规定了承运人对在承运期间货物发生灭失、损坏以及由于延迟交货所造成的损失负责赔偿。除非他能举证证明他、他的受雇人和代理人已经为避免事故发生和它的后果已采取了一切所能合理要求的措施。这说明《汉堡规则》废除了原《海牙规则》的航行和船舶管理过失免责，而代之以完全的过失责任制，即承运人有了过失就要负责任。

承运人对货物的灭失或损坏的赔偿责任，以灭失或损坏货物相当于每件或其他装运单位 835 计算单位（特别提款权）或相当于毛重每公斤 2.5 计算单位的金额为限，以其较高者为准。承运人对延迟交付的赔偿责任，以相当于该延迟货物应付运费的 2.5 倍的金额为限，但不超过海上运输契约中规定的应付运费总额。

规则中对所谓件数或其他装运单位的确定，也有类似《海牙—维斯比规则》中有关集装箱条款的规定。

### 四、延长了诉讼时效

《海牙规则》原规定货主提出诉讼和仲裁时限为一年，《汉堡规则》则延长为两年。如果在两年期间内没有提出法律程序或仲裁程序，即失去时效。时效期是自承运人交付货物或部分货物之日起算，如在未交付货物的情况下，则自应当交付货物的最后一日起算。时效期间起算的当天，不包括在期间之内。

至于提出诉讼或仲裁的地点，在《海牙规则》中未作具体规定，而《汉堡规则》则规定了一个管辖范围，原告可以在这个管辖范围内起诉或提请仲裁。

## 第四节　《国际铁路货物联运协定》

《国际铁路货物联运协定》简称《国际货协》，1951 年由苏联、罗马尼亚、匈牙利、波兰等 8 个国家签订，1954 年 1 月我国也参加了《国际货协》。

《国际货协》是参加国际铁路货物联运协定的各国铁路和发货人、收货人办理货物联运必须共同遵守的基本规则。它规定了货物运送组织、运送条件、运送费用计收办法和铁路与发、收货人之间的权利、义务等问题。凡《国际货协》有规定的，而国内也有规定的，不论两者是否相同，均应适用《国际货协》的有关规定。若两个邻国铁路间有特殊规定时，按其规定办理。《国际货协》没有规定的，则适用国内铁路规定。

国际铁路货物联运开始于 19 世纪后末期，当时欧洲国家之间开办了铁路运输业务，"国际铁路协会"于 1886 年成立。其后欧洲各国代表于 1890 年在瑞士首都伯尔尼举行会议，制定《国际铁路货物运送规则》，即《伯尔尼公约》。该公约经各国政府批准后于 1893 年 1 月 1 日起实行，1934 年经修订后，改称为《国际铁路货物运送公约》，简称《国际货约》，于 1938 年 10 月 1 日实行。我国没有参加这一公约。1980 年 5 月 9 日于尼泊尔举行第八次修订会议，会上决定将《国际铁路货物运送公约》与《国际铁路旅客和行李运送公约》合并为一个公约。目前参加该公约的包括欧洲、亚洲和北非的共 33 个国家。

1951 年 1 月，我国与苏联在北京签订了中苏铁路联运协定，于当年 4 月 1 日起开办了中苏铁路联运。1951 年 11 月，阿尔巴尼亚、保加利亚、匈牙利、东德、波兰、罗马尼亚、苏联和捷克等 8 国铁路签订并实行了《国际铁路货物联运协定》和《国际铁路旅客联运协定》，分别简称《国际货协》和《国际客协》。

1953 年 7 月，中国、朝鲜、蒙古铁路代表参加了在莫斯科召开的《国际货协》和《国际客协》参加者代表大会，并于 1954 年 1 月 1 日起实行上述协定，中苏铁路联运协定同时废止。至 1955 年欧洲大陆共有 12 个国家参加了《国际货协》。越南铁路从 1956 年 6 月开始参加。直到 1990 年 10 月 3 日，由于德国的统一，民主德国终止参加《国际货协》。后随着东欧形势的变化，匈牙利、捷克等也于 1991 年 1 月 1 日起终止《国际货协》。在《国际货协》的成员国中，有些国家也同时参加了《国际货约》就为沟通国际间的铁路货物运输提供了更为有利的条件，它使参加《国际货协》国家的进出口货物，可以通过铁路转运到《国际货约》的成员国。

由于我国是《国际货协》的成员国，我国经由铁路运输的进出口货物均按《国际货协》的有关规定办理。

**一、《国际货协》主要内容**

《国际货协》共八章 40 个条款，其中第一章为总则；第二章至第四章是关于运送合同的规定；第五章具体规定了铁路作为承运人的责任；第六章是关于赔偿、诉讼和时效等的规定；第七章是各铁路间清算问题的规定；第八章为一般性规定。我国进行铁路运送国际贸易货物必须以此作为法律依据。概括《国际货协》的内容，主要有以下几个方面的规定：

（一）适用范围

《国际货协》第二条第一项明确规定了协定的适用范围是各缔约国之间的

货物运送。这些货协成员国之间的铁路货物运送均按协定所规定的条件办理。第二条又规定，本协定对铁路、发、收货人均有约束力。

（二）运输合同

1. 运输合同的订立

铁路的运输单证称为运单，《国际货协》规定，运单就是国际铁路货物联运的运送合同。

按照货协第六条、第七条的规定，发货人在托运货物的同时，应对每批货物按规定的格式填写运单和运单副本，由发货人签字后交始发站。从始发站承运货物（连同运单一起）时起，即认为运输合同业已订立。在发货人提交全部货物和付清一切费用后，发站在运单及其副本上加盖发站日期戳记，证明货物业已承运。运单一经加盖戳记就成为运输合同生效的凭证。

运单随同货物从始发站至终点全程附送，最后交给收货人。运单既是铁路承运货物的凭证，又是铁路在终点站向收货人核收运送费用和交货的依据。运单从其性质上看，它不是物权凭证，不能转让。运单副本在铁路加盖戳记证明运输合同订立后，应退还发货人。运单副本虽然不具运单的效力，但按照我国同参加货协各国所签订的贸易发货共同条件的规定，运单副本是卖方通过有关银行向买方结汇的主单据之一。

发货人应对他在运单中所申报和声明的事项的正确性负责，否则一切后果由发货人负责。铁路有权检查发货人在运单中所申报的事项的正确性，但这只限于在海关和其他规章有规定的情况下以及为保证途中行车安全和货物完整时，铁路才得在途中检查货物的内容。

发货人还必须将货物在运送途中为履行海关和其他规定所需的附加文件附在运单上，否则发站可以拒绝承运货物。铁路对附加文件是否正确和齐全无检查义务，但由于附加文件不正确、不齐全而产生的后果，应由发货人对铁路负责。

2. 运输合同的变更

根据《国际货协》第十九条的规定，发货人和收货人都有权对运输合同作必要的更改。但无论是发货人还是收货人都只能各自变更一次运输合同，而且在变更运输合同时，不准将一批货物分开办理。

铁路在下列情况下，有权拒绝变更运输合同或延缓执行这样变更：（1）应执行变更运输合同的铁路车站，接到申请书或发站或到站的电报通知后无法执行时；（2）这种变更违反铁路营运管理时；（3）与参加运送的铁路所属国家现行法令和规章有所抵触时；（4）在变更到站的情况下，货物的价值不能抵偿运到新指定的到达站的一切费用时，但能立即交付或能保证支付这项变更费用者除外。铁路对要求变更运输合同有权按有关规定核收各项运杂费用。

## 二、铁路（承运人）的责任

### （一）铁路的基本责任

《国际货协》第二十一条规定，按照运单承运货物的铁路，应对货物负连带的责任，即，承运货物的铁路，应负责完成货物的全部运输。如果是在缔约国一方境内发货，铁路的责任直到在到站交货时为止；如果是向非《国际货协》参加国转运，则按照另一国际铁路货物运输公约，到办完手续时为止。其中每一个继续运送的铁路，自接收附有运单的货物时起，即作为参加这项运输合同的当事人，并承担由此而产生的义务。

铁路应从承运货物时起至在到达站交付货物时为止，对于货物运输逾期以及因货物全部或灭失或毁损所发生的损失负责。同时铁路还应对发货人在运单内所记载内容所添附的文件，由于铁路过失而遗失的后果负责，并应对由于铁路的过失未能执行有关要求变更运输合同的申请书的后果负责。

### （二）铁路的免责事项

根据《国际货协》第二十二条的规定，如果承运的货物由于下列原因而遭受损失时，铁路可以免责：

（1）由于铁路不能预防和不能消除的情况；

（2）由于货物特殊自然属性，以致引起自燃、损坏、生锈、内部腐烂或类似的后果；

（3）由于发货人或收货人的过失或由于其要求而不能归咎于铁路者；

（4）由于发货人或收货人的装车或卸车的原因所造成；

（5）由于发送路规章许可，使用敞车类货车运送的货物的损失；

（6）由于发货人或收货人的货押运人未采取保证货物完整的必要措施；

（7）由于容器或包装的缺点，在承运时无法从其外部发现；

（8）由于发货人用不正确、不确切或不完全的名称托运违禁品；

（9）由于发货人未按本协定规定办理特定条件货物承运时；

（10）由于货物在规定标准内的途耗。

除此之外，第二十二条第四项还规定，如果发生下列情况而使铁路未能将货物按规定的运到期限运达时，铁路也可免责：

（1）发生雪（沙）害、水灾、崩陷和其他自然灾害，按照有关国家铁路中央机关的指示，期限在 15 天以内；

（2）因按有关国家政府的指令，发生其他行车中断或限制的情况，以政府规定的时间为准。

（三）铁路的赔偿限额

根据《国际货协》第二十二条的规定，铁路对货物赔偿损失的金额在任何情况下都不得超过货物全部灭失时的数额。

对于货物全部或部分灭失，《国际货协》第二十四条规定，铁路的赔偿金额应按外国售货者在账单上所开列的价格计算；如发货人对货物的价格另有声明时，铁路应按声明的价格予以赔偿。对于未声明价格的家庭用品，如发生全部或部分灭失时，铁路应按每公斤 2.70 卢布给予赔偿。

协定的第二十五条规定，如果货物遭受损坏时，铁路应赔付相当于货物价格减损失金额的款额；不赔偿其他损失。

第二十六规定了货物逾期运到的赔偿额，如果货物逾期运到时，铁路应以所收运费为基础，按超逾期限的长短，向收货人支付规定的逾期罚款。协定同时还规定，如果货物在某一铁路逾期，而在其他铁路都早于规定的期限运到，则确定逾期同时，应将上述期限相互抵消。

**三、托运人的权利和义务**

托运人包括发货人与收货人

根据《国际货协》的规定，托运人主要有以下几个方面的权利和义务：

（一）支付运费

支付运费是托运人的主要义务。根据《国际货协》第十三条和第十五条的规定，运费的支付方式为：

（1）发送国铁路的运送费用，按照发送国的国内运价计算，在始发站由发货人支付；

（2）到达国铁路的费用，按到达国铁路的国内运价计算，在终点站由收货人支付；

（3）如果始发站和到达站的终点站是两相邻的国家，无需经由第三国过境运输，而且这两个国家的铁路有直通运价规程时，则按运输合同订立当天有效的直通运价规程计算。

（4）如果货物需经第三国过境运输时，过境铁路的运输费用，应按运输合同订立当天有效的国际货协统一运价规程（即"统一货价"）的规定计算，可由始发站向发货人核收，也可以由到达站向收货人核收。但如果按"统一货价"的规定，各过境铁路的运送费用必须由发货人支付时，则这项费用不准转由收货人支付。

《国际货协》第三十一条还规定了各国铁路之间的清算办法。其主要原则是，每一铁路在承运或交付货物时向发货人或收货人按合同规定核收运费和其他费用之后，必须向参加这次运输业务的各铁路支付各该铁路应得部分的运送费用。

（二）受领货物

受领货物是收货人的另一项主要义务。根据《国际货协》第十六条的规定，货物运抵到达站，在收货人付清运单所载的一切应付的运送费用后，铁路必须将货物连同运单一起交给收货人；收货人则应付清运费后受领货物。

收货人只有在货物因毁损或腐烂而使质量发生变化，以致部分或全部货物不能按原用途使用时，才可以拒绝受领货物。即使运单中所载的货物部分短少时，也应按运单向铁路支付全部款项。但此时，收货人按赔偿请求手续，对未交付的那部分货物，有权领回其按运单所支付的款项。

如果铁路在货物运到期限届满 30 天内，未将货物交付收货人时，收货人无须提出证据就可认为货物已经灭失。但货物如在上述期限届满后运到到达站时，则到达站应将此通知收货人。如货物在运到期限届满后四个月内到达时，收货人应予领取，并将铁路所付的货物灭失赔款和运送费用退还给铁路。此时，收货人对货物的送交或毁损，保留提出索赔请求权。

（三）变更运输合同

**四、索赔与诉讼时效**

根据《国际货协》第二十八条的规定，发货人和收货人有权根据运输合同提出索赔要求。在索赔时应付有相应索赔根据并注明款项，以书面形式由发货人向发送站提出，或由收货人向到达站提出。如果一张运单的赔偿请求额少于 2.25 卢布时，不得提出索赔。

有关当事人向铁路提出索赔时，应按下列规定办理：

（1）货物全部灭失时，可由发货人提出，同时须提交运单副件；也可由收货人提出，同时须提交运单副本或运单；

（2）货物部分灭失、毁损或腐烂时，由发货人或收货提出，同时须提交运单和铁路在到达站交给收货人的商务记录；

（3）货物逾期运到时，由收货人提出，同时须提交运单；

（4）多收运送费用时，由发货人按其已交付的款额提出，同时须提交运单副本或发送铁路国内规章与规定的其他文件；或由收货人按其所交付的运费提出，同时须提交付运费提出，同时须提交运单。

铁路自有关当事人向其提出索赔时，须在 180 天内审查请求并予以答复。凡有权向铁路提出索赔的人，只有在提出索赔后才可以向铁路提起诉讼。根据《国际货协》第三十条的规定，有关当事人依据运输合同向铁路提出索赔和诉讼，以及铁路对发货人或收货关于支付运送费用、罚款和赔偿损失的要求和诉讼，应在九个月内提出。

此外,《国际货协》还有一些其他规定以及附件中的各项规则。

## 第五节　《统一国际航空运输某些规则的公约》

目前国际上调整国际航空货物运输关系的主要公约有:(1)《统一国际航空运输某些规则的公约》(《华沙公约》)(1929 年)、《海牙议定书》(1955年)和《瓜达拉哈拉公约》(1961 年)。上述三个公约在法律上都是独立的公约,各国只适用其参加的公约,但在内容上又是互相关联的,因此在适用上往往形成交叉。在三个公约中,《华沙公约》是最基本的,因此本章着重介绍《华沙公约》,同时兼及《海牙议定书》对《华沙公约》的修改与补充。

《统一国际航空运输某些规则的公约》是 1929 年 10 月 12 日由德国等 23个国家在华沙签订的,因而简称《华沙公约》。其目的是为了调整不同国家之间或不同航空运输之间的有关问题。该公约规定了以航空运输承运人为一方和以旅客、货物托运人与收货人为另一方的法律义务和相互关系,它是国际航空运输的一个最基本的公约。自 1929 年《华沙公约》签订到 1975 年该公约经历了七次修改与补充。由于该公约签订的当时,国际航空运输还处于萌芽阶段,半个多世纪以来,国际航空运输发展较快,变化也很大。为了适应新的情况,必须不断地对其进行相应的修改和补充。由于这些修改和补充《华沙公约》的议定书或公约的名称都比较冗长,另外也由于这些公约之间在内容上存在着有机的联系,因此国际上都把《华沙公约》及其随后的七个修改或补充文件统称为"华沙体系"。华沙体系统一于国际航空运输的某些规则包括定义、运输凭证、责任赔偿、管辖权等是迄今为止国际航空运输上的重要法律。

华沙体系的八个文件中,现已生效的只有三个,即《华沙公约》、《海牙议定书》和《瓜达拉哈拉公约》,其余五个尚未生效。

在华沙体系已生效的三个公约中,1929 年的《华沙公约》是基础,其余两个公约只是对《华沙公约》的修改或补充,但都没有改变《华沙公约》的基本原则。目前已有 130 多个国家和地区加入《华沙公约》,我国于 1958 年 7月 20 日送交了加入书,1958 年 10 月 18 日开始对我国生效。

《华沙公约》共有 5 章 41 条,对空中旅客、行李和货物运输各项问题做了全面的规定。

### 一、适用范围与定义的规定

关于公约的适用范围,公约第一条第一款明确规定,公约适用于取酬的国际航空运输,包括运送旅客、行李和货物,也适用于免费的国际航空运输。第二条第二款同时规定,本公约不适用于按照国际邮政公约的规定而办理的运输。因此,《华沙公约》不适用于邮政运输。《海牙议定书》将该条款修改为:本公约不适用于邮件和邮包的运输。

公约第一条第二款对"国际运输"作了定义:国际运输是指"根据有关各方所订契约,不论在运输中有无间断或转运,其出发地和目的地是处在两个缔约国的领土内,或处在一个缔约国的领土内而在另一个国家的主权、宗主权、委任统治权或权力管辖下的领土内有一个协议的经停地点的任何运输,即使该国不是本公约的缔约国。在同一缔约国的主权、宗主权、委任统治权或权力管辖下的领土间的运输,如果没有这种协议的经停地点,对本约来说,不作为国际运输"。

根据公约上述规定,该公约所适用的国际航空运输,需满足以下条件之一:

(1) 出发地和目的地分别处于两个缔约国的领土内。

(2) 虽然出发地和目的地处在一个缔约国的领土内,但在另一个国家的领土内(即使该国不是该公约的缔约国)有一个协议规定的经停地点。

凡符合上述两个条件之一的航空运输就可以认为是《华沙公约》所定义的国际运输。

《海牙议定书》对国际运输定义作了修改,规定:"国际运输是指根据双方协议,不论在运输中有无间断或转运,其出发地和目的地是处在两个缔约国的领土内,或处在一个缔约国内而在另一国的领土内有一协议的经停地点的运输,即使该国不是缔约国。在一个缔约国领土内两地间的运输而在另一国领土内没有一个协议的经停地点,对本公约来说,不是国际运输"。从这一定义可以看出,议定书删去了公约中的一些过时的政治用语,在其他方面实质上是相同的。

公约第一条第三款规定了该公约适用于几个连续的航空承运人所承办的运输,只要契约各方认为这是一个单一的经营活动,公约即认为它是一个不可分割的运输,而不因其中一个或几个契约的运输是在一国内完成而丧失其国际性。

**二、运输凭证的规定**

《华沙公约》在第二章中对运输凭证做了具体规定,第三节是针对航空货运单所做的规定。

**(一) 航空货运单的签发**

《华沙公约》把空运单证称为"航空货运单"(Air Consignment Note ACN)。公约第五条规定,承运人有权要求托运人填交航空运单。第六条规定货运单一式三份,第一份由托运人签字后交承运人,第二份由托运人和承运人签字后随货交收货人，第三份在货物受载后由承运人签字交托运人。对于《华沙公约》第六条第三款所规定的"承运人应在接受货物时签字"，《海牙议定书》修改为"承运人应在装机之前签字"并删去了第六条中的其他规定。第七条规定，如果托运的货物不止一件时，承运人有权要求托运人分别填写航空货运单。

（二）航空货运单的内容

根据《华沙公约》第八条的规定，航空货运单共包括 17 项内容。第十条第一款又规定，托运人应对其填写的航空货运单的正确性负责。由于现代航空运输十分繁忙，运输量日益增大。因此，《海牙议定书》将 17 项内容修改为以下三项：

（1）起运地和目的地；

（2）如起运地和目的地在同一缔约国领土内而在另一国领土内有一个或几个经停地点时，至少注明一个这种经停地点。

（3）向托运人声明：如运输的最终目的地或经停地点不在起运地所在国，《华沙公约》可以适用，并在大多数情况下限制承运人对货物遗失或损坏所负的责任。

《海牙议定书》对《华沙公约》第十条第二款也做了相应的修改："由于托运人提供的说明和声明不合规定，不正确或不完全而使承运人或承运人对其负责的任何其他人所遭受的一切损害，托运人应负责赔偿。"

《华沙公约》第九条规定："如果承运人的接受货物而航空货运单没有被填制，或航空货运单上没有包含第八条第一项至第九项和第十七项，承运人就无权授引本公约关于免除或限制其责任的规定。"这意味着，如果承运人接受了没有填具航空货运单的货物，或货运单上没有包括公约所规定的具体内容，承运人则无权引用公约中关于免除或限制承运人责任的规定，但这并不影响该合同的有效性或该公约的适用。

（三）航空货运单的性质和证据效力

航空货运单，《海牙议定书》称之为空运路单（at way bill，AWB），是一种不可议付的航空货物运输合同，它不同于海运提单，本身并不代表所托运货物的价值，也不是货物所有权凭证。它是由承运人或其代理人出具的货物单据。由于空运的速度很快，一般在托运人把托运单送交收货人之时货物就已经运到目的地。这在很大程度上排除了通过转让装运单据来转让货物的需要。因此，虽然《华沙公约》和《海牙议定书》都规定不限制签发可转让的航空货运单，但在实际业务中航空货运单一般都印有"不可转让"（Not Negotiable）的字样。因此从性质上讲，航空货运单与海运提单不同，它主要是作为运输合同、货物收据和运费账单而起作用，同时还起到报关单据和保险证书等作用。

关于航空货运单的证据效力，《华沙公约》第十一条第一款规定："在没有相反证明时，航空货运单是订立契约、接受货物和承运条件的证明"。这意味着，航空货运单是订立合同、接受货物、运输条件以及关于货物的重量、尺码、包装和件数等初步证据。公约第十一条第二款不规定了航空货运单中的数量、体积或状况的声明并不是一种针对承运人的证据，除非承运人已当场进行了核对，并将其在航空货运单上予以注明，或注明是货物的外表状况。

**三、承运人责任的规定**

《华沙公约》在第三章中规定了承运人的责任。这是公约的重要内容，它规定了承人的责任限额、责任条件和旅客、货物托运人和收货人的权利。

（一）承运人的责任基础

公约第十二条规定："（1）承运人如能证明他或他的代理人已经采取了一切必要的措施来避免损失，或不可能采取这种措施时，可以免责。（2）在运输货物和行李时，如果承运人证明损失的发生是由于驾驶、航空操作或领航过失，而在其他一切方面承运人或其代理人已经采取了一切必要措施来避免损失时，可以免责。"

这一规定是承运人的责任原则，即采用"过失责任制"（liability based on fault）。在这种过失责任中，是假定承运人有过失的，除非他能证明已经采取了一切必要措施或不可能采取措施才能免责。换言之，承运人要承担举证的责任，来证明承运人没有过失。

《海牙议定书》删除了驾驶、操作和领航过失免责的规定。这是因为在1929 年航空运输发展初期，规定这种过失免责是合理的，但在航空技术发展以后还保留这一免责条款是不合理的。

（二）承运人的责任期间

《华沙公约》第十七条至第十九条规定了承运人对航空运输期间所造成的损失，包括由于延误造成的损失应当负责。至于海陆空联运，《华沙公约》第三十一条第一款规定公约只适用于符合国际航空运输定义的航空运输部分。

所谓"运输期间"，《华沙公约》规定，是指货物交由承运人保管的整个期间。不论货物是在机场或是已装飞机，或在机场外降落的任何地点。在机场以外为了装载、交货或转运空运货物的目的而进行地面运输时，如果发生任何损害，除有相反的证据，也应视为在空运期间发生的损失，承运人对此应负责。

（三）承运人的责任限额

《华沙公约》第二十二条对承运人的责任限额做出了规定：承运人对货物

的灭失、损害或延迟交货的责任，以每公斤 250 金法郎为限，并进一步规定"法郎是指含有 900‰成色的 65.5 毫克黄金的法国法郎，这些金额可以折合成任何国家的货币，取其整数"。但如果托运人在交运货物时已声明货物的价值引为高，并支付了附加运费，则可不在此限。此时，承运人的赔偿责任应以托运人所声明的金额为限，除非承运人能证明托运人所声明的金额超出了交货时货物的实际人价值。

《华沙公约》第二十三条规定，"企图免除承运人的责任，或确定一个低于本公约所规定责任限额的任何条款，都属无效，但这种条款的无效并不使整个契约失效，契约仍受本公约规定的约束。"这意味着《华沙公约》所规定的责任限额是强制性规定，承运人应按此规定赔偿。

《华沙公约》第二十五条还规定，"如果损失的发生是由于承运人有意的不良行为，或由于承运的过失，而根据受理法院的法律，这种过失被认为是等于有意的不良行为，承运人则无权援引本公约关于免除或限制其责任的规定"。《海牙议定书》将公约中的"有意不良行为"一词改为"故意引起损失，或明知会引起损失而仍漫不经心而引起了损失"，此时承运人则不能援引《海牙议定书》上有关限制或免除承运人责任的规定，要求限制或免除其对损失的责任。

（四）承运人免责事项的规定

根据《华沙公约》的规定，承运人可以援引下列理由，要求免除其对货物损害或灭失的责任：

（1）《华沙公约》第二十条第一款规定，如果承运人能证明，他与其代理人或雇用人已经采取了一切必要措施以避免发生损失，或证明不可能采取这种防范措施，则承运人对货物的损失可不承担责任。

（2）《华沙公约》第二十条第二款规定，如果承运人能证明，损失是由于领航或飞机操作的过失或驾驶失误引起的，并能证明他或其代理人已经在其他一切方面采取了一切必要措施以防损失，则对该项损失可以免责。

但实际上承运人几乎从未引用过这项抗辩理由。因为这一点对旅客人身伤亡不适用，而且如果承运人对货物提出此项抗辩理由，一旦上述过失行为构成故意的不当行为时，承运人则须对旅客伤亡承担无限责任。因此，《海牙议定书》将公约中的这项免责规定删除。

（3）《华沙公约》第二十一条规定，如果承运人能证明，货物的损失是由于受害人的过失引起或促成的，法院可根据具体情况免除承运人的全部或部分责任。

从上述规定可看出，《华沙公约》和《海牙议定书》在承运人责任赔偿上采取的是过失责任制。承运人如能证明自己没有过失，或已采取了一切可能的措施而无法避免事故时则可以免责。相反，如果受损害的旅客、货物托运人能证明损失是承运人故意造成，或明知会发生事故而采取漠不关心、听之任之的态度而造成损失，则承运人不能援引公约在责任限额上的保护。只有在承运人既对能证明自己没有过失，而受害人又不能证明损失是承运人有意行为所造成时，才可以援引《华沙公约》第二十二条所规定的责任限额。

**四、托运人（发货人与收货人）权利与义务的规定**

（一）权利

公约第十二条第十二款规定了托运人处理货物的权利，根据该条款的规定，在承运人未向收货人交货时，托运人有权处理货物，但以向承运人出示由托运人掌握的那份航空托运单并支付一切费用为前提。托运人处理货物的权利，主要是指托运人有权在运输途中把货物提回，或在中途经停时中止运输，或要求承运人把货物运回起运地机场，或要求在目的地或中途经停地点把货物交给原来指定的收货人以外的其他人。但托运人应支付因其行使此项权利所产生的一切费用，而且此项权利的行使不能使承运人或其他托运人遭受损失。

（二）义务

托运人的义务包括以下几方面：

（1）支付运费。这是托运人最主要的义务。其支付方式可以预付，也可以到付。

（2）填写航空货运单并提交必要单证。托运人应负责填制航空货运单并要对货运单中关于货物各项说明或声明的正确性负责。同时托运人还应提供各种必要资料，以便在货物交付收货人以前完成海关等手续，并且应将必要证件附于货运单之后。

（3）受领货物，收货人有义务在目的地机场受领货物。只要收货人缴付应付款项和履行航空货运单上所列的运输条件后，有权要求承运人交出货运单并发给货物。如果收货人拒受货物或货运单据，或者无法与收货人联系，发货人则恢复其对货物的处理权。

**五、索赔通知与诉讼时效的规定**

按公约第二十六条规定，索赔通知发出的时间根据以下几种情况而有所不同：

（1）在货物遭受损害的情况下，收货人或在关当事人应于发生后立即向承运人提出书面通知，对行李最快应在收到行李后3天内提出。

（2）在延迟交货的情况下，收货人应在货物交由其处理之日起14天内提出。

如在上述期限内没有提出异议，除非承运人有欺诈行为，否则不能再向承运人提起诉讼。

《海牙议定书》对收货人提出书面请示的期限作了修改，对货物损害时收货人提出书面请示的时间由 7 天延长至 14 天，对延迟交货时收货人提出书面请示的时间由 14 天延长至 21 天。

关于诉讼时效，第二十九条第一款规定，"诉讼应在航空飞机到达目的地之日起，或应该到达之日起，或从运输停止之日起两年内提出，否则就丧失追诉权"。这意味着，根据《华沙公约》，有关空运合同的诉讼时效为两年，如逾期不起诉则一切诉权即归消灭。

在航空运输中，同托运人订立运输合同的订约承运人可以把全部或部分运输任务分包给其他承运人履行。此时，如果货物受损，《华沙公约》第三十条规定，如果运输合同是由几个连续的承运人来履行的话，则每一个承运人对其所负责的那一部分运输任务，均应视同订约承运人。在这种地位上，他就是所谓的"实际承运人"。如果在这种运输过程中，货物发生灭失或损害，或出现延迟交付等情况，托运人有权向第一个承运人以及发生货损那一段的实际承运人提出诉讼；收货人则有权向最后承运人和实际承运人提出诉讼。第一承运人、实际承运人和最后承运人分别对托运人和收货人承担连带责任。而订约承运人仍须对整个运输过程负责。所有这些承运人都可享有公约给予承运人的各项保障，其中包括承运人的责任限额和免责。

**六、管辖权的规定**

公约第二十八条第一款规定："有关赔偿的诉讼，由原告选择，应在以下缔约国之一的领土内向法院提出：承运人住所地或其总管理处所在地或签订合同的营业地或目的地"。诉讼程序接受理法院的法律规定办理。第三十二条还规定，运输合同的任何条款或损失发生前的任何特别协议，都不得改变公约中关于管辖权的规定。公约允许当事人在公约规定的范围内订立有关货物运输的仲裁条款，但这种仲裁必须在公约所规定的法院管辖地区进行。

**七、一般和最后条款的规定**

公约在第五章做了有关一般和最后条款的规定。其中第三十四条规定，公约不适用于作为试航的国际航空运输和承运人正常业务以外的运输。《海牙议定书》对此修改为运输凭证不适用于承运人正常业务以外的运输，因此公约的其他部分，包括责任条款应仍然适用。

公约第三十六条至第四十一条是关于公约的批准、加入、生效等问题的规定。

# 第六节 《联合国国际货物多式联运公约》

《联合国国际货物多式联运公约》是在联合国贸发会议主持下起草的，于1980年5月24日在日内瓦签订，共有67个国家在会议最后文件上签字。我国参加了公约的起草和外交会议，并在最后文件上签字。

《多式联运公约》旨在调整多式联运经营人和托运人之间的权利、义务关系以及国家对多式联运的管理。公约是继《汉堡规则》之后制定的，对多式联运经营人的赔偿责任期间、赔偿责任基础、赔偿责任限制权利及其丧失、非合同赔偿责任、诉讼时效、管辖等方面都有着和《汉堡规则》大体相似的规定。

《多式联运公约》规定，该公约在30个国家的政府签字但无须批准，或者接受或认可，或者向保管人交存批准书、接受书、认可书或加入书后12个月生效。

国际多式联运（international multimodal transport）是指按照多式联运合同，以至少两种不同的运输方式，由多式联经营人将货物从一国境内接管货物的地点运至另一国境内指定交付货物的地点。

国际货物多式联运是现代化先进的货运方式，它是随着集装箱货物成组运输的发展而发展起来的。在使用集装箱运输时，通常都是在发货人工厂、仓库或集装箱货运站进行装箱，之后用汽车或火车把装有货物的集装箱运往码头装船，或运到机场装上飞机。货物的交接地点，可以按"港到港"的办法办理，或以出口国内陆卖方的工厂、仓库或超导运地集装箱货运站，直接把货物装进箱内到进口国内陆买方的工厂、仓库或目的地集装箱货站，实行"门到门"的交接方法。由于"门到门"的交接方式在国际集装箱运输中应用最为普遍。因此集装箱运输有一部分是属于陆海（空）多种运输方式的联合运输，即订立一个运输合同，凭一张运输单证，综合利用陆、海、空多种运输方式，实现"门到门"运输。

国际货物多式联运虽然有许多优越性，但同时也提出了许多新的法律问题。其中最主要是适用法律问题，这关系到如何确定承运人的责任和义务的问题。传统的国际货物运输是把整个运输过程分为三个不同的阶段，即陆（空）—海—陆（空）运输。由于不同的运输阶段采用了不同运输方式，因而适用不同的法律。如海运输阶段可适用《海牙规则》或《汉堡规则》、空运阶段可适用《华沙公约》、陆运阶段可适用国际铁路货运公约或国际公路货运公约等。但是，国际多式联运则把海、陆、空运输连接在一起，作为一个单一的运输过程来安排，且货物在整个运输中都是密封在集装箱内，一旦货物发生灭失或损坏，往往很难确定是发生在哪一阶段，因此也就难以确定应依哪一个国际公约来确定承运人的责任和义务。

为了适应国际多式联运发展的需要，同时也为了解决其怕引起的法律问题，西方航运发达国家通过国际海事委员会拟定了一项"国际联运公约（草案）"，但由于其内容明显地偏袒航运发达国家的利益，因而受到发展中国家的强烈反对，未能通过。1975 年国际商会在上述"国际联运公约（草案）"的基础上制订了《联运单据统一规则》，联合国于 1980 年 5 月在日内瓦召开了国际货物多式联运公约会议，在第三世界国家的斗争和努力下通过了反映第三世界国家利益和要求的《联合国国际货物多式联运公约》。

## 一、《多式联运公约》的主要内容

《多式联运公约》包括 1 个序言，8 个部分 40 条以及 1 个附件。

《多式联运公约》在第一条中，对有关多式联运的一些名词做了定义，其中最为重要的是"国际多式联运"和"多式联运经营人"。

《多式联运公约》对"国际多式联运"定义为"按照多式联运合同，以至少两种不同的运输分式，由多式联运经营人将货物从一国境内接管货物的地点运至另一国境内指定交付货物的地点。为履行单一方式运输合同而进行的该合同所规定的货物接送业务，不应视为国际多式联运"。

从上述定义可看出，要符合《多式联运公约》所规定的国际多式联运必须具备三个基本条件：

（1）必须是国际间的货物运输；

（2）必须包括两种或两种以上不同的运输方式；

（3）必须有一张能够证明联运契约、由联运经营人签发的对全程运输负责的多式联运单证。

《多式联运公约》规定，"多式联运经营人"是指"其本人或通过其代表订立多式联运合同的任何人，他是事主，而不是发货人的代理人或代表或参加多式联运的承运人的代理人或代表，并负有履行合同的责任。"从这个定义可以看出，在多式联运业务中，多式联运经营人是以当事人身份，向托运人签发一张联运单证，负责货物的全程运输，并按联运合同的规定，对货物在运输过程中发生的灭失、损坏或延迟交付负赔偿责任。

联运经营人在签发联运单证时，是以承运人身份向货主承担货物的全程运输责任，在履行合同时，是以托运人身份委托单一方式的承运人去完成各区段的运输，他一身兼有承运人和托运人两者的性质，因此多式联运经营人是在国际多式联运这一先进的运输方式被采用后产生的一种具有新的法律地位的人。

**二、多式联运公约适用范围的规定**

公约规定，只要多式联运合同规定的多式联运经营人接管货物的地点在一个缔约国境内，或者是交付货物的地点在一个缔约国境内，则公约的各项规定适用于两国间的所有多式联运合同。公约的第三条规定，凡是按照第二条的规定受公约制约的多式联运合同一经签订，则公约的各项规定对该合同强制适用。但公约的规定不能影响发货人选择多式联运或分段运输的权利。

**三、多式联运经营人赔偿责任的规定**

1. 赔偿责任期间

《多式联运公约》第十四条规定，多式联运经营人对于货物所负责任的期间，是从其接管货物之时起至交付货物之时为止，也就是指货物在多式联运经营人的掌管之下这一期间。具体到接受货物的情况是指从多式联运经营人从以下各方接受货物之时起：（1）发货人或其代表；（2）根据接管货物地点适用的法律或规章，货物必须交其运输当局或其他第三方。交付货物是指联运经营人将货物以下列方式交付时为止：（1）将货物交给收货人；（2）如果收货人不向多式联运经营人提取货物，则按联运合同或按交货地点适用的法律或惯例，将货物置于收货人支配之下；（3）将货物交给根据交货地点适用的法律或规章必须向其交付的当局或其他第三方。

2. 赔偿责任基础

《多式联运公约》第十六条对经营人的赔偿责任采取推定过失或疏忽的原则，即除非联运经营人能证明他和他的受雇人或代理人为避免损失事故的发生及其后果已经采取了一切必要合理的措施，否则就推定联运经营人有疏忽或过失，就应对货物在其掌管期间发生的灭失、损坏或延迟交货负赔偿责任。

《多式联运公约》第十七条规定，如果货物灭失、损坏或延迟交付是由于联运经营人或其受雇人或代理人的过失或疏忽与另一原因联合而产生的，则联运经营人仅对其过失或疏忽范围内所引起的损失负赔偿责任，但联运经营人必须证明哪部分损失是不属于他的过失或疏忽所造成的。

3. 赔偿责任限额

关于联运经营人赔偿责任限额，《多式联运公约》在第十八条规定如下：

（1）包括海运在内的联运，每件货物或其他货运单位不超过920记账单位或毛重每公斤2.75记账单位，以较高者为准。

（2）国际多式联运如不包括海运或内河运输在内，赔偿责任限额为毛重每公斤8.33记账单位。这是考虑到空运承运人，铁路、公路承运人对货损的赔偿责任应高于海运承运人的责任限额。

（3）《多式联运公约》第十九条规定，如果能够确定损失发生的运输区段，而该区段所适用的某项国际公约或强制性的国内法律所规定的赔偿限额高于《多式联运公约》规定的赔偿限额时，则适用该项国际公约或该国内法律的规定。

（4）联运经营人对延迟交货造成损失所负赔偿责任限额，相当于延迟交货应付运费的两倍半，但不得超过多式联运合同规定的应付运费的总和。

（5）如果联运经营人与发货人同意，可在多式联运单据中规定超过本公约所规定的赔偿限额。

4. 责任限制权利的丧失

《多式联运公约》第二十一条规定，如果有证据证明，货物的灭失、损坏或延迟交付是由于承运人或其受雇人或代理人有意造成的，如联运经营人有意欺诈，在单据上列有不实资料，或明知会引起损失而毫不在意的行为或不行为所造成的，则该联运经营人或其受雇人或代理人就无权享受公约规定的赔偿责任限制的权利。

从上述的规定可以看出，《多式联运公约》对联运经营人所规定的赔偿责任制，是修订的统一赔偿责任制。所谓修订的统一赔偿责任制是"网状赔偿责任制"和"统一赔偿责任制"折中的产物，它原则上规定了联运经营人所应负的"统一"责任，应属于统一责任制范畴，但又与它不完全相同，它在某个方面又修正了统一责任制。《多式联运公约》明确规定，当知道损失发生区段，而制约该段运输的单一方式运输公约的限额为依据。这又基本上采用了网状赔偿责任限额。因此，《多式联运公约》的赔偿责任制是修订的统一赔偿责任制。

**四、多式联运单据的规定**

按《多式联运公约》的规定，多式联运经营人在接管货物时，应向发货人签发多式联运单据，这种单据是证明多式联运合同及证明多式联运经营人已接管货物并负责按合同条款交付货物的单证。

1. 多式联运单据的定义及作用

《多式联运公约》第一条规定："多式联运合同是指多式联运经营人凭以收取运费、负责完成或组织完成国际多式联运的合同。""多式联运单据则是指证明多式联运合同以及证明经营人接管货物并负责按照合同条款交付货物的单据。"

从上述定义可以看出，多式联运单据具有以下三种作用：（1）它是多式联运合同的证明；（2）它是货物的收据；（3）它是收货人提货的凭证。

2. 多式联运单据的签发

《多式联运公约》第五条第一款规定，多式联运经营人接管货物时，应签发多式联运单据，该单据应依发货人的选择，或为可转让单据或为不可转让单据。第六条又规定如果签发可转让的单据，应列明是按指示或是向持单人交付。如列明按指示交付，须经背书后才能转让；如列明向持单人交付，则无须背书即可转让。收货人必须交出可转让的多式联运单据，才能向联运经营人或其代表提取货物。对于不可转让的多式联运单据，公约第七条规定必须在单据上指明记名的收货人。

3. 多式联运单据的内容

根据《多式联运公约》第八条规定，多式联运单据应载明下列内容：货物的品名、类别、标志、包数或件数、货物毛量、危险品的性质、货物外表状况、联运经营人的名称和地址、发货人和收货人的名称、联运经营人接管货物的地点和日期、交货地点、联运单据签发地点和日期、联运经营人或经其授权人的签字等。公约同时还规定，多式联运单据中如缺少上述事项中的一项或数项，并不影响该单据作为多式联运单据的法律性质。

4. 多式联运单据中的保留

《多式联运公约》第九条规定如果多式联运经营人或其代理知道，或有合理的根据怀疑多式联运单据所列内容事项没有准确地表明货物的实际状况，或无适当方法进行核对，则多式联经营人或其代理应在多式联运单据上提出保留，注明不符之处或怀疑的根据。如果联运经营人未在单据上对货物的外表状况加以批注，则应认为货物的外表状况是良好的。

《多式联运公约》第十一条特别规定，如果联运经营人企图诈骗，在单据上列入有关货物的不实资料，则联运经营人不得享受该公约所规定的赔偿责任限制、并须负责赔偿包括收货人在内的第三者因相信该单据所载的不实资料行事而遭受的任何损失和费用。

5. 多式联运单据的证据效力

《多式联运公约》第十条规定，除了单据中保留的部分外，"多式联运单据应该是单据所载明的货物由多式联运经营人接管的初步证据；如果多式联运单据以可转让方式签发，而且已转让给正当地信赖该单证所载明的货物状况的，包括收货人在内的第三方，则多式联运经营人的反证不予接受"。

根据上述规定，多式联运单据在一般情况下，其证据效力是初步的，即联运经营人可以提出与单据记载不同的证据，但如果所签发的多式联运单据是可转让的，并且已转让给善意的第三者时，则其证据效力是最终的，即不接受联运经营人所提出的相反的证明。

6. 发货人的保证

《多式联运公约》在第十二条对发货人就多式联运单据所应承担的责任做

了具体规定：发货人应向联经营人保证他所提供货物的各项内容的准确性。如因上述内容不准确或不适当而使联运经营人遭受损失，发货人应负责赔偿，即使发货人已将多式联运单据转让给他人，他仍然须负赔偿责任，但联运经营人对发货人的这种索赔权，并不限制他按照多式联运合同对发货人以外的任何人应负的赔偿责任。换言之，联运经营人不得以发货人申报不实为由来对抗善意的第三者。

### 五、发货人责任的规定

关于在多式联运中发货人应负的基本责任，公约从一般原则和对危险货物的特殊规则两个方面分别加以规定的。

《多式联运公约》第二十二条规定："如果多式联运经营人遭受的损失是由于发货人的过失或疏忽，或者其受雇人或代理人在其受雇或代理范围内行事时的过失或疏忽所造成的，发货人对这种损失应负赔偿责任。"但如果发货人的受雇人或代理人由于其本身的过失或疏忽给联运经营人带来损失，则应由该受雇人或代理人对这种失负赔偿责任。

《多式联运公约》在第二十三条规定了发货人对危险货物应负的责任。发货人首先应以适当的方式在危险货物上注明危险标志或标签，其次，在将危险货物交给联运经营人时，应将货物的危险特性以及应采取的预防措施告知联运经营人。否则发货人必须赔偿联运经营人因此而遭受的一切损失。联运经营人还可以根据情况，随时将危险货物卸下、销毁或使之无害而无须给予任何赔偿。另外，发货人还应对多式联运单据中有关事实记载的正确性负责。

### 六、索赔与诉讼的规定

《多式联运公约》在第二十四条对索赔问题做了具体规定：

1. 收货人向联运经营人索赔

《多式联运公约》规定，当货物发生灭失或损坏时，除非收货人在不迟于货物交给他的下一个工作日将说明此种灭失或损坏的情况以书面通知联运经营人，否则此种货物的交付即为联运经营人已按多式联运单据交货的初步证据。如果货物的损坏不明显时，收货人应在交货后 6 天以内提出上述书面通知。如果在交货时双方当事人或其代理已对货物的状况进行了联合调查或检验，则无须就调查或检验所证实的灭失或损坏情况提交书面通知。

对于延迟交货的索赔，收货人应于交货后 60 天内向联运经营人提交书面通知，否则，联运经营人对延迟交货造成的损失不予负责。

2. 联运经营人向发货人索赔

《多式联运公约》规定，如果联运经营人由于发货人或其雇用人或代理人的过失或疏忽而遭受损失，有权要求发货人予以赔偿。但联运经营人必须在发生这种损失或损坏后 95 天内，将其以书面形式通知发货人，否则，未送交这种通知即作为联运经营人未因发货人及其雇用人或代理人的过失或疏忽而受任何损失的初步证据。

3. 诉讼时效

《多式联运公约》第二十五条规定，有关国际多式联运的任何诉讼，其时效为两年，自货物交付之日起算，如果货物未交付，则自货物应当交付的最后一日的次日起算。如果在两年的期间内没有提起诉讼或提交仲裁，即丧失时效。

应注意的是，《多式联运公约》把索赔通知与时效问题联系在一起，这一点与其他公约不同。按照公约的规定，如果在货物交付之日起 6 个月内，没有提出书面索赔通知，以说明索赔的性质和主要事项，则诉讼在此期限届满后即丧失时效。公约还规定，接受索赔要求的人，可在时效期间内向索赔人提出书面声明，延长时效期间。

此外，按《多式联运公约》第二十六条规定有关多式联运合同的诉讼，可依原告的选择向以下有管辖权的法院提起：（1）被告主营业地法院；（2）合同订立地法院；（3）接管或交付货物地法院；（4）合同特别指定的其他地点法院。

《多式联运公约》的第六部分是关于合同条款、共同海损、其他公约以及记账单位或货币单位等问题的补充规定，第七部分是关于海关事项的规定。第八部分是最后条款，规定了公约的签字、批准、接受、加入、公约的保留与生效、公约的修订和修正以及退出公约等程序性问题。

# 第七节　国际公路货物运输公约和协定

为了统一公路运输所使用的单证和承运人责任起见，联合国所属欧洲经济委员会负责草拟了《国际公路货物运输合同公约》（简称 CMR），并于 1956 年 5 月 19 日在日内瓦由欧洲 17 个国家参加的会议上一致通过签订。该《公约》共有 12 章 51 条，就适用范围、承运人责任、合同的签订与履行、索赔和诉讼以及连续承运人旅行合同等都做了比较详细的规定。同年在欧洲经济委员会的成员国之间缔结了关于集装箱的关税协定，参加者有欧洲 21 个国家和欧洲以外的 7 个国家。协定的宗旨是允许集装箱免税进口，但必须在三个月内再出口。在这协定基础上，又缔结了《国际公路车辆运输规定》(Transport International Routier, TIR)，允许集装箱的公路运输承运人，如持有 TIR 手册，可在海关签封下中途不受检查，不支付关税，也不提供押金，直接由发运地运至目的地。例如由意大利的米兰运至美国芝加哥，由米兰海关检查后加上签封，可不经检查通过意大利、瑞士、法国、卢森堡、比利时、荷兰等国到鹿特丹，再运至美国港口自由通过，直到芝加哥，海关才开箱检验，这使货运加速，节省在途时间和手续。这种 TIR 手册由有关国家政府批准的运输者团体发行，但该团体要保证监督其所属企业遵守海关法及其他规则。这些国家的运输团体都是国际公路联合运输协会（International Road Transport Union，IRU）或世界旅行汽车协会（World Touring and Automobile Association，WTA）的成员，TIR 协定的正式名称是根据 TIR 手册进行国际货物运输的有关关税协定（Customs Convention On the International Transport of Goods under cover TIR Garnets），从1960 年开始实施。欧洲有 23 个国家参加。

上述协定和公约是当前国际公路运输重要的协定和公约，对今后的国际公路运输的发展具有一定的影响。

# 本章知识结构图表

**第一节　《海牙规则》**
一、承运人的责任与义务
二、托运人的责任与义务
（一）提供运输的货物
（二）支付运费
（三）在目的港接受货物
三、诉讼时效
四、承运人应享受的豁免
五、承运人对货物灭失或损害的赔偿限额
**第二节　《海牙—维斯比规则》**
一、提高了最高赔偿限额
二、增加"集装箱条款"
三、扩大了规则的适用范围
**第三节　《汉堡规则》**
一、扩大了适用范围
二、延长了承运人承运货物的负责期间
三、扩大了承运人应负的赔偿责任
四、延长了诉讼时效
**第四节　《国际铁路货物联运协定》**
一、《国际货协》主要内容
（一）适用范围

第七节　国际公路货物运输公约和协定

# 本章综合测试

## 一、单项选择题

1. 《海牙规则》规定收货人提出货损赔偿的起诉权，从货物交付之日或应交付之日起(　　)以内提出。

A. 一年　　　　　　B. 半年　　　　　　C. 二年　　　　D. 三个月

2. 根据《海牙规则》规定，承运人或船舶，对货物或与货物有关的灭失或损害，于每包或每计费单位超过(　　)或与其等值的其他货币时，在任何情况下都不负责。

A. 200 英镑　　　　B. 100 英镑　　　　C. 80 英镑　　　D. 150 英镑

3. 汉堡规则中承运人对货物的灭失或损坏的赔偿责任，以灭失或损坏货物相当于每件或其他装运单位 835 计算单位（特别提款权）或相当于毛重每公斤(　　)计算单位的金额为限，以其较高者为准。

A. 2.0　　　　　　B. 1.5　　　　　　C. 3.0　　　　D. 2.5

4. 根据《国际货协》第十三条和第十五条的规定，发送国铁路的运送费用(　　)。

A. 按照发送国的国内运价计算，在始发站由发货人支付

B. 按照到达国铁路的国内运价计算，在始发站由发货人支付

C. 按照发送国的国内运价计算，在终点站由发货人支付

D. 按照到达国铁路的国内运价计算，在始发站由收货人支付

5. 航空运输中在运输交运行李和货物时，承运人的赔偿责任以每公斤(　　)为限。

A. 250 法郎　　　　B. 300 法郎　　　　C. 350 法郎　　　D. 400 法郎

6. 由于航空货运单所填内容不准确、不完全，致使承运人或其他人遭受损失，(　　)负有责任。

A. 托运人　　　　　B. 承运人　　　　　C. 代理人　　　D. 机场服务人员

## 二、多项选择题

1. 以下哪些是《海牙规则》中托运人的责任与义务(　　　　)。

A. 提供运输的货物　　　　　　　　B. 支付运费

C. 使船舶处于适航状态　　　　　　D. 在目的港接受货物

2. 《海牙—维斯比规则》修改了《海牙规则》中一些不合理规定，主要有：(　　　　)。

A. 延长了承运人承运货物的负责期间

B. 提高了最高赔偿限额

C. 增加"集装箱条款"

D. 扩大了规则的适用范围

3. 承运人或船舶,对由于下列哪些原因所引起的灭失或损害可以不负责任?(          )

A. 海上或其他通航水域的灾难、危险和意外事故

B. 天灾

C. 战争行为

D. 托运人或货主、其代理人或代表的行为或不行为

E. 救助或企图救助海上人命或财产

4.《汉堡规则》对《海牙规则》做了较多的实质性修改,主要包括:(          )

A. 扩大了适用范围

B. 延长了承运人承运货物的负责期间

C. 扩大了承运人应负的赔偿责任

D. 延长了诉讼时效

5. 根据《国际货协》第十九条的规定,(          )有权对运输合同作必要的更改。

A. 发货人          B. 承运人          C. 收货人          D. 船长

6.《国际货协》中托运人的权利和义务包括(          )

A. 支付运费          B. 安排运输          C. 受领货物          D 变更运输合同

7. 目前国际上调整国际航空货物运输关系的主要公约有:(          )。

A.《汉堡规则》                    B.《华沙公约》

C.《海牙议定书》                  D.《瓜达拉哈拉公约》

8. 关于航空货运单,以下描述正确的是(          )。

A. 航空货运单是接受货物的初步证明

B. 航空货运单是运输条件的初步证明

C. 航空货运单是运输合同的初步证明

D. 航空货运单就是运输合同

9. 在《华沙公约》中,托运人的义务包括(          )。

A. 对于在航空货运单上所填货物的项目和声明的正确性,托运人应负责任

B. 托运人应对引起提供的项目和声明的不合规定、不正确或不完全而使承运人或承运人对之负责的任何其他人遭受的一切损失负责

C. 货运单中关于货物重量、尺寸和包装以及件数的记载,应是所属的事实

情况的初步证明

　　D. 托运人应负责办理海关、税收或公安手续

## 三、判断题

1. 《海牙规则》是一个在航空运输方面十分重要的公约。　　　　（　　　）

2. 《海牙规则》中适当而谨慎地装载、搬运，积载、运输、保管、照料和卸载所运货物是托运人的责任和义务。　　　　　　　　　　　（　　　）

3. 《海牙—维斯比规则》规定除非托运人于装货前已就该项货物的性质和价值提出声明，承运人任何情况下，对该项货物所遭受的或与之有关的灭失或损坏，于每包或每单位赔偿超过 100 英镑均不负赔偿责任。（　　　）

4. 《汉堡规则》规定承运人承运货物的负责期间是"钩至钩"原则。（　　　）

5. 《汉堡规则》废除了《海牙规则》17 条承运人应享受的豁免范围。（　　　）

6. 《国际货协》是参加国际铁路货物联运协定的各国铁路和发货人、收货人办理货物联运必须共同遵守的基本规则。　　　　　　　　（　　　）

7. 根据《国际货协》，如果始发站和到达站的终点站是两相邻的国家，无需经由第三国过境运输，而且这两个国家的铁路有直通运价规程时，则运费按运输合同订立当天有效的直通运价规程计算。　　　　　　　（　　　）

8. 根据《国际货协》的规定，如果一张运单的赔偿请求额少于 4 卢布时，不得提出索赔。　　　　　　　　　　　　　　　　　　　　　（　　　）

9. 出发地和目的地处在一个缔约国的领土内，即使在另一个国家的领土内（即使该国不是该公约的缔约国）有一个协议规定的经停地点，也不认为是《华沙公约》所定义的国际运输。　　　　　　　　　　　　（　　　）

10. 国际运输意义是指，根据当事方所订合同，不论运输中有无间断或转运，其始发地和目的地必须在两个缔约国领土内。　　　　　　（　　　）

11. 承运人承担责任的航空运输期间，包括了行李或货物在承运人保管的期间，不论在航空站内、在航空器上或在航空站外降停的任何地点。（　　　）

12. 根据《华沙公约》，如航空承运人证明他和他的代理为了避免损失，已经采取了一切必要措施，或不可能采取这种措施时，承运人可免除或减轻责任。　　　　　　　　　　　　　　　　　　　　　　　（　　　）

13. 国际多式联运是指按照多式联运合同，以至少包括海运在内的两种不同的运输方式，由多式联经营人将货物从一国境内接管货物的地点运至另一国境内指定交付货物的地点。　　　　　　　　　　　　　（　　　）

14. 一航班由东京经北京中转至青岛，如果货物在北京—青岛段发生问题，则按我国国内法解决。　　　　　　　　　　　　　　　　　（　　　）

15. 在航空货物运输中，一旦承运人收取了托运人所交运的货物，就应当向托

运人签发空运单，证明货物已由承运人掌管。（　　）

16. 在航空运输中，托运人在履行运输合同所规定的一切义务的条件下，有权要求在始发地航空站或目的地航空站将货物退回。（　　）

17. 托运人在履行了航空货运合同规定的义务的条件下，有权对合同进行变更，这是因为货物在收货人完成提货或依照合同规定履行提货手续前，托运人对货物享有处置权。（　　）

18. 航空运输中旅客或托运人在向承运人交运包裹时，虽然特别声明了在目的地交付时的利益，并已交付必要的附加费，承运人的赔偿责任仍以每公斤250法郎为限。（　　）

19. 在航空运输中如交运的行李或货物的一部分或者货物中任何物件发生遗失、损坏或者延误，以致影响同一份货运单所列的另一包装件或其他包装件的价值时，在确定责任限额时，另一包装件的总重量也应当考虑在内。（　　）

20. 在航空运输中承运人对托运人提供的资料或单证是否正确或完备有检查的义务。（　　）

21. 承运人承担责任的航空运输期间，包括了行李或货物在承运人保管的期间，不论在航空站内、在航空器上或在航空站外降停的任何地点。（　　）

22. 航空运输期间不包括在航空站以外的任何陆运、海运或河运。但如这种运输是为了履行航空运输合同，为了装货、交货或转运，责任和损失应认为是航空运输期间发生的结果，除非有相反的证据。（　　）

23. 根据《华沙公约》，如承运人证明他和他的代理为了避免损失，已经采取了一切必要措施，或不可能采取这种措施时，承运人可以在限额内承担责任。（　　）

24. 航空运输中如果承运人证明受害人自己的过失是造成损失的原因或原因之一，法院可以按照其法律规定动作，免除或减轻承运人的责任。（　　）

**本章综合测试答案**
一、单项选择题
1. A　2. B　3. D　4. A　5. A　6. A
二、多项选择题
1. ABD　2. BCD　3. ABCDE　4. ABCD　5. AC　6. ACD　7. BCD　8. ABC
9. ABCD
三、判断题
1. F　2. F　3. F　4. F　5. T　6. T　7. T　8. F　9. F　10. F　11. T　12. T

13. F　14. F　15. T　16. T　17. T　18. F　19. T　20. F　21. T　22. T　23. F
24. T

## 复习思考题

1. 试述《海牙规则》的主要内容。
2. 《海牙—维斯比规则》对《海牙规则》做了哪些修改？
3. 《汉堡规则》对《海牙规则》在哪几个方面做了实质性的修改？
4. 《国际多式联运公约》对联运经营人的赔偿责任是如何规定的？
5. 《华沙公约》关于航空运输承运人的责任是如何规定的？
6. 简述《国际公路车辆运输协定》的主要内容。
7. 国际铁路货物联运的概念是什么？

# 参 考 文 献

1. 中国国际货运代理协会编.《国际货运代理理论与实务》. 中国商务出版社, 2007 年

2. 姚大伟主编.《国际货运代理基础知识》. 中国商务出版社, 2005 年

3. 姚大伟主编.《国际贸易运输实务》. 中国对外经济贸易出版社, 2003 年

4. 对外经贸大学运输系编.《国际货物运输实务》. 对外经济贸易大学出版社, 1999 年

5. 姚新超主编.《国际贸易运输》. 对外经济贸易大学出版社, 2003 年

6. 黎孝先主编.《国际贸易实务》. 对外经济贸易大学出版社, 2002 年

7. 薛华业、王志浩主编.《货运与保险实务》. 香港万里书店, 2002 年